KB215089

나이 들수록

왜 시간은

빨리 흐르는가

Waarom het leven sneller gaat als je ouder wordt.
Over het autobiografische geheugen
by Douwe Draaisma 2001
ⒸDouwe Draaisma 2001
Originally published in Dutch by the Historische Uitgeverij
All rights reserved.

Korean translation editionⒸ2005 by ECO-LIVRES Publishing Co.
Published by arrangement with the Historische Uitgeverij, The Netherlands
via Bestun Korea Agency, Korea.
All rights reserved.

## 나이 들수록 왜 시간은 빨리 흐르는가

초판 1쇄 발행일 2005년 9월 5일    초판 12쇄 발행일 2018년 6월 15일

지은이 다우어 드라이스마 | 옮긴이 김승욱
펴낸이 박재환 | 편집 유은재 김예지 | 관리 조영란
펴낸곳 에코리브르 | 주소 서울시 마포구 동교로 15길 34 3층(04003) | 전화 702-2530 | 팩스 702-2532
이메일 ecolivres@hanmail.net | 블로그 http://blog.naver.com/ecolivres
출판등록 2001년 5월 7일 제10-2147호
종이 세종페이퍼 | 인쇄·제본 상지사 P&B

ISBN 89-90048-52-4 03180

책값은 뒤표지에 있습니다.    잘못된 책은 바꿔드립니다.

# 나이 들수록
# 왜 시간은
# 빨리 흐르는가

Why Life
Speeds Up
As You
Get Older

다우어 드라이스마 지음 | 김승욱 옮김

에코리브르

# 차례

**일러두기** ——————————————————————————

이 책은 네덜란드 Historische Uitgeverij에서 *Waarom het leven sneller gaat als je ouder*(2001)로 나왔으나 저자의 동의를 얻어 Cambridge University Press에서 나온 영어판 *Why Life Speeds Up As You Get Older*(2004)로 번역하였습니다.

# 기억은 마음 내키는 곳에
# 드러눕는 개와 같다

기억은 자기만의 의지를 갖고 있다. 우리는 이렇게 혼잣말을 한다. "이 건 반드시 기억해야 돼. 지금 이 순간을 잊으면 안 돼. 이 모습, 이 느 낌, 이 손길." 하지만 몇 달도 되지 않아, 아니 겨우 이틀만 지나도 우리 는 그 순간의 색깔, 냄새, 향기를 우리가 원했던 것만큼 생생하게 기억 해낼 수 없다. 체스 노테봄Cees Nooteboom은 《의식Rituals》에서 "기억은 마음 내키는 곳에 드러눕는 개와 같다"고 말했다.

우리의 기억은 뭔가를 보존해두지 말라는 우리의 명령도 잘 듣지 않는다. 내가 그걸 보지만 않았더라면, 경험하지만 않았더라면, 듣지 만 않았더라면, 그걸 모두 잊어버릴 수만 있다면. 하지만 소용없다. 밤 에 잠이 안 올 때 그 기억은 우리가 부르지 않았는데도 저절로 떠오른 다. 이 점에서도 기억은 개와 같다. 우리가 방금 던져버린 것을 주워들 고 꼬리를 흔들며 돌아오니까.

1980년대부터 심리학자들은 우리의 기억 중에서 개인적인 기억이 저장되는 부분을 '자전적 기억autobiographical memory'이라 부르고 있다. 이것은 우리 삶의 연대기다. 누군가가 우리에게 가장 어린 시절의 기억이 무엇이냐고, 어렸을 때 어떻게 생긴 집에서 살았느냐고, 가장 최근에 읽은 책이 무엇이냐고 물을 때마다 우리는 그 긴 기록을 뒤적인다. 자전적 기억은 어떤 일을 기억하기도 하고 잊어버리기도 한다. 마치 내 말을 도통 듣지 않는 비서가 내 삶을 메모하고 있는 것 같다. 그 비서는 내가 차라리 잊고 싶어하는 것들을 꼼꼼하게 메모한다. 하지만 내가 가장 행복한 순간에는 메모할 생각은 하지도 않고 괜히 부지런히 일하는 척한다.

자전적 기억은 수수께끼 같은 자기만의 법칙을 따른다. 서너 살이 되기 이전의 기억이 거의 없는 이유는 무엇일까? 괴로운 일들은 왜 하나같이 도무지 잊히질 않는 걸까? 수치스러운 일들은 왜 몇 년이 지나도록 경찰의 범죄자 명부처럼 정확하게 기억 속에 기록되어 있는 걸까? 어두운 순간이나 어두운 일이 예외 없이 기억에 새겨지는 이유는 무엇일까? 우울증과 불면증은 우리의 자전적 기억을 고뇌 덩어리로 바꿔놓는다. 모든 불쾌한 기억은 숨이 막힐 듯한 기억들의 네트워크에 의해 다른 불쾌한 기억들과 연결되어 있다. 때로 우리는 자신의 기억 때문에 깜짝 놀라곤 한다. 어떤 냄새 때문에 30년 동안 한 번도 생각해보지 않은 일이 생각나는 것, 일곱 살 때 마지막으로 보았던 거리가 도저히 알아볼 수 없을 만큼 쪼그라든 것처럼 보이는 것, 노인이 되면 어린 시절의 기억을 마흔 살 때보다 더 선명하게 떠올릴 수 있는 것, 그것도 아주 흔해빠진 일들이 떠오르는 것, 어쩌면 여러분이 이런 것을 알고 싶어할지도 모르겠다. 다이애나 황태자비가 죽었다는 소식을 들었을 때 자신이 어디에 있었는지 지금도 정확히 기억하는 이유가 무엇일까? 데자뷰 현상은 어떻게 생기는 것일까? 나이가 들수록 시간이 빨리 흐르는 것처럼 보이는 이유가 무엇일까?

심리학자들이 아주 최근에 이르러서야 비로소 '자전적 기억'을 알아보았다는 것이 이상하다. 일반적인 대화에서 '기억'이라는 단어가 바로 개인적인 경험을 저장해두었다가 나중에 다시 떠올리는 능력을 의미하지 않는가. 개인적인 기억 속에 '개인적인 경험' 말고 도대체 무엇이 들어 있겠는가? 그러나 이런 의문은 오해에서 비롯된 것이다. 모든 심리학 교과서는 수십 가지 형태의 기억들을 분류해놓고 있다. 그 중에는 단기기억, 장기기억처럼 기억이 저장되는 기간을 기준으로 삼은 것도 있고, 서로 다른 형태의 기억들이 연결되어 있는 감각을 기준으로 삼은 것도 있다. 청각기억auditory memory이나 영상기억iconic memory(자극이 사라진 후에 남은 시각적 인상—옮긴이)이 그 예다. 그런가 하면 어의적 기억semantic memory, 운동기억motor memory, 시각기억visual memory 등 저장되는 정보의 종류가 기준이 된 것도 있다. 이 모든 형태의 기억들은 자체적인 법칙과 특징을 갖고 있다. 그래서 자동차를 운전할 때의 발놀림을 기억하는 방식과 단어를 기억하는 방식은 다르다. 처음으로 학교에 갔을 때의 일과 피타고라스의 정리를 기억하는 방식도 각각 다르다. 따라서 좀더 생각해보면 1980년대 초가 되어서야 비로소 이 모든 종류의 기억 중에서 개인적인 기억을 저장하는 부분에 대해 특별한 학술용어가 도입된 것이 그리 이상한 일은 아니다. 하지만 이와는 상당히 다른 의문이 하나 더 있다. 왜 바로 그 시기에 자전적 기억에 대한 연구가 진행되었을까? 왜 그렇게 늦게야 시작된 걸까?

# 런던과 베를린에서

그 연구가 1세기 전에 시작될 수도 있었다. 현재 우리가 자전적 기억이라고 부르는 것에 대한 최초의 실험이 실시된 것은 1879년경 영국의 과학자 프랜시스 골턴Francis Galton 경(1822~1911)에 의해서였다. 골턴은 자신의 머릿속에서 일어나는 연상 작용에 흥미를 갖고 있었다. 그는 펠멜 가(街)를 산책하면서 눈에 보이는 물체들에 주의를 고정시키고 거기서 연상되는 것들을 동시에 적어 내려갔다. 그는 자신의 머릿속에서 매우 다양한 연상 작용이 일어나며, 그 때문에 오랫동안 생각해보지 않은 일들이 떠오르는 경우가 많다는 것을 알고 깜짝 놀랐다. 골턴은 자신의 정신 작용을 관찰하다가 우연히 "정신 행위의 자유를 방해하지 않고 뭔가를 계속 지켜보기가 힘들다"는 사실과 맞닥뜨렸다. 골턴은 자신의 정신이 한동안 자유롭게 움직일 수 있도록 내버려두고 그 속에서 두어 가지 생각이 떠오를 때까지 조용히 기다림으로써 이 문제를 해결했다. 그러고는 갑자기 그 생각들로 주의를 돌려 "그들을 자세히 조사하고 정확한 모양새를 기록했다." 그것은 마치 갑작스레 멈춰 서서 뭔가를 찾는 것과 같았다. 이 산책을 마친 후 골턴은 좀더 체계적인 방식으로 이 실험을 다시 해보기로 했다. 그는 '마차' '대수도원' '오후' 등 자신에게 적합해 보이는 단어 75개의 목록을 작성했다. 그는 그 단어들을 종이에 적은 다음 그 종이들 중 하나를 골라 그 위에 책을 놓았다. 자신이 앞으로 몸을 기울여야만 다음에 나오는 단어를 읽을 수 있도록. 이 실험에는 정해진 절차가 있었다. 골턴은 몸을 앞으로 기울여 단어를 읽고 자그마한 '시간기록기' 즉 스톱워치를 누른 다음 몇 가지 연상이 떠오를 때까지 기다렸다가 스톱워치를 정지시켰다. 그리고 자신이 연상한 것들과 그 연상이 떠오를 때까지 걸린 시간을 기록했다. 골턴은 "곧 나는 이 모든 것을 아주 체계적이고 기계적으로 하게 되었다"면서 "정신을 완전히 차분하고 중립적인 상태로 유지하면서도 집중력을 잃어버리지 않도록 했다. 말하자면 정신이 민감하게 반응할 수 있도록 충분히 준비를 갖춘 것이다. 그러고 나서 단어를 읽었다"고 설명했다. 골턴이 이 실험을 즐긴 것은 아니다. 즐겁기는커녕 이 실험이 지극히 지루하고 고되다고 생각했다. 실험을 계속하기 위해 그는 자신의 의지력을 총동원해야 했다. 골턴은 약 한 달씩 간격을 두고 네 차례에 걸쳐 각각 매우 다른 상황에서 단어 목록을 모두 소화했다. 그 결과 그의 머릿속에 떠오른 연상은 모두 505개였으며, 걸린 시간은 660초였다. 1분에 50개씩 연상이 떠오른 셈이었다. 골턴은 상념에 잠겨 있을 때 자연스레 연상이 떠오르는 속도에 비하면 "한심할 정도로 느리다"고 생각했다. 505개의 연상 중에서 종류가 다른 것들의 숫자는 겨우 289개로 전체에 비해 한참 적었다. 골턴은 이 결과를 보고 깜짝 놀랐다. 그는 펠멜 가를 걸으면서 처음 실험을 했을 때 다양한 연상이 떠오르는 것을 보고 경탄했으나 이 두 번째 실험결과는 그의 의욕을 떨어뜨렸다. 그의 연상 작용은 무대 위에서 끝없이 이어지는 행렬을 표현하기 위해 먼저 행렬 속에 섞여 무대를 가로지른 다음, 무대 뒤를 돌아 반대편으로 와서 다시 행렬에 섞여 무대로 나가는 배우들처럼 움직이는 것 같았다. 이처럼 같은 연상이 반복되는 것은 "우리 정신이 판에 박힌 틀에 갇혀 있다"는 증거였다.

그가 발견한 또 하나의 사실은 연상들 중에 어린 시절과 연관된 것이 39퍼센트 이상으로 아주 많았다는 점이다. 그는 여러 가지 단어를 보면서 자신이 어렸을 때 평소 알고 지내던 화학자의 실험실에서 이틀

동안 이리저리 쑤시고 다녀도 좋다는 허락을 받았던 일을 떠올렸다. 최근의 사건들과 관련된 연상은 겨우 15퍼센트로 상당히 적었다. 게다가 가장 중요한 사실은 같은 연상이 반복적으로 떠오르는 것이 바로 '과거'와 관련된 연상들 때문이라는 점이었다. 어린 시절과 연관된 연상 중 4분의 1이 네 번 떠올랐다. 다시 말해서 처음 연상이 떠오른 후 세 번이나 다시 반복되었다는 뜻이다. 그가 받은 교육과 훈련은 어른이 된 후의 일들과 관련된 연상에 뚜렷한 영향을 미쳤다. 골턴은 자신이 여러 지역을 여행했고 탐험가로서 명성을 떨쳤는데도 자신의 연상이 대부분 영국적이라는 사실에 깜짝 놀랐다. 목록을 조사해보니, 자신이 태어나서 자랄 때의 사회적 배경이 그런 연상에 특징적으로 나타난다는 사실 또한 발견할 수 있었다.

실험을 끝내면서 골턴은 만족감을 느꼈다. 잠깐씩 스치고 지나가는 연상을 기록해서 통계적 분석을 실시할 수 있으며, 그 연상들을 분류하고 시간을 기록할 수도 있다는 사실을 증명했기 때문이다. 그는 자기 정신의 '잘 보이지 않는 깊은 곳'을 꿰뚫어 보았다고 생각했다. 그가 거기서 본 것이 모두 글로 남기기에 적합한 내용은 아니었다. 그는 연상이 "신기할 정도로 뚜렷하게 생각의 기초를 적나라하게 보여주며 세상에 발표하고 싶지 않을 만큼 생생하고 진실되게 정신의 해부학적 구조를 드러낸다"고 썼다. 그는 실험에서 받은 전체적인 인상을 다음과 같이 표현했다. "우연히 집 지하실의 하수설비를 뜯어고치다가, 자신이 안락한 생활을 할 수 있는 것은 하수구, 가스, 배수관, 파이프, 벨을 당기는 줄 등으로 구성된 복잡한 시스템 덕분이라는 사실을 처음으로 깨달았을 때 많은 사람들이 경험하는 감정과 비슷하다. 그런 설비는 대개 눈에 띄지 않게 숨겨져 있으며, 그 설비가 제대로 작동하는 한 우리는 거기에 전혀 신경을 쓰지 않는다."

프랜시스 골턴은 이 연구로 자전적 기억이라는 심리학의 유망한 분야를 창시한 사람이 될 수도 있었다. 그는 '회상 효과reminiscence effect'를 최초로 증명했다. 사람들이 예순 살에 가까워지면(당시 골턴은 쉰일곱 살이었다) 연상 작용이 젊은 시절을 향하는 경향을 보인다는 것이 바로 회상 효과다. 그는 또한 그때까지 한 번도 체계적인 연구대상이 된 적 없는 정신의 여러 부분들에 접근할 수 있는 방법을 처음으로 고안해냈다. 그러나 골턴은 의미 있는 후속 연구를 하지 않았다. 같은 시기, 즉 1879년경에 다른 사람이 단어 목록과 스톱워치를 가지고 기억 실험을 분주히 진행하고 있었기 때문이다. 그 사람은 독일인이었다.

헤르만 에빙하우스Hermann Ebbinghaus(1850~1909)는 철학자였다. 영국과 프랑스에서 가정교사로 일하던 그는 프러시아 궁정에서 발데마르 왕자를 가르쳐달라는 요청을 받고 베를린으로 갔다. 그러나 그 수업은 발데마르가 1879년에 디프테리아로 숨지는 바람에 갑작스레 끝나버렸다. 에빙하우스는 대학에서 철학 강사 자리를 구해보기로 했다. 그가 학교에 제출한 논문은 프러시아 궁정에 있을 때 시작한 실험을 정리한 것이었다. 골턴과 똑같은 방법으로, 그러나 완전히 독자적으로, 그는 자기 기억이 어떻게 작동하는지 조사해보았다.

에빙하우스는 기억을 불러오는 단서들을 스스로 만들어냈다. 그는 두 개의 자음 사이에 모음 하나를 끼워 넣어 'nol' 'bif' 'par' 같은 음절들을 2300개 만들었다. 그리고 나서 그는 이 음절들(이들 중 일부는 실제로 의미가 있는 단어인데도 흔히 '무의미한 음절'이라고 불린다)을 카드에 적었다. 그의 실험은 대개 다음과 같이 진행되었다. 하루 중 일정한 시간에 에빙하우스는 자신의 시계를 탁자 위에 놓고 카드 몇 장을 임의로 골라낸 다음, 카드에 적힌 음절들을 공책에 옮겨 적었다. 그리고 나서 그는 나무 구슬을 꿴 줄(구슬 10개마다 하나씩 검은 구슬이 꿰어져 있었다)을 손가락 사이로 통과시켰다. 그리고 음절들을 엄청난 속도로(1초에 2~3개) 혼자 여러 번 읽어 암기했다. 어느 정도 시간이 지난 후(시간 간격은 20분, 엿새, 또는 한 달 등으로 다양했다) 그는 똑같은 음절들을 이용해서 실험을 반복했다. 그는 처음 음절을 외울 때 필요한 반복 횟수에서 두 번째 외울 때 필요한 반복 횟수를 빼서 '저축saving'이라는 지표를 만들었다. 단어를 다시 외울 때는 처음 외울 때보다 반복 횟수가 줄어들었지만, 얼마나 줄어들지는 중간의 시간 간격에 따라 달라졌다.

에빙하우스는 이 방법으로 기억의 정량화를 이룩할 수 있는 간접적인 방법을 찾아냈다. 어떤 사람이 무엇을 잊어버렸는지 직접적으로 측정할 길은 없지만 그것을 다시 외우기 위해 몇 번이나 반복해서 읽어야 하는지 정확한 숫자를 알아낼 수는 있다. 특히 에빙하우스는 처음 음절을 외웠을 때로부터 오랜 시간이 흐를수록 사람들이 더 많은 음절을 잊어버린다는 자신의 발견을 그래프로 나타낼 수 있었다. 이 그래프는 처음 20분 동안에는 매우 빠른 속도로 아래로 내려가다가 1시간 후에는 기울기가 약간 완만해졌다. 그리고 하루가 지난 후에는 평평해졌다. 이것이 에빙하우스의 유명한 '망각곡선'이다. 그가 발견한 또 하나의 사실은 음절의 숫자가 늘어나면 음절을 외우는 데 필요한 반복 횟수가 증가하지만, 그것을 비례로 표현할 수는 없다는 것이다. 에빙하우스는 음절들을 7개까지는 단 한 번에 모두 외울 수 있었다. 그러나 음절이 12개가 되자 무려 열일곱 번이나 반복해서 읽어야 했다. 음절이 16개일 때에는 반복 횟수가 30회까지 치솟았다. 반복 횟수가 이처럼 불규칙하게 증가하는 현상은 현재 '에빙하우스의 법칙'으로 불리고 있다.

1880년에 에빙하우스는 자신의 실험결과를 박사논문으로 써서 물리학자이자 수학자인 헤르만 폰 헬름홀츠Hermann von Helmholtz에게 제출했다. 대학에 강사로 취직하려면 반드시 논문을 제출해야 했기 때문이다. 헬름홀츠는 이 논문을 호의적으로 평가하며 연구방법과 통계적 처리과정에 찬사를 보냈다. 그는 실험결과가 "특별히 인상적이지는 않다"고 했지만, 실험을 하기 전에 어떤 결과가 나올지 미리 알 수는 없는 노릇이라며 이 '똑똑한 친구'를 무급 강사로 임명하면 좋겠다고 권고했다. 자신이 원하던 일자리를 얻은 에빙하우스는 다시 실험을 하고, 새로운 연구로 실험결과를 보강했다. 이번에도 그는 스스로 실험 대상이 되었다. 다른 방법이 없었기 때문이다. 그는 이 실험을 하려면 음절들을 외우는 지루하기 짝이 없는 작업에 몇 달을 바칠 수 있는 인내심과 집중력이 필요한데, 양심상 다른 사람한테 이런 것을 요구할 수는 없다고 썼다. 그래서 그는 매일 아침 자리에 앉아 구슬을 꿴 줄을 손가락 사이로 통과시키면서 음절들을 중얼거렸다. 이 지루한 실험의 결과는 1885년에 《기억에 대하여Über das Gedächtnis》라는 제목으로 발표되었다.

골턴과 에빙하우스의 실험방법에는 많은 공통점이 있었다. 두 사람 다 자신의 기억력을 연구했고, 두 사람 다 체계적인 방법을 사용해서 백분율로 정확한 답을 얻어내려고 했다. 그러나 두 사람 사이의 공통점 중에서도 가장 중요한 것은 두 사람 다 실험을 통해 기억에 관한 연구를 할 수 있다는 사실을 알고 몹시 기뻐했다는 점이다. 골턴은 실험을 통해 정신활동 중 잘 드러나지 않는 깊은 곳까지 뚫고 들어갈 수 있었다고 썼고, 에빙하우스는 "자연과학의 두 가지 강력한 도구인 실험과 측정"이 효과를 발휘할 수 있는 부분을 찾아낸 자신이 행운아라고 생각했다.

그러나 두 사람 사이에는 다른 점도 있었다. 두 사람의 실험이 모두 기억을 다룬 것이었지만, 과거의 추억은 골턴의 실험에서만 다뤄졌다.

'망각곡선'만 보고는 에빙하우스의 젊은 시절에 대해 아무것도 유추해낼 수 없다. 그의 머릿속 깊은 곳에서 무슨 일이 벌어졌는지, 그 속에서 무엇을 찾을 수 있는지도 알 수 없다. 골턴이 갑작스레 실험을 중단하기 전에 그토록 반갑게 환영했던 연상들은 에빙하우스의 실험에서는 처음부터 배제되어 있었다. 그는 일부러 아무 의미도 없는 음절들을 만들어냈다. 학습과 재학습, 기억의 저장과 망각의 법칙은 정신을 산란하게 하는 요소가 하나도 없는, 밝고 텅 빈 방에서만 밝혀낼 수 있었다. 뭔가를 회상하거나 방출하게 만드는 것은 최고의 실험재료가 될 수 없다. 의미 없는 일련의 자극만이 최고의 실험재료가 될 수 있다. 골턴에게는 연구 대상이었던 것이 에빙하우스에게는 실험을 방해하는 요소에 불과했다. 그러나 에빙하우스가 이처럼 엄격한 조건을 정한 덕분에, 그의 연구는 골턴의 연구에 없는 특징을 갖게 되었다. 에빙하우스는 자신의 기억 속에서 재현해낸 것을 처음 자신이 준비했던 자료와 비교해볼 수 있었다. 그리고 자신이 외운 것을 비율로 표시할 수 있었다. 실험에서 자극으로 사용된 자료를 기록해둔 덕분에 학습과 재학습 사이의 시간 간격과 음절의 양이 미치는 영향, 이미 외운 음절의 영향 등 모든 것을 정확하게 정량화할 수 있었던 것이다. 골턴의 실험에서는 불가능한 일이었다. 그의 연상들은 과거의 어느 시점엔가 그의 기억 속으로 들어온 것들을 끄집어냈다. 그가 어렸을 때 실험실에 간 적이 없었다면, 그곳에서 보낸 나날을 기억할 수 없었을 것이다. 그러나 연상을 숫자로 비교하는 것은 불가능하다. 에빙하우스는 여러 번이나 그런 비교를 할 수 있었는데 말이다. 그는 인위적인 음절을 만들어냄으로써 의미와 기억의 내용을 놓치고 말았지만, 시험과 정확성으로 그것을 벌충했다.

프랜시스 골턴과 헤르만 에빙하우스는 서로의 연구를 높이 평가했다. 그들이 1885년에 20~30년 앞을 내다볼 수 있어서 기억 연구가 어떻게 변할지 예측할 수 있었다면, 아마 너무 놀라서 말문이 막혀버렸을 것이다. 그들의 실험은 실험구조와 방법론 면에서 차이가 있었지만 똑같은 가치를 갖고 있었으며, 각각 나름대로 장단점이 있었다. 그러나 1세대 후에는 두 실험의 가치가 완전히 달라져버렸다. 에빙하우스 스타일의 실험이 바탕이 되어 점점 더 많은 연구가 이루어지다가 마침내 주류의 자리를 차지했다. 《실험 심리학과 교육학 워크숍에서 Aus der Werkstatt der experimentelen Psychologie und Pädagogik》(1913)에 실린 한 장의 사진은 당시 전형적인 기억실험의 형태를 잘 보여준다. 이 사진은 독일의 한 실험실에서 찍은 것인데, 정확한 장소와 날짜는 밝혀져 있지 않다. 사실 그런 정보가 밝혀져 있었다 해도 크게 달라지는 것은 없었을 것이다. 실험절차가 워낙 확고하게 확립되어서 실험장비와 실험과정뿐만 아니라 실험실까지도 어느 수준까지는 똑같은 모습을 하고 있었기 때문이다. 에빙하우스는 자신의 집 책상에 앉아 음절이 적힌 카드, 구슬을 꿴 줄, 주머니 시계만 가지고 실험을 했지만, 그의 뒤를 이은 학자들은 실험실에서 정교한 측정 장치로 실험을 진행했다. 사진 속의 두 남자와 여자아이는 에빙하우스가 혼자서 다 감당했던 실

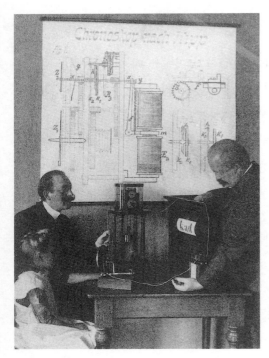

에빙하우스 방식의 기억 실험

험자와 피실험자의 역할이 분리되었음을 보여준다. 실험의 대상은 바로 여자아이의 기억력이고, 실험자들은 장치를 작동시키는 데 온 정신을 쏟고 있다. 기억실험의 정밀한 기계화는 지금까지도 지속되고 있다. 온갖 종류의 '기억측정기'와 '기억장치'들을 통해 기억해야 할 자료가 제시되고 있는 것이다. 사진 속 여자아이 앞의 탁자 위에도 그런 장치가 하나 놓여 있다. 작은 상자 안에는 여자아이에게 표준화된 시간간격에 맞춰 자극을 주도록 되어 있는 기계가 들어 있다. 여자아이는 장비들로 구성된 폐쇄회로의 핵심이다. 기계장치에 신호가 나타나는 순간, 아이의 왼쪽에 있는 시간측정기가 돌아가기 시작한다. 그리고 아이가 단어에 반응을 보이는 순간 시간측정기가 작동을 멈춘다. 아이의 앞에 있는 섬세한 막이 목소리의 진동을 감지하고 시간측정기를 끄는 것이다. 시간측정기는 과거 심리학에서 정확성을 상징하는 물건이었다. 피실험자의 반응시간을 1000분의 1초 단위로 포착해주었으니까. 벽에 붙어 있는 도표는 힙Hipp 시간측정기의 전기회로를 그린 것이다.

에빙하우스가 베를린의 서재에서 음절들을 중얼거린 때로부터 30년 후에는 모든 것이 변해 있었다. 실험장소도 달라졌고, 실험자와 피실험자가 구분되었으며, 실험장비가 발전하고, 실험이 표준화되었다. 사진 속 여자아이를 대상으로 한 실험이 에빙하우스의 전통을 확실히 따르고 있다는 사실은 아이가 외워야 하는 음절을 통해서 알 수 있다. 아이 앞에 제시된 것은 두 개의 자음 사이에 한 개의 모음을 넣은 의미 없는 음절, 'kad'이다.

## 잃어버린 영광

골턴의 연상 실험이 맞은 운명에 대해서는 간단히 이야기할 수 있다. 그의 실험결과는 에빙하우스가 실시한 연구의 연장선상에 있는 기억 심리학이 부상하면서 그 그림자에 가려져버렸다. 그의 실험방법과 접근방법뿐만 아니라 연구의 목표까지도 모두 잊혀버린 것이다. 원래 도구마다 대체로 용도가 다르다는 점을 생각하면, 연구의 목표까지 잊힌 것은 필연적인 결과다. 어쨌든 이 덕분에 기억 심리학은 진정한 과학으로 대접받을 수 있게 되었다. 대부분의 교과서들은 학습과 기억, 뭔가를 알아보고 재현하는 과정에 대한 지식 중 많은 부분이 지난 세기에 축적되었다고 인정하고 있다. 음절을 이용한 연구는 여전히 실시되고 있지만, 지금은 다양한 형태의 정보에 적용되는 수많은 방법들 중의 일부일 뿐이다. 정확히 정량화할 수 있는 답을 이끌어내는 질문을 선호하는 경향은 지금도 남아 있다. 그리고 우리의 기억 속으로 들어오는 것들을 분명하게 확인하려는 시도도 이루어지고 있다. 투입되는 정보와 산출되는 정보(우리가 학습한 자료와 기억을 통해 재현해내는 자료가 이렇게 불리고 있다)를 숫자로 비교할 수 있어야 한다는 것이 지금도 기억 연구에 반드시 필요한 요건이다.

　이런 연구를 위해 실험이나 측정이 어려운 주제들은 일시적으로, 혹은 영구적으로 연구에서 배제되어야 했다. 그리고 이것이 자전적 기억에 관한 연구에 커다란 영향을 미쳤다. 개인적인 일을 겪을 때마다 제일 먼저 공책에 적어놓는 사람은 없다. 또한 'bif'나 'kad' 같은 음절을 쉽게 사용할 수 있는 사람도 없다. 일반적으로 과거의 기억을 비율로 표현하는 것은 불가능하다. 방정식의 절반이 비어 있기 때문이다.

　기존의 연구경향에 반대하는 움직임은 1970년대에야 비로소 나타났다. 그런 변화가 일어나게 된 배경을 설명하다 보면 이 책의 주제에서 너무 멀리 벗어나게 될 것이다. 그러나 한 가지 중요한 요인을 언급한다면, 기억 연구의 주류학자들이 관심을 갖고 있는 주제와 일상생활 속에서 기억의 작용과 관련해 제기되는 의문 사이의 거리가 지나치게 컸다는 점을 들 수 있다. 로프터스Loftus, 나이서Neisser, 배들리Baddeley, 루빈Rubin, 콘웨이Conway, 그리고 네덜란드의 바게나르Wagenaar 같은 학자들은 나이서가 '일상적인 기억everyday memory'이라고 분류한 주제, 즉 자연스러운 상황에서 나타나는 기억의 작용에 주의를 돌렸다. 이 새로운 연구가 일으킨 가장 놀라운 현상은 자전적 기억에 대한 연구가 빠르게 증가했다는 것이다.

　실험적인 방법들을 자전적 기억에 적용해보니 너무나 생산적인 결과를 얻을 수 있었다는 점은 뜻밖의 아이러니였다. 몇 가지 사례를 들어보자. 심리학자인 크로비츠Crovitz와 쉬프만Schiffman은 연상을 이끌어내는 골턴의 방법을 살짝 수정해서 자기들 연구에 쓸 수 있을지도 모른다고 생각했다. 그들은 100명이 조금 안 되는 학생들에게 20개의 단어를 제시하면서 각각의 단어를 볼 때마다 가장 먼저 떠오르는 기억과 기억 속의 그 일이 벌어진 날짜를 가능한 한 정확히 종이에 적으라고 지시했다. 그 결과 기억이 떠오르는 횟수가 시간이 흐를수록 규칙적으로 감소한다는 사실이 밝혀졌다. 즉 학생들이 떠올린 기억 중 대부분이 아주 최근의 것이었으며, 학생들은 그 기억 속의 사건이 일어난 날짜와 시각을 정확히 기록했다. 그 다음부터는 기억이 떠오르는 횟수가 급격하게 줄어들었다. 크로비츠와 쉬프만은 실험 대상들의 나이를 고려할 때 골턴의 실험결과와 이번 실험을 비교해 의미 있는 결과를 이끌어낼 수는 없다고 썼다. 그러나 지금 생각해보면 이것이야말로 그들의 실험에서 가장 놀라운 점 중 하나였다. 이 실험에 참가했던 스무 살짜리 학생들이 '옛날' 기억으로 되돌아가지 않았다는 것. 크로비츠와 쉬프만의 연구는 1974년에 정량적이고 실험적인 심리학의 중심인 〈실험심리학회보Bulletin of the Psychonomic Society〉에 발표되었다. 두 사람의 논문을 계기로 그 후 '골턴의 단서기법Galton cuing technique'이라고 불리게 된 방법이 등장했다. 현재 이 방법은 자전적 기억의 실험적 연구에 자주 이용되고 있다.

바게나르의 '일기 연구'도 또 하나의 예다. 바게나르는 서른일곱 살 때 자신의 기억을 연구하기 시작했다. 그가 이 연구를 완성하는 데는 6년이 걸렸는데, 이 기간 동안 그는 자신의 삶과 관련된 사건을 매일 하나씩 기록했다. '무슨' 일이 일어났으며, '누가' 거기에 관련되었고, '언제' '어디서' 그 사건이 일어났는지를 기록한 것이다. 그는 또한 그 사건과 관련된 자신의 감정변화에 대해 1점에서 5점까지 점수를 매기고, 그 사건이 얼마나 놀라운 일이었는지, 또는 얼마나 즐거운 일이었는지를 기록했다. 이 밖에도 그는 자신이 그 사건을 정말로 기억하는지 시험하는 데 사용될 수 있는 중요한 특징도 하나씩 기록해두었다. 1979년부터 1983년 사이에 바게나르는 이런 사건 1605건을 기록했다. 1년 후 그는 기억을 되살릴 수 있는 신호 중의 하나(누구, 어디, 또는 언제)를 임의로 선택해서 그 사건을 기억해보려 했다. 한 가지 신호만으로 기억이 되살아나지 않으면 기억이 날 때까지 신호를 하나씩 늘렸다. 과거 골턴이나 에빙하우스의 경우와 마찬가지로 바게나르의 실험에서도 이 부분이 매우 지루했다. 그는 하루에 기껏해야 5개의 사건밖에 다룰 수 없었다. 그가 기억을 되살리는 과정에 꼬박 1년을 바친 것도 그 때문이다. 그가 사용한 신호들 중에서 '누구'와 '어디'가 가장 효과적이었다. '언제'는 별로 쓸모가 없었다. 사회적으로 아무리 중요한 날짜라도 기억 속에서는 별로 중요하지 않았다. 바게나르는 자신이 단기적으로는 불쾌한 일보다 유쾌한 일을 더 잘 기억해낸다는 것을 깨달았다. 그러나 시간이 흐르면 이런 차이가 사라졌다. 그가 기억을 되살리기 위해 사용한 신호의 개수로 측정한 망각 정도에는 에빙하우스 이후로 계속 알려져 있던 법칙이 반영되는 것 같았다. 즉 처음에 잊어버리는 것이 나중에 잊어버리는 것보다 상대적으로 훨씬 많다는 것이다. 심지어 자전적 기억의 경우에도 처음에는 그래프가 가파른 곡선을 그리다가 나중에는 평평해졌다. 그러나 에빙하우스의 실험과 바게나르의 실험 사이에는 중요한 차이점이 있었다. 에빙하우스가 처음에 외웠던 음절들을 한 달 후에 거의 잊어버리다시피 한 반면, 바게나르는 궁극적으로 자신이 기록한 모든 사건을 기억해낼 수 있었다. 비록 그 자리에 함께 있던 사람의 도움으로 힘겹게 기억해낸 경우도 있었지만 말이다.

자전적 기억에 대한 연구에는 이처럼 아주 오래된 연구결과와 최신 연구결과가 결합되어 있다. 연구방법은 19세기의 것이지만, 실험결과를 처리할 때는 최신 통계처리방법이 사용되고 있는 것이다. 자전적 기억에 대한 연구는, 실험심리학이 부상하기 전부터 존재했지만 실험심리학이 부상한 후에야 분명한 자리를 확보한 의문들에 바탕을 두고 있다. 연구결과를 항상 십진법으로 표현할 수 없는 것은 불가피한 일이다. 기억을 연구하는 사람들은 모두 에빙하우스가 정확성을 위해 희생했던 것, 즉 의미와 내용을 다루고 있다.

## 나이 들수록 왜 시간은 빨리 흐르는가

자전적 기억은 우리와 가장 친밀한 동반자다. 자전적 기억은 우리와 함께 성장한다. 우리가 다섯 살일 때, 열다섯 살일 때, 예순 살일 때 자전적 기억의 행동도 각각 달라지는 것이다. 변화가 아주 점진적으로 이루어지기 때문에 우리는 거의 눈치채지 못하지만. 자전적 기억이 던져 올리는 의문들은 반드시 시간 축에 맞아야 한다. 우리 인생에서도 그렇고 이 책에서도 그렇다. 최초의 기억과 노년의 건망증 사이, 기억의 형성과 부식 사이, 아직은 기억할 수 없는 상태와 더 이상 기억나지 않는 상태 사이에 우리 모두가 갖기 마련인 의문들이 놓여 있다. 순전히 우리에게 기억이 있기 때문이다. 평생 동안 우리의 동반자였던 것을 이제는 깜짝 놀란 눈으로 바라볼 수밖에 없다. 의문들의 해답을 찾는 방법은 자전적 기억에 대한 연구뿐이다. 자전적 기억 연구의 규모와 범위는 급속히 성장하고 있으며, 연구에 대한 열정도 빠르게 커지고 있다.

그러나 이런 연구만 있는 것은 아니다. 많은 심리학자들에게, 자신이 사용할 수 있는 도구들에 적합한 의문을 먼저 처리하는 것은 제2의 천성이 되었다(나도 예외가 아니다). 따라서 실험도 그런 방식으로 설계된다. 실험주제와 관련된 심리적·신경학적 변화를 측정하는 방법과 설문지가 사용되며, 최근에는 양전자 방사 단층촬영 같은 기술이 사용되기도 한다. 그리고 이런 방법들에 의해 연구의 한계가 설정된다. 그 경계선 너머의 것에 대해 우리는 굳이 손을 대지 않는 편을 택한다. 우리의 연구 타입에 맞지 않으니까.

적어도 그것이 우리가 처음에 보인 반응이었다.

《나이 들수록 왜 시간은 빨리 흐르는가》는 그런 반응에 저항하려는 시도다. 기억과 관련된 우리의 경험은 대부분 실험적 연구를 인정하지 않는 시간의 척도를 따라 이루어진다. 어떤 현상은 기록이 불가능할 만큼 금방 휙 스쳐 지나가버리기도 하고, 데자뷰 현상이 갑자기 나타나기도 한다. 자신이 데자뷰 현상을 경험하고 있음을 깨달을 무렵이면, 언젠가 경험한 일을 되풀이하고 있는 것 같다는 느낌은 이미 사라진 후다. 반면, 나이를 먹을수록 시간이 빨리 흐른다는 느낌은 아주 오랜 기간에 걸쳐 생겨나는 현상이다. 하지만 어떤 사람을 평생 동안 쫓아다니면서 실험을 하는 것은 불가능하다. 실험적 연구가 불가능한 상황에서 발생하는 현상도 있다. 갑자기 목숨이 위험한 상황에 처했던 사람들의 이야기를 들어보면, 그 순간에 자신의 일생이 눈앞을 스쳐갔다고 한다. 실험실에서 그런 현상을 어떻게 시험할 수 있겠는가? 이런 현상에 대한 의문을 그냥 옆으로 제쳐놓든지, 아니면 실험이라는 영역 밖에서 해답을 찾는 수밖에 없다. 이 문제와 관련해서 내가 내린 결정은 이 책의 제목 속에 반영되어 있다. 직접적인 실험이 불가능하더라도, 적어도 해답의 일부나마 제공해주는 데이터를 모을 수는 있다. 때로는 심리학만으로는 해답을 찾을 수 없는 경우도 있다. 지금까지 신경학자와 정신의학자들, 작가와 시인, 생물학자와 생리학자, 역사가와 철학자들이 기억에 관한 글을 쓴 바 있다. 때로는 연구결과가 '당시' 심리학의 범위를 뛰어넘는 경우도 있다. 또한 에빙하우스 이전의 학자들은 개인적인 경험과 관찰 외에는 자료가 없었고 그때까지 밝혀진 지식도 없었으므로, 현대의 연구 프로그램에서는 더 이상 문제가 되지 않는 의문들에 대한 글을 썼다.

책을 처음 손에 들었을 때 독자와 저자는 서로 반대방향을 향하고 있다. 독자에게 책은 아직 미래의 존재이고, 저자에게 책은 이미 과거의 것이다. 내게는 과거가 된 이 책을 되돌아보며, 나는 이 책이 에빙하우스보다 골턴의 정신을 더 많이 따랐으며, '과거'의 연상들로 인해 심리학의 초창기 시절을 자주 생각하게 되었음을 알 수 있다. 이 책 자체가 회상 효과의 산 증거가 된 것이다.

**참고문헌**

R. Benschop과 D. Draaisma, 'In pursuit of precision: the calibration of minds and machines in late nineteenth-century psychology,' *Annals of Science* 57 (2000) 1, 1~25.

H. F. Crovitz와 H. Schiffman, 'Frequency of episodic memories as a function of their age,' *Bulletin of the Psychonomic Society* 4 (1974), 517~518.

H. Ebbinghaus, *Über das Gedächtnis*, Leipzig, 1885.

F. Galton, 'Psychometric experiments,' *Brain* 2 (1879), 149~162.

C. Nooteboom, *Rituals*, Adrienne Dixon 번역, Baton Rouge, 1983.

R. Schulze, *Aus der Werkstatt der experimentellen Psychologie und Pädagogik*, Leipzig, 1913.

W. Traxel과 H. Gundlach 편집, *Ebbinghaus-Studien* 1, Passau, 1986.

W. A. Wagenaar, 'My memory: a study of autobiographical memory over six years,' *Cognitive Psychology* 18 (1986), 225~252.

# 어둠 속의 섬광: 최초의 기억들

우리 인생이 기억의 상실과 함께 끝나게 될지는 두고 보아야 알 일이다. 그러나 우리 인생이 기억의 상실과 함께 시작되었음은 분명하다. 대부분의 사람들은 최초의 기억을 이야기할 때 두 살에서 네 살 사이의 어느 시점으로 거슬러 올라간다. 물론 경우에 따라 두 살 이전이나 네 살 이후로 거슬러 올라가는 사람도 있지만 말이다. 최초의 기억은 기억상실의 끝을 의미하지 않는다. 오히려 기억의 상실을 강조하는 역할을 한다. 최초의 기억은 서로 동떨어진 짧은 이미지들이다. 그 전에 있었던 일이 전혀 기억나지 않을 뿐만 아니라, 그 후로도 오랫동안 아무 기억이 없는 경우가 많다. 나보코프Nabokov는 《말하라, 기억이여 Speak, Memory》에서 "내 어린 시절을 살펴보면 의식의 깨어남이 일정한 간격을 두고 이어지는 섬광처럼 보인다. 이 섬광들 사이의 간격이 점점 줄어들다가 마침내 인식의 밝은 덩어리들이 생겨나고, 이것이 기억에게 미끄럽지만 매달릴 수 있는 곳을 제공해준다"고 썼다.

그렇다면 섬광들 사이의 어둠은 어디서 오는 걸까? 이미 온갖 것들을 배워서 기억하고 있는 서너 살짜리 아이들의 기억은 훌륭하게 작동하고 있는 것처럼 보인다. 그들의 어휘력이 폭발적으로 증가하는 것이 바로 이 시기다. 그들은 자기들이 겪은 일에 대해 끊임없이 재잘거리고, 우리는 그들의 반응을 통해 그들이 그 경험에 대해 생각하고 있으며 일부 사건들이 그들에게 깊은 인상을 남겼음을 알 수 있다. 아이들에게 과거는 아직 날짜에 따라 분화되지 않은, 아주 긴 '어제'일 뿐이다. 그러나 그들이 과거를 기억한다는 사실에는 의심의 여지가 없다. 그런데 몇 년만 지나면 이때의 기억이 거의 모두 사라지고 어둠 속의 섬광만이 남는다.

프로이트는 이런 기억상실을 '유아기 기억상실infantile amnesia'이라고 불렀다. 그의 시기구분에서 '유아기'는 출생에서 예닐곱 살 때까지의 기간이었다. 이 단어는 원래 학문적인 의미를 지닌 중립적인 용어였으나 일상적인 대화에서 또 다른 의미를 갖게 된 용어 중 하나다. 지금은 일반적으로 '아동기 기억상실childhood amnesia'이라는 말이 쓰인다. 프로이트는 우리가 이 현상을 너무 쉽게 무시해버리고 있다고 주장했다. "이 사실은 당연히 놀라운 것인데도 그렇게 생각하는 사람이 없는 것 같다." 사람의 발달과정에서 출생 후 최초의 몇 년이 중요하다는 말이 사실이라면, 우리가 나중에 그때의 기억을 거의 다 잃어버리는 이유가 무엇일까? 프로이트는 이 의문을 분명하게 제기한 최초의 인물이었다. 심리학이 생겨난 이래로 이 의문은 연구의 자극제가 되었으며(최초의 연구는 1895년까지 거슬러 올라간다), 지금까지 한 번도 그 매력을 잃어버린 적이 없다. 지난 세기에 등장한 다양한 심리학 연구방법과 학파들이 아동기 기억상실에 대한 여러 이론 속에 모두 반영되어 있다.

대부분의 연구는 우연히도 어둠이 아니라 섬광에 집중되었다. 이렇게 된 이유는 명백하다. 최초의 기억의 본질을 알아내면 기억상실의 원인을 조금 알 수 있을지도 모른다는 희망. 나보코프는 최초의 기억과 점차 그 사이를 뚫고 들어오는 어둠이 시간에 대한 인식의 각성과 관련되어 있다고 확신했다. 그가 《말하라, 기억이여》에서 떠올린 기억이 하나 있다. 틀림없이 1903년 8월 어머니의 생일에 일어난 일이었을 것이라고 한다. 그가 기억하는 장면은 햇빛으로 가득 차 있다. 그는 상트페테르부르크 근처의 시골에 있던 별장 주변의 길을 걷고 있었다. 그의 양옆에는 아버지와 어머니가 있었다. 그가 숫자 세는 법을 조금 배웠을 때라서 자기 나이와 부모님의 나이를 물어본 직후였다. 아버지와 어머니의 대답을 들으며 그는 자기 나이가 네 살이고 부모님도 자기처럼 나이가 있다는 사실에 "너무나 기분 좋은 충격"을 받았다고 한다. "그 순간 나는 부드러운 하얀색과 분홍색 옷을 입고 내 왼손을 잡은 스물일곱 살의 사람이 내 어머니이고, 강렬한 하얀색과 황금색 옷을 입고 내 오른손을 잡은 서른세 살의 사람이 내 아버지라는 것을 강렬하게 인식하게 되었다." 마치 그 순간까지는 모든 것이 모호한 그의 유아적 세계에서 부모님이 신원불명 상태로 존재했던 것 같았다. 그 후 수년 동안 "나는 부모님의 나이에 커다란 흥미를 갖고 계속 부모님의 나이를 물어보았다. 새로 산 시계가 잘 맞는지 확인하려고 시간을 물어보는 소심한 승객처럼."

# 얼음 한 그릇

1895년에 프랑스의 심리학자 빅토르 앙리Victor Henri와 그의 아내 카트린Catherine은 최초의 기억에 대한 설문지를 유력한 국제적 심리학 학술지 다섯 군데에 발표했다. 그것은 비교연구를 위해 제대로 된 자료를 모으려는 최초의 시도였다. 답변서는 라이프치히로 보내달라고 되어 있었다. 빅토르는 당시 라이프치히에서 빌헬름 분트Wilhelm Wundt와 함께 연구 중이었다. 1년 후 앙리 부부는 자신들의 연구결과를 〈심리학 연보L'Année Psychologique〉에 발표했다. 두 사람에게 도착한 답변서는 123장이었으며, 그 중에는 러시아에서 온 답변서 77장(상트페테르부르크 대학의 한 철학 교수가 학생들을 이 연구에 참가시켰다)과 프랑스에서 온 답변서 35장이 포함되어 있었다. 영국과 미국에서 온 답변서의 숫자는 무시해도 좋을 만큼 적었다. 응답자들 중 최초의 기억을 구체적으로 떠올릴 수 있다고 답한 사람은 100명이었고, 어린 시절의 기억을 두세 가지 갖고 있지만 어떤 것이 더 먼저인지 모르겠다고 말한 사람은 20명이었다. 앙리 부부는 먼저 최초의 기억이 발생한 나이를 표로 작성하기 시작했다. 한 응답자는 자신이 갖고 있는 최초의 기억이 한 살도 채 되지 않았을 때의 일이라고 답변했다. 도표를 보니 생후 18개월 때부터 숫자가 급속히 증가했다. 정점은 두 번째 생일 이후였다. 최초의 기억 중 약 80퍼센트가 두 살에서 네 살 사이에 발생했지만, 다섯 살이나 여섯 살, 심지어 일곱 살 때에야 비로소 최초의 기억을 갖게 되는 경우도 드물지 않았다. 또한 최초의 기억과 두 번째나 세 번째 기억 사이에 상당히 긴 공백 기간이 있는 경우가 대부분이었다. 어떤 경우에는 이 공백 기간이 1년이나 되기도 했다. 기억들이 하나로 합쳐져서 순서와 방향이 분명한 이야기로 구성되기 시작하는 것은 일곱 살 이후부터였다. 대개 최초의 기억은 날짜를 정확히 알 수 있는 사건, 즉 '우리가 X로 이사갔을 때'나 '내가 Y에 이르렀을 때'로 시작되었다.

앙리 부부는 응답자들이 최초의 기억과 함께 느꼈다고 답변한 감정도 기록했다. 응답자들이 가장 많이 거론한 감정은 행복감이나 의기양양한 기분(10번)이었고, 그 다음은 고통스러움(6번)과 통증(6번)이었다. 놀라움(5번)도 최초의 기억과 함께 언급되었으며, 혼자 남게 될지 모른다는 두려움(5번)도 마찬가지였다. 수치심, 후회, 호기심, 분노는 각각 한두 번씩 언급되었다. 기억의 대상이 된 사건의 종류를 중심으로 최초의 기억들을 분류한 결과, 동생의 출생이 커다란 인상을 남긴다(6번)는 것을 알 수 있었다. 응답자의 숫자가 두 번째로 많았던 항목은 죽음(5번)이었다. 또한 누군가의 방문도 최초의 기억에 질병이나 화재만큼 많이 기여하는 것 같다(4번). 불을 환하게 밝히고 뭔가를 축하하는 잔치를 벌였던 기억(3번)도 언급되었다. 학교에 처음 간 날(2번)을 언급한 사람은 이보다 적었다.

앙리 부부는 거의 모든 사람들이 최초의 기억을 냄새나 소리가 아니라 시각적 이미지로 묘사한다고 지적했다. 사람들은 다른 사람들의 외모를 기억했으며, 심지어 그들이 했던 말을 한 마디도 빼놓지 않고 모조리 기억하는 사람도 있었다. 그러나 그들의 목소리는 기억하지 못했다. 사람들은 파티장에 불이 켜져 있었던 것은 기억하지만 음악은 기억하지 못했다. 사고 후의 공포는 기억하면서도 비명소리는 기억하지 못했다. 모든 기억 중에서 소리와 관련된 것은 단 하나뿐이었다. 이 답변을 한 응답자는 인형을 가지고 놀다가 여동생이 태어났다는 이야기를 들은 것이 기억난다고 했다. 이 소식은 원래 편지로 전달되었는데, 아버지가 그 편지를 큰 소리로 읽어주면서 동생의 이름이 오르탕스라고 말해주었다고 한다. 이때 일을 회상할 때마다 그녀는 기억 속에서 아버지가 그 이름을 말하는 소리를 듣곤 했다.

앙리 부부가 연구를 실시한 직후 비슷한 연구들에 관한 보고서가 여러 편 발표되었다. 미국의 심리학자 F. W. 콜그로브Colegrove는 노인들을 중심으로 100명에 대해 면접조사를 실시한 결과, 최초의 기억이 주로 시각적 이미지라는 결론에 이르렀다. 나중에 나이가 든 후에도 냄새와 관련된 기억이 드물다는 사실은 매우 놀라웠다. 엘리자베스 바틀렛 포트윈Elizabeth Bartlett Potwin은 학생 100명의 어린 시절 기억을 조사한 결과 역시 시각적 기억의 비중이 매우 높다는 사실을 발견했다. 그녀는 또한 거의 모든 최초의 기억에서 그 기억의 주인은 관찰자가 아니라 뭔가를 하거나 경험한 사람으로 등장한다는 사실도 밝혀냈다. 이런 연구들은 최초의 기억의 목록을 만들고 이 기억들을 분류한다는 점에서 특히 장점을 갖고 있다. 앙리 부부는 자신들의 자료를 더 이상 처리하지 않았으므로, 놀라움에 관한 기억이 최초의 기억 발생 시기가 이른 사람과 늦은 사람 중 어느 쪽에 많은지, 특정 사건에 대해 최초의 기억이 발생하는 빈도가 그 사건의 발생빈도와 관련되어 있는지 등에 대해서는 알 길이 없다. 또한 젊은 응답자들이 나이 든 응답자들과 다른 기억 또는 더 이른 시기의 기억을 최초의 기억으로 답변했는지도 밝혀져 있지 않다. 그러나 앙리 부부는 보고서 여백에 중요한 사실을 두 가지 언급해놓았다. 첫째, 많은 응답자들이 기억 속에서 자신의 모습을 보았다는 것. "나는 바다 가장자리에 서 있고, 어머니가 나를 안아주신다. 나는 마치 이 장면의 밖에 서 있는 사람처럼 이 장면을 지켜보고 있다." "병에 걸렸을 때 내 모습을 마치 내가 다른 사람인 것처럼 바라보고 있다." "어렸을 때의 내 모습이 보인다." 앙리 부부는 이런 결론을 내렸다. "사람들은 아이가 등장하는 장면을 보고 그 아이가 자신이라는 것을 깨닫는다." 둘째, 최초의 기억이 모두 강렬한 감정과 관련되어 있지는 않다는 것. 따라서 두 사람은 같은 시기의 기억 중에서 어떤 것은 기억이 나는데, 어린아이에게 시각적으로 훨씬 더 충격적인 다른 기억은 까맣게 잊혀버리는 이유를 도저히 설명할 수 없을 것 같다고 생각했다. 설문에 응한 한 철학 교수는 음식과 함께 얼음 한 그릇이 놓여 있는 식탁 앞에 서 있던 기억이 최초의 기억 중 하나라고 답변했다. 그의 할머니가 돌아가셨을 무렵이었다. 그의 부모는 그에게 그가 감정적으로 매우 격한 상태였다고 말해주었다. 그러나 그는 그런 기억이 하나도 나지 않았다. 장례식도, 부모님의 슬픔도. 오로지 얼음 그릇만 기억날 뿐이었다. 비엔나에서 앙리 부부의 연구결과를 읽은 한 독자는 그들이 언급한 이 두 가지 사실에 흥미를 느꼈다.

## m과 n의 차이

스물네 살의 남자가 다음의 장면이 최초의 기억이라고 답변했다. "그는 여름 별장의 정원에서 숙모 옆에 놓인 작은 의자에 앉아 있다. 숙모는 그에게 알파벳을 가르치려 애쓰고 있다. 그는 m과 n을 잘 구별하지 못해 숙모에게 그 둘을 어떻게 구분하느냐고 묻는다. 숙모는 m에는 n보다 뭔가가 하나 더 있다는 것, 즉 세 번째 선이 하나 더 있다는 사실을 지적해준다." 이것이 그가 기억하는 전부다. 네 살 때의 천진난만한 기억. 특별한 것은 하나도 없다. 그는 왜 이렇게 사소한 일을 기억하고 있는 걸까? 이 평범한 기억은 뭔가 중요한 일이 숨겨져 버렸다는 사실을 암시하고 있는 게 아닐까? 이 장면의 진정한 의미가 밝혀진 것은 이 기억이 "그가 어렸을 때 느꼈던 호기심 중 하나"를 상징한다는 사실이 분명해진 후였다. "그는 나중에 남자와 여자의 차이점을 알아보려고 애쓸 때, m과 n의 차이를 알아보려고 애쓸 때처럼 열심히 노력했다." 그는 "남자와 여자의 차이점도 비슷하다. 남자도 여자보다 뭔가를 하나 더 갖고 있다"는 것을 깨달았다. 그리고 "그가 이 사실을 깨달았을 때 어린 시절에 호기심을 느꼈던 비슷한 일이 기억났다."

이것은 프로이트가 한 말이다.

프로이트는 앙리 부부의 논문을 읽은 직후인 1898년 3월에 벌써 친구인 빌헬름 플리스Wilhelm Fliess에게 보낸 편지에서 사람들이 생애 처음 몇 년 동안의 기억을 잃어버리는 이유가 신경증 증상이 나타나는 이유와 똑같다는 의견을 내놓았다. 고통스러운 기억과 충동이 우리 의식까지 도달하는 것을 막기 위해 기억이 사라져버린다는 것이다. 그는 1899년에 나온 논문 〈차단막 기억Screen memories〉을 시작으로 강의, 논문, 저서 등을 통해 이 생각을 여러 번 다듬었다. 위에 언급한 청년의 사례는 《일상생활의 정신병리The Psychopathology of Everyday Life》에서 인용한 것이다. 우리가 최초의 기억이라고 생각하는 것은 실제로는 훨씬 나중에 재구성한 기억, 즉 철저하게 편집된 버전이다. 프로이트에 따르면, 앙리 부부가 밝혔던 것처럼 우리가 그 기억 속에서 자신의 모습을 본다는 것이 그 증거다. 우리가 그 사건을 그런 식으로 목격하는 것은 절대로 불가능한 일이므로, 사람들의 기억이 실제 사건을 신빙성 있게 재현했다고 생각하면 안 된다는 것이다. 어린 시절의 기억 중에 "왜 그 기억이 살아남았는지 알 수 없는" 경우가 그토록 많다는 사실도 이에 못지않게 수상쩍다. 그런 기억들은 대개 너무나 평범하고 무의미해서 왜 그 기억이 굳이 살아남았는지 이해하기가 어렵다. 그러나 좀더 자세히 살펴보면, 아니 정확히 말해서 정신분석을 받아보면, 이런 기억들이 다른 기억들을 은폐하는 역할을 한다는 사실을 알 수 있다. '차단막 기억'인 것이다. 이런 기억들은 꿈과 마찬가지로 주로 시각적이다. 이들은 연상과정에 의해 억압된 기억과 관련되어 있다. 프로이트가 자신이 갖고 있던 《일상생활의 정신병리》 책갈피 사이사이에 끼워놓은 메모들 중에는 이런 연상의 기원에 관한 메모도 있다. 그는 "따라서 얼음은 사실 발기의 안티테제를 상징한다. 음경처럼 열기(흥분) 속에서 딱딱해지는 대신 차가운 곳에서 딱딱해지는 물건. 성과 죽음이라는 두 개의 정반대되는 개념들은 죽음이 사물을 뻣뻣하게 만든다는 생각을 통해 연결되는 경우가 많다. 앙리 부부의 설문에 응답한 그 사람은 할머니의 죽음에 대한 차단막 기억으로 얼음을 제시한 것이다."

물론 이런 설명이 가능할 것이라고는 생각조차 하지 못했던 응답자가 자신의 기억을 이런 식으로 설명한 것은 아니다. 그러나 이 사례는 프로이트가 하고자 하는 말을 분명하게 보여주었다. 서너 살짜리 아이도 대단히 성적인 존재라는 것. 아이에게도 요구가 있고 욕망이 있으며, 만족과 쾌락을 구하는 마음도 있다. 그러나 세월이 흘러서 충동이 개인적 통제와 사회적 통제를 받게 되면, 이 시기의 기억이 고통스럽고 수치스럽게 느껴지기 때문에 우리의 의식이 스스로를 보호하기 위해 차단막을 세운다. 요행히 사라져버리지 않고 우리 의식 속으로 들어온 소수의 단편적인 기억들은 겉으로 보기에 그 내용이 천진난만하기 때문에 살아남은 것이다. m에 뭔가가 하나 더 있다고 가르쳐주는 숙모나 얼음 한 그릇처럼.

앙리 부부가 논문의 여백에 예외적이라고 기록해놓은 것을 프로이트는 확실한 증거로 생각했다는 사실이 놀랍다(그러나 원래 증거에 대해 느슨한 기준을 적용하는 프로이트다운 행동이기도 하다). 앙리 부부에 따르면, 대다수의 경우 최초의 기억은 강렬한 감정을 불러일으킨 사건들과 연결되어 있었다. 중요하지 않은 일을 최초의 기억으로 응답한 사람은 몇 명밖에 되지 않았다. 블론스키Blonsky의 연구(1929년), 더디차Dudycha의 연구(1933년), 발드포겔Waldfogel의 연구(1948년) 등 나중에 실시된 연구들은 앙리 부부의 주장을 확인해주었다. 러시아의 교육학자인 블론스키는 자신의 연구를 통해 기억상실에 대한 정신분석학적인 설명을 자신이 어떻게 생각하고 있는지 솔직하게 보여주었다. 그의 연구결과는 대체적으로 정신분석학적인 설명과는 반대되는 방향을 가리키고 있었다. 블론스키는 학생들에게서 최초의 기억 190개를 수집하고, 열두 살 내외의 아이들에게서도 최초의 기억 83개를 수집했다. 아이들은 스무 살에서 서른 살 사이의 학생들보다 더 어린 시절의 일을 최초의 기억으로 지목했다. 기억의 주인이 세 살이 되기 전에 일어났던 일에 대한 기억은 생애의 첫 10년 동안 모조리 사라져버리는 것 같았다. 그리고 그 다음 10년 동안에는 세 살에서 다섯 살 때까지의 기억이 사라져버렸다. 그러나 블론스키가 특히 놀랍게 생각한 것은 위협적인 상황을 기억하는 비율이 높다는 사실이었다. 그는 가장 강력한 '기억 요인 mnemonic factor'은 공포나 충격이라고 주장했다. 최초의 기억들 중 거의 4분의 3이 무서운 경험들(혼자 남겨지는 것, 북적거리는 시장에서 어머니의 모습을 놓치는 것, 숲 속에서 길을 잃는 것, 커다란 개와 갑자기 마주치는 것, 폭풍이 불 때 집에 혼자 남겨지는 것)과 관련되어 있었다. 그 다음으로 강력한 기억 요인은 고통이었다. 고통과 관련된 최초의 기억은 침대에서 떨어진 것, 편도

선 제거수술, 화상을 입거나 누군가에게 물린 것 등이었다. (과거의 조사에서 언급된 사건들이 이런 기억의 발생 시기를 확인하는 데 도움이 된다. 19세기의 어린이들은 유모의 품에서 떨어진 일을 기억했지만, 반세기 후의 아이들은 그네에서 떨어진 일을 기억했고, 요즘 아이들은 정글짐에서 떨어진 일을 기억한다. 미래의 학자들은 정글짐에서 떨어지는 것이 우리 시대 가정에서 가장 흔하게 발생한 사고였다고 생각할지도 모른다.) 블론스키는 아이들이 최초의 기억부터 시작해서 두려움, 충격, 고통 등을 유발한 상황들을 생생하게 기억하고 있음을 보여주었다. 어른이 되었을 때 개나 폭풍우를 무서워하는 것이 최초의 기억 때문이라고 생각하는 사람이 상당히 많았다. 마치 그들이 그 당시에 느꼈던 강렬한 충격이 강도는 덜하지만 만성적인 불안감으로 변한 것 같았다.

블론스키는 자신의 연구결과가 기억상실에 관한 프로이트의 주장과 맞지 않는다고 주장했다. 오히려 인간이 자신을 보호하는 데 기억이 도움이 된다는 진화이론과 잘 들어맞는다는 것이다. 앞으로 고통스러운 상황, 위험한 상황, 경계해야 하는 상황을 피하기 위해 우리는 그런 상황을 기억해두어야 한다. 이런 기억들이 무의식의 영역으로 밀려나서 기억상실이라는 어둠 속으로 녹아드는 경우는 없다. 오히려 그런 기억들은 우리 기억 속에 저장된 최초의 이미지 속에 포함되어 있는 경우가 많다. 게다가 이런 이미지 속에 상징적이라고 할 만한 것도 별로 없다. 지금 자신이 개에게 느끼는 두려움과 네 살 때 개가 자신에게 달려들었던 기억 사이의 관계를 밝히기 위해 정신분석학적인 해석까지 동원할 필요는 없다. 최초의 기억들 중에는 차단막 기억이라고 하기에는 그 내용이 너무나 거친 것들이 많다.

조르주 상드Georges Sand는 《내 삶의 이야기Histoire de ma vie》(1855)에 자신의 최초의 기억을 밝혀놓았다. 틀림없이 1806년에 일어난 일인 것 같다. "두 살 때 보모가 나를 안고 있다가 떨어뜨리는 바람에 내가 벽난로 선반 모서리에 부딪혔다. 나는 겁에 질렸고, 이마에 상처가 났다. 내 신경계를 뒤흔들어놓은 이 충격 덕분에 나는 내가 살아 있음을 느꼈다. 불그스름한 대리석으로 만들어진 벽난로 선반, 피, 보모의 깜짝 놀란 표정이 분명히 눈에 들어왔다. 지금도 그 광경이 눈에 선하다."

이 기억은 블론스키가 우리의 기억 중에서 가장 커다란 비중을 차지한다고 생각했던 범주, 즉 공포, 고통, 경악 등의 감정에 딱 들어맞는다. 무의미하고 천진난만한 기억들이 살아남는다는 프로이트의 주장과는 정반대다. 블론스키의 연구에 참가했던 응답자들 중 대다수와 조르주 상드의 최초의 기억처럼 강렬한 기억들이 유아기 기억상실에 대한 프로이트의 이론을 이렇게 여지없이 무너뜨린다는 사실은 역설적이다.

19세기 말까지 '외상trauma'이라는 말은 물리적인 상처나 부상을 뜻하는, 철저하게 의학적인 용어였다. 병원의 외상 담당부서에서는 지금도 이 단어를 그런 뜻으로 사용하고 있다. 그러나 일반 사람들의 대화에서 이 단어는 점점 정신의학과 심리학의 영역으로 옮아가게 되었다. 현재 이 단어는 심리적 상처, 정신적 흉터를 의미한다. 이런 변화가 일어나는 데 커다란 역할을 한 사람이 프로이트였다. 사람들이 스스로를 보호하기 위해 외상을 남긴 기억들을 의식 바깥으로 밀어낸다는 주장에 공감하는 사람들이 많아진 것은 프로이트 덕분이다. 프로이트에 따르면, 이런 억압 메커니즘이 유아기 기억상실의 기반이다. 그러나 아이러니하게도 실제로는 최초의 기억들 중에 부상, 사고, 상처, 멍, 화상, 물린 상처 등과 관련된 것이 아주 많다. 19세기의 관점에서 보면 이런 사건들은 분명히 정신적인 외상을 남길 만한 것들이다. 그런데 이런 기억들이 억압되기는커녕 최초의 자전적 기억으로 우리 머릿속에 기록되어 있는 것이다.

## 최초의 기억의 언어

블론스키의 연구에 참가했던 교육학과 학생들 중 지금까지 살아 있는 사람은 거의 없다. 살아 있다면 지금쯤 90대 노인이 되어 최초의 기억과 더욱더 멀어졌을 것이다. 그들의 기억은 그들이 살아온 개인적인 삶을 보여주는 그림일 뿐만 아니라, 그런 기억이 생겨나게 된 상황을 반영하고 있다. 그들은 어렸을 때 부모, 형제자매와 함께 처음으로 라디오 방송을 들으며 짜릿한 흥분을 느꼈다. 블론스키가 최초의 기억들을 분류하면서 '아버지가 했던 짜릿한 일'이라는 특별한 범주를 포함시켰다는 사실도 향수를 불러일으킨다. 아버지가 엄청나게 큰 숫자를 이야기하던 기억, 어느 날 갑자기 새까만 개와 함께 나타났던 것, 책상 서랍 속에 이상하게 빨간 연필을 모아두던 것, 밤에 조용한 집 안에서 바이올린을 연주하던 기억.

최초의 기억에 관해 이보다 나중에 실시된 연구결과들을 읽다 보면 더 많은 사례, 다른 분류기준들, 다른 분석결과 등과 마주치게 될 것이다. 그러나 무엇보다 확연히 다른 것은 바로 연구방법이다. 현대의 연구에서는 전통적인 설문지 대신 답변의 내용을 확인하고 정량화할 수 있는 질문들이 사용된다. 그리고 이런 연구결과가 그래프, 히스토그램, 곡선 그래프로 표시된다. 앙리 부부나 블론스키의 연구에서는 전혀 찾아볼 수 없었던 현상이다. 이런 식의 연구는 1960년대 이전까지도 매우 드물었다. 기억 그 자체는 거의 사라져버리고, 그나마 남은 기억도 때로 공책에 적힌 몇 가지 단서들 속에만 존재한다. 지금까지 많은 학자들이 최초의 기억의 '신뢰성'을 조사한 바 있다. 실험심리학자들은 어떤 실험이 측정하고자 하는 것을 제대로 측정했는지 판단할 때 같은 용어를 사용한다.

언어심리학자인 캐서린 넬슨Katherine Nelson에 따르면, 목록으로 정리한 질문들과 면접조사를 이용한 과거의 연구결과에 신뢰성이 있다. 최초의 기억들을 조사한 연구들에서는 대체로 똑같은 연령 패턴과 똑같은 타입의 기억들이 나타난다. 심리학자인 어셔Usher와 나이서의 연구는 기존의 방법과 반대되는 방법을 사용하고 있어서 연구의 모델이라 할 만하다. 두 사람은 먼저 날짜와 내용을 분명히 확인할 수 있는 네 가지 사건(동생의 출생, 병원 입원, 가족의 죽음, 이사)을 골라서 설문조사를 실시한 다음, 이런 사건들에 대한 사람들의 기억을 분석했다. 설문조사의 응답자들이 대답해야 하는 질문은 "어머니가 출산을 위해 입원해 계시는 동안 누가 당신을 돌봤습니까?" "동생이 여자아이인지 남자아이인지 말해준 사람이 누구입니까?" "동생을 어디서 처음 보았습니까?" "누가 어머니를 병원에서 데려왔습니까?" 등 모두 17개였다. 사람들이 기억하는 사건의 종류에 따라 기억의 시점이 달라지기는 했지만(동생의 출생과 병원 입원은 어린 나이에도 기억에 남았고, 가족의 죽음과 이사는 조금 큰 후에야 기억에 남았다), 전체적인 패턴은 예전의 연구에서 나타난 것과 다르지 않았다. 즉 두 살 이전의 기억은 지극히 드물고, 세 살 이전의 일들은 최초의 기억으로 남지 않는 경우가 대부분이었다. (친척들에게 자세한 상황을 물어봐서) 일단 최초의 기억이 형성된 다음에는 상당히 정확하게 그 기억이 남아 있는 것 같았다. 게다가 최초의 기억의 '신뢰성' 문제가 항상 중요한 것도 아니다. 같은 사건을 다른 사람들이 다르게 기억하고 있더라도 기억은 기억이니까 말이다.

사실 최초의 기억을 전혀 믿을 수 없는 경우도 있다는 것은 이미 분명한 사실로 확인되었다. 스위스의 발달심리학자인 장 피아제Jean Piaget는 두 살 때의 짜릿했던 경험을 최초의 기억으로 갖고 있는 행운아였다. "내가 유모차에 타고 있고, 유모가 내 유모차를 밀면서 샹젤리제를 걷고 있을 때 어떤 남자가 나를 납치하려 했다. 그러나 안전띠 덕분에 나를 유모차에서 떼어내기가 쉽지 않았고, 유모는 용감하게 내 앞을 막아섰다. 유모의 얼굴에 여기저기 긁힌 자국이 났는데, 지금도 그 상처들이 희미하게 기억난다. 곧 사람들이 모여들었고 짧은 상의에 하얀 경찰봉을 든 경찰관이 나타났다. 나를 납치하려던 남자는 줄행랑을 쳤다. 그때 일이 지금도 생생하게 기억난다. 그 일이 일어난 곳이 지하철역 근처라는 것까지도." 피아제가 열다섯 살쯤 되었을 때 옛날 유모가 그의 부모에게 편지를 보냈다. 그녀는 자기가 구세군에 입교했으며, 과거의 죄를 고백하고 싶다고 썼다. 누군가가 아이를 납치하려 했다는 이야기는 자기가 꾸며낸 것이며, 얼굴의 상처도 가짜였다는 것이다. 유모는 그때 용감하게 아이를 지킨 대가로 받은 시계를 돌려주었다. 피아제는 어렸을 때 유모의 이야기를 듣고 그것을 기억으로 전환시켰음이 분명하다. 피아제의 말대로 "기억의 기억이지만 거짓된 기억"이 된 것이다.

최초의 기억과 가족들 사이에 돌아다니는 이야기를 항상 분리시킬 수 있는 것은 아니다. 니콜라스 마트시르Nicolaas Matsier의 자전적 소설에서 화자인 티이트는 어떤 사건에 대한 이야기를 하면서 그것이 최초의 기억인지 알 수가 없다고 말한다. 자기는 그것을 최초의 기억으로 생각하고 싶지만, 사실은 어머니가 여러 번 들려준 이야기를 자신이 기억하고 있는 것인지도 모르기 때문이다. 이 기억 속에서 그는 문간에 서 있다. 우유 배달부가 어머니의 냄비 속에 우유 세 통을 막 붓고 나서 어머니가 돈을 가지러 안으로 들어간 사이에 그에게 말한다.

"애, 꼬마야, 이름이 뭐니?"
나는 그의 얼굴을 똑바로 바라본다.
"헨드리크."

어머니는 돈을 지불한 후 문을 닫고 깜짝 놀란 표정으로 그에게 묻는다. "헨드리크?" 그러나 어머니가 들려준 이야기에 따르면, 이 기억 속의 남자는 우유 배달부가 아니라 식품점 주인이었으며 어머니는 돈을 가지러 집 안으로 들어간 것이 아니라 뭔가 물건을 찾으러 들어간 것이었다. 잠시 뒤 소설 속의 화자는 그 일이 실제로는 어떻게 된 것인지 더 이상 확신할 수 없다고 말한다. 어머니가 들려준 이야기 속의 일은 노르데르호프드 거리에 있는 식품점에서 있었던 일이 아닐까?

최초의 기억에서는 이런 식의 혼란을 자주 찾아볼 수 있다. 사실 나중의 기억들도 마찬가지다. 그러나 이야기와 기억 사이에서 빚어지는 이런 혼란 덕분에 우리는 한 가지 요인에 초점을 맞추게 된다. 넬슨에 따르면, 이 요인은 자전적 기억이 형성되는 데 필수적이라고 한다. 아동기 기억상실이 점차 사라지는 현상과 최초의 기억은 언어능력의 발달과 함께 발생한다. 어휘력이 급속히 늘어나면서 아이들은 문법적인 법칙을 파악해 사용하기 시작한다. 동사의 과거형이 이미 일어난 일을 가리킨다는 것도 배운다. 과거의 일에 대해 이야기할 수 있는 능력은 같은 이야기를 반복하는 것과 같은 효과를 발휘한다. 그 일을 기억할 확률이 높아지는 것이다. 게다가 그 이야기를 반드시 남에게 들려주는 형태로 해야 할 필요도 없다. 넬슨은 이제 걸음마를 시작한 아이들이 잠들기 전에 재잘대는 이야기를 조사한 연구에서 아이들이 자신의 경험을 스스로에게 즐겨 들려주곤 한다는 사실을 발견했다. 언어의 발달과 함께, 그리고 언어의 발달에 어느 정도 힘입어서, 다른 추상적인 능력들도 성숙하기 시작한다. 아이들은 자신이 경험한 일들을 종류별로 구분하기 시작한다. 이것이 특정한 사건이 아니라 비슷한 경험을 한데 묶은 기억이 된다.

이런 발달과정은 자전적 기억에 두 가지 영향을 미친다. 많은 기억들과 특정한 사건들이 정해진 틀에 맞게 변형되는 것이다. 세 살 생일에 처음으로 동물원에 놀러간 아이는 그때의 일을 한동안 생생하게 기억할 것이다. 그러나 그 아이가 몇 달 후에 조부모와 함께 다시 동물원에 놀러가고, 또 한참 세월이 흐른 후에 학교 소풍으로 동물원을 찾는다면, 이 세 가지 기억이 하나로 융합되어 '동물원 놀러가기'에 관한 일반적인 인상으로 변할 것이다. 이처럼 추상적인 틀이 형성되면서 기억을 지워버리는 효과를 낸다. 이런 의미에서 자전적 기억은 어렸을 때나 나이를 먹은 후에나 똑같이 행동한다. 예를 들어, 브르타뉴에서 휴가를 보낸 기억이 어느새 작은 항구, 만, 절벽 위의 산책, 줄무늬 셔츠 등에 대한 일반적인 이미지 속에 통합되어버리는 식이다. 그러나 바로 이 과정에서 정반대의 현상이 벌어지기도 한다. 정해진 틀에서 벗어난 것, 예외적인 일, 놀라운 일 등이 더 기억에 남는 것이다. 여기서 중요한 것은 같은 일이 여러 번 반복되는 상황과 정해진 일상의 틀이 배경으로 자리 잡아야만 최초의 기억이 형성될 수 있다는 점이다. 아이가 약 세 살이 될 때까지는 이런 여건이 갖춰지지 않는다.

아동기 기억상실은 흔히 신경학적인 원인 때문에 일어나는 것으로 취급되어왔다. 인간의 뇌, 특히 수많은 연구에서 기억과 관련해 필수적인 역할을 하고 있음이 증명된 해마는 유아기에는 너무나 미성숙한 상태라서 아이의 경험을 도저히 기록해둘 수 없다는 것이다. 이는 아이들이 실제로 아주 어렸을 때부터 많은 것을 기억할 수 있다는 사실과 어긋나는 이론이다. 그러나 이 이론은 넬슨이 내놓은 이론의 전조가 되었다. 넬슨의 주장에 따르면, 기억은 분명히 존재하지만 나중에 추상적인 구조 속에 흡수되어버리기 때문에 각각의 기억을 따로따로 떠올리기가 불가능해진다. 아동기 기억상실은 1980년대 심리학자들의 말처럼 뇌의 '하드웨어' 문제가 아니라 '소프트웨어' 문제 때문에 발생한다.

나중에 진행되는 추상화 과정 때문에 기억이 그 힘을 일부 잃어버리고 결국 완전히 사라져버리게 된다는 사실은 비록 심리학 학술지는 아니지만 다른 곳에서 일찍이 언급된 적이 있다. 버지니아 울프Virginia Woolf는 세상을 떠나기 2년 전인 1939년 봄에 자서전 《과거의 스케치A Sketch of the Past》를 쓰기 시작했다. 이 책은 그녀의 사후에 출간되었다. 울프가 이 책을 쓰게 된 것은 동생 바네사의 충고 때문이었다. 바네사는 레이디 스트레이치Strachey가 말년에 이르러 자서전 《긴 삶에 대한 몇 가지 회상Some Recollections of a Long Life》을 쓰기 시작했지만 겨우 10여 쪽밖에 쓰지 못한 것을 언급하며 언니에게 당장 회고록 집필을 시작하라고 말했던 것이다. 울프는 최초의 기억에 대한 이야기로 자서전을 시작했다. "검은 바탕에 빨간색과 자주색 꽃들이 있었다. 어머니의 드레스. 어머니가 기차인지 승합마차인지 잘 알 수 없는 곳에 앉아 있고 나는 어머니의 무릎 위에 앉아 있었다. 따라서 나는 어머니 옷의 꽃무늬를 아주 가까이서 볼 수 있었다. 검은 바탕에 자주색과 빨간색 꽃들이 있던 것이 지금도 눈에 선하다. 아마 파란색 꽃도 있었던 것 같다. 내 생각에 그 꽃들은 틀림없이 아네모네였던 것 같다." 울프의 자서전을 조금 더 읽어 내려가다 보면 또 다른 기억("이것도 내 최초의 기억인 것 같다")이 등장한다. 그녀가 세인트아이브즈의 별장에서 아기 방 침대에 누워 해변에 부서지는 파도소리를 듣던 기억이다. 버지니아 울프는 이 두 가지 기억이 너무나 단순하다는 점이 이상하다고 썼다. "어쩌면 어린 시절의 기억들은 모두 이런 특징을 갖고 있는 것인지도 모른다. 어쩌면 이것이 그 기억들의 힘을 보여주는 것인지도 모른다. 우리는 나중에 감정을 덧붙여 이 기억들을 더 복잡하게 만든다. 그래서 기억의 힘이 줄어든다. 힘이 줄어들지 않더라도, 덜 독립적이고 덜 완전한 상태가 된다." 기억에 감정이 덧붙여져서 기억이 덜 독립적으로 변하는 것, 이것이 바로 기억이 사라질 확률을 증가시킨다.


## 베일과 입맞춤

어린 시절의 기억상실에 대한 이론들은 두 그룹으로 나눌 수 있다. 첫 번째 그룹은 유아기 동안 기억이 전혀 저장되지 않는다고 주장한다. 뇌가 아직 제대로 발달하지 못해서 기억을 오랫동안 보존하지 못한다는 가설이 좋은 예다. 기억을 저장하려면 언어능력이 필요하다는 가설도 마찬가지다. 두 번째 그룹은 기억이 저장되기는 하는데 나중에 그 기억을 꺼내볼 수 없게 된다고 주장한다. 이처럼 기억을 꺼내볼 수 없게 되는 이유에 대해 여러 가지 이론들이 나와 있다. 프로이트는 어린 시절의 기억이 억압된다고 주장했고, 다른 학자들은 어린 시절의 기억이 일정한 틀이 있는 일반적인 개념들과 융합되거나 어른이 현실을 인식하고 해석하는 방식이 걸음마를 시작한 아이의 방식과 너무 달라서 나중에 그 어떤 연상 작용으로도 그 시절의 기억을 끌어낼 수 없게 되는 것이 그 이유라고 주장했다. 아이가 어른의 무릎 높이에서 본 세상이 사라져버린다는 것이다. 아이가 나중에 어른이 되어 자신이 어렸을 때와 똑같이 보존되어 있는 방에 가봐도 그 방은 이미 예전의 그 방이 아니다. 바로 눈앞에 의자 다리가 있고 탁자를 보면 상판 아래쪽만 보였던 방은 이미 사라져버렸기 때문이다.

　사람이 생후 처음 몇 년 동안 겪었던 일들에 베일이 씌워지는 이유를 설명한 가장 최근의 이론은 아이의 자기의식 부족을 그 이유로 지목한다. '나' 또는 '자아'가 존재하지 않는다면 경험을 개인적 기억으로 저장할 수 없다. 심리학자인 마크 호우Mark Howe와 메리 커리지Mary Courage는 어린아이가 다른 사람들과 분리된 '나'로서 자신에 대해 어느 정도 통찰력을 쌓아야만 자전적 기억이 생겨날 수 있다고 주장한다. '나'가 없는 기억이란 주인공이 없는 자서전처럼 터무니없다. 자기의식은 아이의 첫돌이 한참 지난 후에야 처음으로 나타나기 시작한다. 나이가 아주 어린 아이들은 거울에 비친 자신의 모습에 반응을 보인다. 손을 뻗어 만져보기도 하고, 미소를 짓기도 하고, 뭐라고 재잘거리기도 한다. 첫돌이 다가올 무렵이면 아이들은 거울의 속성을 어렴풋이 눈치채고 거울 속의 존재를 찾기 위해 두리번거리기 시작한다. 아이들은 18개월이 되었을 때에야 비로소 거울 속에 비친 것이 자신의 모습임을 알아차린다. 아이의 코에다 몰래 립스틱을 발라두었을 때 아이들이 거울을 보고 깜짝 놀라 자신의 코를 향해 손을 뻗는 것이 바로 이 시기다. 거울을 한 번도 본 적이 없는 베두인족 아이들을 대상으로 한 실험에서도 아이들은 똑같은 행동을 보였다. 아이들은 또한 18개월 또는 그 이상이 되어서야 사진 속 자신의 모습을 알아본다. 정신장애나 자폐증 때문에 발달장애를 보이는 아이들은 자기 인식도 남들보다 늦을 수밖에 없다. 실제로 흐른 시간이 얼마이든, 아이의 정신이 18개월 수준에 이르렀을 때에야 비로소 아이는 자신을 '나'로 인식하게 된다.

아이가 '나'라는 단어를 사용하는지 관찰해보는 것도 아이의 자기 인식 수준을 알 수 있는 방법이다. '나'는 아이가 처음으로 배우는 인칭대명사다. 아이들은 '나'를 배운 지 몇 달 후에 '너'를 배우게 된다. 그러나 이 단어들을 올바로 사용하기는 쉽지 않다. 처음에는 '저기'였던 장소가 아이가 다가가면 '여기'로 바뀌듯이 '나'와 '너'도 화자의 관점에 따라 계속 바뀐다. 두 살짜리 아이가 어떤 이야기를 하면서 자신을 지칭할 때는 '나'이지만, 다른 사람이 그 아이에게 뭔가를 이야기할 때는 똑같은 아이가 '너'가 된다. 이 세상에 자기처럼 스스로를 '나'라고 부르는 사람이 아주 많다는 사실도 매우 혼란스럽다. 따라서 이 대명사들을 올바르게 사용하려면 자신과 타인이 다르다는 것을 먼저 이해해야 한다. 거의 모든 아이들은 두 살 무렵까지 이 혼란을 해결하므로 그 후로는 항상 '나'와 '너'를 구분할 수 있게 된다.

경험과 한 사람의 기억을 결합시켜주는 '나'가 존재해야만 자전적 기억이 생길 수 있다. 일단 이 기록이 시작되면, 이 기록의 저자이자 주인공인 사람의 이야기가 계속 쌓일 것이다. 호우와 커리지의 가설과 넬슨의 가설은 기억 자체가 변하는 것이 아니라 기억이 배열되고 저장되는 방식이 변한다고 본다는 공통점을 갖고 있다. 어느 쪽이 먼저인가 하는 문제(자기 인식이 자전적 기억을 만들어내는가, 아니면 그 반대인가?)는 그리 중요하지 않다. 이 과정에는 분명한 시작점이 없으며, 이 과정이 한 방향으로 진행되는 것도 아니다. 심지어는 주된 방향이 어디인지조차 파악할 수 없을 수도 있다. 확실한 것은 자전적 기억에서 최초의 기억이 자신의 정체성에 대한 이해와 연결되어 있는 경우가 많다는 점이다. 나보코프의 경우 어둠 속에서 비친 최초의 섬광은 자신과 부모의 나이가 다르다는 깨달음이었다. 그는 이 깨달음이 "나는 나이고 부모님은 부모님이라는 내면의 지식"과 연결되었다고 썼다. 작가인 에디스 와튼Edith Wharton에 따르면, 그녀의 기억은 어느 맑은 겨울날 뉴욕에서 "의식적이고 여성적인 자아의 탄생"과 동시에 생겨났다. 그녀는 자서전 《뒤돌아보기A Backward Glance》에서 다음과 같이 썼다.

결국 지금의 내가 된 어린 소녀, 그러나 아직은 나도 아니고 다른 누구도 아니라 그냥 부드럽고 이름도 없는 인류의 한 조각이었던 이 어린 소녀가 내 이름을 지닌 채 아버지와 산책을 나가고 있었다. 이것이 내가 그 소녀에 대해 기억할 수 있는 최초의 일이다. 따라서 나는 내 정체성이 탄생한 날을 그날로 잡고 있다.

그녀는 자신이 가진 옷 중에 가장 따뜻한 외투를 입고 "최고급 셰틀랜드 모직으로 만든 얇은 베일"이 달린 근사한 하얀 새틴 보닛을 쓰고 있었다. 산책길에서 그녀의 아버지는 사촌 헨리와 그의 아들인 대니얼을 만났다. "아주 동글동글한 모습의 그 장밋빛 소년이 나와 똑같이 흥미 어린 눈으로 [나를] 마주 보았다. 그러더니 갑자기 토실토실한 손을 내밀어 어린 소녀의 베일을 들어올리고 그녀의 뺨에 대담하게 입을 맞췄다. 처음 있는 일이었다. 어린 소녀는 그것이 아주 기분 좋다고 생각했다."

이보다 더 매력적으로 기억이 시작될 수는 없을 것이다. 마치 계시처럼 베일이 들어올려지고, 입맞춤을 당한 기억이 눈을 떴다.

## 참고문헌

P. Blonsky, 'Das Problem der ersten Kindheitserinnerung und seine Bedeutung,' *Archiv für die Gesamte Psychologie* 71 (1929), 369~390.

F. W. Colegrove, 'Individual memories,' *American Journal of Psychology* 10 (1899), 228~255.

G. J. Dudycha와 M. M. Dudycha, 'Some factors characteristic of childhood memories,' *Child Development* 4 (1933), 265~278.

S. Freud, *Screen Memories*, J. Strachey 번역, Standard Edition, vol. 3, London, 1974.

_____, *The Psychopathology of Everyday Life*, J. Strachey 번역, Standard Edition, vol. 6, London, 1974.

V. Henri와 C. Henri, 'Enquête sur les premiers souvenirs de l'enfance,' *L'Année Psychologique* 3 (1896), 184~198.

M. L. Howe와 M. L. Courage, 'On resolving the enigma of infantile amnesia,' *Psychological Bulletin* 113 (1993), 305~326.

N. Matsier, *Gesloten huis*, Amsterdam, 1994.

V. Nabokov, *Speak, Memory*, London, 1951.

K. Nelson 편집, *Narratives from the Crib*, Cambridge, Mass., 1989.

_____, 'The psychological and social origins of autobiographical memory,' *Psychological Science* 4 (1993), 1, 7~14.

J. Piaget, *The Child's Construction of Symbols*, London, 1945.

E. B. Potwin, 'Study of early memories,' *Psychological Review* 8 (1901), 596~601.

G. Sand, *Histoire de ma vie*, Paris, 1855.

J. A. Usher와 U. Neisser, 'Childhood amnesia and the beginnings of memory for four early life events,' *Journal of Experimental Psychology: General* 122 (1993),

155~165.

S. Waldfogel, 'The frequency and affective character of childhood memories,' *Psychological Monographs: General and Applied* 62 (1948), 1~38.

E. Wharton, *A Backward Glance*, New York, 1933.

V. Woolf, 'A sketch of the past,' *Moments of Being: Unpublished Autobiographical Writings*, London, 1976, 61~137.

# 냄새와
# 기억

냄새와 기억에 대한 글을 쓰는 사람은 누구나 마르셀 프루스트Marcel Proust와 차 이야기부터 시작해야 하는 모양이다. 냄새의 심리학에 관한 모든 논문에는 반드시 《잃어버린 시간을 찾아서A la recherche du temps perdu》의 한 장면이 언급되어 있다. 그러나 대개 이 장면을 언급한 부분이 여러 사람의 손을 거치다 보니 기껏해야 석 줄을 넘지 못하며, 내용이 하도 생략되어서 원래 내용이 무엇인지 거의 알아보기 어려울 지경이다. 이 장면에서 화자는 차를 마시며 케이크 한 조각을 차에 적셔 먹다가 갑자기 그 냄새로 인해 콩브레에서 보낸 어린 시절을 회상하게 된다. 프루스트의 소설에서 이 장면의 분량은 무려 4쪽이나 된다. 그는 자신이 자신의 감정을 이해하게 될 때까지 겪었던 고통을 미묘하고 내성적으로 묘사하고 있다. 어느 추운 겨울날 그는 우울한 기분으로 집에 돌아온다. 어머니가 그에게 차 한 잔과 '프티트 마들렌'이라고 불리는 작고 고급스러운 스펀지케이크를 내민다.

무미건조한 하루를 보내고 내일도 우울한 하루를 보내야 한다는 생각에 지친 나는 케이크 한 조각이 담긴 차 한 스푼을 곧 기계적으로 입술로 가져갔다. 따스한 액체와 그 안에 든 빵이 내 입에 닿자마자 전율이 내 온몸을 휩쓸고 지나가서 나는 움직임을 멈추고, 내게 일어나고 있는 그 놀라운 변화에 집중했다. 격렬한 쾌감이 몰려왔지만, 그것들은 모두 개별적으로 분리되어 있었으며 그것이 어디서 오는 감각인지 알 수 없었다.

화자는 자신이 갑작스레 쾌감을 느낀 이유를 알아보려 하지만 실패한다. 그것이 왠지 차와 케이크의 맛과 관련되어 있는 것 같다는 느낌이 든다. 그는 차를 한 모금, 또 한 모금 마셔보지만 세 번째에 느껴지는 것이 두 번째에 느꼈던 것보다 훨씬 적다. "이제 그만 마셔야겠다." 그는 혼잣말을 한다. "이 마법의 약에서 마법이 사라지고 있어." 마치 그의 내면에서 그가 미처 파악하지 못했던 뭔가가 자극을 받은 것 같다. 그는 잔을 내려놓는다. 그리고 처음 차를 한 스푼 떠서 마셨을 때로 생각을 되돌린다. 그는 정신을 산란하게 하는 다른 생각들을 모두 머릿속에서 몰아내려 애쓰면서 옆방에서 들려오는 소음을 듣지 않으려고 손으로 귀를 가린다. 하지만 모두 소용이 없다. 그는 긴장을 풀고 다른 생각을 하며 집중력을 회복시킨 다음 마지막으로 한 번 더 시도를 한다. 가슴속 저 깊은 곳에서 뭔가가 "시작된다. 그것이 안식처를 떠나 솟아오르려 한다. 깊은 곳에 닻처럼 박혀 있던 것. 그것이 무엇인지 나는 아직 모른다. 하지만 그것이 천천히 올라오는 것이 느껴진다. 저항이 느껴지고, 그것이 가로지른 커다란 공간의 메아리가 들려온다." 이제 그는 내면에서 솟아오르려 하는 것이 이미지라고 확신한다. 차와 마들렌의 맛과 연결된 시각적 기억. 그러나 그 이미지가 그의 존재 깊숙한 곳으로 계속 미끄러져 멀어지기 때문에 그는 무려 열 번이나 이 실험을 되풀이한다.

갑자기 기억이 되돌아온다. 그것은 콩브레에서 일요일 아침에 내가 레오니 숙모의 방에 아침 인사를 하러 갔을 때(일요일에 나는 교회에 갈 시간이 되기 전에는 밖에 나가지 않았다), 숙모가 내게 주곤 하던 프티트 마들렌의 맛이었다. 숙모는 빵을 자신이 마시고 있던 홍차나 라임꽃차에 적셔 내게 주곤 했다. 내가 맛을 보기 전, 프티트 마들렌을 보기만 했을 때는 머릿속에 아무런 기억도 떠오르지 않았다. 아마 내가 지금까지 그런 케이크를 자주 봤기 때문일 것이다. 맛을 보지는 않고, 제과점 진열장의 쟁반에 담긴 모습으로. 그래서 케이크의 이미지가 콩브레 시절과 스스로 분리되어 더 최근에 본 다른 모습들 사이에 자리를 잡았을 것이다. 아니면 오래전에 버림받아 내 마음에서 밀려난 그 기억들 때문인지도 모른다. 지금 그 기억은 하나도 살아남지 못했고, 모든 것이 흩어져 있었다.

화자가 그 맛을 알아보는 순간 다른 기억들도 떠오른다. 숙모의 집 뒤에 세워졌던 작은 집, 그 도시, 광장이 다시 그의 눈앞에 떠오른다. 그는 자신이 심부름을 하느라 달려갔던 거리, 날씨가 좋은 날 산책하던 길을 기억해낸다.

일본인들이 도자기 그릇에 물을 채우고 작은 종이 조각들을 적시며 즐거움을 찾는 것처럼. 그 종이들은 아무런 특징도, 형태도 없지만 물에 젖는 순간 저절로 펼쳐지거나 구부러지면서 뚜렷한 모양과 색깔을 띠고 꽃, 집, 사람 등으로 변한다. 영원히 사람들이 알아볼 수 있는 모양으로. 마치 그런 것처럼 그 순간에 우리 정원과 스완 씨의 정원에 있던 모든 꽃들, 비본의 수련, 마음씨 착한 동네 사람들과 그들의 작은 집과 교회와 콩브레 전체와 그 주변이 원래의 모양을 갖추고 점점 단단해져서 존재하기 시작했다. 도시와 정원들이 모두. 내 찻잔에서부터.

기억의 심리학에서 '프루스트 현상'은 어린 시절의 기억을 되살리는 냄새의 효능을 상징하게 되었다. 이 현상은 흔히 빠르다 못해 거의 순간적인 과정으로 묘사된다. 그런 의미에서 마들렌이 등장하는 소설 속 장면은 결코 프루스트 현상이 아니다. 화자가 차와 케이크를 기억 속의 이미지와 연결시키는 데는 오랜 시간이 걸린다. 순간적으로 떠오른 것은 느낌, 즉 쾌감과 관련된 연상이다. 기억 속의 이미지는 아직 먼 곳에 있어 떠오르지 못한다. 프루스트가 묘사한 느낌이 냄새와 기억이 연결되어 있음을 보여주는 고전적인 예로 아직까지 살아남아 있다는 사실도 이상하다. 화자는 케이크와 차를 맛보고 있지 냄새를 맡는 게 아닌데 말이다. 그러나 이런 실수는 이해할 수 있다. 우리는 네 가지 맛밖에 느끼지 못한다. 단맛, 신맛, 쓴맛, 짠맛. 맛의 나머지 영역을 덧붙여주는 것은 냄새다. 우리는 주로 냄새로 맛을 느낀다. 한편 일부 심리학자들은 프루스트 현상이라는 것이 정말로 존재하는지 의심을 품고 있다. 이 현상이 정확히 무엇과 관련되어 있는지는 불분명하다. 주로 어린 시절의 기억인가? 아니면 냄새와 관련된 연상을 통해서만 접근할 수 있는 기억인가? 아니면 우리가 잊어버렸음이 분명한 기억인가? 이 질문들에 언급된 차이들은 작지만 대단히 중요하다. 또한 냄새와 기억에 관한 연구결과들이 프루스트 현상에 대한 각각의 이론에 모두 똑같이 들어맞는 것도 아니다.

## 신선한 톱밥

냄새가 어린 시절의 기억을 불러낸다는 사실은 프루스트가 등장하기 훨씬 전부터 다들 알고 있던 얘기였다. 애커먼Ackerman에 따르면, 찰스 디킨스Charles Dickens는 "병에 상표를 붙이는 데 사용된 풀의 냄새만으로도 어린 시절의 고통이 감당할 수 없을 만큼 몰려온다고 주장했다. 아버지는 사업에 실패해서 그를 지옥 같은 창고에 버려두었고, 가족들은 그곳에서 병을 만들었다." 이처럼 아련한 기억들은 이미지뿐만 아니라 그 당시의 기분까지 되살려준다. 그 당시에 자신이 행복했는지, 그렇지 않았는지를 느낄 수 있는 것이다. 콜게이트 대학의 심리학연구소는 더 믿을 만한 자료를 모으기 위해 1935년에 작가, 과학자, 변호사, 목사 등 '저명인사' 254명에게 설문지를 보냈다. 이 저명인사들의 평균 연령은 50대 초반이었다. 도널드 레어드Donald Laird가 〈월간 과학 Scientific Monthly〉에 발표한 이 연구결과는 아주 재미있는 읽을거리다. 냄새와 기억에 대한 온갖 개인적 경험담이 실려 있기 때문이다. 대다수의 응답자들은 무엇보다도 냄새 때문에 어린 시절의 기억을 떠올리게 된다고 단언했다. 많은 사람들이 아래에 실린 월터 E. 번디Walter E. Bundy 박사의 경험담과 비슷한 이야기를 했다.

신선한 톱밥 냄새를 맡으면 나는 항상 아버지가 제재소에서 일하던 시절로 되돌아간다. 톱밥을 그냥 보았을 때는 어린 시절의 기억이 떠오르지 않지만 신선한 톱밥 냄새는 언제나 그때의 장면들을 생생하게 재현해준다. 하도 생생해서 순간적으로 내가 그때의 일들을 다시 경험하는 것처럼 생각될 정도다. 제재소에 대한 기억을 의식적으로 떠올려보면 이런저런 물건과 이런저런 사람들을 생각해낼 수는 있지만 그렇게 재구성한 기억은 활기가 없고 흐릿하다. 그러나 신선한 톱밥 냄새를 맡았을 때, 특히 톱밥을 눈으로 보기 전에 냄새로 톱밥의 존재를 먼저 알았을 때는 모든 기억이 생생하게 떠오른다.

번디는 자신이 뭔가 생각을 하고 있을 때 냄새만큼 갑작스럽게 자신의 생각을 흐트러뜨리는 것이 없다고 덧붙였다. 다른 사람들도 똑같은 경험을 한 것 같았다. 한 응답자는 어렸을 때 자신이 마구간에서 말과 함께 많은 시간을 보냈다고 썼다. "스무 살 때 어느 날 시골길을 걷는데, 말똥을 실은 수레가 내 앞 약 100미터쯤 되는 곳에 있었다. 그 냄새를 맡으니 갑자기 충격을 받은 것처럼 어린 시절의 기억들이 떠올랐다. 나는 너무 감격해서 꼼짝도 할 수 없었다." 이렇게 떠오른 기억들 중 일부는 평생 동안 사라지지 않는다. 코네티컷에 사는 일흔세 살의 보험사 직원은 냄새 때문에 "노퍽〔버지니아〕이 점령당했던" 네 살 때의 일이 기억났다고 썼다. (1935년에 네 살 때의 일을 떠올린 그 일흔세 살의 노인 덕분에 우리도 남북전쟁의 마지막 해로 돌아간 듯하다.) 냄새는 이해하기 어려운 갑작스러운 기분 변화를 일으키기도 한다. 한 여성은 이렇게 썼다. "한번은 기차에서 아주 행복해 하고 있을 때 갑자기 풀이 죽어서 거북하고 불행한 기분이 되었다. 다른 승객의 향수냄새를 맡자마자 대규모 댄스 수업과 프랑스인 교사에 대한 기억이 생생하게 떠올랐다. 내가 스텝을 잘 배우지 못하는 것을 보고 그 교사가 보여준 태도 때문에 당황했던 어린 시절의 그 기분이 다시 느껴졌다." 또 다른 응답자는 책을 읽다가 갑자기 고독감에 휩싸였다고 썼다. 그녀는 어렸을 때 자기가 갖고 있던 책이 모두 런던에서 인쇄된 것이었으며, 영국과 미국의 책 냄새가 아주 다르다는 사실을 깨닫게 되었다. 냄새는 어떤 사건이나 장면뿐만 아니라 거기에 관련된 기분까지도 되살려준다. 어린 시절의 감정적 색채까지 불러내는 것이다. 한 여성은 라일락 냄새 때문에 열두 살 때부터 열여덟 살 때까지의 기억이 되살아났다고 썼다. "특히 그 시절의 감정적 색채가 아주 강렬하게" 되살아났다는 것이다. 가끔 불쾌한 일이 연상되는 경우도 있지만 사람들은 일반적으로 연상을 통해 기분 좋은 느낌을 받는다. 중립적인 연상은 결코 존재하지 않는다. 사람들은 연상을 통해 과거의 감정을 즐겁게 다시 경험하기도 한다. 일부 응답자들은 그런 연상을 일으키는 냄새를 항상 가까이에 둔다고 대답했다. 네바다의 작은 광산촌에서 자란 한 변호사는 나중에 비가 많이 오는 습한 지역으로 이사한 후 "햇빛, 따스한 날씨, 깨끗한 공기, 그곳 특유의 레몬향이 나는 사막의 향기, 파노라마처럼 펼쳐진 굉장한 풍경, 강렬한 색채에 대해 항상 향수를" 느꼈다고 썼다. 그는 타호 지역에 여름휴가를 갔다가 세이지 한 다발을 가져와 화단에 조심스레 심었다. 그 세이지 냄새를 맡을 때마다 "내 안에서 시각적 느낌과 감정이 매우 선명한 사막의 모습과 함께 떠올랐다. 살짝 코를 대고 냄새를 맡으면 평온함과 그리움이 두 배, 세 배로 강렬해졌다."

많은 응답자들은 냄새를 통해 몇 살 때의 일이 기억나는지에 대해 커다란 흥미를 갖고 있었다. 한 응답자는 일시적으로 새로운 연상이 떠오를 수는 있지만, 궁극적으로는 항상 가장 어린 시절의 기억이 뚜렷하게 떠오른다고 썼다. 그는 모직 냄새를 맡으면 항상 자신이 어렸을 때 세상을 떠난 렘 아저씨를 떠올렸다. 렘 아저씨는 그때 막 일을 시작한 의사였으며, 모직으로 만든 새 외투를 입고 있었다. 나중에 응답자의 친구가 그런 외투를 샀는데, 그때 모직 냄새가 그 친구에 대한 기억과 연결되었다. 그러나 더 시간이 흐른 후 그 친구는 자기만의 냄새, 즉 파이프 담배 냄새를 갖게 되었고, 모직 냄새는 다시 렘 아저씨의 친숙한 냄새와 연결되었다. 그 응답자는 매우 자주 접하는 냄새("예를 들어 터키산 담배 냄새")가 너무 많은 기억들과 연결되어 오히려 상쇄효과를 낼 것 같다는 의견을 내놓았다. 그는 장기적으로 보면, 그 냄새와 관련된 가장 어린 시절의 기억이 승리를 거둘 것이라고 주장했다. "내 또래나 더 나이가 많은 사람들은 특히 냄새를 통해 어린 시절의 기억을 떠올리기 쉬울 것 같다. 그 이후부터 지금까지 그 냄새와 연결된 것들이 너무 많아서 그것들이 모두 한 덩어리로 뭉뚱그려져 무시되기 때문이다."

라임 꽃을 넣은 차와 마들렌의 냄새와 마찬가지로 풀, 톱밥, 말똥, 향수, 세이지, 라일락, 모직 등의 냄새도 감정적인 색채를 간직한 기억을 불러낼 수 있다. 이처럼 냄새를 통해 기억이 떠오르는 과정은 두 종류인 것 같다. 프루스트의 경우처럼 이 과정은 때로 두 단계를 거친다. 어떤 사람이 어떤 냄새를 맡고 자기도 모르는 사이에 갑자기 기분이 변하는 것을 깨닫는다. 깜짝 놀란 그 사람은 어떤 기억 때문에 기분이 변한 것인지 알아보려 한다. 그는 문제의 기억을 올바로 찾아냈을 때에만 냄새와 기억을 연관시킬 수 있다. 그러나 모든 것이 너무 빠르게 일어나서 냄새와 기억이 직접적으로 연결되어 있는 것처럼 보이는 경우도 있다. 이 경우에는 이 두 가지를 연결해주는 기분의 변화가 없다. 이런 기억에서 냄새는 다른 모든 감각을 압도하는 듯하다. 눈에 보이

나이 들수록 왜 시간은 빨리 흐르는가

는 모습과 냄새가 모두 기억을 자극할 수 있을 때(예를 들어 신선한 톱밥 더미나 세이지의 어린 가지 몇 개) 더 커다란 효과를 내는 것은 냄새다. 세이지를 보는 것만으로는 충분하지 않고 반드시 냄새를 맡아야 하는 것이다. 톱밥이 쌓여 있는 광경이 그다지 효과를 내지 못하는 것은 프루스트가 제과점에서 마들렌을 자주 봤는데도 기억을 떠올리지 못한 것과 같은 이유 때문인 것 같다. 그 이미지가 나중에 다른 기억들과 연결되면서 과거의 기억이 단절되어버린 것이다.

## 냄새와 기억에 관한 실험

냄새가 정말로 더 오래전의 기억을 더 생생하게 되살려내는 걸까? 냄새를 통해 되살아난 기억이 시각이나 청각이나 촉각과 관련된 기억보다 더 밀접하게 기분과 연결되어 있을까? 도널드 레어드의 연구에서 응답자들은 그렇다고 대답했다. 그러나 어쩌면 그들은 많은 사람들이 갖고 있던 생각을 그대로 옮긴 것인지도 모른다. 그리고 그 생각을 자세히 조사해보면 사실이 아니라는 것이 밝혀질지도 모른다. 레어드의 연구팀은 기억이 얼마나 오래된 것인지 응답자들에게 물어보지 않았고, 냄새가 아닌 다른 자극에 의해 되살아난 기억에 대해서도 물어보지 않았다. 현대의 심리학자들은 레어드의 응답자들이 밝힌 것과 같은 개인적인 경험('프루스트 현상'이라는 용어에 이름을 빌려준 프루스트의 경험도 여기 포함된다)을 별로 중요하게 생각하지 않아도 되는 '일화적 증거anecdotal evidence'로 분류하곤 한다. 더 신빙성 있는 조사와 시험과 비교를 위해서는 실험실에서 프루스트 현상을 재현하는 방법이 더 유용할 것이다.

실험실에서는 이 현상을 실험적으로 조작할 수 있으니까 말이다. 지금까지 이런 실험을 해본 학자들은 엇갈린 결과를 얻었다.

데이비드 루빈David Rubin의 연구팀은 피실험자들에게 냄새 또는 냄새의 이름을 제시했다. 예를 들어, 방충제 냄새를 맡게 하거나 아니면 '방충제'라는 단어만 제시한 것이다. 그들이 실험에 사용한 자극은 커피, 베이비파우더, 박하, 땅콩버터, 초콜릿 등 모두 열다섯 가지였다. 자극을 가할 때마다 그들은 피실험자들에게 각각의 냄새나 단어로 인해 생각나는 가장 어린 시절의 기억을 종이에 적도록 했다. 그리고 그 기억이 얼마나 생생한지, 기억 속의 그 시점과 실험을 하고 있는 지금 그 기억이 얼마나 유쾌하게 느껴지는지에 대해 1에서 7까지 점수를 매기도록 했다. 피실험자들은 또한 기억 속에 자신의 모습이 보이는지 아닌지도 기록해야 했다. 프로이트에 따르면, 이것은 어린 시절의 기억이 재구성되었음을 보여주는 증거다. 피실험자들은 또한 그 기억을 전에도 떠올린 적이 있는지, 마지막으로 그 기억을 떠올린 것이 언제인지 기록하고, '지난주' '작년' '내가 열 살 때' 하는 식으로 기억 속의 날짜를 가능한 한 정확하게 적어 넣어야 했다.

이 실험은 특별히 프루스트 현상을 시험하기 위해 고안된 것이었다. 루빈의 연구팀은 냄새가 더 생생하고 더 유쾌한 기억, 특히 다른 기억보다 더 오래전의 기억을 되살려낼 것이라고 기대했다. 어쩌면 기억이 오래됐음을 보여주는 추가적인 증거로서 피실험자가 그 기억 속에서 자신의 모습을 보게 될 가능성도 있었다. 그러나 이런 일은 전혀 일어나지 않았다. 냄새에 관한 기억이 다른 기억과 다른 점은 피실험자가 최근 생각한 적이 없는 사건에 영향을 미치거나 실험 때문에 어떤 기억이 처음으로 떠오를 가능성이 약간 높다는 것뿐이었다. 프루스트 현상을 실험적으로 증명하기에는 빈약한 결과였다.

프루스트 현상이 정말로 존재하는 걸까? 루빈의 실험은 그런 현상이 존재하지 않는다는 증거가 되지 못한다. 그가 고안해낸 실험적인 환경에서 프루스트처럼 기억을 떠올릴 가능성은 처음부터 그리 높지 않았다. 냄새와 오랜 기억이 연결되는 데에는 특히 개인적인 측면이 많다. 어떤 피실험자는 애플파이 냄새를 통해 일요일 점심식사의 기억을 떠올리지만, 어렸을 때 그 사람의 옆집 친구였던 다른 피실험자는 서양자두와 커스터드 냄새를 통해 일요일 점심식사의 기억을 떠올린다. 똑같은 일요일의 느낌, 점심때의 따스한 식사에 대한 기억이 다양한 냄새를 통해 되살아날 수 있는 것이다. 루빈이 이런 냄새를 목록에 포함시키지 않았다고 해서 그를 비난하는 것은 터무니없는 일이다. 그러나 만약 프루스트 효과가 존재한다면, 그의 실험이 그런 효과를 만들어내는 데 실패한 것은 사실이다. 심지어 프루스트 자신도 이 실험에서는 한심한 성적을 기록했을 것이다. 실험에 사용된 냄새 목록에 라임 꽃을 넣은 차와 마들렌이 없어서가 아니라 기억을 되살리는 데 시간이 너무 오래 걸려서 그가 콩브레에 대한 기억을 글로 옮기려 하기도 전에 실험이 끝나버렸을 테니 말이다.

심리학자인 추Chu와 다운즈Downes는 다른 방법을 이용해서 좀더 성공적인 결과를 얻었다. 단서가 되는 단어를 사용하는 과거의 실험들에서는 예순 살가량의 나이 많은 피실험자들이 어린 시절과 청년기 초기의 기억들을 유난히 많이 떠올렸었다. 이 '회상 효과' 때문에 기억들을 나이별로 분류해 백분율로 나타낸 히스토그램에서 약 열다섯 살부터 스물다섯 살 사이의 기억 비중이 높게 나타났다. 추와 다운즈는 루빈과 같은 방법을 이용했다. 피실험자들에게 식초, 화장용 파우더, 잉

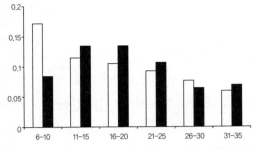

자전적 기억의 분량을 연령별로 표시한 히스토그램. 하얀 막대는 냄새를 통해 떠오른 기억의 양을, 검은 막대는 단어를 통해 떠오른 기억의 양을 각각 표시한다.

크, 기침약, 라벤더 등의 냄새를 맡게 하거나 냄새의 이름만을 제시한 것이다. 그러나 피실험자의 연령대가 달랐다는 점이 두 실험 사이의 중요한 차이점이었다. 루빈의 실험에서 피실험자들의 나이는 약 스무 살이었지만, 추와 다운즈의 실험에서는 평균연령이 일흔 살이었다. 그 결과 뚜렷하게 차이를 보이는 실험 결과가 나왔다. 피실험자들이 냄새의 이름만을 듣고 떠올린 기억은 피실험자의 나이가 많을수록 회상 효과의 형태를 띠었다. 열한 살 때부터 스물다섯 살 때까지의 기억이 유난히 많이 나타난 것이다. 그 결과 그래프가 위로 치솟았다가 다시 떨어지는 모습이 분명하게 나타났다. 그러나 냄새를 직접 맡고 떠올린 기억의 경우에는 이야기가 달랐다. 여섯 살부터 열 살 사이의 기억이 가장 많았고, 그 다음부터 기억의 숫자가 점진적으로 감소한 것이다. 이것은 상당한 변화였다. 기억이 존재하는 순간부터, 즉 아동기 기억상실 직후부터 냄새가 나이 많은 피실험자들에게서 냄새의 이름보다 거의 두 배나 많은 기억을 되살려냈으니까 말이다.

이 연구결과에는 역설적인 구석이 있었다. 일흔 살 노인의 경우 냄새를 구분하는 능력은 과거에 비해 극히 일부밖에 되지 않는다. 기껏해야 과거 능력의 몇 퍼센트만이 남아 있을 뿐이다. 스무 살이 넘으면 후각은 급격하게 감퇴한다. 추정에 따르면 10년마다 절반으로 줄어든다고 한다. 따라서 우리가 구분할 수 있는 냄새의 범위가 점점 좁아진다. 그런데도 나이가 많은 피실험자들이 냄새를 통해 어린 시절의 기억을 떠올린 것이다. 일부 학자들은 이것이 결코 역설이 아니며 오히려 현상을 어느 정도 설명해준다고 주장한다. '오래된' 연상들이 새로운 인상들로 인해 더 이상 흔들리지 않기 때문에 고스란히 남아 있음을 보여준다는 것이다. 우리가 맡을 수 있는 냄새가 점점 줄어들기 때문에 과거의 냄새와 관련된 기억이 40년, 50년, 60년 동안 고스란히 보존된다는 얘기다. 다른 실험에서도 냄새가 기억 속에 남긴 흔적이 얼마나 끈질긴지 증명되었다. 우리가 기억 속에 저장해놓은 거의 모든 것에 새로운 것이 추가될 때마다 과거의 기억들이 방해를 받는다. 그런데 냄새의 경우에는 방해가 훨씬 덜하다. 따라서 새로운 냄새를 구분하는 법을 배우더라도 예전에 이미 구분하는 법을 배운 다른 냄새들에는 거의 영향이 미치지 않는다. 한번 자리를 잡은 냄새의 흔적은 기억 속에 오랫동안 끈질기게 남는다. 어쩌면 평생 동안 남는 것인지도 모른다.

이런 설명을 약간 변형시킨 주장도 있다. 우리가 어느 시점에서 특정한 냄새와 맛을 더 이상 접할 수 없게 된다는 것. 유명한 자동차들이 소리 소문 없이 거리에서 사라져도 아무도 눈치채지 못하다가 그 모델의 자동차가 여전히 거리를 달리고 있는 것을 보았을 때에야 비로소 기억해내는 것과 마찬가지다. 냄새와 맛도 우리 삶 속에서 완전히 사라져버릴 수 있다. 한동안 사라졌다가 다시 나타나기도 하고, 아예 영원히 사라져버리기도 한다. 으깬 바나나와 오렌지 주스를 넣은 쌀 푸딩 같은 전형적인 이유식, 어렸을 때 거의 매주 먹다가 그 후로 다시는 먹지 않은 음식 등이 좋은 예다. 사람들이 고향을 떠나거나, 요리 스타일이 바뀌거나, 새로운 디저트들이 등장하면서 과거에 익숙하던 음식들이 거의 하루아침에 쫓겨나버린다. 과일 요구르트와 향을 첨가한 커스터드가 등장하면서 보리죽, 버터밀크 죽, 사고야자와 타피오카의 냄새가 사라져버렸다. 또한 어렸을 때 수프로 먹던, 토마토가 듬뿍 들어간 푸딩의 맛도 결코 생각나지 않는다. 하지만 나중에 신기한 우연의 일치로 똑같은 맛과 냄새를 만난다면, 과거의 기억들이 고스란히 남아 있다가 금방 떠오른다는 것을 알게 될 것이다.

## 후각의 구조

때로 신경학 분야의 새로운 발견이 오래전 완전히 다른 분야의 관찰결과와 하도 흡사해서 두 가지 연구결과를 결합한 가설이 필연적으로 등장할 것처럼 보이는 경우가 간혹 있다. 두 연구결과가 서로를 뒷받침해주고 있기 때문이다. 현재 프루스트 현상에 대한 설명으로 가장 널리 받아들여지고 있는 주장도 같은 과정을 겪었다. 이 주장을 명확하게 설명하려면 후각과 뇌의 진화과정을 짧게나마 언급할 필요가 있다.

진화의 관점에서 후각은 원시적인 감각이다. 후각은 불룩하게 부풀어 오른 두 개의 신경 튜브, 즉 후구olfactory bulbs에서부터 발달하기 시작했다. 그리고 신피질처럼 대뇌에서 나중에 발달한 부분들이 후구를 덮어버렸다. 후구는 뇌의 총 부피 중 1000분의 1도 되지 않는다. 냄새가 코의 점막으로 들어와 후구까지 도달하는 길은 짧다. 코의 상부에는 후각 상피 두 개가 있는데 노르스름한 갈색을 띤 이 상피의 크기는 각각 1제곱센티미터다. 후각 상피에는 600만 개에서 1000만 개의 감각세포가 있다. 양치기 개의 세포가 2억 2000만 개이고 인간 망막에서 빛을 감지하는 세포가 약 2억 개라는 점을 감안하면 보잘것없는 숫자다. 후각 상피가 노르스름한 갈색을 띠는 것은 후각 세포의 섬모 때문이다. 다이앤 애커먼의 말을 빌리면, "그들은 삐죽 튀어나와 마치 산호초 위의 아네모네처럼 공기의 흐름을 따라 흔들린다." 후각 상피의 세포들은 냄새 신호를 바로 뒤에 있는 두 개의 후구로 전달한다. 신경은 사골(篩骨: 머리뼈의 가장 한가운데 위치하는 뼈로 구멍이 많이 나 있다—옮긴이)의 구멍들을 통해 연결되어 있다. 여러 감각 중에서 후각은 감각정보가 분석되는 뇌와 가장 가까이 위치해 있다. 해부학적으로 표현하자면, 마치 뇌의 작은 부분 두 개가 코 속으로 떨어져 내려와서 냄새라는 자극과 만나는 것 같다.

두 개의 후구에서 이어진 길이 짧기 때문에 쉽게 추적해볼 수 있다. 후구는 뇌 속 깊숙한 곳에 자리잡은 변연계와 직접 연결되어 있다. 다른 곳(예를 들어 신피질)과 연결된 가지들은 거의 없다. 계통발생학적으로 볼 때 변연계는 우리 뇌에서 원시적인 부분이며, 경계심과 감정을 담당하는 구조물들로 이루어져 있다. 후각은 또한 기억 저장에 필수적인 역할을 하는 해마와도 직접 연결되어 있다. 냄새는 특별히 빠르게 인지되는 감각은 아니다. 우리 뇌는 처음에 유쾌한 냄새인지 불쾌한 냄새인지를 구분한 후, 잠시 시간이 흐른 후에야 냄새의 정체를 파악한다. 그러나 냄새가 처음 도달해서 저장될 때까지의 길이 짧고 곁길이 전혀 없다. 마치 세상을 놀라게 한 범죄의 용의자처럼 냄새라는 자극이 호기심에 찬 사람들의 눈길을 피해 뇌라는 법정으로 곧장 출두하는 것 같다.

그러나 이런 특별대접을 받는 대가로 후각은 뇌에서 언어를 담당하는 부분과 접촉할 수 없게 되었다. 따라서 냄새 자극은 일단 법정에 출두한 뒤에는 말을 잃어버린다. 후각은 '침묵의 감각'으로 알려져 있다. 냄새를 말로 설명하기가 어렵기 때문에 일반적으로 사람들은 그 냄새를 만들어내는 물건을 언급해가며 냄새를 설명한다. 우리는 눈으로 오렌지를 봤을 때 그것을 즉시 말로 옮겨 다른 사람들에게 설명해줄 수 있다. 형태는 둥글고, 색깔은 오렌지색이며, 지름이 3인치쯤 되고, 껍질에 작은 곰보자국이 나 있다고 말이다. 그러나 오렌지 냄새를 맡았을 때는 그냥 오렌지 냄새라고 말할 수밖에 없다. 냄새에 관한 좀 더 일반적인 표현들, 예를 들어 달콤한 냄새라든가 시큼한 냄새 같은 표현들은 맛과 관련된 표현을 빌려온 것이다. 때로는 기분 좋은 냄새, 역겨운 냄새, 맛있는 냄새, 끔찍한 냄새 등 그 냄새에 대한 사람들의 반응을 토대로 냄새를 설명하기도 한다. 18세기에 린네Linnaeus는 식물에서 나는 냄새의 분류법을 만들어냈는데, 그가 중요한 판단기준으로 삼은 것은 그 냄새가 기분 좋은가 불쾌한가 하는 점이었다. 그는 향기롭다, 맛있다, 얼얼하거나 마늘 냄새가 난다, 악취가 나거나 염소 냄새 같다, 불쾌하다, 역겹다 등 일곱 가지 단계로 냄새를 분류했다. 사람들이 뭔가를 설명할 때 '무엇무엇 같다'는 표현은 대개 설명을 보강하기 위해 쓰인다. 흥미로운 것은 앞을 볼 수 없는 사람들이 그렇지 않은 사람들보다 냄새를 더 잘 구분하며, 냄새의 이름을 더 정확하게 말할 수 있다는 사실이다. 그들의 후각이 특별히 예민하지 않은데도 말이다. 아마도 그들은 냄새의 원인을 정확히 찾아낼 수 없기 때문에 냄새 그 자체에 더욱 집중을 하게 되는 것 같다. 전체적으로 봤을 때 냄새를 표현하는 어휘는 극단적으로 제한되어 있어서 주로 냄새의 원인으로 냄새를 설명하며, 냄새를 분류하거나 추상적으로 표현하지 못한다. 냄새가 언어를 피해 다니는 것 같다.

앞 장에서 보았듯이 자전적 기억은 언어능력의 발달과 함께 형성된다. 개인적인 기억을 기록하기 위해서는 사물을 추상화하는 능력이 필요한 것 같다. 어쩌면 언어 그 자체가 필요한 것 같기도 하고, 아니면 언어가 발달하면서 생기는 부수효과가 필요한 것 같기도 하다. 안개처럼 흐릿하게 기억을 잃어버리는 현상은 서너 살 무렵부터 점차 없어지기 시작하지만, '최초의 기억'이 발생한 후에도 시간순으로 자세히 정리된 기억이 나타나는 데에는 몇 년이 더 걸린다. 추와 다운즈의 히스토그램은 대부분의 조사에서 나타난 결과를 특징적으로 보여준다. 다시 말해서, 열 살 무렵이 되어야 비로소 자전적 기억에 정말로 살이 붙기 시작한다는 사실이 이 히스토그램에 잘 나타나 있다는 얘기다. 추와 다운즈의 연구에서는 또한 냄새를 통해 되살아난 기억의 경우에는 그래프가 정점에 도달하는 시기가 몇 년 더 빠르다는 점도 밝혀졌다. 아마도 그 시절의 기억이 언어와 관련되어 있지 않기 때문인 것 같다. 후각은 뇌와 특별하게 '연결'되어 있기 때문에 냄새가 해마로 곧장 전달된다. 그리고 이렇게 냄새가 전달된 후에는 반드시 그 전달경로를 통해서만 그 냄새를 되살릴 수 있다. 냄새로 인해 되살아나는 기억이 말로 설명하기 어려운 분위기에 지나지 않는 이유가 어쩌면 바로 이것인지도 모른다. 우리가 나중에야 비로소 그 냄새와 관련된 기억을 찾아낼 수 있으며, 때로는 그 기억을 되살리기 위해 많은 노력을 기울여야 하는 것도 어쩌면 그 때문인지 모른다. 이런 상황은 진화과정에서 후각이 담당했던 임무와 잘 들어맞는다. 원시인들은 냄새를 처음 맡았을 때 우선 그 냄새가 위험을 알리는 것인지 아니면 안심해도 되는 것인지 판단하고 재빨리 반응한 다음, 조금 더 시간을 들여 냄새의 정체를 파악했다. 이런 관점에서 볼 때, 프루스트 현상은 진화와 신경계가 공모해서 만들어낸 현상이라고 할 수 있다.

# 끈질기게 남는 맛과 냄새

범죄를 다룰 때 동기가 중요하듯이, 어떤 현상을 다룰 때는 그 현상에 대한 설득력 있는 설명이 중요하다. 이것을 증거와 혼동해서는 안 된다. 일부 심리학자들은 실험을 통해 프루스트 현상이 설득력 있게 증명된 후에야 비로소 그런 현상이 존재한다는 사실을 받아들일 것이다. 그들의 의심에 아주 근거가 없는 것도 아니다. 냄새가 다른 감각보다 더 오래된 기억을 되살리는지 여부를 확인하려면 반드시 광범위한 비교연구가 실시되어야 한다. 자극을 제대로 선택하기만 한다면 후각이 아닌 다른 감각을 통해서도 어린 시절의 기억을 떠올릴 수 있다. 니콜라스 마트시르의 자전적 소설에서 화자는 어렸을 때 죽은 형 얀이 자투리 실로 짠 줄무늬 스웨터를 입고 미소를 띠고 있는 사진을 바라본다. 형의 왼쪽 어깨에 단추가 달려 있는 것이 그의 눈에 들어온다. "왼쪽 어깨라고? 나는 깜짝 놀라서 내 손을 사진 속 단추 위에 놓고 마흔 일곱 살이 된 내 손가락의 모양을 바라본다. 그래, 우리가 마지막 단추 서너 개를 구멍에 끼울 때의 동작이 기억난다. 그 구멍은 도저히 단춧 구멍이라고 할 수 없는 것이었다." 여기서는 손가락의 움직임과 느낌이 오래전에 잊어버린 어린 시절의 자세한 기억을 되살려낸다. 중고품 세일에 갔다가 구식 라디오에서 나오는 신비스러운 초록색 빛을 보고 '베로뮌스터'라는 스위스 방송국 이름이 갑자기 떠오를 수도 있다. 바느질 상자에서 천에 선을 표시하는 도구를 찾아내고는 옛날에 어머니가 깨끗이 치운 탁자에 앉아 잡지에 실린 무늬를 베끼던 모습을 기억해낼 수도 있다. 이런 연상은 순간적인 것이고, 그 기억을 되살려낸 자극은 우연한 것이다. 그러나 실험을 통해 이런 기억을 이끌어내기는 어렵다. 너무 순간적이고, 너무 개인적이고, 특정 연령대나 사회계층과 너무 밀접하게 관련되어 있기 때문이다. 그러니 숫자로 표현되는 설문 조사 통계처리 결과로 프루스트 현상을 표현할 수는 없을 것 같다.

심지어 프루스트의 경우에도 오로지 냄새만이 어린 시절의 기억과 연결되어 있었던 것은 아니다. 《잃어버린 시간을 찾아서》를 한참 더 읽어 내려가다 보면, 화자가 전차를 피하기 위해 펄쩍 뛰어 물러나다가 몸의 균형을 잃을 뻔하면서 오래전에 베니스에서 가본 어떤 교회의 비대칭형 타일을 기억해낸다. 풀을 먹인 냅킨으로 입을 닦다가 어렸을 때 여름휴가를 보낸 발벡의 호텔 수건을 기억해내기도 한다. 그래도 가장 어렸을 때의 기억을 되살려낸 것은 바로 냄새였다. 그래서 냄새는 프루스트의 상념 속에서 항상 명예로운 자리를 차지했다. 레오니 숙모가 마들렌을 차에 적셔 건네주던 기억을 떠올린 직후 그는 이런 생각을 한다. "먼 옛날의 것들이 하나도 남아 있지 않을 때, 사람들이 모두 죽고, 물건들이 모두 깨어져 흩어져버린 후에도, 그보다 더 연약하지만 더 활기차며, 더 끈질기고, 더 충실한 냄새와 맛만이 오랫동안 자세를 갖추고 있다. 마치 다른 모든 것들의 잔해 속에서 자기들의 순간이 오기를 기다리며 우리 기억을 일깨워주려고 준비를 갖춘 영혼처럼……."

**참고문헌**

D. Ackerman, *A Natural History of the Senses*, New York, 1990
S. Chu와 J. J. Downes, 'Long live Proust: the odour-cued autobiographical memory bump,' *Cognition* 75 (2000), B41~B50.

J. Delacour, 'Proust's contribution to the psychology of memory. The réminiscences from the standpoint of cognitive science,' *Theory and Psychology* 11 (2001), 255~271.

D. A. Laird, 'What can you do with your nose?' *Scientific Monthly* 45 (1935), 126~130.

N. Matsier, *Gesloten huis*, Amsterdam, 1994.

C. Murphy와 W. S. Cain, 'Odor identification: the blind are better,' *Physiology and Behavior* 37 (1986), 177~180.

M. Proust, *Du côté de chez Swann*, 1913. *Swann's Way*, C. K. Scott Moncrieff 번역, London, 1922에서 재인용.

D. C Rubin, E. Groth, D. J. Goldsmith, 'Olfactory cuing of autobiographical memory,' *American Journal of Psychology* 97 (1984), 493~507.

F. R. Schab, 'Odors and the remembrance of things past,' *Journal of Experimental Psychology: Learning, Memory and Cognition* 16 (1990), 648~655.

_____, 'Odor memory: taking stock,' *Psychological Bulletin* 109 (1991), 242~251.

P. Vroon, A. van Amerongen, H. de Vries, *Verborgen verleider: psychologie van de reuk*, Baarn, 1994.

# 어제의
# 기록

열네 살 무렵에 나는 내가 다니던 학교인 레우아르덴의 크리스천 고등
학교에서 체커를 두곤 했다. 특별히 체커를 잘 두는 편도 아니었고 재
능도 거의 없었지만 나는 항상 열심이었다. 일찍부터 나는 체커 클럽
친구들이 맨 처음에 경고했던 첫수의 함정에 빠져 다른 사람들로부터
반갑지 않은 관심을 받았다. 우리 클럽에서 가장 실력이 좋은 친구는
요한 카펠레였다. 그가 첫 번째 체커판을 차지했고, 그 다음으로 잘하
는 녀석이 두 번째 체커판을 차지했다. 가장 못하는 녀석들은 제일 낮
은 곳에 있는 체커판에 앉았다.

어느 날 우리는 우리보다 실력이 좋은 다른 학교와 시합을 하기로
되어 있었다. 그쪽 팀에서 첫 번째 체커판을 차지하는 녀석은 하름 비
르스마였는데, 겨우 열세 살밖에 되지 않았지만 프리스란드에서 이미
전설적인 존재였다. 시합을 시작하기 전에 우리 팀 대장이 우리를 불
러 모았다. 자기한테 계획이 있다는 것이었다.

"저 비르스마 녀석이 너무 잘해." 그가 설명했다. "그러니까 공연히 우리 팀에서 제일 잘하는 녀석을 그놈한테 붙일 필요가 없어. 누가 상대를 하든 지게 돼 있으니까. 저쪽에서 2등을 하는 녀석과 상대하면 요한이 더 잘할 거야."

우리는 이 논리를 받아들였다.

"하지만 그 말대로라면, 그놈을 상대하는 건, 저⋯⋯." 누군가가 입을 열었다.

그가 끝까지 말을 할 필요는 없었다. 우리 팀원 대여섯 명이 하나같이 고개를 돌려 나를 바라보았으니까. 나는 얼굴을 붉히며 고개를 끄덕이고 첫 번째 체커판에 자리를 잡았다.

사람들은 수치스러웠던 순간을 왜 그렇게 끔찍이도 정확하게 기억하는 걸까?

누군가에게 수치스러웠던 순간을 기억할 수 있느냐고 물어본다면, 아마 아주 자세하고 생생한 대답을 들을 수 있을 것이다. 마치 그의 기억이 그 일을 특별히 기록해놓은 것처럼 느껴질 정도로. 모욕은 우리 머릿속에 한번 새겨지면 결코 지워지지 않는다. 나이가 들어도 희미해지지 않는다. 그런 기억은 점점 나이를 먹어가는 우리와 항상 함께 하기 때문에 마치 그 일이 바로 어제 일어난 것처럼 느껴질 정도다.

빌헬름 분트는 성실하게 한평생을 살다가 여든여덟 살 때 자서전을 썼다. 그런데 그가 학교에 처음 들어갔을 때 있었던 일 중에서 가장 생생하게 기억하는 것은 같은 반 친구들이 자신을 못살게 굴던 일이었다. 그는 또한 고등학교 시절을 돌아보다가 다른 학생들이 모두 보고 있는 앞에서 선생님이 자신에게 교육수준이 높은 부모의 아이라고 해서(분트는 성직자와 학자 가문 출신이다) 모두 공부를 잘하는 것은 아니라고 쏘아붙였던 일을 기억해냈다. 분트는 75년이라는 세월이 흐른 후에도 그 일을 어제 일처럼 생생히 기억하고 있었다.

바게나르는 자신의 기억을 일기처럼 기록한 자료를 오랫동안 연구한 후, 주로 자신의 잘못으로 일어난 유난히 불쾌했던 일들("내가 저지른 가장 나쁜 짓들")에 대한 기억을 특별히 분석해보았다. 수치스러울 때처럼 얼굴이 붉어진 일도 있었고, 어떤 의미에서 정말로 수치스러웠던 일도 있었다. 그가 4년간 실험을 하면서 기록한 1605건의 사건들 중에 이처럼 창피스러운 사건은 11건이었다. 바게나르는 자기 집 앞에 차를 세운 어떤 여자를 자기가 거만하게 나무랐던 일을 언급했다. 알고 보니 그녀는 장애인이어서 특별히 주차할 수 있는 허가증을 지니고 있었고, 그의 이웃집을 방문하러 온 길이었다. 이 범주에 속하는 기억들은 다른 어떤 기억보다 떠올리기 쉬웠다. 반대되는 기억들, 즉 그 자신이 원인이 되어 특별히 즐거운 일을 겪었던 기억보다도 쉬웠고, 그의 잘못은 아니지만 특히 불쾌했던 기억보다도 쉬웠다. 바게나르는 전반적으로 유쾌한 기억보다 불쾌한 기억을 빨리 잊어버리는 편이었지만, 가장 불쾌한 기억들은 꼼꼼하게 보관되어 있는 것 같았다.

바게나르는 이런 사건들에 관한 선명한 기억들이 자기 이미지를 갱신하는 데 모종의 역할을 하며, 우리 기억은 자기 이미지와 조화시키기가 가장 어려운 이런 사건들을 저장하는 데 특별한 재주를 발휘한다는 가정을 세웠다. 이런 기억들은 자기 이미지가 현실에서 너무 벗어나지 않도록 조정하는 역할을 한다. 그런 의미에서 우리가 저지른 '가장 나쁜 짓들'은 수치스러운 기억들과 함께 몰래 활동하고 있는 셈이다. 수치스러운 일들은 때로 스스로를 기억 속에 보존시키는 역할을 하기도 한다. 모욕적인 사건들은 우리들의 자기 이미지를 조정할 뿐만 아니라, 우리 삶에서 중요한 변화를 이끌어낸 다음 기억 속에서 적절한 대접을 받으며 수용된다. 그러나 우리 삶을 되돌아볼 때 특별히 눈에 띄지 않는 모욕적인 기억들도 독특한 특징을 몇 가지 지니고 있다.

사람들이 모욕적인 일들을 설명할 때 보면, 마치 그 사건이 기억 속에 실시간으로 저장된 것처럼 보인다. 기억을 되살려 이야기하는 데 걸리는 시간과 그 사건이 시작해서 끝날 때까지 걸린 시간이 똑같다는 뜻이다.

"그놈이 노크도 없이 들어와서 내 책상에 앉았다. 그놈 모습이 지금도 눈에 선하다. 그놈이 아주 냉정하고 침착하게 말하기를……."

이런 기억들은 이야기에 어느 정도 힘을 실어주는 편집기술이 아직 걸음마 수준이던 초창기 영화를 연상시킨다. 덜 감정적인 기억들은 시간의 흐름에 따라 형태와 의미를 갖추게 되지만, 모욕적인 일들은 기억이라는 영사막 위에 마치 초창기 영화의 장면들처럼 흘러간다.

모욕적인 일이 기억 속에 실시간으로 저장되어 있기 때문에 오랜 세월이 흐른 후에도 사람들은 그 당시 자신의 몸이 보였던 반응을 그대로 다시 경험할 수 있다. 나는 나이 든 사람들이 70년 전에 받았던 모욕 때문에 얼굴을 붉히는 것을 본 적이 있다. 사람들은 반세기 이상 세월이 흐른 후에도 분노 때문에 몸을 떨거나 의자 팔걸이를 내려치곤 한다. 정말로 창피했던 일을 이야기할 때는 그때처럼 손으로 눈을 가리거나 상대방에게서 얼굴을 돌리고 싶은 생각이 든다.

모욕적인 기억에는 이상한 점이 하나 더 있다. 자신이 자신의 모습을 볼 수 있다는 것. 수치스러웠던 기억을 떠올릴 때면, 붉어진 자신의 얼굴과 속상한 마음을 감추려고 애쓰는 자신의 모습이 보일 것이다. 다른 사람들이 웃음을 터뜨리며 안쓰러운 표정을 짓는 것도 볼 수 있을 것이다. 마치 자신이 그 일을 기억 속에 기록해둔 것이 아니라 기억이라는 연극 속에 등장하는 배우가 된 것 같다. 나도 고개를 끄덕이며 첫 번째 체커판으로 걸어가던 내 모습을 지금도 생생하게 볼 수 있다. 분트 역시 선생님에게서 들었던 모욕적인 말을 기억할 때 학교 책상에 앉아 있던 자신의 모습을 보았을 것이다. 사람들은 누구나 수치심을 느낄 때면 즉시 밖에서 자신을 바라보게 된다.

그런 기억이 생생한 것도 어쩌면 그 때문인지 모른다. 우리는 수치스러움, 분노, 혼란 등 마음속으로 익히 알고 있으며 또한 그렇게 기억하고 있는 모든 감정들에 자신의 내면을 통해 접근할 수 있다. 그러나 그 사건은 외부에서 일어난 사건이 기록되는 형태로도 기억에 저장된다. 이 기록에는 그 일이 일어났을 때 다른 사람들이 나를 어떻게 바라봤는지가(또는 당시 다른 사람들의 시선에 대한 내 생각이) 기록되어 있다. 모든 것이 이중으로 저장되는 것이다. 한쪽 기록에는 내가 느꼈던 수치심이 담겨 있고, 다른 쪽 기록에는 첫 번째 체커판에 앉아 있던 비쩍 마른 녀석의 모습이 담겨 있다.


**참고문헌**

W. A. Wagenaar, 'Remembering my worst sins: how autobiographical memory serves the updating of the conceptual self,' M. A. Conway, D. C. Rubin, H. Spinnler, W. A Wagenaar 편집, *Theoretical Perspectives on Autobiographical Memory*, Dordrecht, 1992, 263~274.

W. Wundt, *Erlebtes und Erkanntes*, Stuttgart, 1920.

# 내면의
# 섬광전구

누가 여러분에게 5~6년 전의 어느 날, 예를 들면 1997년 8월 31일에 어디서 무엇을 하고 있었는지, 누구와 함께 있었는지, 그날 날씨는 어 땠는지를 물어본다면 아마 대답하지 못할 것이다. 옆에서 "한번 기억 해봐. 그날은 일요일이었어"라는 식으로 말을 해줘도 별로 도움이 되 지 않을 것이다. 그날은 오래전의 다른 날들과 마찬가지로 망각 속에 묻혀버린 것 같다.

그러나 1997년 8월 31일이 다이애나 황태자비가 교통사고로 목숨 을 잃었다는 소식을 들은 날이라는 사실을 알게 되면 상황이 달라진 다. 그 순간을 더듬어 생각해보면 아마 그 소식을 전해준 사람이 누구 인지(가족인지 아니면 TV나 라디오의 아나운서인지) 알 수 있을 것이다. 또한 그 때 자신이 어디서 무엇을 하고 있었고, 누가 같이 있었는지, 그 소식을 처음 들었을 때 자신이 어떤 반응을 보였는지, 주변 사람들의 반응은 어땠는지 등이 기억날 것이다.

어떤 사건뿐만 아니라 당시의 배경까지 기록되어 있는 기록은 '섬광전구 기억flashbulb memories'이라고 불린다. 많은 것을 표현해주는 이 말은 1977년에 심리학자인 브라운Brown과 쿨릭Kulik이 만든 말이다. 두 사람은 충격적인 소식을 들은 사람들이 그 소식 자체뿐만 아니라 그 당시의 주변 상황까지 자세히 기억해낸다는 것을 발견했다. 케네디 대통령의 죽음이 전형적인 예다. 매년 그가 암살당한 날이 되면 미국 신문과 잡지들은 그가 총에 맞았다는 소식을 들었을 때의 섬광전구 기억을 털어놓은 여러 사람들의 이야기를 싣는다. 미국 대중매체에서는 이런 일이 아주 흔하기 때문에 이 주제를 가볍게 다루는 경우도 있다. 숲속의 동물들이 한데 모여서 밤비의 엄마가 총에 맞았다는 소식을 들었을 때 자기가 어디 있었는지 서로 이야기한다는 식의 기사가 등장하기도 하는 것이다.

케네디 대통령의 죽음과 관련된 섬광전구 기억 중에서 가장 기묘한 것은 기숙학교 교사였던 데릭 워켄이라는 사람의 기억이다. 그날 수업이 끝난 후 그는 학생들을 데리고 사격 연습장으로 갔다. 그는 그곳에서 어느 정도 시간을 보내다가 다음날 수업을 준비하러 다시 학교로 가야겠다고 생각했다. 그는 사격 코치인 젊은 동료 캐머런 케네디에게 자기 대신 사격장 문을 잠가달라고 규칙에 어긋나는 부탁을 했다. 그리고 그에게 총을 넣어두는 캐비닛과 탄약 창고 열쇠를 넘겨준 뒤 그곳을 떠났다. 그가 학교로 돌아와 책상에서 일을 하고 있을 때 갑자기 문이 벌컥 열리더니 한 학생이 소리쳤다.

"선생님! 선생님! 케네디가 총에 맞았어요!"

그가 두려움에 몸을 떨면서 복도로 달려가 보니 학생과 교사들이 모여 서서 웅성거리고 있었다. 여자 교장이 심각한 표정으로 그에게

다가와 케네디 대통령이 총에 맞았다고 말해주었다. 데릭 워켄은 안도의 한숨을 내쉬었다.

"학교에서 쫓겨날 염려가 없다는 생각에 기분이 아주 좋았다."

'섬광전구 기억'이라는 말은 1977년에야 만들어졌지만, 이런 현상 자체는 아주 옛날부터 존재했었다. 자전적 기억에 관한 최초의 연구 중 하나로 1899년에 발표된 연구에서는 에이브러햄 링컨의 암살이 거의 똑같은 현상을 일으켰다는 사실이 밝혀져 있다. 설문에 응한 179명 가운데 127명은 그가 죽었다는 소식을 들었을 때 자신이 어디서 무엇을 하고 있었는지 분명하게 기억하고 있었다. 링컨이 암살당한 지 33년 후인 1899년에 작성된 이 연구 보고서에는 섬광전구 기억의 특징이 모두 나타나 있다. 일흔여섯 살인 한 여성은 남편이 들어와서 그 소식을 전해주었을 때 자신이 화덕 옆에 서서 저녁식사를 준비하고 있었다고 말했다. 일흔세 살인 한 남성은 이렇게 말했다.

"난 우리 집 울타리를 열심히 고치고 있었다. 내가 서 있던 자리를 지금 당신에게 보여줄 수도 있다. W씨가 와서 나한테 소식을 전해주었다. 오전 9시나 10시 무렵이었다."

어떤 사람들은 그 사건을 마치 영화처럼 생생하게 기억하고 있었다. 그들의 증언을 조금 요약하자면 다음과 같다.

나는 졸업식에 필요한 몇 가지 '물건들'을 사기 위해 아버지와 함께 메인 주(州)의 A를 향해 도로를 달리고 있었다. 가파른 언덕을 내려가 시내로 마차를 몰고 들어갔을 때 뭔가가 이상하다는 느낌이 들었다. 다들 슬픈 표정이었고, 아주 흥분된 분위기였다. 아버지가 말을 멈춰 세우더니 마차 밖으로 고개를 내밀고 소리쳤다.

"무슨 일입니까? 무슨 일이 났어요?"

"소식 못 들었습니까? 링컨이 암살당했어요."

아버지의 손에서 고삐가 힘없이 떨어졌다. 아버지는 눈물을 줄줄 흘리며 꼼짝도 못하고 앉아 있었다. 우리는 집에서 멀리 떨어져 있었고 할 일이 많았다. 우리는 무거운 가슴을 안고 가능한 한 최선을 다해 볼일을 마쳤다.

브라운과 쿨릭은 섬광전구라는 말을 통해 기억이 사진과 같다는 뜻을 암시한 것은 아니었다. 사건이 일어난 후, 그 사건을 자세히 연구할 수 있게 해주는 사진 말이다. 두 사람이 섬광전구라는 말을 통해 표현하고 싶었던 것은 사진 속에 우연히 담긴 사소한 모습들, 거기 기록되지 않았더라면 오래전에 잊혔을 자세한 이야기들이 기억 속에 포함되는 경우가 많다는 점이었다. 그 소식을 알려준 사람이 자기 스웨터에서 풀려 나온 실밥을 불안하게 만지작거렸다는 기억 같은 것이 좋은 예다. 브라운과 쿨릭은 마치 뇌의 어딘가에 '당장 찍기!'를 실행에 옮기는 메커니즘이 활성화되어 장면 전체를 무조건 기록해놓는 것 같다고 썼다.

케네디 대통령의 암살이나 다이애나 황태자비의 죽음 같은 사건의 경우에는 전 세계 사람들의 머릿속에서 이런 섬광전구 기억이 반짝 켜지는 것 같다. 그러나 한 국가의 국민들에게만 섬광전구 기억으로 남는 사건도 있다. 스웨덴에서 일어난 올라프 팔메 총리 살인사건(1986년), 영국 마거릿 대처 수상의 사임(1990년) 등이 그런 예다. 개인적인 섬광전구 기억도 있다. 이를테면 사랑하는 사람에 관한 나쁜 소식을 들었을 때처럼. 브라운과 쿨릭은 첫 번째 연구에서 섬광전구 기억을 이끌어내는 것으로 보이는 10가지 사건을 조사했다. 여기에는 케네디 대통령, 로버트 케네디, 마틴 루서 킹의 죽음 같은 암살사건, 포드 대통령이 겪었던 일과 같은 살인미수사건, 프랑코 장군의 죽음 같은 자연사 등이 포함되었다. 이 사건들이 모두 똑같은 숫자의 섬광전구 기억을 이끌어내지는 못했다. 면담에 응한 사람들 중 로버트 케네디의 죽음과 관련된 섬광전구 기억을 갖고 있는 사람은 절반뿐이었다. 응답자들의 인종적 배경(흑인 40명, 백인 40명)도 어느 정도 차이를 만들어내는 것 같았다.

호전적인 흑인 운동가 말콤 X 살인사건과 관련된 섬광전구 기억을 가지고 있는 사람 중에는 백인보다 흑인이 더 많았다. 마틴 루서 킹의 암살사건도 마찬가지였다. 가장 커다란 차이를 보인 것은 1963년에 백인 인종차별주의자의 총에 맞아 사망한 흑인 평등권 운동가 메드거 에버스Medgar Evers의 사건이었다. 백인들 중에는 이 사건과 관련된 섬광전구 기억을 갖고 있는 사람이 한 명도 없었다. 포드 대통령에 대한 암살미수사건과 프랑코의 죽음에서는 흑인과 백인의 비율이 반대로 뒤집혔다. 극우 정치인인 조지 월리스George Wallace에 대한 살인미수사건과 관련해서 백인보다 흑인들이 더 많은 섬광전구 기억을 갖고 있다는 사실은 얼핏 보기에 좀 이상하다. 아마도 월리스가 펼친 운동이 백인보다 흑인들에게 더 심각하고 위협적인 결과를 초래했기 때문이라고 생각할 수도 있을 것 같다.

섬광전구 기억을 만들어내는 메커니즘이 애당초 왜 생겨나게 되었을까? 우리가 보고 듣는 대부분의 일들이 그러하듯이, 문제의 사건 그 자체만 기억해도 될 텐데. 브라운과 쿨릭은 신경생리학에서 이런 의문에 대한 답을 찾아보았다. 즉, 감정이 갑작스레 분출되면서 평소 때보다 더 많은 자세한 정보를 짧은 시간 안에 저장하라는 명령이 뇌에 전달된다는 것이다. 브라운과 쿨릭은 '당장 찍기!' 명령이 언어처럼 추상적인 의사소통수단이 진화하기 전의 흔적이라는 의견을 내놓았다. 어느 순간 갑자기 엄청난 결과를 몰고 올 정보를 흡수해야 하는 상황에 놓이게 되면 그 상황을 가능한 한 자세히 기억하는 것이 중요하다는 것이다. 그런 상황이 다시 닥쳤을 때 낭패를 당하지 않기 위해서라도. 그러나 사람들이 정말로 목숨이 위험한 상황에 처했을 때, 예를 들어 무장강도를 만났을 때 시야가 좁아져서 나중에 범인에 관해 진술할 때 범인의 목울대가 오르락내리락하던 것만 기억날 뿐 외투를 입었는지는 기억나지 않는다고 말하는 경우가 많다는 점을 생각하면, 이 설명이 전적으로 옳다고 할 수는 없다.

브라운과 쿨릭은 응답자들이 밝힌 섬광전구 기억의 신뢰성을 평가할 수 없었다. 그러나 두 사람의 첫 번째 연구가 발표된 후 실시된 후속 연구에서는 신뢰성이 가장 중요한 요소가 되었다. 섬광전구 기억에 현실의 모습이 정말로 사진처럼 정확하게 담겨 있는가? 섬광전구 기억은 정말로 망각과 기억의 왜곡을 반박하는 증거인가? 심리학자인 나이서는 이 두 질문에 대해 모두 부정적인 답을 내놓았다. 나이서에 따르면, 섬광전구 기억은 '당장 찍기!' 명령처럼 특별한 정보 암호화 방법에 의해 기록되는 것이 아니라 우리가 그런 기억을 처리하는 방법에 의해 생겨난다. 충격적인 소식이나 사건의 경우, 사람들이 나중에 그 일을 회상하면서 다른 사람들과 이야기를 나누게 될 가능성이 크다. 이처럼 이야기를 반복하는 과정에서 그 기억이 조심스럽게 저장되어 나중에 쉽게 떠올릴 수 있게 되는 것이다. 따라서 섬광전구 기억은 사람들의 머릿속에 찍힌 사진이 아니라 우리가 자신과 다른 사람들에게 하도 자주 이야기하는 바람에 잊어버리지 않은 이야기에 불과하다.

나이서에 따르면, 섬광전구 기억이 점점 이야기 같은 구조(그 일이 어디서 일어났는지, 그 소식을 누구에게서 들었는지, 그 자리에 누가 있었는지, 내가 어떤 반응을 보였는지 등은 재미있는 이야기를 구성하는 요소들이다)를 띠게 되는 이유도 이것으로 설명할 수 있다.

이야기는 설사 우리가 자신에게 들려주는 이야기라 해도 계속 변화한다. 섬광전구 기억 하나를 예로 들어보자. 챌린저호 폭발사고가 발생한 1986년 1월, 사건 발생 후 24시간이 채 지나지 않았을 때 나이서와 그의 동료 하시Harsch는 100명이 넘는 학생들에게 설문지를 나눠주었다. 그 소식을 어떻게 들었는지, 그때 어디서 무엇을 하고 있었는지 등을 묻는 설문지였다. 그리고 32개월 후 학생들에게 같은 질문을 던진 두 사람은 상당한 차이를 발견했다. 누구에게서 그 소식을 들었으며 그 자리에 누가 있었는지를 묻는 질문에서조차 차이가 나타났다. 첫 번째 조사에서는 TV에서 그 소식을 들었다고 말한 학생이 겨우 9명이었는데, 두 번째 조사에서는 19명이나 되었다. 챌린저호가 폭발하는 장면이 TV에서 여러 번 반복되면서 섬광전구 기억에 끼어든 것 같았다. 학생들 중 4분의 1은 중요한 사실들에 대해 모두 다른 답을 내놓았다. 나이서는 섬광전구 기억이 자전적 기억과 다르지 않으며, 잊힐 가능성이 크다는 결론을 내렸다.

가장 유명한 자전적 기억 연구자 중 한 명인 마틴 콘웨이는 나이서의 결론에 동의하지 않는다. 그는 《섬광전구 기억Flashbulb Memories》이라는 저서에서 과거 10~15년 동안 이루어진 섬광전구 기억 연구를 개괄적으로 설명해놓았다. 나이서의 이론은 별로 중요하지 않은 자세한 사항들이 기억 속에 끈질기게 남아 있는 이유를 설명해주지 못한다. 브라운과 쿨릭이 이미 언급한 적이 있는 현상인데도 말이다. 개인적인 사건과 관련된 섬광전구 기억, 예를 들어 여성들의 초경과 관련된 섬광전구 기억에는 다른 자전적 기억에서 찾아볼 수 없는 온갖 사소한 것들이 생생하게 보관되어 있다. 콘웨이는 또한 섬광전구 기억이 대개 사건의 재현과 해석이 일부 포함되어 있는 '평범한' 기억보다 더 통일성 있는 구조를 갖고 있다고 썼다. 자전적 기억을 끌어내다 보면 대개 기억이 점점 더 선명하고 완전해지지만, 섬광전구 기억은 마치 사진처럼 언제라도 곧장 꺼내볼 수 있다.

따라서 이번만은 우리의 직관이 옳았다고 생각할 수도 있을 것이다. 다이애나 황태자비가 죽었다는 소식을 듣던 순간을 떠올리면서 사람들은 그때 자신이 어디 있었는지를 다시 깨닫는다. 어쩌면 자신이 서 있었는지, 앉아 있었는지, 누워 있었는지까지 알게 될 수도 있다. 우리가 그 소식을 흡수해서 소화하는 동안 우리 뇌가 분주히 움직이며 저장해놓은 이미지 속에 이 모든 정보가 다 들어 있기 때문이다. 우리 머릿속에 찍혀 있는 이 사진(또는 짧은 영화)도 어쩌면 망각의 영향을 받을지 모른다. 그러나 이 기억은 분명히 대부분의 다른 기억들보다 더 오랫동안 보관된다. 1997년 8월 30일이나 9월 1일에 자신이 무엇을 하고 있었는지 혹시 기억하는 사람이 있는가?

**참고문헌**

R. Brown과 J. Kulik, 'Flashbulb memories,' *Cognition* 5 (1977), 73~99.

F. W. Colegrove, 'Individual memories,' *American Journal of Psychology* 10 (1899), 228~255.

M. Conway, *Flashbulb Memories*, Hillsdale, 1995.

U. Neisser, 'Snapshots or benchmarks?' U. Neisser 편집, *Memory Observed: Remembering in Natural Contexts*, San Francisco, 1982, 43~48.

U. Neisser와 N. Harsch, 'Phantom flashbulbs: false recollections of hearing the news about Challenger,' E. Winograd와 U. Neisser 편집, *Affect and Accuracy in Recall: Studies of 'Flashbulb Memories'*, Cambridge, 1992, 9~31.

# 기억은 왜 거꾸로
# 돌리기가 안 되는가

전산화되지 않은 문헌을 뒤질 때 맛볼 수 있는 즐거움 중의 하나는 중요한 자료를 우연히 발견하는 것이다. 정기간행물 1년치를 뒤적이면서 손가락으로 차례를 훑어보고, 그 안에 수록된 글도 찾아서 읽어보는 식으로 고전적인 자료조사를 하다가 어느 순간 뜻하지 않은 자료를 발견하게 된다. 자신이 원래 찾던 자료보다 더 귀중한 자료를 발견하는 경우도 있다. 나도 얼마 전 어떤 자료를 찾으려고 1887년에 발간된 《정신Mind》을 뒤지다가 그런 경험을 했다. '우리 기억은 왜 거꾸로 돌리기가 안 되는가?Why do we remember forwards and not backwards?'라는 제목이 언뜻 눈에 띈 것이다. 이 제목 때문에 나는 오던 길을 되돌아가야 했다. 내가 원래 찾으려던 자료를 들고 도서관을 나선 후에 이 질문의 미묘한 의미를 문득 깨닫고 다시 돌아가서 그 글을 전부 읽어보았던 것이다.

　　옥스퍼드 대학의 철학 교수였으며, 관념주의 학파에 속했던 프랜

시스 허버트 브래들리Francis Herbert Bradley(1846~1924)가 쓴 그 글의 길이
는 4쪽이 채 안 되었다. 브래들리는 겨우 몇 문단만으로 단순한 질문의
답이 항상 단순한 것만은 아니라는 사실을 증명했다.

우리 기억의 진행방향에 관한 단순한 대답은 우리 기억이 사건의
진행순서를 그대로 복제한다는 것이다. 처음에 X라는 사건이 일어나
고 그 다음에 Y라는 사건이 일어났다면, 사람들도 그 사건들을 그 순서
대로 기억한다는 얘기다. 그러나 더 자세히 살펴보면 이것이 그렇게
간단한 문제가 아님을 알 수 있다. 그래서 내가 도서관으로 되돌아간
것이다. 기억을 되살릴 때의 순서가 사건을 기억 속에 저장할 때의 순
서와 똑같은 이유가 무엇일까? 원래 과거의 사건을 기억할 때는 항상
현재와 가까운 시점에서 기억 속으로 들어가게 마련이다. 기억이라는
서류함 속에는 가장 최근의 사건이 맨 위에 놓여 있다는 뜻이다. 거기
서부터 뒤로 서류를 넘기다 보면 X보다 Y가 먼저 나올 것이다. 그런데
도 우리의 기억은 왜 항상 앞으로만 진행되는 것일까?

우리가 사건들을 시간 순서대로 기억한다는 것은 논쟁의 여지가
없는 사실이다. 1986년 멕시코 월드컵에서 마라도나가 영국팀을 상대
로 두 번째 골을 넣었을 때에 관한 내 기억을 더듬어보자. 마라도나는
자기 진영 센터서클 바로 바깥에 있다. 그에게 공이 오자 영국 선수 두
명이 순식간에 따라붙고 그는 좁은 공간에서 방향을 틀면서 재빨리 두
사람을 따돌린 다음 페널티 지역으로 나아간다. 왼발을 가볍게 움직여
공을 앞으로 몰면서 그는 수비수 두 명을 제치고 골키퍼를 속여 엉뚱
한 방향으로 몸을 날리게 만든다. 그리고 왼발로 공을 차서 골인시킨
다. 나는 이 광경을 시간 순서대로 기억할 수 있을 뿐이다. 마라도나의
발에서 골문 안으로 공이 들어가는 모습을 거꾸로 뒤집어서 회상할 수

도 없고, 그가 골대에서부터 뒷걸음질을 치면서(하지만 몸은 앞으로 숙인 자세이다!) 처음 출발한 지점으로 되돌아오는 것처럼 회상할 수도 없다. 내 기억이라는 비디오에는 '거꾸로 돌리기' 기능이 없는 것이다. 물론 내 기억 속의 테이프를 뒤로 감아서 그날 경기 중 더 앞의 순간, 예를 들면 마라도나가 '헤딩'으로 골을 넣었지만 사실은 공에 손을 댔다는 의혹 때문에 '신의 손'이라고 불리는 순간으로 돌아갈 수는 있다. 그러나 그 순간을 회상할 때에도 내 기억은 여전히 시간 순서대로 재생될 것이다. 나는 브래들리의 글을 읽기 전에는 이 사실을 전혀 깨닫지 못했다. 기억을 통해 시간을 거슬러 올라갈 수도 있고 앞으로 훌쩍 건너뛸 수도 있지만, 기억 속의 사건을 재생할 때는 오로지 시간 순서대로 회상할 수밖에 없다는 사실 말이다.

　기억의 순서를 거꾸로 뒤집을 수 있는 방법은 사고실험뿐이다. 그러나 이런 실험에서 시험대상이 되는 것은 사실 기억 그 자체가 아니라 상상력이다. 영화 필름을 거꾸로 돌리는 모습을 보면 분명히 도움이 될 것이다. 사람이 팔을 마구 휘저으며 소용돌이치는 물속에서 뛰어올랐는데 그 다음에 보이는 수면은 잔잔하기 그지없는, 그런 장면 말이다. 기억을 거꾸로 재생하는 것은 자동차를 후진시키는 것과 같다. 자동차를 후진시키는 것은 가능하지만 그 과정에서 여러분은 자동차가 원래 후진하기 위해 만들어진 물건이 아니라는 사실을 깨닫게 될 것이다. 시간을 거꾸로 더듬어 올라가는 것은 시와 소설의 특권이다. 얀 한로Jan Hanlo의 〈우리는 태어난다We are born〉에는 장례 마차가 말들을 끌고 영안실로 되돌아가고, 영안실에 있던 추도객들이 뒷걸음질을 쳐서 문으로 돌아가는 장면이 나온다. 며칠 후에는 죽은 사람이 영안실에서 일어난다. 그리고 건강을 되찾은 다음 일을 하기 시작한다. 할 일이 아주 많다. 다리도 파괴해야 하고, 도시를 완전히 무너뜨려야 하고, 석탄과 석유를 땅속에 되돌려놓아야 한다. 그의 일은 매우 짜릿하다. 난로 위에서는 음식이 식어간다. 삶의 막바지에 이르면 학교의 책상들이 사람들을 기다리고 있다. "학교는 우리로 하여금 지금까지 배운 것을 모두 잊어버리게 만든다." 그러나 이 시에 등장하는 사람들은 행동을 할 뿐, 말을 하지 않는다. 누군가 말을 하기 시작하는 순간, 시간을 거꾸로 되돌리는 사고실험을 더 이상 착실하게 진행할 수 없게된다. 시간을 되돌리려 시도한 작품 중 가장 과격한 것은 마틴 에이미스Martin Amis의 《시간의 화살Time's Arrow》이다. 이 소설은 주인공의 죽음으로 시작되어 '이야기를 거꾸로' 풀어나간다. 대화가 거꾸로 진행되기는 하지만, 등장인물들이 말을 하면서 문장구조까지 거꾸로 뒤집어버리지는 않는다. 단어들이 거꾸로 배열된 문장을 이해할 수 있는 사람은 아무도 없다. 헤리트 크롤Gerrit Krol은 시간을 주제로 한 수필에서 누군가의 말을 거꾸로 되풀이하는 것은 마치 나침반 바늘을 거꾸로 돌려놓는 것과 같다고 썼다. "바늘을 놓는 순간, 바늘은 원래 자리로 펄쩍 뛰어 되돌아간다. 문장도 비슷하다. 문장을 아무리 비틀고 돌려놓아도 모든 문장은 평범한 시간이라는, 잘 인식할 수 없지만 어디에나 존재하는 힘의 영향 때문에 자동적으로 시간 순서에 따라 펼쳐지는 이야기의 방향을 따라간다." 관습에서 일탈해도 그 관습에서 완전히 도망칠 수는 없는 법이다.

브래들리는 기억이 시간 순서대로 진행되는 이유를 찾기 위해 뇌의 생물학적 기능을 살펴보았다. "삶은 쇠퇴와 끊임없는 수리修理와 위험에 대한 투쟁의 과정이므로, 우리가 살기 위해서는 우리의 생각이 주로 미래의 예측이라는 방향을 향해 나아가야 한다." 다윈이 세상을 떠난 지 겨우 5년밖에 안 된 때였으므로, 정신적인 기능을 해석하는 데에도 다윈의 관점이 영향을 미쳤다. 우리는 우리가 미래에 할 행동을 내다보면서 자신이 인지하는 것과 경험하는 것들을 머릿속에 기록한다. 과거에 일어난 일들은 앞으로 일어날 일을 예측할 수 있게 해준다는 측면에서만 의미가 있을 뿐이다. 이런 관점에서 보면, 기억의 초점은 과거가 아니라 앞으로 일어날 일에 맞춰져 있다. 그래서 우리의 회상도 미래를 향해 나아가는 것이다. 내가 보기에 이 주장은 자연스럽고 설득력이 있다. 우리의 기억은 미래의 변화에 초점을 맞추도록 설계되어 있는 것 같기 때문이다. 기억이 예측을 위해 봉사하는 셈이다.

브래들리의 글을 읽은 후, 나는 그의 주장을 은유로 '번역'한 후에야 그의 질문을 이해할 수 있었다는 사실을 깨달았다. 기억은 영화와 같아서 우리가 앞으로도 뒤로도 감을 수 있지만, 그 필름 속의 장면을 제대로 보려면 반드시 앞으로 돌려야 한다는 은유. 영화가 발명되기 8년 전인 1887년에 문제의 글을 쓴 브래들리는 자신이 의문을 품고 있는 문제를 제시하기 위해 고전적인 은유를 사용했다. 시간은 강물과 같고, 사건들은 강에 떠내려가는 물건들과 같다고. 그러나 이 은유를 사용하기 힘든 경우가 있었다. 일단 강 그 자체에는 방향이 없다. 강이 어느 방향으로 흐르는지 알려면 강의 바깥에서, 예를 들어 강둑에서 강을 바라보아야 한다. 우리는 시간이라는 강이 미래를 향해 앞으로 나아간다고 생각하는 데 익숙해져 있다. 그러나 우리가 느끼기에는 사건들이 미래에서 과거를 향해 거꾸로 거슬러 내려와서 우리에게 이르는 것 같다. 브래들리는 사실 자신의 질문을 이렇게 표현해야 한다는 결론을 내렸다. "사건들이 항상 뒤로 거슬러 내려오고 있는데, 그 사건들에 대한 우리의 기억은 왜 항상 반대방향으로 흘러가는가?"

X와 Y를 차례로 찍은 다음 찍은 순서대로만 영상을 재현할 수 있는 카메라가 있다고 가정하고 기억을 그 카메라에 비유하면, 브래들리가 하고자 했던 말을 훨씬 쉽고 분명하게 전달할 수 있다. 만약 그가 10년 쯤 후, 그러니까 영화가 발명된 후에 그 글을 썼다면, 영화에 관한 은유를 사용했을지도 모른다. 1887년에는 정지화면을 찍는 카메라의 비유가 기억에 관한 이론적인 연구에서 여전히 압도적으로 사용되고 있었다. 이 은유는 기억이 어떤 영상의 정확한 복사판을 저장하는 도구라는 견해에 더욱 힘을 실어주었다. 이런 견해는 '사진처럼 정확한 기억 photographic memory'이라는 대중적인 표현 속에 지금도 남아 있다. 브래들리가 글을 쓸 당시 신경학자들은 기억이 어떤 사건의 흔적을 영원히 기록하는 도구이며, 사람이 그 기록을 자기 의지대로 정적인 화면으로 '현상'할 수 있다고 생각했다. 민감한 감광판이나 다름없는 기억 속에 이미지가 고정된다고 생각한 것이다. 브래들리가 기억이 재생되는 방향에 관한 글을 쓰면서 사진의 은유를 사용하지 않은 것은 이 때문이었다. 사진은 어느 방향으로도 움직이지 않으니까.

활동사진은 1895년에 탄생했다. 오귀스트 뤼미에르Auguste Lumière와 루이 뤼미에르Louis Lumière 형제가 시네마토그라프cinematograph를 선보인 해다. 뤼미에르 형제는 리옹에서 감광판을 생산하는 공장을 경영하면서 자기들 이름으로 사진과 관련된 일련의 특허를 취득했다. 1890년대 초에는 별도의 사진들을 모아 빠른 속도로 돌려서 움직이는 것처럼 보이는 영상을 만들어내는 여러 가지 방법이 존재하고 있었다. 에디슨은 1891년에 '키네토그래프'(카메라)와 '키네토스코프'(영사기)에 대한 특허를 취득했지만, 키네토스코프를 이용한 영상은 한 번에 한 사람밖에 볼 수 없었고 영상 속의 움직임도 부자연스러웠다. 뤼미에르 형제는 1894년에 파리에서 열린 키네토스코프 시연회에 참석한 후, 사진을 찍어 좀더 선명하게 영사할 수 있는 방법을 개발하기로 했다.

움직이는 영상을 발명하는 과정에서 결정적인 역할을 한 것은 뤼미에르 형제가 설계한 활동사진 기계였다. 그들은 집게 같은 장치가 구멍을 뚫은 셀룰로이드 판을 집어 매번 다른 위치에 놓도록 설계하고 노출 시간을 25분의 1초로 줄였다. 그리고 역시 같은 장치를 이용해 사진이 25분의 1초의 3분의 2에 해당하는 시간 동안(즉 초당 16프레임의 속도로—옮긴이) 영사기 램프 앞에 머무르게 했다. 그렇게 해서 사진이 스크린 위에 선명하게 영사되도록 한 것이다. 뤼미에르 형제는 1895년 12월 28일 파리에서 최초의 공개 시연회를 열었다. 그리고 즉시 엄청난 성공을 거뒀다. 2년 후 뤼미에르 형제는 385편의 영화를 보유하고 있었다. 필름의 길이는 각각 약 17미터로 영사기의 속도에 따라 대략 1분 정도 상영될 수 있는 분량이었다. 두 사람이 처음으로 만든 영화는 점심식사를 하려고 공장을 나서는 리옹의 노동자들 모습을 담은 것이었다. 뤼미에르 형제는 그 후로 영화촬영 기술이 숨 가쁘게 발전하는 것을 직접 목격했다. 루이는 1948년에 세상을 떠났고, 오귀스트는 1954년에 숨을 거뒀다.

정지된 사진의 뒤를 이어 탄생한 영화는 시각적 기억에 관한 새로운 은유를 탄생시켰다. 1902~1903년에 앙리 베르그송Henri Bergson은 콜레주 드 프랑스에서 시간에 관한 일련의 강의를 했다. 이 강의에서 베르그송은 브래들리가 던진 질문의 근원이 되는 의문을 제기했다. 우리의 경험이 무한히 많은 독립적인 지각들로 구성되어 있다면, 우리는 어떻게 운동과 변화라는 개념을 이해할 수 있는 것인가? 베르그송이 표현한 것처럼, 사실 우리의 지각은 "정신이 찍은 현실의 스냅사진들"로 이루어져 있다. 그런데도 우리 머릿속의 영상은 움직인다는 것, 그것이 수수께끼다. 베르그송이 강연을 한 것은 뤼미에르 형제가 같은 도시에 사는 사람들에게 자기들이 만든 최초의 영화를 보여준 때로부터 8년 후였다. 그는 영화가 발명되기 8년 전에 글을 쓴 브래들리와 달리 영화라는 새로운 발명품을 이용해 사진의 은유로 표현할 수 없는 기술적인 비유와 개념적인 가능성들을 제시할 수 있었다. 베르그송은 이 점을 십분 활용했다. 어떤 사람이 행진하는 군인들의 움직임을 표현하고 싶어한다고 가정해보자. 베르그송은 "지나가는 병사들의 모습을 계속 스냅사진으로 찍은 다음 그 사진들을 스크린 위에서 아주 빠른 속도로 돌리는 것"이 효과적인 방법이 될 것이라고 설명했다. 각각의 스냅사진에는 병사들의 정지된 모습이 찍혀 있다. 움직이는 병사는 하나도 없다. "움직이지 않는 것들을 한없이 나란히 늘어놓아도 움직임을 만들어낼 수는 없기" 때문이다. 이 사진들에 생명을 불어넣으려면 기계장치를 통해 움직임을 만들어내야 한다. "화면에 등장하는 각각의 배우들이 움직일 수 있는 능력을 회복하는 것은 영화 필름이 풀리면서 각각 다른 장면을 찍은 사진들이 연달아 나오기 때문이다." 베르그송은 정적인 영상들을 빠른 속도로 연달아 제시하면 움직임이 생겨난다고 결론지었다. "영화라는 발명품이 그런 것이다. 우리의 지식도 마찬가지다." 영화는 움직이지 않는 것들에서 움직임이 창조된다는 역설을 해결하는 데 도움이 되었다.

지금의 감각으로는 베르그송의 시대에 쓰였던 구식 영사기를 보면서 판자, 유리, 램프, 사슬, 톱니바퀴, 감개 등으로 구성된 이 상자에서 인간의 기억에 관한 은유가 어떻게 생겨날 수 있었는지 이해하기가 어렵다. 기술의 역사를 연구하는 사람에게 물어보면 영화가 우리의 기억처럼 움직이는 영상을 최초로 소개했다는 점을 강조할 것이다. 영화는 당시 사람들의 넋을 빼놓았다. 당시의 일기, 편지, 신문기사 등에서 이 사실을 확인할 수 있다. 그러나 이런 모든 이야기는 단순히 과거를 다시 그러모은 것에 불과하다. 사람들은 어렸을 때부터 각자 자기 시대의 데이터 전송수단을 보며 자랐으므로, 옛날 사람들이 사진과 영화를 보고 느꼈던 놀라움을 짐작하려고 애써볼 수는 있지만 그 놀라움을 직접 '경험'할 수는 없다. 최초의 영화가 상영된 지 100년이 지난 지금, 그때의 황홀함을 다시 불러올 수는 없다. 브래들리가 인간의 기억에 대해 했던 말은 역사적인 기억에도 적용되는 것 같다. 역사적인 기억 또한 시간 순서대로 재생될 뿐이므로.

## 참고문헌

M. Amis, *Time's Arrow*, London, 1991.

H. Bergson, *L'Evolution créatrice*, Paris, 1907. *Creative Evolution*, A. Mitchell 번역, New York, 1911에서 재인용.

F. H. Bradley, 'Why do we remember forwards and not backwards?', *Mind* 12 (1887), 579~582.

J. Hanlo, *Verzamelde gedichten*, Amsterdam, 1970.

G. Krol, *Wat mooi is is moeilijk*, Amsterdam, 1991.

# 푸네스와 세라세프스키의
# 절대적인 기억력

아르헨티나의 단편 작가이자 수필가이며 시인인 호르헤 루이스 보르헤스Jorge Luis Borges(1900~1986)는 미로처럼 얽히고설킨 한 작품에서 독자들에게 이레네오 푸네스Ireneo Funes라는 사람을 소개했다. 그의 이름을 번역하면 '어둠 밖으로'라는 뜻이 된다. 1884년의 어느 날 저녁, 이 작품의 화자는 사촌과 함께 우루과이에서 폭풍에 휘말린다. 남풍이 회색의 거대한 폭풍 구름을 몰고 와 그 구름이 하늘을 뒤덮었다. 그런데 어둠 속에서 한 소년이 갑자기 나타나고, 화자의 사촌이 그를 향해 소리친다. "지금 몇 시지, 이레네오?" 이레네오는 시계를 보거나 하늘을 보지도 않고 대답한다. "8시 4분 전이에요, 베르나르도 후안 프란시스코 형." '시계처럼 정확한 푸네스'는 절대적인 시간감각을 갖고 있는 것 같다.

몇 년 후 다시 우루과이를 찾은 화자는 푸네스가 길들여지지 않은 말에서 떨어져 영원히 침대에 누워 있어야 하는 신세가 되었다는 이야기를 듣는다. 그런데 말에서 떨어진 후 그는 놀라운 재능 두 가지를 자유자재로 쓸 수 있게 된 것 같다. 아주 작은 것까지 하나도 빼놓지 않는 엄청난 관찰력과 절대적인 기억력. 푸네스는 보고, 듣고, 느낀 모든 것을 결코 잊어버리지 않는다. 말에서 떨어진 사건이 그의 기억을 완벽한 기록기로 바꿔놓은 것이다. 화자는 푸네스를 찾아가보기로 한다. 그가 푸네스의 방으로 가기 위해 타일이 깔린 안뜰을 걷고 있을 때, 누군가가 라틴어 문헌을 암송하는 소리가 들려온다. 이레네오 푸네스다. 불구가 된 그 소년은 라틴어를 전혀 모르지만, 침대에 누워 있는 동안 그 문헌을 외워버렸다. 그가 암송하고 있는 구절은 플리니우스의 《자연사Naturalis historia》에 있는 것이다. 좀더 정확히 말하면, 《자연사》 제7권 24장에 나오는 구절이다. 이 부분은 자기 군대의 병사들 이름을 모조리 외우고 있었던 페르시아 왕 키루스Cyrus, 자기 왕국에서 사용되는 22개 언어를 전부 할 줄 알았던 미트리다테스 에우파토르Mithridates Eupator, 기억술을 발명한 시모니데스Simonides 등의 놀라운 기억력을 이야기하고 있다. 푸네스는 이런 사람들이 놀라운 존재로 여겨진다는 사실에 깜짝 놀란다. 그에게는 이런 기억력이야말로 세상에서 가장 정상적인 일이기 때문이다.

보르헤스는 푸네스가 위대한 과거 인물들의 엄청난 기억력을 묘사한 구절을 외워서 암송할 수 있었다는 사실을 거울 효과로 사용한다. 그는 또한 이 사실을 통해 푸네스의 기억력이 역사 속의 모든 전설을 뛰어넘는다는 것을 보여주고 있다. 이 소년의 기억력은 절대적이었다. "그는 1882년 4월 30일 오전에 남쪽 하늘에 떠 있던 구름의 모양을 기억하고 있었으며, 딱 한 번 본 책의 대리석 무늬 장정과 그 구름을 기억 속에서 비교할 수도 있었다." 그는 망아지의 헝클어진 갈기와 끊임없이 변하는 불꽃의 모양을 한 번 보고 기억할 수 있었으며, 상가에서 밤을 지새우는 동안 고인이 생전에 지었던 여러 가지 표정들을 기억해내기도 했다. 그는 "모든 숲에 있는 모든 나무의 모든 이파리뿐만 아니라, 자신이 그 이파리를 인식하거나 상상했던 모든 순간까지도" 기억했다. 그는 침대에 누운 채 이렇게 말했다. "세상이 시작된 이래로 모든 인간들보다 더 많은 기억을 가진 사람은 나뿐이다." 그는 말에서 떨어지기 전에 자신은 장님이자 귀머거리였다고 생각한다. 결코 실수가 없는 관찰력과 기억력을 얻은 것에 비하면, 몸을 움직일 수 없게 된 것쯤 중요하지 않다는 것이다.

그러나 화자와 푸네스의 대화가 진행되면서 이 소년이 신체적 장애뿐만 아니라 정신적 장애도 갖고 있음이 점점 드러난다. 그의 절대적인 기억력은 축복이 아니라 저주다. 그는 사물과 풍경을 보고 싶지 않아서 가능한 한 오랫동안 어둠 속에 머무른다. 그래서 밤이 되어야만 비로소 자신의 침대를 창가로 옮기게 한다. 기억력 때문에 그는 한순간도 편안히 쉴 수 없다. 잠들기도 어렵다. "어둠침침한 방의 침대에 누워서 [푸네스는] 벽에 나 있는 모든 금, 주위 모든 집들의 장식을 머릿속으로 그려볼 수 있었다." 잠을 자기 위해서 그는 낯선 검은 집을 상상하면서 어딜 봐도 어둡기만 한 그 집에 정신을 집중했다. 참을 수 없을 만큼 머릿속이 가득 차 있었던 그의 삶은 1889년에 끝을 맞았다. 아직 스물한 살도 되지 않은 그가 허파의 울혈로 숨을 거둔 것이다.

푸네스의 이야기는 1942년에 〈라 나시온La Nación〉에 처음 발표되었다. 보르헤스는 1944년에 《픽션Ficciones》이라는 제목의 단편집을 내면서 이 작품을 포함시켰다. 비교적 지적인 냄새를 풍기는 이 작품에서 이레네오 푸네스는 살아 있는 사고실험이다. 절대적인 기억력이 어떤 결과를 낳는가? 그런 기억력을 언제나 사용할 수 있는 사람에게 기억력은 무엇을 의미하는가? 보르헤스 작품의 탁월한 해설자 중 한 사람인 벨 빌라다Bell-Villada는 푸네스의 이야기가 문학이라는 외피를 쓴, 지식과 기억에 관한 철학적인 수필이라고 말한다. 그의 말이 옳다. 이 작품은 "눈으로 본 것을 모두 기억하는 사람이 있다면 그 사람의 생각, 행동, 경험은 어떤 모습일까?"라는 질문에 대한 보르헤스의 답변이다. 빌라다가 이용한 적절한 은유를 빌리자면, 보르헤스는 푸네스의 이야기를 쓰면서 환상이라는 프리즘을 통해 정상적인 정신생활의 현실을 보았다. 그리고 보르헤스가 이 작품을 쓰던 당시에는 짐작조차 못하던 상황의 변화 덕분에, 그의 사고실험 결과를 세심하게 기록된 사례연구와 비교해 시험해볼 수 있게 되었다.

## S., 기억의 예술가

다른 시간, 다른 장소에 실제로 푸네스 같은 기억력을 가진 남자가 살고 있었다. 솔로몬 셰라셰프스키Solomon Sherashevsky라는 이름의 그 남자는 유대계 러시아인으로 정확한 출생연도가 알려져 있지 않다. 그는 러시아의 신경심리학자 알렉산드르 루리야Aleksandr Lurija(1901~1977)가 실시한 사례연구의 주요 연구대상이었다. 루리야는 이 연구결과를 1965년 여름에 글로 썼으며, 1968년에는 《기억술사의 정신The Mind of a Mnemonist》이라는 제목의 영어 번역본을 출간했다. 루리야는 셰라셰프스키가 거의 서른 살이 되어가던 1920년대 중반에 그를 처음 만났다. 푸네스의 환생이라고 해도 될 것 같은 그는 한 지역 신문의 기자로 일하고 있었다. 루리야는 30년이 넘는 기간 동안 정기적으로 그의 놀라운 기억력을 대상으로 한 실험을 실시했다.

셰라셰프스키의 이야기는 보르헤스가 쓴 문학적 이야기의 실험판이다. 셰라셰프스키와 푸네스 모두 결코 지치지 않는 기억력을 갖고 있었을 뿐만 아니라, 보르헤스와 루리야 사이에도 비슷한 부분이 있었다(참고로 두 사람은 서로의 작품에 대해 모르고 있었다). 인간이 지닌 지성의 본질을 살펴본 보르헤스의 작품은 문학에서 철학으로 변했다. 이 작품은 그럴듯하다 못해 거의 과학적으로 보일 정도다. 반면 루리야의 사례연구는 그 자신의 표현대로 '낭만적인 과학'의 한 예다. 환원과 추상적인 법칙이 아니라 경험의 주관성을 목표로 한 과학이라는 얘기다. 보르헤스의 과학적인 소설과 루리야의 문학적인 과학에서 아주 흥미로운 현상, 즉 아무것도 잊어버리지 않는 기억력의 초상화가 만들어졌다.

루리야의 실험은 셰라셰프스키(루리야의 책에서 그는 임상적인 전통에 따라 이니셜로만 표기된다)가 자기 기억을 시험해달라며 루리야 앞에 나타난 날 시작되었다. 셰라셰프스키가 아무리 복잡한 브리핑에서도 필기를 전혀 하지 않는 것을 본 그의 직장상사가 그를 루리야에게 보낸 것이다. 셰라셰프스키 본인은 자신에게 이상한 점이 하나도 없다고 생각했으므로, 모든 사람이 브리핑 내용을 암기할 수 있는 것은 아니라는 사실을 알고 깜짝 놀라기까지 했다. 당시 루리야는 20대 초반이었다. 그는 고향인 카잔에서 심리학을 공부했으며, 프로이트의 연구에 특히 매력을 느끼고 있었다. 루리야는 나중에 자신의 연구에서 중요한 위치를 차지하게 된 주제, 즉 인간의 행동에서 감정이 수행하는 역할과 정신분석학을 연결시켜 정신분석에 대한 논문을 썼으며 프로이트와 편지를 여러 통 주고받았다. 소련이 정신분석학을 격하시키고 〈프라우다〉

지가 정신분석학을 가리켜 '생물학적'이며 '이념적으로 적대적'이라고 묘사했을 때, 루리야도 바뀐 환경에 재빨리 적응했다. 그는 모스크바 대학으로 옮겨가서 신경심리학을 연구하며 오랫동안 많은 논문을 썼다.

셰라셰프스키가 심리학연구소에 나타났을 때, 루리야는 그가 내성적이고 멍한 사람 같다고 생각했다. 루리야는 셰라셰프스키의 요구를 받아들여 그에게 일반적인 테스트를 몇 가지 실시했다. 그는 먼저 그에게 단어, 숫자, 글자 등이 포함된 다양한 길이의 목록을 보여주고, 그 내용을 외워서 되풀이해보라고 했다. 처음에는 그냥 일상적인 업무였던 이 연구는 금방 눈부신 결과를 빚어냈다. 루리야가 아무리 긴 목록을 보여줘도 셰라셰프스키는 그 내용을 외워서 단 한 번의 실수도 없이 그대로 되풀이할 수 있었다. 게다가 그 내용을 반대로 암송하거나, 아무 지점이나 목록 중간에서부터 암송할 수도 있었다. 처음 테스트를 실시한 후 루리야는 황당하기 그지없었다. 상대의 기억력이 얼마나 되는지조차 알 수 없었던 것이다. 문제는 기억력의 한계가 불분명하다는 점이 아니라 아예 한계가 없다는 점이었다.

며칠 후 새로 테스트를 해본 결과 셰라셰프스키의 기억력이 정상적인 기억술의 법칙들을 따르지 않는다는 사실이 확실해졌다. 기억범위(시험 대상자가 목록을 한 번 보고 실수 없이 기억해낼 수 있는 구성요소의 숫자)는 대부분의 경우 구성요소 일곱 개 정도다. 그런데 셰라셰프스키는 수백 개의 구성요소로 이루어진 목록을 외울 수 있었다. 일반 사람들은 아무 의미 없는 음절의 집합보다 의미가 있는 단어를 훨씬 더 쉽게 기억하지만, 셰라셰프스키는 아무 의미 없는 음절들을 거의 비슷한 그룹으로 나누어 모아놓은 긴 목록도 외울 수 있었다. 테스트를 하기 전이나 후에 비슷한 자료를 보면 대개 기억력이 떨어지지만, 셰라셰프스키는 그런 자료도 기억 속에서 정확하게 끄집어냈다. 마치 그가 절대적인 기억력을 갖고 있는 것 같았다. 기억 속에 남은 흔적들이 금방 사라지거나 파편화되는 것이 아니라 영구히 완벽하게 보존되는 기억력 말이다.

루리야는 이 테스트를 거의 비슷한 방식으로 여러 번 실시했다. 루리야가 단어나 숫자 목록을 천천히 읽어주면 셰라셰프스키는 눈을 감거나 멍하니 먼 곳을 바라보면서 목록이 끝날 때까지 기다렸다가 몇 분 동안 정신을 집중한 다음에 루리야가 원하는 순서대로 그 목록을 암송했다. 루리야가 칠판에 50개의 숫자로 이루어진 표를 그리면, 셰라셰프스키는 표를 2~3분 동안 천천히 훑어본 후, 자신의 머릿속에 각인된 그 표를 '읽기' 시작했다. 그는 자신의 머릿속에 각인된 그것을 '내면의 그림'이라고 불렀다. 그가 표의 내용을 위에서 아래로 암송할 때나, 아래에서 위로 암송할 때나, 대각선으로 암송할 때나 기억을 불러내는 시간에는 별 차이가 없었다. 심지어 몇 달이나 몇 년이 지난 후에도 그는 별 어려움 없이 그 표를 기억해냈다. 유일한 차이점이 있다면 실험 당시의 상황, 즉 방 안의 모습, 루리야의 목소리, 칠판을 응시하는 자신의 모습 등을 기억해내는 데 시간이 좀더 걸린다는 것뿐이었다.

연구가 시작되고 처음 몇 년 동안 셰라셰프스키의 기억은 자연스러워 보였다. 테스트 결과를 보면 그의 기억에 시각적 편향성이 존재했음이 분명하다. 모든 단어가 그의 기억 속에 확고하게 새겨진 영상을 자동적으로 끄집어냈다. 1936년에 그는 이런 말을 했다. "'초록색'이라는 단어를 들으면 초록색 꽃병이 나타난다. '빨간색'이라는 단어를 들으면 빨간 셔츠를 입은 남자가 내게 다가오는 모습이 보인다. '파란색'이라는 단어는 누군가가 창가에서 작은 파란색 깃발을 흔드는 모

$$N \cdot \sqrt{d^2 \times \frac{85}{vx}} \cdot \sqrt[3]{\frac{276^2 \cdot 86x}{n^2v \cdot \pi264}} \quad n^2b = sv\,\frac{1624}{32^2} \cdot r^2s$$

루리야가 셰라셰프스키에게 보여준 가짜 방정식.

습을 의미한다." 심지어 숫자를 보았을 때도 그는 이미지를 떠올렸다. "숫자 1을 예로 들면, 자존심 강하고 체격 좋은 남자가 생각난다. 2는 괄괄한 여자, 3은 우울한 사람(이유는 나도 모른다), 6은 발이 부어 오른 남자, 7은 콧수염을 기른 남자, 8은 아주 뚱뚱한 여자다. 자루 안에 자루가 또 들어 있는 꼴이니까. 87을 봤을 때는 뚱뚱한 여자와 콧수염을 빙빙 돌리는 남자가 생각난다." 자신의 내면을 들여다보는 조사결과에서 발췌해온 글은 셰라셰프스키가 자신의 기억 위에 과학적인 공식(이 경우에는 가짜 방정식)을 덮어씌우는 과정이 드러나 있다.

나이만(N)이 나와서 지팡이로 땅바닥을 찔렀다( · ). 그는 시선을 들어 루트 기호($\sqrt{\ }$)를 닮은 키 큰 나무를 바라보며 속으로 생각했다. '저 나무가 시들어서 뿌리가 드러나기 시작한 것도 무리가 아니지. 내가 이 집 두 채($d^2$(dom=집))를 지을 때도 저 나무가 저 자리에 있었으니까.' 그는 다시 지팡이로 바닥을 찔렀다( · ). 그리고 이렇게 말했다. "이 집들은 낡았어. 없애버려야겠다(X)('가위표를 쳐서 없애다'). 집을 팔면 돈이 훨씬 더 많이 들어올 거야." 그가 원래 이 집에 투자한 돈은 85,000(85)이었다. 그때 내 눈에 집의 지붕이 떨어져 있는 것(—)이 보인다. 아래쪽 거리에서는 어떤 남자가 테레민(러시아에서 발명된 전자악기. 이 책에는 원래 이름인 Termenvox로 표기되어 있다—옮긴이)(vx)을 연주하고 있는 것이 보인다.

이런 이미지들은 그의 머릿속에 쉽게 떠올라 계속 이어지는 이야기 속에 통합된다. 루리야는 셰라셰프스키가 15년이 지난 1949년에도 이 공식을 고스란히 외우고 있었다고 보고했다.

루리야를 만난 지 몇 년 후에 셰라셰프스키는 신문사를 그만두고 전문적인 기억술사가 되기로 했다. 그는 짬짬이 틈을 내어 루리야가 그의 기억술 변화를 가까이서 관찰할 수 있게 해주었다. 자발적인 기억이 점점 사라지고 전문적인 기억술, 즉 장소법loci method이 그 자리를 차지했다. 장소법은 그리스인들이 긴 연설문을 외울 때 사용했던 방법이다. 연설자는 머릿속에 어떤 집이나 거리를 그린 다음 그 장소를 걷는 상상을 하면서 자신이 이야기할 주제들을 군데군데에 상징적인 형태로 배치한다. 그리고 연설을 할 때 다시 그 거리를 걷는 상상을 함으로써 적절한 순간(주제를 배치한 첫 번째 장소, 두 번째 장소 등)에 자신이 이야기할 주제를 기억해내는 것이다. 셰라셰프스키는 대개 모스크바의 마야코프스키 광장에서 출발해 고리키 가를 걷는 상상을 했다. 그리고 거리에 있는 건물의 문간, 불이 환하게 밝혀진 상점 진열창, 창턱, 나지막한 담, 정원, 계단 등에 자신이 기억해야 할 주제를 놓았다. 지리적으로는 말이 안 되지만, 그는 어렸을 때 살았던 소도시 토르쇼크에서 이 상상 속의 산책을 끝내는 경우가 많았다.

셰라셰프스키가 드물게 실수를 하는 경우 그 원인이 기억력의 잘못이 아니라 잘못된 관찰이었다는 사실은 놀랍다. 하지만 기억의 구조를 생각해보면 이해하기 그리 어렵지 않다. 그는 기억 속의 표를 '읽을' 때, 직접 표가 그려진 종이를 보고 읽는 사람이 저질렀을 법한 실수를 저질렀다. 3을 8로 보는 식의 실수 말이다. 장소법을 사용할 때도 같은 현상이 일어날 수 있다. 셰라셰프스키가 어떤 '이미지'를 어두운 곳이나 부적절한 곳(예를 들면 하얀 벽에 달걀을 놓는 것)에 놓았다면 상상 속의 산책을 회상하면서 그 이미지를 못 보고 지나칠 수 있다.

## 공감각

절대적인 기억력과는 별도로, 셰라셰프스키의 정신적 능력에는 보기 드문 특징이 또 하나 있었다. 그의 공감각synaesthesia이 지극히 발달해 있었던 것이다. 다시 말해서, 여러 감각기관이 받아들인 인상들이 함께 흘러갔다는 뜻이다. 단어를 통해 그는 색채와 맛을 느꼈고, 심지어 고통까지 경험하기도 했다. 어렸을 때부터 "히브리 기도문의 단어들이 연기나 비말처럼 그의 머릿속에 자리잡았다." 루리야의 시험이 진행되던 도중에 그는 루리야의 동료인 비고츠키에게 "당신 목소리는 금방 부서질 것 같은 노란색이군요"라고 말한 적이 있었다. 러시아의 유명한 영화감독인 에이젠슈테인Eisenstein의 목소리를 들은 후에는 루리야에게 "마치 섬유가 삐죽삐죽 튀어나와 있는 불꽃이 나를 향해 곧바로 다가오는 것 같았다"고 말했다. 그는 단어의 발음을 통해서도 맛과 색채를 떠올렸다. 그는 svinya처럼 음악적이고 우아한 단어가 어떻게 돼지를 뜻하게 됐는지 이해하지 못했다. 식당에 갔을 때 그는 단어에서 느껴지는 맛을 기준으로 요리를 선택하곤 했다. 한 아이스크림 장수가 거친 목소리로 무슨 아이스크림을 먹겠느냐고 물었을 때에는 그녀의 입에서 석탄과 검은 재가 쏟아져 나오는 이미지가 떠올라서 식욕을 잃어버렸다.

얼핏 보기에는 이 공감각 때문에 셰라셰프스키의 기억력을 이해하기가 훨씬 더 어려워지는 것 같다. 지극히 보기 드문 특징 두 가지를 어떻게 한 사람이 한꺼번에 가지고 있을 수 있을까? 이것이 우연일까? 루리야는 셰라셰프스키의 경우 공감각이 또 하나의 수수께끼가 아니라 그의 기억력을 설명해주는 필수요소임을 보여주었다. 사람들은 모두 어떤 것을 기억하려고 할 때 그것이 처해 있던 맥락이 나중에 그 기억을 떠올리는 데 도움이 된다는 것을 경험으로 알고 있다. 사람들은 어떤 사람에게 뭔가를 상기시키고 싶을 때 이런 특징을 이용한다. 우리가 그때 이러이러한 곳에 있었고, 거기 이러이러한 것도 있었잖아. 기억나? 이때 주변 정황은 연상을 불러일으키는 신호가 된다. 셰라셰프스키는 무대에서 자신의 기억술을 선보일 때 끝없이 이어지는 숫자와 단어들의 발음을 자동적으로 구체적인 이미지와 연결시켜 기억했을 뿐만 아니라, 숫자와 물체들의 소리를 색채와 맛으로 변환시켜 기억 속에 저장했다. 이런 공감각적 연상능력 덕분에 그는 남들에게는 없는 연상능력을 지니게 된 것이다. 그가 10~15년 전에 보았던 자료를 기억해낼 수 있었던 것은 그때의 '맛'을 상기할 수 있었기 때문이다. 실험을 할 때 그는 원래 테스트에서 느꼈던 감각적 인상을 떠올리기 위해 몇 분 동안 정신을 집중하곤 했다.

공감각적 연상은 셰라셰프스키의 기억력에서 또 다른 기능을 수행했다. 보통 사람들은 그림을 이용해서 외운 단어 목록을 떠올릴 때 가끔 원래 단어의 동의어를 떠올리곤 한다. 원래 기억해야 하는 단어가 '보트'였다고 가정해보자. 사람들은 보트의 모습을 머릿속에 그려두었다가 나중에 그 이미지를 떠올리며 '배'라는 단어를 말한다. 그러나 셰라셰프스키는 절대 그런 실수를 범할 염려가 없었다. 그에게 '보트'라는 단어는 시각적 이미지뿐만 아니라 '배'라는 단어와는 어울리지 않는 공감각적 연상과도 관련되어 있었다. 공감각이 제어장치 기능을 한 것이다. 그의 놀라운 기억력 속에서 정상적인 심리학 법칙이 효력을 발휘하지 못하는지는 몰라도, 그의 기억력이 무질서하게 헝클어져 있지는 않았다. 그의 두 가지 유별난 특징이 나름의 법칙에 의해 다스려지는 일관된 구조를 형성하고 있었다.

## 완벽성의 병리학

거의 절대적인 기억력을 갖고 살아간다는 것은 어떤 의미일까? 루리야는 대화와 편지를 통해 셰라셰프스키가 시각과 공감각을 이용하는 기억술 덕분에 특정한 일들에 더 쉽게 대처할 수 있다는 사실을 추론해냈다. 예를 들어 그의 방향감각은 놀라울 정도였다. 그가 한 번이라도 가본 길이라면 그의 머릿속에서 그 길의 지도가 펼쳐졌다. 루리야는 어느 날 있었던 일을 자신의 자서전에 기록해놓았다. 그때 두 사람은 생리학자인 오르벨리를 만나러 가려던 참이었다. 루리야가 셰라셰프스키에게 그곳까지 가는 길을 기억하느냐고 묻자 셰라셰프스키는 이렇게 대답했다. "나 참, 내가 그걸 어떻게 잊겠습니까? 자, 여기 이 담은 맛이 아주 짜고 느낌도 아주 거칠어요. 게다가 아주 날카로워서 꿰뚫는 듯한 소리가 나기 때문에……." 시각적인 이미지를 머릿속에 그리는 능력이 아주 뛰어났기 때문에 그는 몇 가지 일들을 한번 흘깃 보기만 하고도 알 수 있었다. 한번은 어떤 사람이 그에게 책벌레의 수수께끼를 냈다. "책꽂이에 책 두 권이 있었어요. 각각 400쪽 분량이었죠. 책벌레가 종이를 갉아먹으면서 첫 번째 책의 첫 번째 페이지부터 두 번째 책의 마지막 페이지까지 뚫고 나갔어요. 그 벌레가 갉아서 뚫은 페이지가 몇 쪽이나 될까요? 사람들은 틀림없이 800쪽이라고 대답할 것이다. 두 권이 각각 400쪽 분량이니까. 하지만 나는 정답을 금방 알 수 있었다! 녀석은 책의 장정에만 구멍을 뚫은 것이다. 내가 생각한 것은 이런 것이었다. 책 두 권이 책꽂이에 꽂혀 있다. 첫 번째 책은 왼쪽에, 두 번째 책은 그 책의 오른쪽에. 벌레가 첫 번째 페이지를 갉아먹기 시작해서 계속 오른쪽으로 나아간다. 하지만 녀석 앞에 나타난 것은 첫 번째 책과 두 번째 책의 장정이다. 그러니까 녀석은 두 책의 장정밖에 뚫지 못한 것이다." 이 설명을 들은 뒤에도 직접 책 두 권을 집어들고 이 설명이 옳은지 확인해봐야 하는 사람이 대부분이지만, 셰라셰프스키는 내면의 눈으로 두 권의 책을 바라보았을 뿐이다.

그러나 이처럼 정확하고 생생한 이미지를 그려내는 능력에도 문제가 있었다. 셰라셰프스키는 이미지와 연결될 수 없는 개념, 예를 들어 '무無' 같은 단어를 감당하지 못했다. 평범한 사람들에게 이런 개념은 논리적인 논쟁에 사용되는 추상적인 단어다. 그러나 셰라셰프스키는 항상 어린아이처럼 구체적이고 시각적인 것만 생각할 수 있었다. 그는 또한 은유나 시에 대해서도 아무런 감각이 없었다. 단어를 듣고 구체적인 이미지와 감각적 연상을 떠올리는 사람이 그랬다니 이상하다는 생각이 들 수도 있다. 하지만 좀더 자세히 살펴보면 이런 현상을 쉽게 설명할 수 있다. 은유는 '의미'를 참조할 때에만 이해할 수 있다. 그러나 셰라셰프스키는 단순히 이미지만 보았다. 티호노프Tikhonov의 시에서 어떤 농민이 '포도주의 강'을 만들려고 포도 짜는 기구를 사용하고 있다는 구절을 보았을 때, 셰라셰프스키는 멀리서 흘러가는 붉은 강을 볼 수 있었다. 은유 속의 의미가 영상으로 바뀐 것이다.

셰라셰프스키는 시각적 연상능력 때문에 심지어 사람들의 정상적인 말조차 잘 이해하지 못했다. 누군가의 말에 귀를 기울이다 보면, 그는 머릿속에 저절로 떠오른 소리와 생생한 이미지들 때문에 그 말의 의미를 놓쳐버리고 그의 머릿속에는 결국 서로 잘 어울리지 않는 이미지들만 남았다. 어느 날 루리야와 나눈 대화가 좋은 예다. "신중하게 말한다weigh one's words는 표현을 생각해봅시다. 어떻게 말의 무게를 잴까요? '무게를 잰다weigh'는 단어를 들으면 저울이 보입니다. 옛날 우리 가게에 있었던 것 같은 저울. 사람들이 한쪽에 빵을 올려놓고 다른 쪽에 추를 올려놓는 저울. 화살표가 한쪽으로 기울었다가 중간에서 멈춥니다…… 하지만 이 표현은 뭡니까? 말의 무게를 잰다니요!"

셰라셰프스키의 정신은 정신병의 경계선에 서 있었다. 그의 정신은 우리가 잠들 때 가끔 경험하는 의식 상태와 비슷했을 것이다. 연상 속의 이미지들이 줄지어 빠르게 지나가고, 혼란스럽게 편집된 영화가 순식간에 눈앞을 스쳐가는 것 같은 느낌. 루리야가 처음에 그랬던 것처럼, 셰라셰프스키를 모르는 사람들은 그가 이상하고 멍한 사람이라고 생각했다. 그의 정신이 아주 올바른 것 같지는 않다고. 완벽한 기억력은 장애물이다. 보르헤스의 작품에 나오는 푸네스와 셰라셰프스키의 상황이 모두 그토록 답답하게 느껴지는 것은 비범한 기억력을 지닌 실제 인물과 소설 속의 인물이 절대적인 기억력뿐만 아니라 거기에 동반되는 정신적 결함을 공통적으로 갖고 있기 때문이다. "셰라셰프스키는 자신이 사람 얼굴을 잘 기억하지 못한다고 자주 투덜댔다. '변화가 너무 심해요. 그 사람의 기분과 내가 그 사람을 만났을 때의 상황에 따라 표정이 달라지니까. 사람들의 표정은 끊임없이 변합니다. 여러 표정의 미묘한 차이들 때문에 혼란스러워서 사람 얼굴을 기억하기가 너무 어렵습니다.'" 푸네스도 같은 문제를 지니고 있었다. 그는 거울로 자기 얼굴을 볼 때마다 깜짝 놀라곤 했다. 다른 사람들은 사람의 얼굴을 항상 똑같은 것으로 인식하는 반면, 그는 표정의 변화를 보았다. "푸네스는 조용하게 진행되는 변화, 썩어가는 치아, 점점 피곤해지는 표정을 끊임없이 인식할 수 있었다. 그는 죽음이 다가오는 것, 습기가 다가오는 것을 보았다. 아니, 알아챘다." 이 두 사람의 절대적인 기억력이 연속성에 대한 감각을 파괴해버렸다는 것은 역설적이다.

세라셰프스키와 푸네스는 모두 다른 사람들 눈에 이상하고 멍한 사람으로 보였다. 기력을 소진시키는 기억력이라는 짐에 눌려 있었기 때문이다. 그들은 논리적이고 추상적인 추론을 할 수 없었다. "내 생각에…… 그의 사고력은 별로 좋지 않았던 것 같다." 소설 속의 화자가 푸네스에 대해 하는 말이다. "생각은 차이를 무시하고(또는 잊어버리고), 일반화하고, 추상화하는 작업이다. 온갖 기억들이 잔뜩 들어 있는 이레네오 푸네스의 세계에는 구체적인 것들밖에 없었다. 그것도 사실상 바로 눈앞의 구체적인 것들이었다." 그는 자기 옆에서 보았던 개와 1분 후에 앞에서 본 개를 똑같은 단어로 불러야 한다는 사실에 짜증을 낸다. 세라셰프스키의 경우에도 삶은 독립된 이미지들의 연속일 뿐이었다. 그는 배열된 숫자들 속에서 아주 간단한 논리적 순서도 찾아내지 못했으며, 어떤 범주에 들어맞는 단어를 찾아내지도 못했다. 따라서 세라셰프스키는 단어 목록에서 새들의 이름을 골라내지도 못했다. 새들의 이름을 골라내려면 먼저 단어 목록 전체를 혼자서 암송해봐야 했다. 푸네스처럼 그도 "일반적이고 관념적인 생각을 하는 능력이 사실상 결여되어" 있었다. 레나테 라흐만Renate Lachmann이 보르헤스에 관한 글에 쓴 것처럼, 비범한 기억력을 지닌 이 두 사람 모두에게 니체의 책

《인간적인, 너무나 인간적인Human, All Too Human》에 나오는 금언이 적용될 수 있다. "기억력이 너무 좋아서 사상가가 되지 못하는 사람이 많다."

루리야는 극단적으로 잘 발달된 기억력이 셰라셰프스키의 성격과 행동에 어떤 영향을 미쳤는지 밝혀내려고 노력한 것을 자신의 가장 위대한 업적으로 생각했다. 루리야의 실험 보고서와 보르헤스의 소설은 이 점에서 일치한다. 절대적인 기억력을 가진 사람의 경험을 문학적 공상이라는 프리즘을 통해 보았건 과학적 실험이라는 프리즘을 통해 보았건, 그 사람의 행동에 나타난 스펙트럼은 똑같았다. 작가인 보르헤스와 신경심리학자인 루리야는 모두 절대적인 기억력이 사람을 엉망으로 만들어버린다는 것을 기정사실로 보았다. 절대적인 기억력이 그 주인을 환자로 만들어버린다는 것이다. 루리야는 셰라셰프스키가 약간 아이 같고, 비교적 무능한 사람이어서 어떤 질문에 대답하거나 행동을 하려면 먼저 여러 가지 연상에 정신을 집중해야 했다고 묘사했다. 푸네스도 똑같은 장애를 가지고 있었다. 차이점이 있다면, 푸네스의 장애가 훨씬 더 심했다는 것뿐이다. 벨 빌라다는 푸네스가 보기 드물게 풍부하고 다양한 관찰력을 갖고 있었지만, 어둠 속에서 눈을 감고 감각기관을 통해 마구 쏟아져 들어오는 여러 가지 느낌들로부터 자신의 정신을 보호하며 빈곤하고 단조로운 삶을 살 수밖에 없는 운명이었다는 역설을 언급했다. 사실 이 역설의 의미는 이보다 훨씬 더 깊다. 어제 본 나무나 얼굴을 한 치의 오차도 없이 기억한다면, 오늘 본 나무나 얼굴은 완전히 새로운 것이 된다. 푸네스와 셰라셰프스키에게는 모든 것이 순간마다 새로웠다. 간단히 말해서, 그들은 기억이 전혀 없는 사람과 똑같았던 것이다.

어떤 인터뷰에서 보르헤스는 푸네스의 이야기가 불면증에 대한 은유라는 얘기를 무심코 한 적이 있다. 그도 불면증 환자였다. 그는 어둠 속에서 말똥말똥한 정신으로 누워 있다 보면 머리가 "무서울 정도로 맑아질 때"가 있다고 말했다. 그는 푸네스의 이야기를 쓰기 6년 전인 1936년에 발표한 시 〈불면증Insomnia〉에서 자신의 몸, 그 몸속을 도는 피, 점점 썩어가는 치아, 자기가 갔던 모든 곳, 집, 마을, 진창길 등에 대한 생각을 도저히 머리에서 떨쳐버릴 수가 없다고 썼다. 그는 "잠들기 전에 나타나는 분열과 상징들"을 기다리지만 아무 소용이 없다. 눈을 감은 채 그는 침대에 누워 기다린다. 석판 같은 색깔의 하늘에서 먼동이 터올 때도 그는 여전히 깨어 있다. 잠은 일시적인 망각인데, 그 축복을 누릴 수 없는 그는 자신의 기억에 떠넘겨지는 신세가 된다.

　　이런 경험은 우리에게도 익숙하다. 정상적인 상황에서 기억은 낮 동안 다정한 보좌관이자 친한 친구다. 이 친구는 우리가 털어놓는 마음속 이야기를 듣고 우리를 도우려고 최선을 다하는 데 익숙해져 있다. 그러나 밤에 잠이 오지 않을 때는 기억이 믿을 수 없는 존재라는 사실이 분명하게 드러난다. 푸네스처럼 우리가 침대에 누워 무기력하게 잠을 기다리는 동안, 기억은 폭군으로 변해 우울한 이야기들을 한없이 내놓으며 잠을 방해한다. 도망칠 곳이 없다. 오로지 기억과 우리 자신뿐이다. 우리는 마치 온몸이 마비된 사람처럼 기억이 불러내는 모든 것을 못 박힌 듯 노려본다. 이미지, 이미지, 이미지. 그동안 있었던 일들이 내면의 눈앞에 선명하게 나타난다. 차라리 잊었으면 싶은 것들이 모두 무자비하게 영화처럼 눈앞에 나타나는 것이다. 모든 불면증 환자들은 일시적으로나마 절대적인 기억력이라는 저주를 견뎌야 한다. 한없이 길기만 한 밤에 우리는 이레네오 푸네스, 솔로몬 셰라셰프스키가

된다. 완벽함이라는 병에 시달리는 것이 어떤 것인지 갑자기 깨달은
기억술사가 된다.


## 참고문헌

Borges는 푸네스의 이야기를 1942년에 써서 1944년에 *Ficciones*라는 단편집에 포함
시켰다. Andrew Hurley가 번역한 영역본은 1967년에 런던에서 *Fictions*라는 제목으
로 출판되었다.

G. H. Bell-Villada, *Borges and His Fiction: A Guide to His MInd and Art*, Chapel Hill,
    1981.

A. Lachmann, 'Gedächtnis und Weltverlust-Borges' memorioso-mit Anspielungen
    auf Lurija's Mnemonisten,' A. Haverkamp와 R. Lachmann 편집, *Memoria-
    Vergessen und Erinnern*, R. Herzog와 협력하여 쓴 책, Munich, 1993, 492~
    519.

A. R. Lurija, *The Mind of a Mnemonist*, New York, 1968.

_____, *The Making of Mind: A Personal Account of Soviet Psychology*, Cambridge,
    Mass., 1979.

F. Nietzsche, *Human, All Too Human*, Lincoln, 1984.

# 결함의 이점:
# 사방 증후군

영국의 정신과 의사 존 랭던 다운John Langdon Down은 1887년 런던 의학 협회에서 몇 번에 걸쳐 강연을 했다. 그는 강연을 들으러 온 동료들을 위해 지난 30년간 얼스우드 정신병원의 의료부장으로 일하면서 접한 사례들과 질병들의 목록을 만들었다. 그의 강연은 정신의학 역사에서 하나의 이정표가 되었다. 주로 특정한 정신적 이상에 대한 다운의 설명 덕분이었다. 다운은 이 증상을 '몽골증mongolism'이라고 불렀지만, 지금은 이 증상이 다운 증후군이라고 불린다. 그러나 다운이 이 강연에서 또 하나의 고전적인 정신의학 용어를 소개했다는 사실은 잘 알려져 있지 않다. 천재 백치idiots savants라는 이 용어는 다운의 설명에 따르면, "전체적인 지능이 낮은데도 상당히 크게 발달할 수 있는 보기 드문 재능을 지닌 아이"다.

다운은 자신이 일하는 병원에서 그런 아이들을 관찰할 수 있었다. 정신장애가 있는 한 소년은 한 번밖에 읽지 않은 긴 구절을 단어 하나 틀리지 않고 암송할 수 있었다. 그 문장의 뜻은 전혀 알지 못하면서도 말이다. 그가 기번Gibbon의 《로마제국 흥망사History of the Decline and Fall of the Roman Empire》를 읽으면서 실수로 세 번째 페이지의 한 줄을 건너 뛰었다가 몇 줄을 더 읽어 내려간 다음에 다시 읽은 적이 있었다. 그런데 그는 나중에 그 구절을 암송하면서 똑같은 실수를 반복했다. 그 줄을 빼먹고 암송하다가 나중에 그 줄을 외운 것이다. 마치 그 줄의 원래 자리가 거기인 것처럼. 또 다른 소년은 《시편》을 통째로 외우고 있었다. 그리고 또 다른 아이는 세 자리 숫자 두 개의 곱셈을 몇 초 만에 해낼 수 있었다. 음악을 기억하는 능력이 이상할 정도로 발달한 다운 중후군 환자들도 있었다. 그런 환자 중 한 명은 오페라를 보고 온 후 모든 아리아를 완벽하게 기억해냈다. 마지막으로, 시계를 보지 않고도 시간을 정확하게 아는 소년이 있었다. 다운은 이 소년이 흥분했을 때는 시간을 잘 맞추지 못해서 "낡은 시계처럼 흔들어줬더니 정확한 시간을 말했다"고 설명했다. 이처럼 시간을 아는 재능은 다른 천재 백치들의 재능과 마찬가지로 결코 유전된 것이 아니었다. 다운의 조사결과 이 아이들의 부모 중 누구도 아이들과 똑같은 재능을 갖고 있지 않았다. 또 하나 놀라운 사실은 다운이 오랫동안 정신과 의사로 일했는데도 여자 천재 백치를 단 한 명도 만나지 못했다는 점이었다.

다운의 강연 이후 발표된, 천재 백치들에 관한 수십 건의 연구들은 다운의 연구결과와 대체로 일치했다. 달라진 것은 이들을 가리키는 용어뿐이다. 천재 백치는 백치가 아니다. 엄밀히 말해서 그들의 IQ는 50에서 70 사이이기 때문이다. 그렇다고 천재 백치가 진짜 천재인 것도 아니다. 천재 백치의 재능은 주로 반복과 흉내 내기로 제한되어 있다. 요즘은 사방 증후군savant syndrome이 있는 사람들을 그냥 사방이라고 부른다.

다운이 제시한 사례들은 세 가지 범주로 분류할 수 있다. 첫째, 기억력이 비범한 사람들. 일부 사방들은 대도시의 버스 시간표를 모조리 외우고 있다. 역사적 사실을 아주 잘 외우거나, 자기가 있는 정신병원의 전현직 직원들 생일과 주소를 모두 알고 있는 사람도 있다. 다운은 사방의 기억력에 특별한 점이 있다는 사실을 발견했다. 구체적이고 단순한 것들에 '들러붙는' 성질이 있다는 것이다. 추상적인 것들은 잘 기억하지 못했다. 사방들은 갈아탈 열차를 찾는 방법에 대한 가르침보다 시간표를 모조리 외우는 편을 더 쉽게 생각한다. 사방의 두 번째 범주는 계산을 잘하는 사람들이다. 이 범주에 속하는 대부분의 사방들은 달력 계산을 특히 잘하기 때문에 특정한 날짜가 무슨 요일인지 금방 알아맞힌다. 사방의 세 번째 범주는 예술적 재능이 있는 사람들이다. 대개 이들은 음악을 귀로 듣기만 했는데도 곧바로 연주할 수 있다. 모두들 악보를 읽지 못하는데도 음을 완벽하게 알아맞힌다. 그림을 잘 그리는 사방들은 훨씬 드물다. 자폐아인 나디아는 네 살 때부터 짐승들, 특히 말을 그릴 수 있었다. 움직임을 포착하는 그녀의 능력은 어른들 사이에서도 보기 드문 것이었다. 또 다른 자폐아인 스티븐 윌트셔 Stephen Wiltshire는 건물과 거리들을 완벽한 원근법으로 그릴 수 있다.

미국의 정신의학자로서 다운처럼 정신병원의 베테랑 의료부장이었던 트레퍼트Treffert에 따르면, 지난 세기의 의학 문헌과 심리학 문헌에 대략 100명의 사방들이 소개되어 있다. 남녀의 비율은 6 대 1로 남자가 압도적으로 많다. 많은 사방들은 자폐아이거나, 대개 자폐증과 관련된 증상인 반향언어증echolalia(앵무새처럼 남의 말을 따라 하는 것)을 나타낸다. 그들은 또한 사회적인 접촉을 하지 않으며, 단조로운 일을 좋아하고, 환경이 바뀌면 격렬하게 화를 낸다. 자폐아로 진단받은 아이들 중 약 10퍼센트가 사방과 비슷한 능력을 갖고 있다. 달력 계산을 잘하는 사방들은 거의 모두 자폐다. 사방들의 사례연구를 살펴보고 그들의 능력과 재주가 놀라울 정도로 다양하다는 것을 알게 된다면, 사방을 기억술사, 계산천재, 예술천재로 나눈 전통적인 분류법이 다소 독단적이라는 결론에 이를 수밖에 없다. 미래에는 이 분류법도 '퇴화증 degenerates'처럼 어리석은 분류법 취급을 받게 될 것 같다. 19세기의 정신과 의사들은 간질병 환자, 알코올 중독자, 정신장애자를 모두 '퇴화증' 환자로 분류했었다. 사방에 대한 전통적인 분류법은 사방들이 그런 능력을 갖게 된 심리적 과정이 아니라 겉으로 드러나는 증상과 사방들의 구체적인 능력을 바탕으로 한 것이다. 나중에는 연구를 통해 다운이 '잘 들러붙는 기억력'이라고 표현했던 것에 달력 계산, 피아노 연주, 그림 그리기 같은 재주도 포함된다는 사실이 분명해질 수도 있다. 모든 사방들이 숨겨진 공간감각을 갖고 있는 것으로 밝혀질 수도 있다. 현재 문헌에 많이 실려 있는 가설과 이론들은 그 바탕이 된 특정한 사방들에게는 잘 들어맞지만, 다른 타입의 사방들을 오히려 훨씬 더 이해할 수 없는 존재로 만들어버린다. 사방들의 다양한 능력을 이해하기 위해서는 사방들 몇 명을 직접 사귀어보는 것이 도움이 될지도 모르겠다.


## 계산천재와 달력 계산능력자

19세기의 가장 위대한 수학자인 카를 가우스Carl Gauss는 어렸을 때 계산천재였다. 그보다 한 세기 전의 수학자인 레온하르트 오일러Leonhard

Euler와 한 세기 뒤의 수학자인 알렉산더 에이킨Alexander Aitken도 마찬가지였다. 이 수학자들이 일찍부터 보여준 뛰어난 능력은 그들이 수백만 명 중 한 명꼴로 나타나는 재능의 달인이 됨으로써 결실을 맺었다. 오일러, 가우스, 에이킨의 재능은 평범한 사람들의 재능분포도를 나타낸 그래프에서 오른쪽 끝에 속한다.

그러나 뛰어난 계산능력이 항상 천재의 징표인 것은 아니다. 실제로는 앞의 세 사람과는 반대되는 경우가 더 많다. 즉, 어렸을 때 천재적인 계산능력을 보여준 사람들 중 많은 사람들이 이 재능을 제외한 다른 부분에서는 재능분포도 그래프에서 왼쪽 끝에 속한다. 다시 말해서, 정신적인 장애를 지니고 있다는 뜻이다.

제데디아 벅스턴Jedediah Buxton은 더비셔의 엘름턴이라는 마을에서 1702년에 태어났다. 그의 아버지는 교사였고, 할아버지는 목사였다. 제데디아는 글을 읽고 쓰는 법을 배운 적이 없으며, 나중에 농장 노동자가 되었다. 1754년 〈신사의 잡지Gentleman's Magazine〉에 간략하게 실린 그의 생애를 보면, 그는 "힘들고 가난한 삶을 살았기 때문에 매일 똑같은 하루를 보냈다. 어느 하루에 그가 겪은 일만 살펴보면 그가 평생 동안 겪은 일을 모두 다 알 수 있을 정도였다. 벅스턴에게 시간이 흐르면서 바뀌는 것이라고는 나이뿐이었다. 계절이 바뀐다고 해서 일자리가 없어지는 것도 아니었다. 겨울에는 도리깨를 사용하고, 여름에는 갈고리를 사용하는 것이 다를 뿐이었다." 이 글을 쓴 사람은 벅스턴이 이런 생활을 했기 때문에 글을 배우지 못했을 것이라고 생각했다. "그는 무슨 일에든 숫자를 사용했기 때문에 다른 지식을 조금도 배우지 못했다. 그의 머리는 같은 계층의 열 살짜리 소년보다 더 생각을 안 하는 것 같다."

MONTANA STATE UNIVERSITY
Jedediah Buxton

계산천재인 제데디야 벅스턴(1702–1772).

이렇게 무지한 사람이 계산을 할 줄 알았다는 것은 정말로 놀라운 일이었다. 벅스턴은 특히 면적이나 부피 등 공간과 관련된 계산에 뛰어났다. 이런 계산을 하려면 때로 여덟 자리 숫자 세 개를 곱해야 할 때도 있었지만, 벅스턴은 스물일곱 자리나 되는 답을 계산해냈다. 필요한 경우에는 역산도 가능했다. 1751년에 〈신사의 잡지〉 기자가 벅스턴을 찾아와서 여러 가지 계산문제를 제시

했다. 벅스턴은 "지름이 6야드인 마차 바퀴가 요크에서 런던까지 204마일을 가는 동안 몇 바퀴나 회전하느냐"는 질문을 듣고 13분 만에 59,840바퀴라는 정답을 내놓았다. "보리알 세 개를 합한 길이가 1인치일 때, 보리알 몇 개가 모여야 8마일이 되는가"라는 질문에 대해서는 11분 만에 1,520,640개라는 정답을 내놓았다. 벅스턴의 재주가 가장 빛난 것은 서른아홉 자리(!)나 되는 숫자의 제곱 계산을 할 때였다. 두 달이 넘게 걸린 이 계산 결과는 1751년에 발표된 한 보고서에 실렸다. 그 답으로 나온 숫자는 무려 일흔여덟 자리나 되었다. 이 보고서의 저자는 시간과 호기심이 많은 사람이라면 한번 이 계산을 직접 해봐도 좋다고 덧붙였다. 그러나 당대의 사람들 중 이 도전을 받아들인 사람은 하나도 없었다. 컴퓨터가 등장한 후 이 계산을 해본 결과 벅스턴이 내놓은 답

에서 틀린 것은 숫자 하나뿐이었다.

앞에서 살펴보았듯이, 벅스턴은 배운 것도 없고 기억하고 있는 것도 거의 없었기 때문에 그의 지식은 평범한 열 살짜리 아이보다 못한 수준이었다. 그러나 흥미를 끄는 묘한 주제와 부딪치면, 그의 기억력이 놀라운 능력을 발휘하는 것 같았다. 예를 들어, 그는 자신에게 맥주를 대접한 사람이 누구이며, 각각 맥주를 얼마나 사주었는지 머릿속에 일일이 기록해두고 있었다. 1753년에 그의 기억을 표로 작성해본 결과, 무려 60명이 넘는 사람들이 그 표에 포함되어 있었다. 그들은 대부분 그 지역의 귀족들이었지만, 시장이나 목사 같은 유명인사들도 있었다. 킹스턴 공작이 사준 맥주만 따져도 2130파인트나 되었다. 항상 숫자만 생각하는 그의 주의를 돌려놓을 수 있는 것은 맥주 외에는 왕족들의 행동뿐이었다. 1754년 봄에 벅스턴은 왕을 잠깐이라도 볼 수 있을지 모른다는 희망을 안고 자기 마을에서 런던까지 150마일을 걸었다. 불행히도 왕은 휴일을 맞아 런던을 떠나 있었다. 그러나 벅스턴이 런던에 왔다는 소식이 알려지자 영국 학술원 회원들 앞에서 그의 능력을 보여줄 수 있는 기회가 마련되었다. 벅스턴이 숫자에 집착하고 있다는 사실이 알려진 것은 아마 그의 시범이 끝난 뒤에 일어난 일 때문이었을 것이다. 시범을 끝낸 후 그는 사람들에게 이끌려 연극 〈리처드 3세〉를 보러갔다. 연극이 끝난 후 누군가가 그에게 소감을 물었지만, 그는 연극을 전혀 이해하지 못한 것처럼 보였다. 그러나 주연배우가 말한 단어가 몇 개나 되는지는 정확히 알고 있었다.

이는 벅스턴이 숫자에 대해 예외적인 기억력을 갖고 있었음을 시사한다. 그러나 수학자인 스티븐 스미스Steven Smith는 암산 능력이 뛰어난 사람들에 관한 훌륭한 연구에서 뛰어난 기억력이 암산 능력을 설명해준다고 생각하는 것은 원인과 결과를 혼동한 결과라고 주장했다. 암산 능력자들이 숫자를 그토록 잘 기억하는 것은 숫자에 관심이 있기 때문이지, 그 반대가 아니라는 것이다. 우리가 아는 한, 계산천재들의 기억력은 사실 평균 수준에서부터 형편없는 수준에 이르기까지 다양하다. 프랑스의 계산천재인 몽되Mondeux를 가르쳤던 교사는 1853년에 자신의 제자가 숫자 외에는 그 어느 것도 배워서 익히지 못한다고 썼다. "사실, 날짜, 장소 등은 거울 앞을 스쳐 지나가듯이 아무런 흔적도 남기지 않은 채 그의 뇌를 그냥 스쳐 지나가버린다." 1894년에 계산천재 이노디Inaudi를 연구한 비넷Binet은 이노디가 모든 계산 문제를 한 번만 보고도 완벽하게 기억해낼 수 있는 반면, 글자는 다섯 개도 채 외우지 못한다는 사실을 발견했다. 계산천재들이 수많은 숫자들을 머릿속에 기록할 수 있는 것은 계산을 많이 해봤기 때문이다. 숫자를 잘 기억해서 계산을 잘하는 것이 아닌 것이다. 이 사실은 계산천재들에 관한 두 번째 가설, 즉 그들이 12단이나 13단까지 구구단을 외우는 대부분의 사람들과 달리 100단이나 200단까지도 배워서 외울 수 있다는 가설과 어긋난다. 이처럼 많은 숫자를 외우려면 기억 능력을 엄청나게 혹사해야 할 것이다. 따라서 계산천재들의 경우에는 구구단을 외우는 것보다는 그냥 곱셈을 하는 편이 훨씬 더 쉽다.

따라서 숫자와 기억력 사이의 연결고리를 찾으려면 다른 곳을 살펴봐야 한다. 계산천재들은 숫자에서 보통사람들이 느끼지 못하는 속성과 관계를 찾아낸다. 그들은 숫자를 보고 떠오르는 연상을 통해 숫자에 의미를 부여한다. 이런 의미에서 숫자는 단어와 많은 공통점을 갖고 있다. 계산천재들은 문장과 같은 맥락 속에서 숫자를 본다. 거듭제곱근 풀이에서 오랫동안 세계챔피언 자리를 지켰던 빔 클라인Wim

Klein에게 429라는 숫자는 3 곱하기 11 곱하기 13이라는 계산의 결과였으며, 페리클레스Pericles가 죽은 해(기원전)를 의미했다. 에이킨은 누군가가 1961년에 대해 이야기하는 것을 듣고 이 숫자를 37 곱하기 53, 또는 44의 제곱 더하기 5의 제곱, 또는 40의 제곱 더하기 19의 제곱으로 분해해버렸다. 이것은 그의 머릿속에서 저절로 떠오른 계산이었다. 그가 일부러 이런 계산을 할 필요가 없었다는 뜻이다. 이런 연상능력 덕분에 숫자에 감정이나 미학과 관련된 의미가 부여되는 경우도 있다. 예를 들어 시앰 마라트Shyam Marathe는 생전 처음으로 비행기를 타고 그랜드캐니언 위를 날아갈 때 그 광대한 계곡을 보고 9의 20승을 떠올렸다고 말했다.

계산천재들은 평범한 사람들이 단어와 문장을 인식하듯이 숫자를 인식한다는 비유는 아주 유용하다. 단어를 아무 의미 없는 소리의 집합으로 기억하거나, 문장을 단어들의 우연한 집합으로 기억하는 사람은 아무도 없다. 사람들은 글을 읽거나 말을 들을 때처럼 단어와 문장에 즉시 자동적으로 의미를 부여한다. 이처럼 의미가 부여되는 과정을 관찰할 수는 없다. 우리가 글을 읽거나, 말을 하거나, 소리를 듣게 되는 과정을 직접 들여다볼 수 없다는 얘기다. 이것 역시 계산천재들의 경우와 잘 들어맞는다. 자기들이 어떻게 계산을 해서 답을 내놓는지 그 과정을 사람들에게 설명해줄 수 있는 계산천재는 아주 드물다. 에이킨이나 조지 비더George Bidder 2세 같은 천재들이 내놓은 자신들의 계산방법에 대한 설명을 바탕으로 보고서들이 발표된 적이 있는 것은 사실이다. 그러나 그들도 이 계산방법의 뒤에서 작동하는 사고과정에 대해서는 제대로 설명하지 못했다. 에이킨은 심지어 자신의 머릿속 깊은 곳에서 계산이 저절로 이루어지는 것 같아서, 자신은 무의식이 내놓은 계산결과를 확인하기만 하면 되며 수정할 필요도 없다고 말한 적도 있다.

그런데 사방들에 대해서는 이런 보고서조차 존재하지 않는다. 대부분의 수학 사방들은 달력 계산능력자이며, 거의 예외 없이 자폐증 환자들이다. 그들은 설사 말하는 능력을 갖고 있다 해도, 자기들이 어떻게 정답을 내놓을 수 있는지 설명하지 못한다. 자신의 계산방법을 되돌아보며 고작해야 "음, 일주일은 7일이니까……." 수준의 설명을 내놓을 뿐이다. 그러나 지난 몇 년 동안 달력 계산능력자들에 대한 심리학 실험이 상당히 이루어졌기 때문에, 이제 몇 가지 결론을 내놓을 수 있게 되었다. 달력 계산능력자들 중에 데이터를 외울 수 있는 사람은 극소수에 불과했다. 또한 그들이 계산할 수 있는 달력은 기껏해야 약 10년치에 지나지 않았다. 일부는 달력을 계산하는 것이 아니라 그냥 외우고 있었고, 나머지 사람들은 특정한 날짜를 기준으로 삼는 방식을 이용했다. 다시 말해서, 그들이 계산하려는 기간 동안 흩어져 있는 수백 개의 사건들 중에서 개인적으로 중요한 일이 일어났던 날짜를 정확하게 기억해두는 식이다. 그들은 이 기준이 되는 날짜에서 앞이나 뒤로 날짜를 세어나가는 방식으로 다른 날짜의 요일을 계산해낸다. 따라서 그들이 계산하려는 날짜와 기준이 되는 날짜 사이의 거리에 따라 계산 시간이 달라진다.

대다수의 달력 계산능력자들은 과거와 미래의 날짜와 관련된 질문에 똑같이 빠른 속도로 답을 내놓는다. 이는 그들이 답을 내놓을 때 오로지 기억에만 의존하는 것은 아니라는 뜻이다. 그렇다면 그들이 '계산'을 통해 답을 내놓는다고 가정해볼 수 있다. 달력은 수학적인 방식(알고리듬)으로 표현될 수 있는 규칙성을 바탕으로 하고 있다. 이런 알고리듬의 한 예를 만세력에서 찾아볼 수 있다. 달력 계산능력자들이 이런 알고리듬을 보거나, 스스로 추론해내서 이용하고 있다고 생각해 볼 수 있다.

그러나 이런 가설을 반박하는 연구결과들이 적지 않은 것 같다. 달력 계산능력자들은 평균적으로 숫자에 약하다. 그들은 한 자리 숫자의 덧셈도 제대로 하지 못하며, 곱셈이나 나눗셈은 아예 능력 밖이다. 이미 존재하는 달력의 알고리듬을 이용하지도 못한다. 우선 그 규칙을 이해하지 못하기 때문이다. 많은 달력 계산능력자들이 "1960년부터 1970년 사이에 1일이 일요일이었던 달은 언제인가?"처럼 알고리듬이 알려져 있지 않은 질문에 대해서도 대답할 수 있다는 사실 역시 그들이 계산을 통해 답을 내놓는다는 가설과 어긋난다. 그러나 그들이 뛰어난 기억력이나 숫자를 다루는 뛰어난 능력 때문에 그런 능력을 보이는 게 아니라면, 도대체 그런 능력의 원인이 무엇일까? 영국의 심리학자인 마이클 호우와 줄리아 스미스Julia Smith는 달력 계산능력자들의 능력을 설명하는 데 단서가 되는 가설을 내놓았다. 그들이 이런 가설을 내놓는 데 바탕이 된 것은 당시 열네 살이었던 데이브라는 달력 계산능력자에 대한 사례연구였다.

데이브는 IQ가 50 정도인 정신지체아였다. 그림은 꽤 잘 그렸지만, 읽기 능력은 여섯 살이나 일곱 살짜리 아이 수준이었다. 호우와 스미스가 그를 열네 번 만나 조사하는 동안 그는 몇 마디 말밖에 하지 않았다. 또한 남의 말을 앵무새처럼 따라 하고, 수줍음을 많이 타는 등 전형적인 자폐증 증세를 나타냈다. 그는 자신을 항상 '데이브'라고 불렀으며, '나'라는 호칭을 결코 사용하지 않았다. 연구과정에서 제시된 질문들은 그를 그만의 작은 세계에서 잠시 끌어낸 듯 보였으나, 그는 그 질문의 답을 내놓은 후 다시 자기 세계로 물러나버렸다. 이 말 없는 소년은 1900년부터 2060년까지 모든 날짜와 요일에 대한 질문에 거의 실수 없이 정답을 내놓았다. 따라서 그가 특정한 날짜를 기준으로 삼는 방식을 사용할지도 모른다는 가능성은 배제되었다. 1900년은 그가 넘을 수 없는 선이었다. 1900년 이전의 날짜에 대해 물어보면 그는 아무렇게나 답을 말했다. 그러나 미래와 관련된 질문의 경우에는 정답의 감소세가 훨씬 더 완만했다. 1900년이 4로 나눌 수 있는 해가 윤년이라는 규칙에서 예외(2000년은 예외가 아니다)이기 때문에 그가 이런 반응을 보였다고 생각해볼 수 있다. 놀랍게도 1900년 이전의 날짜에 대해 그가 내놓은 답변 중에는 겨우 하루 차이로 어긋나는 것이 많았다.

　이걸 보면, 데이브가 날짜를 앞으로 세어나가며 계산을 하는 방식으로 답을 내놓았던 것 같다. 그래서 호우와 스미스도 그의 계산능력을 먼저 조사해보았다. 데이브는 1973 빼기 1908 같은 계산도 못하는 것 같았다. 그러나 "내가 1908년에 태어났는데, 1973년에 내 나이가 몇 살일까?"라는 질문에는 1~2초 만에 정답을 내놓았다. "내가 1841년생이라면, 2302년에 내 나이는 몇 살일까?"라는 질문의 경우에도 마찬가지였다. 이런 패턴은 다른 달력 계산능력자에게서도 아주 흔히 나타난다. 단순한 계산문제는 풀지 못하면서, 그보다 훨씬 더 복잡한 문제를 그들의 사고방식에 맞춰 달력과 관련된 용어로 질문하면 금방 정답을 내놓는 것이다. 데이브가 날짜와 요일을 계산으로 알아내는 평범한 방법을 사용하지 않는다는 사실이 분명히 확인된 것은 그가 "10월 9일이 수요일인 해는 언제인가?"라는 질문에 정답을 내놓았을 때였다. 이런 문제를 푸는 산술적 해법은 지금까지 한 번도 발표된 적이 없기 때문이다.

　조사과정에서 호우와 스미스는 데이브가 달력에 관한 정보를 시각적 이미지와 공간적 이미지로 기억하고 있다가 필요할 때 꺼내서 사용한다는 인상을 받았다. 그가 중얼거린 말, 즉 "예, 그건 맨 윗줄에 있고……"와 "목요일은 항상 검은색이에요……"도 그가 시각적 이미지를 저장해두었다가 사용하고 있음을 암시해주었다. 그가 이런 말을 중얼거린 것은 어렸을 때 그의 집 부엌에 걸려 있던 달력 때문인 것 같았다. 그의 시각적 기억력을 시험해본 결과 그가 직관상적eidetic 기억(일반적으로는 '사진과 같은 기억'이라고 불린다)을 갖고 있지 않다는 사실이 드러났지만, 그는 옛날에 부엌에서 본 달력을 기반으로 머릿속에 가상의 달력을 만들어두고 그 달력을 읽을 수 있는 것 같았다.

호우와 스미스는 이 가설을 바탕으로 질문들을 만들었다. "1957년에 1일이 금요일인 달은 언제지?" 같은 질문은 날짜와 관련된 정보를 시각적 이미지로 머릿속에 저장해놓은 사람보다 날짜를 일일이 계산해야 하는 사람에게 훨씬 더 어렵다. 데이브는 주저 없이 정답을 내놓았다. 호우와 스미스는 각각 다른 해에서 7개의 달을 골라 그에게 제시한 다음, 31일이 있는 달을 골라보라고 했다. 그는 주저 없이 1일이 금요일이 아닌 달의 이름을 댔다. 이처럼 그가 잘못된 답을 내놓은 사례역시 그가 달력과 관련된 정보를 시각적 이미지로 기억하고 있음을 암시했다. 예를 들어 그가 1931년 3월 21일의 요일을 알아맞히지 못했다면, 그 달의 다른 날짜에 대해서도 요일을 알아맞히지 못했다. 그 달에 대한 잘못된 시각적 이미지를 갖고 있는 모양이었다. 호우와 스미스의 가설을 확인해준 결정적인 증거는 어떤 날짜(예를 들어 9월 31일)는 아예 존재하지 않는다는 사실을 데이브가 한참 만에야 알아차렸다는 점이었다. 그가 시각적 이미지를 바탕으로 삼았다면, 30일과 31일이 번갈아 등장하는 것은 전혀 중요한 사실이 아니다. 그러나 계산으로 날짜를 알아내는 사람에게는 이 정보가 반드시 필요하다.

호우와 스미스가 세운 가설의 매력은 계산과 외우기라는 두 가지 가설의 장점을 결합시켰다는 것이다. 데이브는 그림으로 날짜를 세는 것 같았다. 데이터 처리라는 측면에서 보면, 정보가 아주 크게 단순화되는 셈이다. 모든 달의 1일은 7개의 요일 중 하나이므로, 특정한 달의 날짜와 요일이 배열될 수 있는 방법은 일곱 가지뿐이다. 어떤 달의 1일이 무슨 요일인지 알고 있다면, 그 달의 다른 날들이 무슨 요일인지도 알 수 있다. 게다가 날짜와 요일의 똑같은 배열이 28년마다 주기적으로 되풀이된다. 이 28년의 주기 속에 들어 있는 정보를 시각적 이미지로 바꿀 수 있는 사람이라면 날짜와 관련된 어려운 질문에 금방 답을 내놓을 수 있을 것이다. 계산을 할 때는 몇 초가 지극히 짧은 시간이지만, 시각적 이미지를 떠올릴 때는 그저 자연스러운 간격에 지나지 않는다. 이 가설을 이용하면 데이브의 능력이 그리 불가해한 것처럼 보이지 않는다.


## 스티븐 윌트셔의 사진처럼 선명한 기억

스티븐 윌트셔도 자폐증 환자다. 그는 글을 간신히 읽고 쓸 수 있는 정도이며, 지능은 예닐곱 살 어린아이 수준이다. 그는 모든 대화를 어른들에게 맡겨버리고 자신은 거의 말을 하지 않는다. 심지어 여동생에게도 마찬가지다. 그가 관심을 갖고 있는 주제, 즉 미국의 자동차, 지진, 영화 〈레인맨Rain Man〉과 관련된 이야기가 아니라면, 그에게 말을 걸어봤자 아무 소용이 없다. 지진에 대한 그의 깊은 관심 뒤에는 무너진 건물에 대한 집착이 숨어 있다. 고향인 런던에서 그는 며칠 동안 계속해서 마치 홀린 듯이 건물 해체작업을 구경하곤 한다. 위트레흐트 성당을 구경하러 갔을 때의 일에 대해 필자와 나눈 대화 중에서 그가 기억하는 것이라고는 성당의 본당 신도석이 수백 년 전에 폭풍으로 파괴된 후 두 부분으로 나뉘어 있다는 것뿐이었다.

스티븐은 자폐증과 정신적 장애 외에 사방의 특징도 갖고 있다. 아주 어렸을 때부터 그는 재능 있는 화가가 몇 년이나 수련을 쌓은 뒤에나 보여줄 수 있는 솜씨로 도시와 건물들을 그릴 수 있었다. 특히 원근법을 표현하는 솜씨는 놀라울 정도다. BBC가 1987년에 그에 관한 다큐멘터리를 방송한 후, 그의 그림을 모은 책들이 여러 권 출간되었다. 그는 《떠다니는 도시Floating Cities》를 위해 베니스, 암스테르담, 레닌그라드, 모스크바에서 그림을 그렸다. 그의 주장에 따르면, 암스테르담이 베네치아보다 더 아름답다. "거기엔 차가 있거든요."

스티븐은 비례에 대한 선천적인 감각을 갖고 있어서 빠르고 정확하게 그림을 그린다. 그는 암스테르담에서 2시간 만에 베스테르케르크Westerkerk 그림을 끝냈다. 그는 그림을 그릴 때 구도를 잡기 위해 선을 그을 필요가 없다. 자도 없이, 소실점도 사용하지 않고 자유롭게 그림을 그리는 것이다. 그가 그림을 그리는 모습을 보면, 기계식 작도기 같다는 생각을 떨쳐버릴 수가 없다. 그의 손은 한 치의 망설임도 없이 움직인다. 그가 중간에 그림을 바라보면서 생각에 잠기는 경우도 없다. 먼 거리에서 자신의 그림을 바라보며 비례를 확인하는 경우가 없는 것이다. 그는 어떤 그림을 그리든 한결같은 속도로 자신 있게 그림을 그린다. 그가 그림을 그리면서 우물거리는 소리들도 자꾸만 기계식 작도기를 떠올리게 하는 또 다른 요소다. 만약 그가 가끔 뭐라고 우물

스티븐 월트셔가 그린 암스테르담 베스테르케르크.

거리지 않는다면, 그를 지켜보던 사람들은 마치 컴퓨터 프린터 옆에 앉아 있는 것 같은 기분이 들지도 모른다.

그의 그림에는 그의 한계 또한 드러나 있다. 그의 그림에는 그림을 그린 사람의 해석, 정취가 없다. 어떤 건물은 햇빛이 밝은 봄날 아침에 그린 것이고, 어떤 그림은 가을날 오후에 그린 것인데도 그의 그림에서는 차이를 찾아볼 수 없다. 빛도 없고, 그림자도 없고, 유난히 강조된 부분도 없다. 건물의 어떤 부분이 햇빛을 받고 있는지, 해가 떠 있기는 했는지 알 수가 없다. 배경도 없고 구름도 없다. 스티븐의 스케치북에서는 석양 속에서 황량하고 위협적으로 보이는 집을 찾아볼 수 없다. 무명 화가가 펜으로 그린 같은 베스테르케르크 그림을 보면 스티븐과의 차이를 분명히 알 수 있다. 그 화가의 작품에는 정취가 가득하다. 스티븐은 선과 윤곽으로 이루어진 공간만을 그렸을 뿐이다. 형태에 해석을 입히는 것이 예술적 재능이라면, 스티븐의 그림을 예술이라고 부를 수는 없을 것이다. 그의 그림은 실제 건물의 공간 구조와 일치한다. 그의 그림은 너무 현실적이다.

시각적인 기억능력이 비범한 사람을 보고 우리는 흔히 사진처럼 선명한 기억력을 갖고 있다고 말한다. 마치 감광판처럼 시각적 이미지를 저장해두었다가 나중에 내적인 인상으로 변화시킨다고 말이다. 기억을 연구하는 심리학자들은 이렇게 사진처럼 선명한 기억력과 비슷한 두 가지 기억을 구분해놓았다. 직관상적 기억과 시각기억. 직관상적 기억이 크게 발달한 사람들은 '내면의 눈앞에' 제시된 이미지를 잠깐 동안 보관해둘 수 있다. 기억이 지속되는

무명의 화가가 그린 암스테르담 베스테르케르크.

시간은 기껏해야 몇 분 정도다. 이 이미지는 기억이라기보다 잔상이나 시각적 메아리에 더 가깝다. 직관상적 기억력 테스트는 대개 다음과 같이 이루어진다. 실험자가 아무런 무늬가 없는 배경 앞의 이젤에 작은 그림을 놓는다. 피실험자가 그 그림을 살펴본다. 그림을 치우고 나면, 그는 배경에 그 이미지를 '투사'할 수 있다. 그 그림이 눈앞에 실제로 존재하는 것처럼 '보는' 것이다. 이 기억이 희미해지고 나면, 그 그림은 그의 기억 속에서 영원히 사라진다. 하루가 지난 후 그 그림에 대해 물어봤을 때, 피실험자가 그 그림에 대해 기억하고 있는 것은 직관상적 기억력을 갖지 않은 사람과 같은 수준이다. 그러나 시각기억력을 갖고 있는 사람은 그림을 본 지 며칠, 혹은 몇 달이 지나도 상당히 정확한 이미지를 기억해낼 수 있다. 직관상적 기억력을 가진 사람들과 달

리 그들은 그 그림을 '머릿속에서' 본다. 이 두 가지 기억력은 바로 이 점 때문에 서로 다른 것 같다.

스티븐에게 집이나 다리, 교회의 모습을 '머릿속에서' 보는지 아니면 자기 몸 바깥의 어딘가에 투사된 형태로 보는지 묻는 것은 별로 의미가 없다. 그가 그 질문을 이해하지 못할 테니까. 그는 추상적인 것이나 은유를 잘 이해하지 못한다. 실험에서도 이 부분을 밝혀내는 데 실패했다. 영국의 심리학자인 닐 오코너Neil O'Connor가 스티븐을 상대로 여러 가지 기억력 테스트를 실시한 적이 있다. 그런데 그 시험이 어떤 의미에서는 수수께끼를 더욱 미궁으로 던져 넣었다. 스티븐이 직관상적 기억력도 시각기억력도 갖고 있지 않음이 드러났기 때문이다. 이를 단적으로 보여준 것은 스티븐에게 선으로 그린 그림과 작은 조각상들을 임의로 골라 보여주는 짧은 실험을 했을 때였다. 그는 같은 또래의 사람들 대부분과 똑같은 기억력을 보여주었다. 그가 시각적인 형태를 사진처럼 선명하게 기억하는 능력을 타고나지 않았다는 또 하나의 증거는 누군가가 그에게 암스테르담이라는 글자를 기억에 의존해서 써보라고 했을 때 드러났다. 그는 이제 막 글을 배운 아이처럼 글자를 쓰기 시작했다. 그는 한 글자를 쓸 때마다 먼저 위아래에 짧은 선을 그린 다음, 혀를 입 밖으로 쭉 내밀고 아주 힘들게 그 선 사이에 글자를 채워 넣었다. 건물과 탑의 복잡한 선들을 쉽게 그려내던 모습은 온데간데없었다. 그가 쓴 글자들은 두 개의 선 사이에 뻣뻣하고 울퉁불퉁하게 서 있었다. 기억만으로 건물 그림을 정확히 그려내는 그가 글자를 쓸 때는 왜 그렇게 힘들어 했을까?

그가 그림 그리는 방식을 관찰해본 결과, 그는 정보를 암호화하는 방법과 숙련된 손놀림, 그리고 특히 패턴에 대한 비범한 감각을 결합해 그림을 그렸던 것 같다. 우선 정보를 암호화하는 방법에 대해 이야기해보자.《떠다니는 도시》에 글을 기고한 한 필자는 스티븐이 현장에서 그림을 끝낼 수 없는 경우 간혹 종이 아래쪽에 비밀스러운 문자로 메모를 해두었다가 다시 그림을 그릴 때 참조하곤 했다고 썼다. 아무도 그의 메모 내용을 해독할 수 없었지만, 그가 시각적인 형태를 표현하기 위해 자기만의 암호를 개발했을 가능성이 크다. 두 번째 요소인 숙련된 손놀림은 일종의 요령이다. 데생 화가들은 대개 외벽, 지붕, 바닥 등 건물의 윤곽을 먼저 그린다. 집 전면에 창문을 그려 넣어야 하는 경우, 특히 창문이 많을 때에는 창문을 정확한 위치에 그려 넣기 위해 상당히 복잡한 측정과 계산 작업이 필요하다. 그러나 스티븐은 상당히 다른 방식으로 이 문제를 해결했다. 그냥 왼쪽에서 오른쪽으로 그려 나간 것이다. 그는 한쪽 벽을 먼저 그린 다음 창문과 장식물 등을 제자리에 그려 넣고, 마지막으로 반대 편 벽을 그렸다. 물론 비례와 관련해서 해결해야 할 문제가 많지만, 그는 계산이나 측정을 할 필요가 없는 것 같았다.

그러나 스티븐의 특별한 재능에서 가장 중요한 것은 공간에 대한 감각인 것 같다. 그는 창문, 장식물, 문의 숫자를 틀리게 그린 적이 한 번도 없다. 그가 숫자를 거의 세지 못했다는 점을 감안하면 정말로 놀라운 일이 아닐 수 없다. 따라서 암호와는 다른 뭔가가 여기에 사용된 것 같다. 스티븐은 다른 사방들과 같은 재능, 즉 어떤 이미지를 한번 슬쩍 보기만 해도 그 안에 포함된 구성요소들의 개수를 정확하게 파악하는 능력을 갖고 있었던 것 같다. 사실 이런 재능은 모든 사람이 다 갖고 있다. 어느 정도까지는. 만약 내가 동전 5개를 주사위의 눈처럼 놓는다면, 굳이 동전을 세어보지 않더라도 5개라는 것을 누구나 알 수 있을 것이다. 만약 내가 동전 4개와 3개를 또 꺼내서 역시 주사위의 눈처럼 놓는다면, 누구나 그 동전들을 한번 보기만 해도 똑같이 그려낼 수 있을 것이다. 그러나 이 그림을 그리면서 자신이 동전 12개를 그렸다고 생각하는 사람은 없다. 그들은 5개, 4개, 3개의 점으로 구성된 무늬를 그린 것이다. 스티븐의 재능은 아마 이처럼 패턴을 기억하는 능력이 극도로 발달해 생겨난 것 같다. 대부분의 건물 전면이 대칭형으로 구조화되어 있다는 점도 그의 능력이 발달하는 데 당연히 도움이 되었을 것이다.

암호, 데생 화가들과 같은 요령, 공간적인 패턴을 다루는 솜씨만으로는 모든 것을 설명할 수 없다. 예를 들어, 스티븐이 원근법 문제를 해결할 때 보여주는 기교는 아직도 수수께끼로 남아 있다. 그의 공간정보 처리능력이 다른 사람들보다 훨씬 더 고도로 발달한 이유도 분명하지 않다. 스티븐의 모스크바 여행에 동행했던 올리버 색스Oliver Sacks가 한번은 스티븐에게 커다란 조각그림 맞추기를 해보라고 한 적이 있었다. 그는 놀라운 속도로 조각그림을 완성했다. 색스는 그에게 같은 조각그림을 다시 한 번 완성해보라고 했다. 이번에는 판에 그림이 미리 그려져 있었다. 스티븐은 첫 번째와 똑같이 빠른 속도로 조각그림을 완성했다. 그는 각각의 조각들을 그림의 일부가 아니라 별도의 모양으로 인식하는 것 같았다. 그에게 사진이나 그림엽서에서 본 이미지를 다시 그려보라고 했을 때, 즉 그려야 할 대상을 3차원에서 2차원으로 옮겨놓는 작업이 이미 해결된 상태에서 그림을 그려보라고 했을 때, 그는 거의 사진처럼 정확한 그림을 그렸다. 하지만 그의 공간능력은 왜 다리, 건물, 광장을 그릴 때만 발휘되는 걸까? 그가 그린 초상화가 그토록 서툰 이유가 무엇일까? 스티븐의 병력을 보면, 그림으로 자기 재능의 한계를 초월할 수 있을 것 같지 않다. 그의 재능은 원근법에 입각해서 거의 기계처럼 정확하게 그림을 그리는 것이다. 스티븐은 자기 머릿속에 확실하게 설치된, 확장이 불가능한 그래픽 프로그램을 돌리는 사람 같다.

## 음악 사방

음악심리학자인 레온 밀러Leon Miller는 《음악 사방Musical Savants》(1989)이라는 책에서 음악 사방 13명의 기록을 공개했다. 그가 가장 먼저 언급한 사람은 1849년에 노예 농장에서 태어난 '장님 톰'이었다. 그는 열 살 때 이미 피아니스트가 되어 순회공연을 다니고 있었다. 어휘력은 100단어도 안 되지만 수천 곡을 연주할 수 있었던 그는 나중에 드러난 음악 사방들의 패턴을 최초로 드러낸 사람이었다. 반복적으로 나타나는 이 패턴에는 변화가 거의 없다. 음악 사방들의 남녀비율은 5 대 1로 남자가 대다수를 차지한다. 음악 사방들은 모두 예외 없이 절대음감을 갖고 있다. 그들의 재능은 아주 일찍 드러난다. 심지어 한 살이 되기도 전에 재능이 드러나는 경우도 있다. 이 재능에 유전적 요인이 영향을 미치는 것 같지는 않다. 음악 사방들의 부모는 대부분 음악적인 재능 면에서 보통 아이들의 부모와 다를 바 없었다. 음악 사방들이 특별히 음악적인 환경에서 자라는 것도 아니다. 그러나 일단 재능이 발견된 뒤에는 대개 그 재능을 개발할 여건이 충분히 제공된다. 음악 사방들은 피아노를 연주한다. 기타나 바이올린이나 오보에를 연주하는 경우는 없다. 오로지 피아노뿐이다. 거의 모든 음악 사방들은 시각장애를 갖고 있다. 그러나 시각장애의 원인은 사람에 따라 다르게 나타날 수 있다. 어머니가 임신 중에 풍진에 걸리는 바람에 시력을 완전히 잃거나 부분적으로 잃어버린 사람이 있는가 하면, 조산아로 태어나 산소 호흡기로 산소를 너무 많이 공급받은 탓에 망막과 이어진 혈관이 제대로 자라지 못해서 시각장애가 생긴 사람도 있다. 모든 음악 사방들은 심한 언어장애를 갖고 있으며, 말을 할 수 있더라도 언어능력의 발달이 늦다. 그들의 어휘력은 매우 제한적이다. 긴 문서나 대화 내용을 단어 하나 틀리지 않고 암송할 수 있는 사방들('장님 톰'은 15분 동안 계속된 대화를 그대로 암송할 수 있었다)도 그 의미는 전혀 이해하지 못한다. 거의 모든 사방들은 앵무새처럼 남의 말을 따라 한다. 그들의 다른 능력은 테스트할 수 없는 수준이거나 초보적인 수준이다. 그들은 추상적인 것, 비유, 속담 등을 전혀 이해하지 못한다. 정상적인 속도로 발달하는 유일한 능력은 형상 기억능력이다. 이 능력은 같은 또래 아이들과 같은 속도로 발달하는 것 같다. 이들이 다른 범주에 속하는 사방들과 약간의 공통점을 갖고 있는 것은 바로 이 능력 때문인지도 모른다(음악 사방들 중 일부는 달력 계산능력도 갖고 있다).

사람들은 음악 사방들의 재능이 순전히 흉내 내기에 불과하다고 오랫동안 생각해왔다. 그들이 한 번 들은 음악이나 누군가가 연주해주었던 음악을 재현해내는 것이라고 생각한 것이다. 19세기 말에 사람들은 그들의 기억력을 축음기의 실린더에 비유했다. 요즘은 이 비유가 '기억력을 녹음기로 보는 견해'라고 불린다. 사방들이 한 번 들은 음악을 음표 하나 틀리지 않고, 심지어 연주자의 실수까지 완벽하게 재현해낸 일화들은 이 견해를 뒷받침해준다. 사방들이 잠시 생각하는 시간을 갖지도 않고 곧장 연주를 재현해낸다는 사실 또한 그들이 순전히 흉내를 낼 뿐이라는 주장을 뒷받침한다. 음악 사방들은 반향언어증 중세를 음악적으로 변형시켜 음악을 재현해내는 것처럼 보인다. 사람들은 사방들이 해석이나 감정 없이 그냥 악보 그대로를 재현해낸다고 말한다. 메트로놈처럼 정확하게. 그러나 최근 연구들은 이런 주장의 기세를 조금 누그러뜨렸다. 레온 밀러는 사방들이 음악적 재능에 어울리지 않는 정신적 장애를 갖고 있다는 사실에 대한 당혹감이 과거의 문헌에 반영되어 있다고 생각한다. 재능이나 장애를 상대론적인 시각으로 바라본다면 대개 이 문제를 '해결'할 수 있다. 밀러가 사방들을 대상으로 실시한 실험결과와 음악 사방인 파라비치니Paravicini에 관해 발표한 자료들의 내용은 사방들의 능력과 정상적인 음악적 재능이 생각보다 훨씬 더 많이 관련되어 있음을 시사한다.

데렉 파라비치니는 임신 25주째에 태어난 조산아로 태어났을 때 무게가 1파운드를 겨우 넘을 정도였다. 그러나 그의 목숨을 살려준 산소가 그의 망막에 돌이킬 수 없는 손상을 입혔다. 그의 운동능력도 심하게 손상되었다. 두 살쯤 되었을 때 그가 소리에 놀라운 반응을 보인다는 사실이 발견되었다. 라디오, 새소리, 유리잔과 식기가 부딪치는 소리 등 소리가 들릴 때마다 그는 목소리로 그 소리를 흉내 내려 했다. 소형 자동연주 오르간에서 들은 음악을 그대로 연주할 수도 있었다. 1년 후 그의 부모는 그에게 피아노를 사주었다. 복합장애를 가진 어린이들을 위해 설립된 학원에서 음악을 가르치던 애덤 오클포드Adam Ockelford가 데렉의 스승이 되어 그가 재능을 더욱 개발할 수 있도록 도와주었다. 아홉 살 생일날 데렉은 재즈 앙상블과 함께 콘서트를 열었다. 오클포드는 그가 건반에 손을 대는 순간 어색하고 서투른 모습이 완전히 사라져버렸다고 썼다. 단추나 허리띠의 죔쇠조차 잠그지 못하는 손으로 그는 복잡하기 그지없는 곡들을 연주할 수 있었다.

곡을 익히는 데는 시간이 걸리기 마련이므로, 데렉은 매일 일정한 시간 동안 새로운 곡을 몇 번 반복해서 들어야 외울 수 있었다. 그러나 일단 곡을 외우고 나면 결코 잊어버리지 않았다. 각각의 곡에 대한 기억은 다른 곡에 대한 기억과 전혀 연결되어 있지 않았다. 오클포드는 빔 카이저Wim Kayzer와 이야기를 하다가 데렉의 기억력을 고슴도치에 비유했다. 고슴도치의 가시 하나하나는 다른 가시와 전혀 상관이 없는 독립적인 존재다. 특정한 가시에 접근하는 법을 알기만 한다면, 그 안에 있는 것을 뽑아낼 수 있다. 하지만 겨냥이 조금만 빗나가도 결코 자신이 원하는 것을 얻을 수 없다. 따라서 데렉은 '무드 인디고Mood Indigo'라는 곡을 기분과 연결된 다른 곡들과 연결시키지 못했다.

그의 음악적 재능은 고슴도치의 가시처럼 독립적이었다. 데렉은 말을 하지 않았다. 그저 뭔가 소리를 낼 뿐이었다. 그는 또한 음악과 관련되지 않은 것에 대해서는 학습능력이 사실상 전혀 없었다. 그러나 그의 음악적 재능은 단순한 흉내 수준이 아니었다. 그는 즉흥 연주를 좋아했다. 그는 누군가의 반주를 해줄 때 그 사람이 틀린 음으로 노래를 시작하더라도 곧장 조를 바꿔 그 사람의 노래에 맞출 수 있었다. 곡이 아무리 복잡해도 문제가 되지 않았다. 그는 자신이 알고 있는 모든 곡을 모든 조로 연주할 수 있었다. 오클포드가 강조했듯이, 즉각적인 기억력이 아니라 음악적인 구조를 다룰 수 있는 훌륭한 능력이 그가 지닌 재능의 밑바탕이었다.

밀러는 음악 사방 다섯 명에 대해 실험을 실시한 후 오클포드와 비슷한 결론에 이르렀다. 그는 여러 번의 음악 테스트를 통해 음악에 비범한 재능을 갖고 있다고 평가되는 어린이 네 명과 성인 피아니스트

다섯 명의 능력을 사방들의 능력과 비교해보았다. 밀러는 이 실험에서 리듬감각, 멜로디를 기억하는 능력, 화음 중에서 각각의 음을 구분하는 능력, 귀로 듣고 음과 음 사이의 간격을 판단하는 능력 등 음악적 재능에서 파생된 능력들을 살펴보았다. 사방들은 절대음감과 관련된 테스트에서 탁월한 실력을 보여주었다. 이 분야에서 그들은 분명히 우위를 점하고 있었다. 그러나 다른 테스트에서는 그들의 능력이 대조집단으로 실험에 참가한 다른 사람들의 능력과 거의 흡사했다. 밀러는 사방들의 음악적 이해력이 "음악을 그대로 흉내 내는 수준이라기보다는 음악을 이해할 수 있는 수준에 가깝다"고 썼다. '녹음기처럼 정확한 기억력'은 전혀 상관이 없었다. 실험에 참가한 다른 사람들과 마찬가지로, 사방들은 화성과 리듬 등 음악 속에 내재되어 있는 구조에 민감하게 반응했다. 음악적 질서에서 어긋나는 것, 예를 들어 서로 전혀 관련되어 있지 않은 음들, 음과 음 사이의 간격이 불규칙한 음악, 보기 드문 화음 등을 제시했을 때, 사방들은 대조집단과 비슷한 반응을 보여주었다. 그들의 청력과 기억력도 음악적 재능이 있는 다른 피실험자들과 똑같이 선택적으로 작동했다. 밀러는 음악 사방들의 재능이 음악적 재능의 변형처럼 보인다는 결론을 내렸다. 사방들이 제한된 분야에서만 능력을 보여준다고 해서 그 능력 자체가 제한적인 것은 아니다.

음악 사방들은 이 점에서 매우 독특하다. 일반적으로 사방들의 능력은 사방이 아닌 사람들의 능력과 겹치지 않는다. 데이브와 우리 사이의 차이점은 그가 우리보다 달력 계산을 더 잘한다는 것이 아니라 우리가 달력 계산을 아예 못한다는 것이다. 그러나 음악 사방들은 이 한 가지 독특한 특징을 제외하면 다른 사방들과 똑같다. 그들 역시 대부분 남자이며, 자폐증과 관련된 행동을 나타내고, 언어능력이 뒤떨어진다. 특히 이 마지막 특징은 그들이 특별한 능력을 갖게 된 경위를 설명해주는 중요한 요인으로 여겨지고 있다. 이 점에 대해서는 사방 중후군의 발달과정에 관한 이론들을 이야기할 때 다루도록 하겠다.

## 실패한 천재?

사방들의 사례연구를 읽다 보면 일반화할 수 없는 수많은 특징들 때문에 좌절감을 느끼게 된다. 대다수의 사방들이 남자이지만, 여자 사방들도 분명히 존재한다. 음악 사방들 중에는 시각장애인이 많지만, 그렇지 않은 음악 사방도 있다. 달력 계산능력자들 중 대다수는 자폐증 환자이지만, 그렇지 않은 사람도 있다. 사방들의 능력은 거의 모두 선천적인 것이지만, 뇌막염 등 질병으로 인해 뇌가 손상돼서 그런 능력이 나타나는 경우도 있다. 만약 치료를 통해 다른 능력들을 발달시키면 사방으로서의 능력이 사라지는 경우가 많지만, 그렇지 않은 경우도 간혹 있다. 거의 모든 사방들이 언어장애로 고생하거나 아예 말을 못하지만, 극히 짧은 시간 안에 외국어를 완전히 습득할 수 있는 사방도 있다. 사방들에게는 보편적인 법칙이 거의 없다. 사방들이 눈먼 사방 피아니스트나 자폐증이 있는 달력 계산능력자처럼 전형적인 틀에 잘 맞는 특징을 보인다 해도, 전형적인 틀들 사이의 차이가 크다. 심지어 겉으로 보기에는 한 범주에 속하는 사방들이 다 똑같은 것 같아도, 그들 역시 다양한 행동을 나타낸다.

　사방 증후군을 설명해주는 이론을 찾으려면, 사방들의 능력과 그들이 그런 능력을 갖게 된 경위를 분리해서 봐야 할 것 같다. 사방들의 능력을 파악하려면 그들이 사용하는 전략을 조사하고, 이 전략이 기억, 계산, 경험 중 무엇을 바탕으로 한 것인지 살펴보아야 한다. 그들이 그런 능력을 갖게 된 경위를 알아내려면 그들이 왜 다른 사람들과 달리 그런 전략을 사용할 수 있게 되었는지를 설명해주는 이론이 있어야 한다. 현재로서는 그림을 잘 그리는 사방과 자폐증이 있는 달력 계산 능력자 사이의 숨겨진 접점, 또는 눈먼 음악 사방과 긴 시간표를 외울 수 있는 기억능력자 사이의 숨겨진 접점을 설명해주는 이론이 없다. 대부분의 가설에는 한계가 있다. 한 범주에 속하는 사방 두세 명에게만 초점을 맞추고 있어서 그 범주를 벗어난 현상을 거의 설명해주지 못하기 때문이다.

현재 가장 오래되고 가장 낭만적인 가설은 사방들이 원래 천재로 태어날 운명이었지만 태어나기 전이나 출산 중에 뭔가가 잘못되었다는 것이다. 그 결과 그들의 모든 재능이 파괴되거나 돌이킬 수 없는 손상을 입게 되고, 기괴한 우연에 의해 단 한 가지 능력만 살아남게 되었다. 이런 재앙이 일어나지 않았더라면, 그들은 번득이는 지성으로 뛰어난 수학자가 되거나 천재적인 작곡가, 천재적인 화가가 되었을 것이다. 그들의 뇌는 밝게 불이 밝혀진 궁전과 같았는데, 어떤 재앙이 일어나 차례로 불들이 꺼지고, 건물 한 동 전체가 어두워져서 결국 단 하나의 창문에만 불빛이 남아 있게 되었다. 이런 현상이 일어나게 된 원인으로는 지금까지 많은 것들이 제시되었다. 18세기 사람들은 임신부가 갑자기 충격을 받으면 태아가 치명적인 손상을 입을 수 있다고 생각했다. 19세기에는 부모가 술에 만취했을 때 잉태된 아이들의 정신적 능력이 손상될 수 있다는 우려의 목소리가 나왔다. 요즘 사람들은 임신 중에 어머니의 몸속에 독성 물질이 흡수되거나 출산 중에 산소가 부족해지면 아기가 심각한 손상을 입을 수 있다고 생각한다. 그러나 이유가 무엇이든 손상된 뇌에 단 하나의 재능만 고스란히 남게 된다면, 사방들을 하나의 패턴으로 정리할 수 있다. 온갖 결함들 속에 단 하나의 재능을 가진 사람이라고.

이 가설을 반박할 근거는 많다. 너무 많아서 이 가설을 그냥 무시해버려도 될 정도다. 사방들의 재능이 머리가 뛰어난 사람들에게서도 발견되는 경우는 드물다. 만약 가우스가 우연한 사고로 인해 거의 모든 재능을 잃어버렸다 해도, 달력 계산능력자가 되지는 않았을 것이다. 피카소에게서 거의 모든 재능을 빼앗아버려도, 그가 스티븐 월트셔처럼 그림을 그리는 일은 결코 일어나지 않았을 것이다. 바흐가 손상을 입었다고 해서 데렉 파라비치니가 되지는 않았을 것이다. 사방들이 지니고 있는 특수한 능력들의 발달상황 역시 일반적인 재능과는 다르다. 너무 일찍, 즉 아이가 두 살이나 세 살 때 이런 능력이 나타나는 경우가 많고, 이때쯤에는 이미 재능 자체가 뚜렷한 형태를 지니고 있는 것이 일반적이다. 사방들의 능력은 대개 변화하지 않는 것처럼 보인다. 나디아가 다섯 살 때 그린 그림은 조숙한 피카소가 열 살 때 그린 그림보다 나았다. 그러나 피카소의 재능은 계속 발달한 반면, 나디아의 재능은 그 수준에 머물러 있었다. 스티븐의 경우도 마찬가지다. 그는 어렸을 때부터 그림을 그리기 시작했지만, 보통 아이들이 그림을 그리면서 겪는 발달과정을 전혀 거치지 않았다. 처음부터 그는 다른 아이들처럼 다리 위에 머리를 그리거나, 팔이 갈퀴처럼 생긴 인형을 그리지 않았다. 그의 그림은 처음부터 어른의 그림 같았다. 음악 사방들의 경우에도 재능이 아주 일찍 나타난다. 대부분의 조숙한 천재들이 장래성을 드러내는 시점보다 훨씬 이르다. 사방들의 능력에는 다른 능력들이 파괴당하는 와중에서 살아남았다는 징후가 거의 없다. 그들은 천재가 아니라 평범한 사람이 혼란에 빠진 모습이다.

사방 증후군을 보상으로 설명하는 가설도 있다. 모든 사방들은 주위에서 일어나는 일에 거의 관심을 보이지 않는다. 감각기관의 장애 때문에 주위의 정보를 얻을 수 없는 경우도 있고, 자폐증 같은 정신적 장애 때문에 가능한 한 변화가 일어나지 않는 자기만의 세계에 갇혀 있는 경우도 있다. 사방들은 트랙이 하나밖에 없는 자신들의 정신을 단 하나의 능력을 발달시키는 데 쏟는다. 그들은 사회적 관습이나 거기에 관련된 수많은 사실들에 정신을 빼앗기지 않고 모든 정신적 에너지와 기억력을 달력, 지도, 시간표, 공짜로 얻어먹은 맥주의 양 등 관심이 가는 대상에만 쏟는다. 여기에 연습과 반복이 덧붙여지면 재능이 완성되는 것이다. 백치가 얼핏 보기에는 정신지체라고 생각하기 어려울 만큼 집중력을 발휘해서 자기만의 특별한 능력을 지닌 사방으로 변하는 것이다. 사방들은 집중력, 단선적인 정신, 끝없는 반복의 산물이다.

달력 계산능력자인 데이브를 연구했던 마이클 호우는 기억력의 작동과정을 설명하는 데도 이 보상 가설을 적용했다. 그는 사방들의 일반적인 기억력 테스트 점수가 다른 능력 테스트보다 약간 더 높지만, 평범한 사람들의 기억력 테스트 점수보다는 상당히 낮다는 것을 발견했다. 한없이 나열된 표식들, 일련번호, 우편번호, 인구통계 등 아무 의미가 없는 것처럼 보이는 자료들이 어떻게 그들의 기억 속에 남게 된 걸까? 예를 들어 시를 기억 속에 저장하려고 애쓰는 평범한 사람들은 자신의 기억력에 대해 이미 알고 있는 것들을 활용한다. 그들은 어떤 전략을 사용해야 하는지 이미 알고 있으며, 시를 한 줄 한 줄 외워서 자신의 기억력을 시험하고 암송 연습을 계속한다. 그러나 호우에 따르면, 자기 기억의 작동과정에 대한 통찰력(메타메모리)은 암기의 선행 조건이 아니다. 가장 중요한 요소는 주의를 집중하는 것이다. 사방들이 기억 속에 저장된 자료들에 커다란 관심을 갖고 있으며, 거기에 지극히 세심하고 끈질기게 주의를 기울인다는 점에는 의심의 여지가 없다. 그러니 그들이 기억하고자 하는 자료를 완벽하게 기억 속에 저장할 수 있는 것은 당연한 결과다. 사방이 아닌 사람들도 예를 들어 비행기, 자동차의 구조, 기차 엔진 등에 한동안 깊은 관심을 갖게 되는 경우 (많은 소년들이 평생 동안 이런 관심을 계속 유지한다) 수많은 이상한 데이터들을 쉽고 즐겁게 기억 속에 저장할 수 있다. 사방이 이들과 다른 점은 기억을 저장하는 과정에 있는 것이 아니라, 그들이 기억하고자 하는 대상에 있다.

따라서 문제는 사방들이 왜 보통사람들은 전혀 관심을 갖지 않는 것에 그토록 관심을 갖는가 하는 점이다. 우리가 어떤 대상에 관심을 갖는 것은 다른 요인들과 관련되어 있다. 달력을 공부할 때, 우리는 더 매혹적인 주제에 금방 마음을 빼앗긴다. 특정한 날짜를 보며 생일, 기념일, 기일, 휴일 등을 떠올리기도 한다. 이처럼 정신이 산만해진 탓에 우리는 달력 그 자체의 구조에 주의를 집중하지 못한다. 호우는 "자세한 사항들에 주의를 계속 집중할 때는 머릿속에 갖춰진 것이 비교적 적다는 점이 이로울지도 모른다"고 썼다. 그는 사방들의 상태를 독방에 비유했다. 독방에서는 평범한 사람들도 벽의 벽돌이 몇 개인지 세는 데 몰두하곤 한다.

그러나 이 집중력 가설은 사방들이 지닌 재능의 '본질'을 설명해 주지 못한다. 사방들의 재능에는 역설적인 긴장이 숨어 있다. 우선 그들은 다른 일들과 아무런 상관이 없는 사소한 사실들을 오랫동안 기억한다. 이 점에서 그들의 기억력은 대단히 선택적이다. 랭던 다운이 말했듯이, 사방들은 사실들 사이의 연결 관계나 그 사실들이 속한 범주가 아니라 피상적인 사실만을 기억한다. 그러나 사방들은 피상적인 사실 밑에 숨어 있는 규칙성에 접근할 수 있는 것 같다. 그것이 달력의 구성원리든, 음악의 화성구조든, 원근법이든. 이런 규칙성에 접근하려면 암기를 하는 도중에는 분명히 드러나지 않았던 능력, 즉 추상적인 것을 이해하는 능력이 필요한 것 같다. 음악 사방들은 복잡한 화음과 음계에 대해서는 감각을 갖고 있으면서, 왜 말의 구조를 전혀 터득하지 못하는 걸까? 달력 계산능력자는 달력에 내재된 법칙들을 알아차릴 수 있으면서, 왜 간단한 곱셈의 법칙을 알아차리지 못하는 걸까?

## 뇌 한쪽의 지배

하버드 대학에서 신경학을 가르치는 갈라버다Galaburda와 제쉰드Geschwind는 여러 연구결과들 중 일부를 모아 이해하기 쉽게 정리한 가설을 내놓았다. 임신 10주에서 18주 사이에 뇌의 형성이 가속화된다. 이 과정이 절정에 이르렀을 때 뇌의 성장속도는 폭발적이다. 2초마다 약 1만 개의 뉴런이 생겨나니까 말이다. 이 뉴런들은 모두 생사를 건 투쟁을 벌인다. 이때 다른 뉴런들과 연결되지 못한 뉴런들 중 대부분은 태아가 태어나기 직전에 죽어버린다. 갈라버다와 제쉰드는 동물과 인간의 뇌를 대상으로 실시한 실험결과를 바탕으로 뇌의 좌반구가 우반구보다 약간 느리게 발달하기 때문에 태내에서 손상을 입을 가능성이 더 크다고 가정했다. 태내에서 태아에게 손상을 입힐 수 있는 요인

중 하나로는 남성 호르몬인 테스토스테론의 활동을 꼽을 수 있다. 이 호르몬은 태아의 고환이 형성되는 동안 몸속을 순환한다. 그런데 이유는 분명치 않지만, 테스토스테론은 양이 많을 경우 대뇌피질의 성장을 방해한다. 뇌의 좌우반구 성장속도가 다르기 때문에, 좌반구가 테스토스테론의 영향을 더 심하게 받을 수 있다. 갈라버다와 제쉰드는 이런 경우 아직 다른 뉴런들과 연결되지 않은 뉴런들이 좌반구에서 우반구로 옮겨갈 수 있다고 주장했다. 따라서 극단적인 경우에는 우반구가 뇌를 지배하는 상황이 생길 수도 있다는 것이다.

이런 경우, 정신적 기능의 분포라는 측면에서 궁극적으로 사방들과 똑같이 주로 좌반구가 관장하는 기능들에 장애가 나타날 것이다. 말의 처리와 생성기능도 여기에 속한다. 또한 손상된 기능들을 보상하기 위해 지도 암기나 한 번 본 문양의 암기처럼 공간정보와 관련된 기능들이 강화될 것이다. 이 가설은 사방들 중에 여자보다 남자가 압도적으로 많은 흥미로운 현상을 설명해줄 수 있을 것 같다. 여자 태아들의 체내 호르몬 농도가 훨씬 낮으니까 말이다. 난독증처럼 가벼운 언어장애의 경우에도 남자들이 훨씬 많다는 사실 또한 이 가설을 더욱 뒷받침해준다. 그러나 이 가설의 가장 중요한 장점은 뇌의 지배구조가 한꺼번에 완전히 바뀌는 것이 아니라 점진적으로 바뀌는 경우, 사방들의 다양한 특수능력을 신경학적으로 적절히 설명할 수 있다는 점인 것 같다.

레온 밀러는 음악 사방들에 대한 자신의 연구결과 중 많은 것을 대뇌피질 변화 가설에 설득력 있게 통합시켰다. 그가 연구한 사방들 중 두 사람은 뇌의 좌반구에 신경 손상의 흔적이 있었다. 둘 중 한 명은 우반신이 마비되어 있었고, 또 한 사람은 뇌 검사 결과 좌반구의 조직이

위축되어 있음이 드러났다. 거의 모든 음악 사방들은 심한 언어장애를 갖고 있으며, 대개 의사소통에서 더 중요한 역할을 하는 심리적 기능이 손상되어 있다. 이는 다른 기능들의 발달을 차단하는 잠재적 수단들이 작동했음을 의미한다. 말과 음악을 각각 관장하는 기능은 어떤 의미에서 서로 경쟁관계에 있지만, 대개 말이 약간 더 우세한 위치를 차지하고 있다. 그래서 우리가 음악을 들으며 책을 읽고 대화를 할 수 있는 것이다. 이야기를 하면서 음악을 듣기는 훨씬 더 어렵다. 사방들은 말이 발달해야 할 중요한 시기에 음악을 듣는 귀를 발달시킨다. 보통 아이들은 단어를 배우고, 말을 하기 위해 꼭 필요한 소리와 음조의 구분법을 배우고, 단어와 문장 구조에 내재되어 있는 법칙들을 발견하고, 읽고 쓰고 말하는 데 필요한 신체 기관들의 사용법을 터득하고, 글자를 인식하는 데 에너지를 쏟는다. 그런데 사방들은 이 모든 에너지를 자기만의 특별한 재능을 발달시키고 다듬는 데 사용한다. 거의 모든 사방들이 그렇듯이, 시각장애가 함께 있다면 청각이 더욱더 예민해질 수 있다. 그 결과 모국어의 단어, 문법, 발음 등을 완벽히 터득하듯이 음악을 터득하게 되는 것이다.

인간의 뇌는 심한 손상을 입더라도 예전의 균형을 어느 정도 회복하는 능력을 지니고 있다. 뇌가 아무리 심하게 파괴되어도 뇌는 항상 새로운 질서를 만들어낸다. 뇌의 특정 부분이 막히거나 손상되면 이 부분을 피하는 우회로가 그물처럼 만들어지거나 그 부분을 이어주는 임시 다리가 만들어진다. 장애가 생기면 그 장애를 보상하는 능력이 생겨나는 경우가 많다. 장애에 혜택이 숨어 있는 셈이다. 사방들의 경우, 단 하나의 재능이 의사소통의 채널을 열어줄 수 있다. 제데디아 벅스턴의 암산능력은 원래 맥주를 공짜로 얻어먹을 수 있는 손쉬운 방법이나 사회적인 교류를 위한 도구로 쓰이기 위해 발달한 것이 아니었다. 그러나 그 능력은 바로 이런 기능들을 수행했다. 일단 사람들에게 발견되어 더욱 계발된 사방들의 능력은 다른 사람들과 접촉하는 수단이 된다. 말을 통해 의사를 전달할 수 없는 경우가 너무나 많다는 점을 생각하면, 사방들이 지니고 있는 재능의 가치가 더욱 높아지는 셈이다. 스티븐 윌트셔의 그림들은 자폐증이라는 갑옷의 틈새다. 오클포드는 복합장애자들을 위한 기관에서 일하면서 데렉 파라비치니와 똑같은 장애를 갖고 있지만 그처럼 음악으로 자신을 표현할 수 없는 환자들을 간혹 만나곤 했다. 만약 그런 사람이 약간의 이해력을 갖고 있고 다른 사람들과 감정을 나누고 싶어한다면, 자신의 장애 때문에 실망과 좌절감을 느껴 공격성을 드러내게 된다. 오클포드에 따르면, 데렉의 경우 음악이 전적으로 친구들과 이야기를 주고받을 수 있는 수단이 되어주었다. "그는 자리에 앉아 쇼팽이나 다른 누구의 곡 속에 자신의 마음을 쏟아놓은 적이 없다. 그에게 음악은 그 자체로서 목적이 아니라, 다른 뭔가를 향해 손을 뻗게 해주는 도구였다."

이처럼 협소한 단 하나의 접촉 수단을 통해 얻는 혜택 속에는 위험이 내재되어 있다. 사방들의 능력은 가족이나 요양소를 벗어나 바깥 세계에서 사람들과 일상적인 교류를 하는 데 별로 효과가 없는 경우가 많다. 언어처럼 더 일상적인 의사소통 수단을 개발하려면 사방의 능력을 개발하지 못하게 해야 하는 경우가 간혹 있다. 이처럼 치료를 위한 개입이 낳는 결과는 사람에 따라 다르다. 스티븐 윌트셔는 직업훈련을 받아 현재 요리사로 일하고 있다. 그의 그림 재능은 조금도 손상되지 않았다. 말을 너무나 아름답게 그릴 수 있었던 어린 나디아는 자폐아

학교에서 말하는 법과 숫자 세는 법을 배웠지만, 특별히 애쓰지 않아도 훌륭한 그림을 그릴 수 있는 능력은 거의 모두 사라져버렸다. 요즘 그녀는 김이 서린 창유리에만 가끔 그림을 그릴 뿐이다.

**참고문헌**

무명씨, 'The life of Jedediah Buxton,' *Gentleman's Magazine* 24 (1754), 251~252.

N. Geschwind와 A. M. Galaburda, 'Cerebral lateralization,' *Archives of Neurology* 42 (1985), 428~459.

M. J. A. Howe, *Fragments of Genius: The Strange Feats of Idiots Savants*, London, 1989.

M. J. A. Howe와 J. Smith, 'Calendar calculating in "idiots savants": how do they do it?', *British Journal of Psychology* 79 (1988), 371~386.

W. Kayzer, *Vertrouwd en o zo vreemd*, Amsterdam, 1995.

J. Langdon Down, *On Some of the Mental Affections of Childhood and Youth*, London, 1887.

L. K. Miller, *Musical Savants: Exceptional Skill in the Mentally Retarded*, Hillsdale, NJ, 1989.

A. Ockelford, 'Derek Paravicini: a boy with extraordinary musical abilities,' *Eye Contact* (1991), 8~10.

N. O'Connor와 B. Hermelin, 'Idiot savant calendrical calculators: maths or memory?', *Psychological Medicine* 14 (1984), 801~806.

_____, 'Visual and graphic abilities of the idiot savant artist,' *Psychological Medicine* 17 (1987), 79~90.

O. Sacks, *An Anthropologist on Mars: Seven Paradoxical Tales*, London, 1995.

S. B. Smith, *The Great Mental Calculators*, New York, 1983.

D. A. Treffert, *Extraordinary People*, New York, 1989.

S. Wiltshire, *Floating Cities: Venice, Amsterdam, Leningrad—and Moscow*, London, 1991.

# 그랜드마스터의 기억:
# 톤 세이브란드스와의 대화

1999년 11월 6일 아침 9시 30분에 톤 세이브란드스Ton Sijbrands는 네덜란드 하우다에 있는 어떤 보험회사의 회의실에 앉아 있었다. 탁자에는 다네만 시가 한 상자와 그의 시합 상대 20명의 이름이 적힌 종이 한 장이 나란히 놓여 있었다. 이 건물의 다른 곳에 있는 또 다른 커다란 방에서는 명단에 이름이 적힌 사람들이 모두 자신의 체커판 앞에 앉아 있었다. 1급 선수 6명과 뛰어난 실력을 지닌 선수 14명, 이렇게 20명인 그들은 대부분 전국 1부 리그에 속한 하우다 담루스트 체커회의 회원이었다. 세이브란드스는 방금 그들과 일일이 악수를 하며 즐거운 게임이 되기를 바란다는 인사를 하고 온 참이었다. 9시 40분에 그는 전화를 통해 첫 번째 체커판의 말을 32-28에 놓으라고 말했다. 정확히 15시간 후인 밤 12시 40분에 마지막으로 남아 있던 시합상대가 경기를 포기했다. 세이브란드스는 그때까지 열일곱 판을 이기고 세 판에서 무승부를 인정했다. 스무 번의 시합 중 상대가 그를 이길 뻔한 적은 한 번도 없었다.

전 세계챔피언인 세이브란드스는 승률 92.5퍼센트라는 기록으로 자신의 기록을 갱신했다. 그는 1982년 헤이그에서 체커판을 보지 않은 채 여러 명의 상대와 동시에 체커를 두는 공식 시합에 처음으로 출전해 승률 80퍼센트라는 세계신기록을 세웠다. 그 후로 그는 이 분야의 세계챔피언 자리를 내놓은 적이 없다. 하우다에서 벌어진 시합에서 그는 승률을 크게 높이는 데 성공했다.

하우다의 시합에서 그가 둔 수는 모두 1708수였다. 체커 선수는 한 수를 둘 때마다 여러 개의 가능성을 모두 평가해보고 그 중 하나를 골라야 한다. 첫 수를 두고 나면 의사결정 나무decision tree가 만들어진다. 그리고 게임이 중간쯤 진행되면 이 나무의 가지들이 아주 굵어져서 나무를 뒤덮게 된다. 세이브란드스는 이런 나무 20개를 한꺼번에 그려나갔다. 경기가 벌어진 15시간 동안 수만 개의 수가 그의 머리에 떠올랐을 것이다. 그는 어떻게 이런 일을 해낼 수 있었을까? 그가 사진 같은 기억력을 갖고 있는 걸까? 체커판에 놓인 말들을 눈으로 보듯 그 위치를 알 수 있는 걸까?

하우다의 시합이 벌어지고 6개월 뒤 그를 만났을 때 나는 위의 질문 중 마지막 질문을 먼저 던졌다. 첫 질문치고는 한심한 선택이었다.

"바로 그런 질문이 나올까봐 걱정하고 있었는데. 며칠 전에 아내에게도 말했습니다. 내가 체커판을 보지 않고 동시에 여러 사람과 경기를 할 때 실제로 내 눈에 보이는 것이 뭐냐는 질문을 당신이 틀림없이 할 거라고. 그런데 정말이지 뭐라고 대답할 수가 없습니다. 당신이 체커 말의 위치를 생각할 때 당신 마음속의 눈에 정확히 무엇이 보입니까? 눈앞에 그림이 나타나기는 하는데, 그 그림이 전혀 구체적이지 않습니다. 예를 들어, 체커판의 가장자리도 보이지 않고, 지금 사용되고 있는 말이 무엇인지도 보이지 않고, 색깔도 보이지 않습니다. 당신이 평범하게 체커를 두면서 어떤 수를 둬야 할지 생각할 때 당신 눈에 보이는 모습도 아마 나와 크게 다르지 않을 겁니다. 체커를 두면서 앞으로 두어야 할 수를 미리 생각하는 사람들은 사실상 모두 나처럼 체커판을 보지 않고 게임을 하는 것과 같습니다. 내가 할 수 있는 말은 이것뿐입니다. 그렇다고 해서 당신이 우리의 대화를 실패작으로 생각하지 않기를 바랄 뿐입니다."

이 말이 끝난 후 나는 몇 번 그의 허를 찌르려 했다. 시합을 좀더 쉽게 할 수 있는 특별한 전략 같은 게 있습니까? 특별한 암호 같은 걸 사용하나요?

"시합 초반에는 그렇습니다. 1980년대 후반에 나는 시합 초반에 쓸 암호체계를 개발했습니다. 각각의 암호는 최대 숫자 3개로 구성되어 있죠. 첫수로 가장 흔하게 사용하는 암호는 숫자 1 다음에 32-28이 오는 겁니다. 체커판을 보지 않고 여러 사람과 동시에 게임을 할 때는 여덟 가지 첫수를 사용합니다. 그리고 각각의 수를 각각의 체커판과 연결시키죠. 1번 체커판에서는 32-28, 2번 체커판에서는 33-28, 이런 식으로요. 이론상으로는 내가 시도할 수 있는 첫수가 아홉 가지이지만 32-27은 결코 사용하지 않습니다. 내 머릿속에서는 암호 9번에 대응하는 숫자죠. 나는 이 수를 별로 좋아하지 않습니다. 이 수가 31-27이나 31-26의 수를 금방 뒤따라갈 가능성이 크거든요. 8번째 첫수(35-30)는 상당히 위험한 수입니다. 나는 이 수를 사용하지만, 내가 이 수를 두고도 무사하게 넘어갈 수 있을 만한 상대를 8번 체커판에 앉히려고 애쓰죠. 그렇다면 9번 체커판에 다시 1번 첫수를 둘 수 있게 됩니다."

그렇다면 시합 초반에 암호를 이용해 일종의 순서를 정해서 모든 말의 위치를 기억할 수 있게 되는 겁니까?

"바로 그겁니다. 똑같은 첫수를 자꾸만 사용한다면 그건 미친 짓이죠. 나는 가능한 한 다양하게 시합을 진행합니다. 세상에서 제일 큰 시합장을 상상하기도 하죠. 그래도 한 번 수를 둘 때마다 조심해야 합니다. 다른 첫수를 사용하더라도 나중에 말들의 위치가 같아질 수 있으니까요. 이번 동시 게임에서는 3번 체커판과 19번 체커판에서 열한 번이나 동일한 수순으로 놓다가 그만뒀습니다. 내 기억력이 너무 혹사당하는 것 같아서."

가장 기억하기 어려운 게임은 어떤 것입니까?

"동시 게임을 할 때 내가 가장 두려워하는 것은 아무 패턴이 없는 게임입니다. 처음에 몇 번 중요한 수를 주고받은 끝에 상대의 말을 하나 가져오는 것은 내가 감당해야 할 일이지만, 백과 흑이 각각 자신의 진영에 주로 몰려 있는 상황이 되면 말들을 앞으로 내보내기 위해 아무 의미 없는 수들을 한없이 주고받게 됩니다. 이런 경우에는 패턴이 전혀 떠오르지 않습니다. 이런 게임이야말로 재앙입니다. 1993년에 동시 게임을 하다가 실제로 이런 일을 겪은 적이 있습니다. 내가 한 말을 왕으로 만들었고, 시합 상대가 내 왕을 가져가서 손해가 컸습니다. 하지만 그런데도 그 시합은 꼬박 8시간 동안이나 계속되었습니다. 결국 그 동시 게임에서 가장 오랫동안 계속된 시합이 됐죠. 그때 나는 모든 수를 다 기억하고 있었지만, 그러자니 너무 힘이 들었습니다. 18판이나 되는 시합을 그런 식으로 하고 싶지는 않습니다. 가장 최근의 동시 게임에서 나는 심판에게 미리 얘기를 해두었습니다. 그런 경우가 생기면 내 시합상대에게 가서 시합을 그만둬달라고 점잖게 요청하라고요. 물론 심판이 시합을 그만두라고 강요할 수는 없지만요. 내 시합상대들은 친절하게도 심판의 요청을 받아들여주었습니다. 무승부 상황에서 시합을 그만둔 사람도 하나 있었던 것 같습니다."

체커판을 보지 않고 체커를 두려면 장애물이 훨씬 더 많을 것 같습니다. 각각의 수는 공간적 패턴이지만 계속되는 시합의 일부이기도 합니다. 수를 준비하고 있는데 함정이 튀어나와서 나아갈 길이 막혀버릴 수도 있습니다. 게다가 시간도 고려해야 하고요.

"집중력이 많이 필요한 것은 계획을 짤 때입니다. 시합상대가 내 예상대로 움직이면, 내가 미리 짜둔 시합계획 중에서 지금 어느 지점에 도달했는지를 기억해내는 데도 집중력이 많이 필요하죠."

열심히 생각을 하실 때 마치 허공에서 말을 옮기는 것처럼 손가락을 계속 움직이시더군요. 실제로는 손가락으로 뭘 하시는 겁니까?

"나는 대개 탁자 가장자리를 부드럽게 톡톡 두드리며 앉아 있습니다. 어느 정도 박자를 맞추며 두드리죠. 한 번 두드릴 때마다 내 움직임은 백의 움직임 뒤에 나온 흑의 움직임을 상징합니다. 수의 방향과는 아무 상관 없습니다. 그냥 게임의 박자를 맞추기 위한 것이죠."

패턴, 즉 어느 정도 논리적인 방식으로 수를 생각하신다면, 상대편의 실수 때문에 오히려 당황하게 되겠군요.

"그런 실수 때문에 집중력을 많이 발휘해야 하는 것은 사실입니다. 가장 어려운 것은 견실하게 게임을 하던 상대가 갑자기 멍청하기 짝이 없는 수를 놓을 때입니다. 그런 경우 뻔한 수로 응수하려면 커다란 용기가 필요합니다. 이 수를 놓았다가 잘못 되는 게 아닐까, 이럴 리가 없어. 이런 생각이 계속 들죠. 자기가 실수를 저지를까봐 무척 겁을 내는 겁니다. 상대가 그런 수를 놓은 데에는 틀림없이 뭔가 이유가 있을 거라는 생각이 드니까. 상대방의 수가 실수라는 걸 확인하려고 게임을 처음부터 다시 점검해보죠. 그러니까 논리적으로 말을 움직이는 최고의 실력자와 시합을 하는 편이 내게도 가장 이로운 겁니다."

정상적인 게임을 할 때에 비해 체커판을 보지 않고 동시 게임을 할 때 당신의 실력이 어느 정도라고 생각하십니까?

"체커판을 보지 않아도 내 실력이 줄어드는 것 같지는 않습니다. 예를 들어, 시간을 정해놓고 동시 게임을 할 때와 비교해보면 말입니다. 아마 정상적인 동시 게임보다 시간이 정해져 있는 동시 게임과 비교하는 게 더 적절할 것 같군요. 체커판을 보지 않는 동시 게임에서는 생각할 시간이 더 많습니다. 정상적인 동시 게임이었다면, 그 사람들을 상대로 그런 점수를 기록하지 못했을 겁니다. 정상적인 게임보다 체커판을 보지 않는 동시 게임에서 승률이 낮아지지는 않습니다. 내가 지금까지 체커판을 보지 않는 게임에서 진 건 두 번밖에 안 되는 것 같군요. 체커판을 보지 않는 동시 게임에서는 제자리에 가만히 있어도 된다는 것이 이점입니다. 진부한 소리로 들리겠지만, 제자리에 가만히 앉아 있으면 집중력이 높아지죠. 게임을 하면서 자기가 지금 어느 수준의 실력을 보여주고 있는지 평가하기는 어렵습니다. 훌륭한 선수들을 상대하는 건 좋은 일이죠. 쉽게 알아볼 수 있는 패턴이 드러날 가능성이 더 높아지니까요. 하지만 물론 상대가 가장 뛰어난 선수라면 안 되겠죠."

체커판을 보지 않는 동시 게임은 집중력을 시험할 수 있는 커다란 기회가 될 수밖에 없습니다. 게임이 진행될수록 집중력을 유지하기가 더 힘들어집니까? 게임을 진행할수록 당신이 쏟아야 하는 노력이 줄어듭니까, 늘어납니까?

"놀라울 정도로 줄어듭니다. 항상 상대의 이름을 가위표로 지워버릴 수 있으면 끈기 있게 버틸 수 있는 힘이 강해지죠. 게임이 절반쯤 진행될 때까지는 힘든 경우가 많습니다. 그때쯤이면 게임을 시작한 지 벌써 몇 시간이 지났고, 앞으로 게임을 계속해야 할 시간도 그만큼 남았죠. 하지만 그건 체커판에서 진행되는 게임의 양상과는 아무런 상관이 없습니다. 게임의 양상은 여전히 내 머릿속에 똑똑히 기억되어 있죠. 마지막 게임을 할 때쯤에는 점점 더 마음이 편안해집니다. 이 시점에서 혹시 문제가 있다면, 게임 막판에 나와 상대선수가 모두 왕을 몇 개씩 갖고 있는 경우입니다. 이론적으로는 내가 쉽게 이길 수 있지만, 그 왕들이 어디 있는지 기억해내기가 어렵습니다. 하지만 체커판을 보지 않는 동시 게임에서 이런 상황에 부딪친 적은 아직 한 번도 없습니다."

체커 선수들이 체커판을 보지 않고 게임을 할 수 있는 능력은 그 선수의 전체적인 실력에 따라 달라지는 것 같습니다. 거의 모든 그랜드마스터들은 체커판을 보지 않는 게임을 할 수 있지만, 그랜드마스터급 이하의 사람들, 특히 마스터급 이하의 사람들 중에는 그런 게임을 할 수 있는 사람이 거의 없습니다. 따라서 그런 능력은 독자적으로 개발할 수 있는 재능이 아니라 그랜드마스터가 되어야만 일상적으로 발휘할 수 있는 능력의 일부인 것 같습니다. 당신도 마찬가지입니까? 체커판을 보지 않고 게임을 하는 훈련을 받으셨습니까? 자신이 그런 게임을 할 수 있다는 것을 어떻게 알게 되었습니까?

"하우다 동시 게임에서 나와 겨뤘던 선수 중에 어린 시절의 친구인 해리 코크가 있었습니다. 나는 해리네 집에서 자주 밤을 보내곤 했죠. 우리는 해리의 방에서 밤늦게까지 게임을 했습니다. 그러면 해리 어머니가 올라오셔서 불을 끄라고 하셨죠. 하지만 우리는 한창 게임을 하는 중이었기 때문에 불을 끈 뒤에도 입으로 수를 불러가며 끝까지 게임을 했습니다. 그런 게임을 하려고 특별히 훈련을 받은 적은 없습니다. 열여섯 살 때쯤인가 10명을 상대로 체커판을 보지 않는 게임을 해봤는데, 할 수 있겠다 싶었습니다. 나이가 든다고 해서 그 실력이 닳아서 없어지는 것 같지도 않아요. 다만 동시 게임을 할 때 항상 시간이 좀더 오래 걸릴 뿐인데, 그건 선수가 더 많기 때문입니다."

세이브란드스가 체커판을 보지 않은 채 20명의 선수를 동시에 상대하는 모습을 보면, 그의 기억력이 비범한 것 같다는 생각을 하기 마련이다.

"사람들은 대개 그런 식으로 생각하죠. 나도 문학이나 정치학처럼 내가 관심을 갖고 있는 분야에 대해서는 기억력이 좋다고 생각합니다. 하지만 일상적인 일을 기억할 때는 형편없어요. 누가 나더러 장을 보러 갈 때 미리 쇼핑 목록을 적어 가느냐고 물으면 나는 그렇다고 대답할 수밖에 없습니다. 내 머리는 자기가 기억하고 싶은 것만 기억하거든요."

이것은 분명한 사실이다. 세이브란드스는 매우 뛰어난 체스 선수이기도 하며, 자신이 속한 클럽에서 여러 번 챔피언 자리에 올랐다. 하지만 체스판을 보지 않는 게임에서는 그도 힘이 부친다.

"애를 쓰면 네 수까지는 내다볼 수 있습니다. 하지만 그 이상은 안 돼요. 그 이상 넘어가면 말들이 내 눈앞에서 춤을 추기 시작하고 내 머릿속은 완전히 뒤죽박죽이 되어버립니다."

그는 씩 웃으며 말을 덧붙였다. "간단히 말해서, 서투른 체커 선수랑 똑같은 반응을 보이는 겁니다. 정상적인 체스 게임에서도 나는 네댓 수 이상 내다보지 못합니다."

체스판을 보지 않고 게임을 하는 체스 선수들이 게임에 힘을 너무

쏟은 나머지 나중에 후유증을 겪었다는 화려한 일화들이 돌아다니고 있다. 아르헨티나의 체스 선수로 1945년에 45판의 게임에서 신기록을 세웠던 나흐도르프Najdorf는 꼬박 3일 동안 잠을 자지 못하다가 결국 영화관에서 피난처를 구했다. 세이브란드스 역시 게임의 후유증 때문에 며칠 동안 시달렸던 적이 있다.

"한번은 게임을 하다가 어떤 말이 잘못 놓여 있는 것이 내 마음의 눈에 보인 적이 있습니다. 몇 수 뒤에 내 상대선수가 무승부를 인정하는 걸 보고 내 생각이 맞았다는 것을 확인했죠. 그 게임 생각이 도통 머리에서 떠나질 않았습니다. 게임이 끝난 후 처음 24시간 동안 나는 그 실수 때문에 1점을 잃어버렸으며, 그 실수만 아니었다면 쉽게 이길 수 있었다고 확신하고 있었습니다. 하지만 다음날 축구 경기장에서 스파르타 대 아약스의 경기를 구경하며 그 게임의 마지막 상황을 머릿속으로 다시 한 번 점검해보고, 내가 말을 어떻게 놓았든 게임은 결국 무승부로 끝났을 것이라는 결론을 내렸습니다."

그럼 축구 경기를 보면서 머릿속으로 게임을 다시 점검해보는 것이 가능하다는 겁니까? 아약스의 광적인 팬인 세이브란드스는 마치 사과하듯이 말했다.

"아, 그 경기는 사실 별로 재미가 없었습니다. 선수들이 기회를 너무 많이 놓쳐서. 게임은 2 대 1로 끝났지만, 아약스 선수들이 별로 열의가 없다는 게 눈에 역력히 보였습니다."

체커판을 보지 않고 두는 체커 게임에 관한 문헌자료는 거의 없다. 하지만 체스판을 보지 않고 두는 체스 게임에 관한 문헌자료는 많이 있다. 체스판을 보지 않고 체스를 둘 때의 심리상태에 대한 관심은 심리학이 처음 생겼을 때인 1894년 무렵부터 있었다. 앨프리드 비넷은

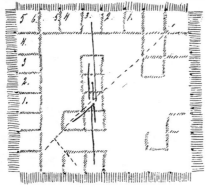

체스의 말 위치. 아래 그림은 시텐펠드가 이 말들의 위치를 머릿속으로 그릴 때, 그의 머릿속에 나타나는 체스판의 모습을 그림으로 옮긴 것.

체스판을 보지 않고 체스를 두는 파리의 체스선수들을 연구했는데, 그가 내린 결론 중 하나는 체커 선수들에게도 잘 들어맞는다. 그들의 능력을 좌우하는 것은 흔히 '사진 같은 기억'이라고 부르는 기억력이 아니라는 것. 즉, 동시 게임에서 선수들이 사진처럼 정확하게 체스판을 상상하면서 필요할 때마다 참조하는 것이 아니라는 얘기다. 체스판을 보지 않고 체스를 두는 시텐펠드Sittenfeld는 비넷의 요청에 따라 특정한 수를 생각할 때 '자신의 눈앞에 보이는 모습'을 그림으로 그렸다. 그런데 그 그림은 많은 것이 생략된 추상적인 그림이어서 정지된 장면을 담은 그림이라기보다 자신이 둘 수 있는 수의 패턴을 기록한 것에 더 가까웠다.

세이브란드스도 시텐펠드의 스케치와 비슷한 것을 생각한다고 말했다.

"자세하고 완벽한 그림이 눈에 보이지 않는 건 사실입니다. 내 말이 있는 곳 근처의 모습과 내가 둘 수 있는 수의 패턴에 가깝죠."

지나치게 구체적인 장면이 눈앞에 그려진다면 오히려 게임에 장애가 될 수 있다. 세이브란드스는 대개 체커판 앞에 앉아 게임을 하는 사람이 앞의 수를 내다보려면 말들을 꿰뚫어보아야 한다고 말했다. 따라서 현재 말이 있는 위치의 모습이 너무 끈질기게 머릿속에 남아 있으면 오히려 불리하다는 것이다. 체스의 그랜드마스터인 류벤 파인 Reuben Fine은 체스판을 보지 않는 동시 게임을 하다가 아무것도 놓이지 않아 텅 빈 체스판을 하나 달라고 한 적이 있다. 마음의 눈에 보이는 말의 위치들을 그 위에 투사해보기 위해서라는 것이었다. 그러나 그는 그 후로 이 방법을 다시는 사용하지 않았다. 이 방법이 오히려 생각을 하는 데 방해가 되었기 때문이다.

비넷은 체스판을 보지 않고 체스를 두는 선수들에 관한 연구를 바탕으로 이런 결론을 내렸다. 그 후에 실시된 실험들에서도 그들이 말의 위치를 사진처럼 머릿속에 담아두지 않는다는 사실이 확인되었다. 심리학자인 드 호로트De Groot와 고벳Gobet(두 사람 모두 체스 마스터이기도 하다)의 실험이 좋은 예다. 이 실험에서 실험자들은 체스 마스터에게 말들을 두 종류로 각각 다르게 배치한 체스판을 보여주고 그것을 외우라고 한 다음 체스판을 치웠다. 그리고 말들이 각각 어디에 있는지 물어보았다. 처음에는 두 번째 체스판에서 일련의 위치를 먼저 기억해보라고 했고, 두 번째에는 두 체스판에 놓인 말들의 위치를 번갈아가며 기억해보라고 했다. 그는 모든 질문에 정답을 내놓았지만, 두 번째 실험에서 답을 말하는 데 시간이 더 걸렸다. 그가 암기한 말들의 위치가 두 장의 사진처럼 그의 뇌 속에 들어 있지 않음이 분명했다. 두 체스판에 놓인 말들의 위치를 번갈아가며 기억해낼 때는 항상 시간이 더 걸렸다. 체스 선수들이 사진 같은 기억력을 이용한다는 가설을 더 간단하게 반박할 수 있는 방법도 있다. 체스판 위에 말들을 논리적으로 배치했을 때보다 아무렇게나 늘어놓았을 때 각각의 위치를 기억하기가 훨씬 어렵다는 사실이 그것이다.

나중에 실시된 연구들에서도 체스판을 보지 않고 게임을 하는 능력은 '시각적'인 재주라기보다 '공간적'인 재주라는 사실이 확인되었다. 체커와 체스 선수들 중에는 앞이 보이지 않는데도 마스터급에 도달한 사람들이나, 그랜드마스터가 된 후 시력을 잃었는데도 실력이 조금도 줄지 않은 사람들이 있다. 심리학자인 용만Jongman은 《마스터의 눈으로In het oog van de meester》에서 체스판을 보지 않는 게임에서 선수의 눈앞에 떠오르는 '그림'은 일종의 잔상이 아니라 재시각화된 장면 revisualization임을 증명했다. 그랜드마스터는 뛰어난 실력 덕분에 모든 연상과 암호를 동원해 머릿속으로 말의 위치를 재구성할 수 있다. 체스판을 보지 않는 게임에서 중요한 것은 수의 패턴이다. 류벤 파인은 체스판을 보지 않는 게임에서 자신이 어떻게 경기를 하는지 관찰한 적이 있는데, 그 결과를 기록한 보고서에서 말과 말의 위치를 보고 떠오른 연상들을 설명하는 데 많은 지면을 할애했다. 이런 부분에서는 기억력이 핵심적인 역할을 한다.

세이브란드스 역시 말의 위치를 보면 예전 게임, 고전적인 첫수, 마지막 수의 분석, 전술적인 작전, 이미 성능이 입증된 함정 등에 관한 기억을 한꺼번에 떠올린다. 세이브란드스는 자신의 일기인 《체커 Dammen》에서 체커판을 보지 않는 동시 게임에서 자신이 했던 많은 시합들을 분석해놓았다. 이 일기를 읽어보면 "이 수는 1969년에 소이케르 토너먼트에서 비르스마와 세이브란드스가 대결했을 때 이미 나온 적이 있다"거나 "에이셀은 왼쪽 날개에서 18번을 채움으로써 쿠페르만 시절과 특히 피테르 베르흐스마 시절을 되살려냈다"는 식의 말들이 나온다. 세이브란드스는 심지어 스헤프와의 게임에 대해 쓰면서 그 게임이 "1995년에 시간이 정해진 동시 게임에서 세이브란드스 대 H. 보르뷔르흐의 시합"을 연상시켰다며 "그 게임을 생각하다보니 1958년의 제15회 세계선수권대회에서 데슬라위리르스와 쿠페르만이 대결했던 게임이 뚜렷이 기억났다"는 말을 하기도 했다. 이 말들은 모두 패턴을 언급한 것이다. 말들의 위치는 세이브란드스의 머릿속에서 미묘하게 얽혀 있는 연상의 네트워크를 작동시킨다. 갖가지 연상들이 모두 말들의 위치를 그의 기억 속에 단단히 묶어두고 있는 것이다.

용만은 체스판을 보지 않고 게임을 할 수 있는 재능을 가리켜 '부수현상' 즉 부산물이라고 했다. 그랜드마스터의 능력 중 일부라는 것이다. 이 능력은 특별한 훈련을 받지 않아도 자동적으로 발달한다. 그러나 그랜드마스터급의 실력 외에 필요한 조건이 하나 더 있다. 세이브란드스 같은 실력을 갖추려면 반드시 평생 동안 체커를 연구해야 한다. 그가 게임에서 말들의 위치와 게임의 진행상황을 한 덩어리로 묶어 기억 속에 저장하는 일을 쉽고 능숙하게 해냄으로써 자신의 기억력이 지나치게 혹사당하지 않도록 할 수 있는 것은 평생 동안 체커를 연구했기 때문이다. 그의 기억 속에 이미 존재하는 지식 덕분에 그가 동시 게임을 하면서 게임의 패턴을 인식할 수 있는 것이다.

이런 결론에는 모순이 포함되어 있다. 세이브란드스의 놀라운 기억력은 그가 남들보다 많이 기억하기도 하고 적게 기억하기도 한다는 점을 통해 어느 정도 설명할 수 있다. 남들보다 적게 기억한다는 것은 그가 특정한 말의 위치를 기억할 때, 그 말을 모든 말들 중의 하나로 보고 모든 말들의 위치를 기억하는 것이 아니라 전체적인 패턴을 기억한다는 뜻이다. 남들보다 많이 기억한다는 것은 그 패턴이 그가 과거에 직접 치르거나 연구했던 시합들과 관련된 온갖 연상을 불러내기 때문이다. 장밀 수수께끼는 그가 체커판을 보지 않고 20명을 상대로 동시 게임을 할 수 있다는 사실이 아니라, 체커를 어떻게 그토록 잘 둘 수 있느냐다.

2002년 12월 21일 세이브란드스는 또다시 신기록을 세웠다. 19시간 35분에 걸친 시합 끝에 88퍼센트의 승률을 기록했던 것이다. 그는 17명에게 승리를 거두었고, 5명과는 무승부로 게임을 끝냈다.

**참고문헌**

A. Binet과 L. Henneguy, *La psychologie des grands calculateurs et joueurs d'échecs*, Paris, 1894.

R. Fine, 'The psychology of blindfold chess. An introspective account,' *Acta Psychologica* 24 (1965), 325~370.

A. D. de Groot와 F. Gobet, *Perception and Memory in Chess: Studies in the Heuristics of the Professional Eye*, Assen, 1996.

R. W. Jongman, *Het oog van de meester*, Assen, 1968.

T. Sijbrands, 'Goudse notities,' *Dammen* 141 (2000), 15~26.

_____, *Wereldrecord blindsimultaan dammen*, Gouda, 2000.

# 외상과 기억:
# 뎀야뉴크의 사례

독일인들이 세운 강제수용소 트레블링카(폴란드)에는 1942년 8월부터 1943년 8월까지 한 우크라이나인이 고용되어 있었다. 그는 보기 드문 잔인함과 거대한 몸집 때문에 이반 그로즈니Ivan Grozny, 즉 폭군 이반이라는 별명을 얻었다. 그는 디젤엔진을 작동시켜 가스실에 주입될 가스를 만들어내는 일을 했다. 유대인 85만 명을 죽이는 일에 참여한 것이다.

30여 년 후인 1975년에 오하이오 주 클리블랜드의 포드 공장에서 일하던 노동자 존 뎀야뉴크John Demjanjuk가 처음으로 의심을 받게 되었다. 그는 우크라이나계였으며, 1951년부터 미국에서 살고 있었다. 그가 포드 공장에서 일을 하게 된 것은 기계를 다루는 솜씨 덕분이었다. 뎀야뉴크라는 이름은 전쟁이 끝난 후 소련의 붉은 군대가 압수한 독일 문서에 나와 있었다. 소련 당국은 그 문서를 미국 상원의원 여러 명에게 보내주었다. 미국 법에 따르면 다른 나라에서 저질러진 전쟁범죄 때문에 사람을 기소할 수 없다. 그러나 그 사람이 미국으로 이주하는 과정에서 거짓말을 했다는 사실이 입증된다면, 그 사람에게서 시민권을 박탈할 수는 있었다. 뎀야뉴크는 1947년부터 1951년까지 무국적자를 위한 독일 수용소에 수용되어 있었다. 그곳에서 미국 이민국 관리들이 그를 심문하면서 특히 전쟁 중의 활동에 대해 물어보았다. 뎀야뉴크는 1937년부터 1943년까지 "소비부르라는 폴란드의 작은 마을에서 농장 노동자"로 일했다고 말했다. 그러나 소련군이 압수한 독일 문서에는 이반 뎀야뉴크라는 우크라이나인이 트라브니키 수용소에서 강제수용소 업무를 위한 훈련을 받았다고 돼 있었다. 길고 긴 소송에서 뎀야뉴크는 미국 시민권 박탈조치에 항의했지만 결국은 이스라엘로 추방되었다. 뎀야뉴크가 고함을 지르고 화를 내면서 비행기에 오르던 모습을 당시 텔레비전으로 보고 기억하는 사람이 많을 것이다. 1987년에 예루살렘에서 시작된 재판에서는 존 뎀야뉴크와 폭군 이반이 동일인물인지가 중점적으로 다뤄졌다.

이스라엘 검사들은 뎀야뉴크와 이반을 연결시키기 위해 두 가지 방법을 동원했다. 먼저 예비조사 때 트레블링카에서 살아남은 사람들(가스실에서 강제노동을 하다가 1943년 8월 2일의 폭동 이후 탈출한 유대인들)은 미국 이민국이 1951년에 찍은 뎀야뉴크의 사진을 보고 그가 이반이라고 증언했다. 둘째, 뎀야뉴크가 강제수용소 간수가 되기 위해 트라브니키에서 훈련받았음을 보여주는 신분증의 사진이 있었다. 재판에서는 증인들의 증언과 신분증 외에도 뎀야뉴크가 트레블링카에서 일하지 않았다는 것을 증명하기 위해 제시한 알리바이가 제출되었다. 그러나 뎀야뉴크는 알리바이와 관련해서 계속 말을 바꿨고, 알리바이 내용도 빈약했다. 1988년에 그는 유죄판결을 받고 사형을 선고받았다. 그런데 그

뎀야뉴크를 찍은 세 장의 사진. 사진 (a)는 1942년에 찍은 것으로 트라브니키 신분증에 붙어 있던 것이다. 당시 뎀야뉴크는 스물두 살이었다. 사진 (b)는 미국 이민국이 1951년에 찍은 것이다. 사진 (c)는 스물다섯 살 때의 뎀야뉴크다. 이 사진이 1987년에야 발견되었기 때문에 그의 신원을 확인하는 자료로 사용될 수 없었다. 그의 다른 사진들이 이미 전 세계에 널리 공개된 다음이었기 때문이다.

가 감옥에서 항소 결과를 기다리는 동안 베를린 장벽이 무너지면서 소련의 문서보관소에 있던 서류가 공개되었다. 이것이 그의 운명을 뜻하지 않게 바꿔놓았다.

　예루살렘에서 재판이 열릴 당시 네덜란드의 심리학 교수인 W. A. 바게나르가 피고측의 전문가 증인으로 법정에 섰다. 강제수용소의 생존자 다섯 명이 뎀야뉴크에게 불리한 증언을 한 직후였다. 그들의 일관된 증언을 보면 피고의 신원에 의심의 여지가 없는 것 같았다. 텔레비전에 공개된 그의 사진들이 전 세계를 돌아다녔다. 바게나르가 피고측 증인으로 나서기로 한 후 사람들이 그를 공격한 것은, 대개 용기를 짜내어 뎀야뉴크/이반과 맞선 노인들의 증언에 의문을 품는 것은 비열한 짓이라는 감정 때문이었다. 트레블링카의 참상은 그 노인들의 머릿속에 여전히 생생히 남아 있었기 때문에 꿈에도 나타날 정도였다. 따라서 '증인에게 신뢰성이 없다'는 말을 하는 것은 무례한 짓인 것 같았다. 증인들 자신도 그때의 기억을 도저히 잊을 수 없다고 말했다. 그때 겪었던 일들 중 일부는 단순히 '기억'으로 남아 있는 것이 아니라 그들의 머릿속에 각인되어 있는 것 같았다.

1988년에 바게나르는 《이반의 정체 밝히기Identifying Ivan》라는 책을 발표했다. 이 책의 결론과 이 책이 출판된 후 전개된 일들을 보면 우리가 뎀야뉴크 사건을 통해 강제수용소라는 극단적인 환경에서 기억과 인식이 어떻게 작동하는지에 대해 많은 것을 배울 수 있음을 분명히 알 수 있다. 어떤 사람의 정체를 밝힐 때 대단히 주의해야 한다는 사실도.

## 트레블링카

트레블링카는 수용자들을 죽이기 위해 만들어진 강제수용소였다. 120마일 떨어진 소비부르와 베우제츠 수용소와 함께 트레블링카는 폴란드의 유대인들을 완전히 없애버리려는 SS의 작전에 포함되어 있었다. 트레블링카에 수용된 사람들은 부헨발트나 다하우의 수용자들과 달리 강제노역을 하지 않고 가스실로 보내졌다. 이 수용소는 나무가 울창한 숲 속에 숨어 있었으며, 원래 철도에서 갈라져 나온 특별 철도가 이곳까지 이어져 있었다. 폴란드의 게토뿐만 아니라 나중에는 체코, 그리스, 불가리아 등지에서도 끌려온 유대인 희생자들이 화물열차에 빽빽하게 실려 트레블링카로 수송되었다. 프란츠 슈탕글Franz Stangl이 이 수용소 소장으로 임명된 후, 수용자들을 죽이기 위한 준비과정이 그로테스크한 연극 같은 성격을 띠기 시작했다. 슈탕글의 명령으로 '식당' '전신전화국' 등의 간판과 커다란 시계까지 갖춰진 가짜 기차역이 세워졌다. 플랫폼의 시간표에는 비엔나와 베를린에서 오는 기차들의 발착시간이 표시되어 있었다. 기차에서 강제로 끌려나온 신참 수용자들(한 번에 대략 2000~3000명)에게는 이곳이 임시 수용소이므로 다시 기차를 타고 여행할 준비를 하라는 명령이 전달되었다. 먼저 그들은 목욕탕으로 가야 했다. 그들이 목욕하는 동안 그들의 옷은 살균과정을 거쳤다. 그들은 귀중품도 수용소 당국자들에게 넘겨주어야 했다. 당국자들은 귀중품을 수용소 금고에 보관해두었다가 수용자들이 목욕을 마친 후 돌려주겠다고 했다. 수용소 당국자들은 여자와 아이들을 남자들과 따로 분리한 뒤 막사로 끌고 가서 옷을 벗으라고 명령했다. 그리고 여자들의 머리를 모두 밀어버렸다(수용소에서 수집된 머리카락은 산업용 펠트로 가공되어 주로 U보트 승무원들의 슬리퍼를 만드는 데 쓰였다). 너무 몸이 약하거나, 나이가 많거나, 병이 깊어서 혼자 힘으로 걸을 수 없는 사람들은 적십자 깃발이 펄럭이는 '야전병원Lazarett'으로 끌려갔다. 소나무 가지로 위장된 가시철망 안으로 들어온 사람들에게는 구덩이 옆에 서 있으라는 명령이 떨어졌고, 수용소 당국자들은 곧 그들을 총살했다. 나머지 사람들은 벌거벗은 채 길게 행렬을 지어 'Zur Badeanstalt(목욕탕 방향)'라는 표지판을 지나 'Himmelfahrt Strasse(승천 거리)'라고 불리는 길을 따라 걸어갔다. 일단 문이 완전히 밀봉되고 나면, 포획한 러시아 탱크에서 떼어낸 디젤엔진이 가동되면서 이산화탄소를 내뿜었다. 이 이산화탄소는 샤워꼭지 위에 달린 파이프를 통해 '목욕탕' 안으로 주입되었다. 30~40분쯤 후에는 목욕탕 안의 사람들이 모두 목숨을 잃었다. 독일 병사들은 문 앞에 서서 안에서 나는 소리에 귀를 기울이다가 "Alles schläft(모두 잠들었다)"고 소리를 질렀다. 그러면 문이 열렸다. 좁은 공간에 수백 명을 몰아넣었기 때문에 사람들은 쓰러질 수도 없었다. 따라서 목욕탕 안의 시체들은 모두 꼿꼿이 서 있었다. 신참 수용자들이 '역'에 도착했을 때부터 목욕탕에서 시체를 치울 때까지는 2시간도 채 걸리지 않았다.

많은 희생자들이 수용소 당국의 거짓말에 속아 넘어갔음이 분명하다. 뉘른베르크 재판(1945~1946)에서 생존자 중 한 명인 사무엘 라즈만은 어느 날 비엔나에서 기차가 도착했을 때의 일을 증언했다. 80대의 한 여성이 SS 소속의 수용소 부소장인 쿠르트 프란츠Kurt Franz에게 자신이 지그문트 프로이트의 누이임을 증명하는 서류를 보여주며 사무실에서 일하게 해달라고 애원했다. 프란츠는 서류를 신중하게 살펴보는 시늉을 하더니 뭔가 착오가 있었던 것 같다며 그녀를 데리고 시간표가 있는 곳으로 가서 2시간쯤 후에 기차를 타고 비엔나로 돌아갈 수 있을 것이라고 말했다. 그녀가 소지품을 맡기고 목욕탕에 갔다 오면 그녀의 서류와 비엔나행 기차표가 그녀를 기다리고 있을 것이라면서.

이 수용소에서는 SS대원 20~30명이 일하고 있었다. 베우제츠에서 이곳으로 발령받은 쿠르트 프란츠는 수용소의 일상적인 운영을 책임지고 있었다. 그는 지극히 변덕스러운 태도로 수용자들을 학대하다가 즉석에서 처형해버렸기 때문에 공포의 대상이었다. 프란츠는 수용소를 돌며 운영 상태를 점검할 때 자신의 개 배리를 데리고 다녔다. 배리는 사람들의 배를 공격하도록 훈련된 녀석이었다. 우크라이나인들은 수용소 간수로 일했다. 그들은 원래 전쟁포로였다가 SS-Wachmänner(SS 간수)로 훈련받아 자유를 얻은 사람들이었다. 트레블링카에는 그런 사람들이 100명쯤 있었다. 범죄 때문에 유죄를 선고받은 유대인들로 이루어진 Sonderkommando(특수부대)에게는 유대인 학살과 관련된 일들이 맡겨졌다. 이 '일하는 유대인들'은 끌려온 사람들의 옷을 분류하고, 여자들의 머리를 깎고, 가스실을 청소하고, 금니를 뽑고, 시체를 땅에 묻는 일을 했다. 처음에는 이 일을 하다가 그만두는 유대인들이 아주 많았다. 아이히만Eichmann의 재판(1961)에서 수용소 생존자들은 특수부대 소속의 유대인들이 대부분 이 일을 며칠밖에 견디지 못하고 아침 점호 시간에 차라리 총살해달라고 말하곤 했다고 증언했다. 뎀야뉴크 재판에서도 증인으로 나섰던 엘리자후 로젠베르크는 1961년에 그들이 첫날 하루 종일 시체를 치운 뒤 막사로 돌아와서 허리띠로 목을 맸다고 말했다. 그들이 서로서로 발밑에 놓인 의자를 걷어차 주며 자살을 도왔다는 것이다. 나중에는 슈탕글이 일종의 분업 체제를 도입해서 '일하는 유대인들'이 비교적 오랫동안 살아남아 일을 계속했다.

1943년 초봄에 히믈러Himmler가 트레블링카를 방문했다. 그는 이미 땅에 묻힌 시체까지 포함해서 모든 시체를 불태우라고 지시했다. 수용소 당국자들은 굴착기로 무덤을 파헤쳐 석쇠 위에서 시체들을 불태웠다. 여름이 되자 시체를 파묻었던 구덩이들이 사실상 모두 텅 비었다. '일하는 유대인들'은 수용소로 끌려오는 희생자들의 숫자가 점점 줄어들고 있음을 눈치챘다. 그들은 이 수용소가 곧 폐쇄될 예정이며 자신들 또한 가스실에서 생을 마치게 될 것이라는 결론을 내렸다. 그들은 폭동을 일으키기로 하고 1943년 8월 2일 한낮에 복제한 열쇠를 이용해 무기고에 침입했다. 그러나 그들이 무기를 나눠 갖는 동안 독일인 경비병들이 폭동을 눈치챘기 때문에 유대인들은 수용소를 점령하려던 계획을 포기해야 했다. 곧이어 그곳에 갇혀 있던 약 700명의 죄수들이 탈출을 시도했다. 그들 중 대부분이 감시탑에서 쏜 총에 맞았지만 20명가량의 사람들은 주변의 숲으로 도망치는 데 성공해서 수용소가 해방될 때까지 목숨을 부지할 수 있었다. 그들 중 여러 명이 트레블링카에서 있었던 일에 대한 글이나 회고록을 썼다. 바르샤바 출신의 유대인 목수인 양켈 비에르닉은 1945년에 벌써 이런 글을 발표했다. 그리고 그보다 나중에 프라하 출신의 리하르트 글라자르도 자신이 겪은 일을 기록으로 남겼다. 뎀야뉴크 재판에서 대부분의 증인들은 8월 2일에 탈출한 사람들이었다.

실패로 돌아간 폭동이 일어나는 동안, 대부분의 건물들이 불길에 휩싸였다(가스실을 제외한 모든 건물이 목조였다). 남은 죄수들은 수용소를 해체하고 학살의 증거를 모두 없애는 작업에 투입되었다. 그리고 이 작업이 끝난 후 총살당했다. 독일인들은 땅을 쟁기로 갈아서 루핀(식물의 일종—옮긴이)을 심고 농장을 지은 다음 한 우크라이나인 농부 가족에게 이 땅을 넘겨주었다.


## 뎀야뉴크의 정체

뎀야뉴크는 1920년에 키에프 지역의 작은 마을에서 태어났다. 제1차 세계대전 이후 우크라이나는 소련에 합병되었다. 1930년대 초(뎀야뉴크가 열두 살쯤 되었을 때)에 스탈린의 농업정책 때문에 기근이 발생해 '유럽의 곡창지대'로 불리던 지역에서 수백만 명이 목숨을 잃었다. 독일이 소련을 침공하자, 뎀야뉴크(당시 그는 열아홉 살로 콜호스에서 트랙터를 몰고 있었다)는 붉은 군대에 징집되었다. 그는 소련에 대해 특별히 충성하는 편은 아니었지만, 적어도 군대에서는 배를 곯지 않을 수 있었다. 1942년 5월에 그는 크림에서 포로가 되었다. 그가 끌려간 폴란드 헤움의 포로수용소는 그냥 철조망으로 둘러싸인 벌판에 지나지 않았다. 포로들은 땅에 스스로 구멍을 파고 그곳에서 잠을 잤지만, 가을이 되면 이 구멍에 빗물이 가득 찼다. 식량은 거의 배급되지 않았다. 초근목피의 생활, 식인, 불결한 환경, 사람들이 대규모로 죽어나가는 상황. 뎀야뉴크는 1930년대에 고향에서 겪었던 이런 일들을 이 수용소에서 다시 겪었다.

1942년 봄에 독일군이 수용소 '경비부대'에 근무할 자원자들을 모집하기 시작했다. 유대인들을 사냥해서 잡아들이고, 강제수용소에서 그들을 감시하는 일을 맡게 될 부대였다. 많은 우크라이나인들은 스탈린 정권이 유대계 볼셰비키들의 음모로 탄생했다고 생각하고 있었으므로 반유대감정이 강해서 독일인들이 부하로 부려먹기에 안성맞춤이었다. SS 간수들을 훈련하는 특수 캠프가 폴란드 트라브니키의 버려진 설탕공장에 마련되었다. 뎀야뉴크는 1942년 7월에 트라브니키에서 훈련을 받겠다고 자원했다.

전쟁 동안 뎀야뉴크의 활동과 관련해서 이때까지는 검찰과 피고 측의 주장에 차이가 없다. 구소련에서 새로운 자료들이 발견된 후에도 역시 마찬가지였다. 맨 처음 발견된 서류에 뎀야뉴크가 트레블링카가 아니라 소비부르에서 일했다고 적혀 있다는 사실은, 그 후에 이어진 재판 내용을 생각해보면 대단히 놀랍다.

트레블링카에서 저질러진 전쟁범죄와 관련해서, 가장 많은 주목을 받은 사람은 또 다른 우크라이나인 표도르 페데렌코Fjodor Federenko였다. 뎀야뉴크와 페데렌코의 이름은 전쟁범죄 용의자로 지목된 우크라이나인들 중 미국에 살고 있는 사람들의 명단에 포함되어 있었다. 1976년 초에 미국 이민국은 이스라엘 특수경찰에게 소비부르나 트레블링카에 있었던 증인을 찾아봐 달라고 부탁했다. 이스라엘 나치범죄조사국Israeli Unit for the Investigation of Nazi Crimes(INC)은 아이히만 재판을 준비하기 위해 세워진 '06국'의 후신이었다. 미국은 INC에 우크라이나인 용의자들의 사진 열일곱 장을 제공해주었다. 당시 일흔 살이던 미리엄 라디우커 부인이 이 증인 수색작업을 맡았다. 그녀는 신문에 "우크라이나인인 이반 뎀야뉴크와 표도르 페데렌코"에 대한 수사가 진행되고 있다며 소비부르와 트레블링카의 생존자들에게 앞으로 나서달라고 호소하는 광고를 냈다. 용의자들의 신원확인 작업이 실제로 시작되기도 전에 그들의 이름을 광고에 살짝 끼워 넣은 것이다. INC가 갖고 있던 열일곱 장의 사진이 딱딱한 종이로 된 책자에 한꺼번에 붙어 있었으므로 사진을 한 장씩 따로 떼어서 보여줄 수가 없었다. 이 사진들 중에 증인이 용의자의 얼굴을 제대로 알고 있는지 확인하기 위해 끼워 넣은 가짜 용의자의 사진은 한 장도 없었다. 모든 사진이 용의자들의 것이었다.

투로우스키와 골드파르브가 가장 먼저 증인으로 나서자 수사는 페데렌코에게 집중되었다. 당시에는 트레블링카의 생존자인 투로우스키와 골드파르브가 뎀야뉴크를 알 것이라고 생각할 이유가 전혀 없었다. 투로우스키는 트레블링카의 기계실에서 기계공으로 일했다. 그는 처음에는 머뭇거리다가 점점 자신 있게 사진 속 페데렌코의 얼굴이 맞다고 진술했다. 그는 페데렌코의 사진 옆에 있던 뎀야뉴크의 사진을 처음부터 내내 보고 있었는데도 그를 전혀 언급하지 않았다. 골드파르브는 페데렌코를 알아보지 못했지만 16번 사진의 얼굴이 낯익다고 단언했다. 그는 뎀야뉴크라는 이름도 이반이라는 이름도 언급하지 않았다. 이 두 이름이 서로 연결된 것은 라디우커 부인의 (뜻하지 않은) 행동 때문이었을 가능성이 높다. 불행히도 그녀는 신원확인 절차가 모두 끝난 뒤에야 보고서를 작성했고, 나중에 요약본으로 정리했기 때문에 예

조사관들이 증인들에게 보여준 앨범 중에서 뎀야뉴크의 사진(맨 아랫줄 왼쪽)과 페데렌코의 사진(맨 아랫줄 오른쪽)이 붙어 있는 페이지.

루살렘에서 재판이 열리는 동안(당시 그녀는 여든한 살이었다) 신원확인 절차가 정확히 어떻게 진행됐는지 알아낼 길이 없었다.

다음날 투로우스키에 대한 심문이 다시 이루어졌다. 이번에는 그가 뎀야뉴크와 이반이라는 이름을 모두 안다고 단언했다. 게다가 그는 16번 사진의 이반을 '즉시' 알아보았으며 자신의 생각에 대해 '절대적인 확신'을 갖고 있었다. 당연히 그가 이반을 실제로 알아본 것인지, 아니면 전날 페데렌코의 사진을 보면서 옆에 있던 사진을 기억한 것인지 의문이 생긴다.

사진 속 인물의 정체에 대한 긍정적인 증언과 부정적인 증언의 상대적 중요성도 문제였다. 트레블링카의 생존자인 슐로모 헬만은 가스실 건설에 참여했으며, 봉기가 일어날 때까지 수용소에 있었다. 이반과 오랫동안 나란히 일을 한 셈이다. 그는 이반이 당시 서른 살쯤 되었을 것이라고 말했다. 뎀야뉴크라는 이름은 그에게 금시초문이었다. 16번 사진 속의 남자 역시 처음 보는 얼굴이었다. 반면 17번 사진 속의 페데렌코는 그에게 낯익은 얼굴인 것 같았다. 또 다른 증인인 엘리자후 로젠베르크는 16번 사진과 "2번 캠프에서 일하며 이반 그로즈니〔폭군 이반〕라고 불린 우크라이나인 이반"이 놀라울 정도로 닮았다고 말했다. 둥글고 약간 이마가 벗겨진 머리 모양, 두꺼운 목, 두툼한 턱 등이 닮았다는 것이다. 그러나 로젠베르크는 이런 말도 했다. "이 사진이 바로 그 사람이라고 절대적으로 확신할 수는 없다." 게다가 뎀야뉴크의 사진이 페데렌코의 사진과 나란히 붙어 있었는데도, 로젠베르크는 그의 사진을 보며 특별한 감정을 느끼지 못했다.

간단히 말해서 뎀야뉴크에 대한 증언보다는 페데렌코에 대한 증언이 처음부터 훨씬 더 설득력이 있었다. 그리고 이 점이 그의 운명을 결정했다. 1979년 페데렌코는 미국에서 열린 재판에서 자신이 트레블 링카의 SS 간수였다고 자백했다. 그는 소련으로 추방되어 1986년 여름에 재판을 받았으며, 곧 총살당했다.

1979년에 소련은 새로운 증거를 내놓았다. 소련이 손에 넣은 독일 서류 중에 이반 뎀야뉴크의 사진이 붙은 신분증이 있다는 것이었다. 이른바 '트라브니키 증명서'였다. 신분증의 사진은 1942년에 찍은 것으로 되어 있었다. 신분증에는 뎀야뉴크의 신분증 번호 1393도 찍혀 있었다. 신분증 발행 날짜는 1943년 3월 27일이었으며, 그가 소비부르에 있다고 적혀 있었다. 소련은 트라브니키의 간수였으며, 소비부르와 플로센뷔르크, 레겐스부르크의 강제수용소에서 뎀야뉴크와 함께 일했다는 이그나트 다니엘첸코Ignat Danielchenko의 심문 보고서도 넘겨주었다. 미국 조사관들(뎀야뉴크 재판은 여전히 미국에서만 진행되고 있었다)은 다니엘첸코를 직접 심문할 수 없었으므로 그의 진술서 사본을 이용할 수밖에 없었다. 이미 갖고 있던 여덟 장의 사진 외에 뜻하지 않게 신분증 사진까지 손에 넣게 된 조사관들은 이스라엘의 조사관들에게 부탁해 이 '트라브니키 사진'을 증인들에게 보여주도록 했다. 증인들이 일곱 장의 다른 사진들과 뒤섞인 뎀야뉴크의 사진을 알아본다면 그들의 증언을 확신할 수 있을 터였다. 그러나 거의 모든 증인들이 1951년의 그 사진을 익히 알고 있다는 점이 문제였다. 미국 이민국이 한 증인에게 1951년의 사진보다 트라브니키 사진을 먼저 보여줄 수 있는 기회가 있었으나, 이민국은 단 한 번뿐인 그 기회를 놓쳐버렸다. 따라서 증인 칠 메이어 라지흐만은 결국 1951년의 사진을 먼저 본 후 트라브니키 사진을 보게 되었다. 그는 1951년의 사진에서 뎀야뉴크를 알아보았지만, 트라브니키 사진에서는 그를 알아보지 못했다. 그러나 1년 후 클리블

트라브니키 시리즈. 뎀야뉴크는 아랫줄 왼쪽에서 두 번째에 있다.

랜드에서 열린 재판에서 그는 트라브니키 사진이 뎀야뉴크의 사진이라고 증언했다.

이 재판의 판사는 뎀야뉴크가 1951년에 이민국에 거짓말을 했음을 증명할 증거가 충분하다고 생각했다. 그가 소비부르에서 일했든 트레블링카에서 일했든 농장 노동자가 아니었음은 분명했다. 그가 제시한 다른 알리바이들 역시 확인할 수 없었다. 1981년 뎀야뉴크는 미국 시민권을 박탈당했다.

반면 예루살렘에서 열린 재판에서는 뎀야뉴크가 정확히 어디서 일했는지가 매우 중요한 문제로 떠올랐다. 이 점에 대해 증인들의 증언과 서류의 내용은 제각각이었다. 트라브니키 증명서는 뎀야뉴크가 제시한 알리바이가 거짓이었으며, 그가 소비부르에 있었다는 사실을 증명해주었다. 그러나 트레블링카의 생존자들은 저마다 다른 증언을 했다.

그들 중 일부는 뎀야뉴크를 확실히 알아보았다. 트레블링카에서 일했던 한 독일인 간호사도 사진 속 인물이 뎀야뉴크라고 단언했다. 반면 소비부르에 수용되었던 소수의 생존자들은 아무도 그를 알아보지 못했다. 재판이 진행되는 동안 약 30명의 증인들이 뎀야뉴크의 사진을 봤는데 그들 중 뎀야뉴크를 알아보지 못한 사람들(이런 사람이 대다수였다)의 증언이 피고측에게 공개되지 않았다는 사실도 밝혀졌다. 게다가 종신형을 선고받고 뒤셀도르프에서 복역하고 있던 트레블링카의 전 부소장 쿠르트 프란츠도 1979년에 뎀야뉴크를 알아보지 못했다. 상황을 조리 있게 정리하기 위해 뎀야뉴크가 먼저 소비부르에서 일하다가 나중에 트레블링카로 옮겼다는 의견이 제시되었다. 심지어 그가 두 수용소를 오가며 일했다는 이야기까지 나왔다. 독일 행정당국이 이 문제와 관련된 기록을 아무렇게나 소홀히 다뤘을 가능성도 여전히 남아 있었다.

예루살렘 재판에서 바게나르는 전문가 증인으로서 예비조사 기간 동안 진행된 신원확인 절차를 집중적으로 다뤘다. 그가 나중에 《이반의 정체 밝히기》에서 설명한 바에 따르면, 제대로 된 신원확인 절차라면 50가지의 규칙과 규정을 충족시켜야 한다. 이 규칙들 중 42가지가 이반의 신원을 확인하는 과정과 관련되어 있었는데, 조사관들이 그 중 무려 37가지를 어겼다고 한다. 우선 사실을 담은 분명한 보고서가 없었다. 서면 기록도, 녹음테이프도, 지시사항에 대한 보고서도, 신원확인 과정에서 오간 말을 그대로 받아 적은 속기록도 없었다. 증인들을 유도하거나("다시 한 번 자세히 살펴보세요.") 증인들로 하여금 특정한 사진에 주의를 쏟게 만드는 것을 방지할 안전장치도 없었다. 사진들이 붙어 있는 앨범 속에는 무고한 사람들의 사진이 하나도 없었기 때문에 증인들이 '틀린' 답을 할 가능성이 전혀 없었다. 그 앨범에는 다양한 사진들이 모여 있었다. 그러나 머리가 둥글고 목이 두꺼운 남자를 찾고 있다는 사실이 오래전부터 분명히 밝혀져 있었는데도, 앨범 속에는 그 조건을 충족시키는 사진이 딱 한 장, 뎀야뉴크의 사진밖에 없었다. 뎀야뉴크를 알아보지 못한 사람들의 증언은 배제되었다. "이 사진을 보니 생각나는 사람이……" 같은 증언들을 그의 신원에 대한 확인으로 해석할 것인지 부정으로 해석할 것인지는 조사관들에게 달려 있었다. 조사관들은 증언을 다시 확인하기 위해 증인들에게 사진을 거듭 보여주었다. 그렇게 하면 그들이 실제로 수배 중인 사람이 아니라 전에 한 번 본 사진 속 인물을 수배 중인 인물로 착각할 가능성이 높아지는데도 말이다. 증인들이 서로에게 영향을 미치는 것을 방지하기 위한 예방조치도 없었다. 사진 속 인물의 정체에 대해 서로 이야기를 나눈 증인들이 신원확인 과정에서 배제되지 않은 것이다. 조사관들은 증인들에게 자신이 어떤 사람을 찾고 있는지 말해주었다. 그리고 신원확인 절차가 '성공'이었는지 아니었는지가 나중에 증인들에게 통보되었으므로, 증인들이 다른 증인을 만났을 때 서로 이야기를 전해줄 가능성이 높았다. 바게나르는 이 신원확인 절차 전체를 매우 낮게 평가했다. "조사과정이 어릿광대 연극 같았다고 말하지는 않겠습니다만, 몇 가지 규칙만 더 어겼더라면 정말로 어릿광대 연극이 되었을 수도 있습니다."

뎀야뉴크의 사진이 이미 신문에 수십 번 실리고 난 후 세상에서 가장 놀라운 신원확인 절차가 시작된 셈이었다. 예루살렘 재판에서 트레블링카 생존자 다섯 명은 피고석에 앉아서 자신들을 마주 보고 있는 남자가 폭군 이반임이 확실하다고 증언했다.

1988년 4월 재판부는 뎀야뉴크의 알리바이가 거짓임을 확인해주는 증거들과 증인들의 증언으로 폭군 이반과 존 뎀야뉴크가 동일인임이 증명되었다고 판단했다. 뎀야뉴크는 사형선고를 받았다. 1962년 5월 31일에 아이히만이 그랬던 것처럼 그도 교수형을 기다리는 처지가 된 것이다. 그가 즉시 항소를 제기하고 그 결과가 나올 때까지 기다리는 동안 사람들은 다시 그를 잊어버렸다.

## 외상과 기억

정신분석학자인 브루노 베텔하임Bruno Bettelheim(1903~1990)은 전쟁 전에 이미 부헨발트와 다하우에 1년 동안 갇혀 있었다. 1939년에 석방된 후 그는 미국으로 이주해서 자신의 수용소 생활을 회상하는 글을 썼다. 그는 당시의 경험과 충분한 거리를 두기 위해 자신이 작성한 메모들을 3년 동안 묵혔다가 1943년에 강제수용소라는 극단적인 상황에서 사람들이 보이는 행동을 심리학적으로 분석한 글을 발표했다. 그가 이 책의 서론에서 설명했듯이, 그가 자신과 다른 수용자들의 반응, 그리고 그들을 지키던 SS 대원들의 반응을 관찰한 것은 자신의 정신적 균형을 유지하기 위해서였다. 자신이 무너져버리는 것을 막기 위한 조치였던 것이다.

수용소 안에는 메모를 할 수 있는 도구가 전혀 없었다. 따라서 모든 것을 기억 속에 담아두어야 했다. 그러나 베텔하임은 "극단적인 영양실조와 기억력을 저하시키는 다른 요인들 때문에 심한 어려움을 겪었다. 기억력을 저하시키는 요인 중에서 가장 중요한 것은 '그래봤자 무슨 소용이야. 어차피 절대 여기서 살아서 나가지 못할 텐데'라는 생각이 잠시도 머리를 떠나지 않는다는 점이었다. 동료 수용자들의 죽음이 매일 이런 생각을 더욱 강화해주었다." 그는 자신이 기억하려는 것들을 자꾸만 혼자서 되뇌다가 일을 하면서 다시 한 번 되짚어보는 방법으로 간신히 기억 속에 담아둘 수 있었다. 미국으로 이주해서 비로소 안전해졌다는 생각이 들었을 때, 잊어버린 줄 알았던 많은 기억들이 다시 돌아왔다. 그래도 강제수용소 생활은 기억력에 분명히 파괴적인 영향을 미친 것 같았다. 옛날에는 자연스럽게 자동적으로 기억할 수 있었던 것을 이제는 일부러 애를 써야 기억할 수 있었으니 말이다.

사실 문제는 이보다 훨씬 더 깊은 곳에 자리잡고 있었다. 심지어 주위의 것들을 관찰하는 시각도 상황 때문에 자연스러움을 잃어버렸다. 수용소를 살아서 나가려면 우선 눈에 띄지 않는 존재가 되어야 했다. 이유가 무엇이든 간수의 주의를 끌면 목숨이 위험했다. 어떤 상황에서는 주의를 끌어서는 안 된다는 원칙이 두 번째 원칙으로 이어졌다. 아무것도 보아서는 안 된다는 원칙. SS 대원이 수용자를 학대하는 광경을 지켜보다 들키면 목숨을 잃을 수도 있었다. 베텔하임은 아무것도 보아서는 안 된다는 원칙을 수동적으로 지키는 것만으로는 충분하지 않았다고 썼다. 자신이 아무것도 보지 않았다는 사실을 적극적으로 증명하는 편이 훨씬 더 안전했다는 것이다. 그는 SS 대원이 수용자를 구타하는 경우를 예로 들어 다음과 같이 설명했다.

그가 한창 수용자를 때리다가 옆을 지나가는 수용자들의 행렬을 향해 다정하게 "잘했어" 하고 외칠지도 모른다. 그러면 우연히 그 광경과 마주친 수용자들은 가능한 한 상황을 '보지 않고' 그 자리를 지나기 위해 고개를 돌린 채 걸음을 빨리할 것이다. 그들이 고개를 돌리며 갑자기 걸음을 빨리하는 것은 상황을 '보았다'는 명백한 증거였다. 그러나 그들이 알아서는 안 될 것은 알지 말아야 한다는 명령을 받아들였음을 아주 분명하게 보여준다면 그런 것은 문제가 되지 않았다.

이 상황에는 뒤틀린 논리가 작용하고 있다. 보아서는 안 되는 것이 무엇인지 알려면 보아야 한다. 그리고 자신이 어떤 자세를 취해야 하는지 알려면 자신이 실제로 본 것이 무엇인지 반드시 알아야 한다. 베텔하임에 따르면, 아무것도 보지 않고 아무것도 알려 하지 않는 것은 수용자들의 의지를 꺾으려는 SS 계획의 핵심이었다. 다른 사람이 알아도 좋다고 허락한 것만 아는 것은 갓난아기의 상태다. 자신의 눈으로 직접 상황을 보고 상황에 맞는 행동을 취함으로써 독립적인 삶이 시작된다. 신중하게 살펴보는 것이 무엇보다 중요한 때에 아무것도 보지 않는 것은 사람에게 파괴적인 영향을 미친다.

사람들이 '보지 않으려고' 애쓴 데에는 또 다른 이유가 있었다. 다른 수용자가 구타당하는 모습을 보고 감정에 휩쓸려서 도우려고 나서는 것은 죽음을 자청하는 짓이었다.

그런 감정적 반응이 자살행위와 같다는 것을 알고 있지만 그런 상황을 보았을 때는 때로 감정적인 반응을 보일 수밖에 없었으므로 방법은 하나뿐이었다. 반응을 보이지 않기 위해 아무것도 보지 않는 것. 따라서 목숨을 부지하기 위해 관찰하는 능력과 반응을 보이는 능력을 자발적으로 차단해야 했다. 그러나 관찰과 반응과 행동을 포기한다면, 그것은 생명을 포기하는 것과 같다. SS가 원한 것이 바로 그것이었다.

수용소에서 살아남은 다른 생존자들도 관찰이나 기억처럼 정상적인 상황에서는 너무나 당연한 기능들이 문제가 되었다고 언급한 바 있다. 《어둠에 몸을 기댄 태양Sun Turned to Darkness》(1998)에서 데이비드 패터슨David Patterson은 수용소에서 말살되거나 파괴된 많은 것 중에 기억력도 포함된다고 썼다. 강제수용소에 있었던 사람들 중에는 기억력이 형편없이 약해졌다고 불평하는 사람들이 아주 많다. 파니아 페늘롱은 아우슈비츠 시절을 회상하면서 아이들에게 이야기를 들려주기가 점점 어려워지고 있으나, 아이들은 그녀의 기억이 퇴화하고 있다는 사실을 깨닫지 못한다고 썼다. 역시 아우슈비츠에서 살아남은 올가 렝기엘도 자신을 비롯한 여러 사람들이 정신적으로 퇴화하고 있으며, 기억력 감퇴가 커다란 이유라는 사실을 깨달았다. 영양부족과 비타민 B 부족으로 인해 머리가 점점 멍해질 뿐만 아니라 항상 목숨을 걱정하며 정신을 바짝 차리고 있어야 하는 상황, 탈진상태 등이 기억력에 영향을 미쳐 기억에 커다란 구멍들이 생겨난 것이다.

수용자들의 인식능력도 손상되었다. 그로닝겐 주의 아두아르드 출신인 의사 엘리 코헨Elie Cohen은 아우슈비츠로 끌려가서 수용자들을 진찰하는 임무를 맡았다. 그는 일부 수용자들에게 병이 있다는 증명서를 작성해서 그들이 가스실로 끌려가는 것을 일시적으로 막을 수 있었다. 1971년에 그는 전쟁 중의 기억을 담은 책을 써서 《심연De Afgrond》이라는 제목으로 출판했다. 이 책에 따르면, 그가 아우슈비츠에 있을 때 어떤 남자가 복도에서 자신에게 다가와 다음과 같이 말했다고 한다.

"엘리, 날 좀 구해주게! 놈들이 나를 설사 병동으로 끌고 가겠다는데, 그건 가스실로 끌고 가겠다는 얘기야. 날 좀 구해줘."
"당신이 도대체 누군데요?" 내가 말했다.

"폴킹게스트라트에서 온 조 볼프잖아."

우리 집에서 네 집 떨어진 곳에 살던 사람이었다. 우리는 아주 잘 아는 사이이기도 했다. 이젠 더 이상 사람 얼굴을 알아볼 수 없었다. 나는 SS 대원의 재판에서 증언을 할 수 없을 것이다. '아는 얼굴이 있으면 지적해보라'고 해도 그럴 수 없을 테니까 말이다. 나는 아무도 알아보지 못할 것이다. 모든 것이 너무나 끔찍하게 변해버렸다. 그 수용소에서 유대인들이 물리적 환경 때문에 그토록 빨리 변해버렸던 것처럼 나도 이제는 SS 대원들을 알아보지 못할 것이다.

실험심리학의 전통에 따라 공부를 하고, 분명하게 정의된 자극과 대조집단을 이용하는 데 익숙한 심리학자가 이처럼 극단적인 상황에서 사람들의 기억력, 인식능력, 식별력에 대해 무슨 말을 할 수 있을까? 할 수 있는 말이 거의 없다고 대답하는 것이 정직한 답변이 될 것이다. 유대인 학살 수용소의 극단적인 상황 속에서 사람들의 기억이 얼마나 믿을 만한 것인지에 관한 체계적인 심리학 연구는 이루어지지 않고 있다. 그러나 목숨을 위협하는 조건들이 적어도 몇 가지는 관련되어 있는 상황에서 수집된 극소수의 자료들은 매우 강렬하고 감정적인 기억조차 자칫하면 왜곡될 수 있음을 암시하고 있다. 이런 사실이 훌륭하게 기록되어 있는 문헌으로는 바게나르와 흐루네베흐Groeneweg가 드 레이케De Rijke 사건에서 증인들의 증언을 조사한 연구결과가 있다.

마리누스 드 레이케는 1942년부터 1943년 사이에 오베레이셀 주의 오멘에 있는 에리카 수용소에서 Oberkapo(선임 감독관)로 일했다. 에리카 수용소에는 네덜란드인 범죄자들이 수용되어 있었지만, 수용소 관리당국은 독일의 강제수용소를 연상시키는 규칙을 이곳에 적용했다. 즉 일부 죄수들에게 특권을 주고 다른 재소자들의 기강을 잡는 임무를 맡겼던 것이다. 일부 재소자들은 구타 끝에 숨지기도 했다. 드 레이케는 이곳에서 가장 악독한 교도관 중 한 명이었다. 네덜란드 당국은 1943년에 이곳의 실상을 깨닫고 수용소를 폐쇄했다. 전쟁 기간 동안 이곳의 죄수들은 극단적인 환경을 경험했다. 죄수들 중 1000명은 독일로 이송되어 고된 노동을 해야 했다. 이들 중에 살아서 에리카 수용소로 돌아온 사람은 겨우 400명이었다. 그들은 도저히 일을 할 수 없을 만큼 병이 심하거나 몸이 약해진 상태였다. 이 400명 중 많은 사람이 수용소에서 숨을 거뒀다. 경찰은 1943년부터 1948년까지 생존자들의 진술을 받았다. 드 레이케는 이때 재판에 넘겨지지 않았지만 1984년에 마침내 그를 기소하기로 결정이 내려졌다. 한 TV 프로그램에서 그의 이야기가 다뤄진 후 많은 증인들이 나섰지만, 판사는 학대 혐의의 공소시효가 지났다는 결정을 내렸다. 재판이 진행되는 동안 1940년대의 경찰 조사에서 증언을 했던 증인 15명이 다시 조사를 받았다. 이 덕분에 바게나르와 흐루네베흐는 그들이 법정에서 한 증언과 40년 전에 학대를 경험한 직후에 한 증언을 비교해볼 수 있었다. 그 결과 증인들의 증언 내용이 달라졌음이 드러났기 때문에 그토록 오랜 세월이 흐른 후 과연 그들의 기억을 믿어도 되는지 의문이 제기되었다.

　　죄수들이 수용소에 들어온 날짜는 기록으로 남아 있었다. 1940년대의 경찰조사에서 11명의 증인들 중 죄수들이 수용된 날짜를 한 달 이상 틀리게 대답한 사람은 2명에 지나지 않았다. 그러나 40년 후에는 증인 19명 중 11명이 틀린 날짜를 댔다. 여러 증인들이 6개월 이상 틀린 날짜를 댔는데, 이는 죄수들이 어떤 계절에 수용소에 들어왔는지조차 제대로 기억하지 못한다는 뜻이었다. 드 레이케에게 학대를 당한 사람들(즉 그와 직접적으로 관련된 사람들)도 사진 속에서 그의 얼굴을 다른 사람들보다 더 잘 알아보는 것 같지 않았다. 20명의 증인들은 드 레이케가 수용소에서 제복을 입었다고 단언했고, 28명은 그가 민간인 복장이었다고 말했다. 11명의 증인들은 그가 죄수들을 채찍으로 때렸다고 단언했지만 또 다른 11명은 그가 채찍이나 다른 도구를 사용한 적이 없다고 말했다. 드 레이케에 관한 TV 프로그램을 미리 보지 않은 증인들 중에서 수용소 시절에 찍은 그의 사진을 알아본 사람은 58퍼센트에 불과했다. 그들의 기억 속에 단단히 각인되었음직한 사건들에 대한 기억조차 부정확한 것으로 드러났다. 예를 들어, V라는 증인은 드 레이케가 다른 간수와 함께 어떤 죄수를 때려죽이는 것을 보았다고 말했다. 그런데 1984년에 그는 두 간수의 이름을 모두 기억하지 못하고 있었다. 그는 다른 학대사건의 학대자와 피해자 이름을 댔다. 반 데 M.이라는 증인은 드 레이케에게 심한 학대를 당한 나머지 며칠 동안 걸을 수도 없었다고 했다. 그런데 1984년에 그가 기억하는 것이라고는 가끔 맞았다는 사실뿐이었다. 반 데 W.라는 증인도 학대를 당했지만 드 레이케를 '드 브루인'으로 기억하고 있었으며, 그의 학대 사실을 잊어버리고 있었다. S라는 증인은 1943년의 조사에서 드 레이케가 다른 간수와 함께 어떤 죄수를 물탱크에 빠뜨려 익사시켰다고 단언했다. 그런데 1984년에 그는 그 사건을 잊어버리고 있었을 뿐만 아니라, 자신이 그런 얘기를 한 적이 없다고 주장하기까지 했다.

중인들이 사실을 정확하게 기억하고 있는 경우도 많았으므로 그들의 기억이 40년이 넘도록 머릿속에 고스란히 보존되어 있었다고 볼 수도 있지만, 문제가 있는 것은 분명하다. 어떤 증언을 진실로 받아들여야 할지 판단하는 기준이 없다는 것. 뎀야뉴크 사건에서도 비슷한 문제가 드러났다. 검사측 증인 중 한 사람인 엘리자후 로젠베르크는 1947년에 이스라엘로 가는 도중에 비엔나에서 수용소와 관련된 진술을 한 적이 있었다. 그때 그는 이반이 1943년의 폭동 때 살해당했다고 단언했다. 여러 수용자들이 막사로 몰려가서 잠자고 있던 우크라이나인 간수들을 삽으로 죽였다는 것이다(더위가 극심했기 때문에 간수들은 이른 아침에 근무교대를 했다). 예루살렘 재판에서 그는 비엔나에서 자신을 인터뷰한 사람들이 자신의 말을 잘못 알아들었다고 설명했다. 자신은 그때 이반이 죽었다는 말을 다른 사람들에게서 들었다고 말했다는 것이다. 그러나 1944년에 로젠베르크 자신이 직접 서명한 또 다른 진술서가 오래지 않아 등장했다. 그 진술서에서 그는 이반이 죽는 것을 자신이 직접 보았다고 단언했다. 과연 로젠베르크의 진술 중에서 어떤 말을 믿어야 할까? 1944년의 진술? 1943년의 진술? 아니면 1987년의 진술?

심한 정신적 외상과 관련된 기억의 신뢰성을 다시 생각해보아야할 이유는 이것뿐만이 아니다. 1978년에 프랑크 발루스Frank Walus는 쳉스토호바라는 폴란드의 작은 마을에서 전쟁범죄를 저지른 혐의로 기소되었다. 그가 전쟁 중에 SS와 게슈타포에 소속되어 있었다는 것이다. 전쟁이 끝난 후 그는 미국에 정착해서 이름을 월리스로 바꿨다. 그가 발루스라고 확인해준 증인만 무려 11명이었다. 그 증인들 중 데이비드 겔바우어는 쳉스토호바에 있던 게슈타포 본부에서 강제로 일을 하면서 3년이 넘도록 거의 매일 발루스를 보았다고 했다. 그는 그곳에서 고문, 학대, 살인을 목격했다. 또 다른 증인은 프랑크 발루스가 자기 집에 무단침입해서 자기 아버지를 때렸다고 주장했다. 이웃들이 그에게 그 남자의 이름이 발루스 프랑크라고 말해주었다. 이 밖에도 여러 증인들이 모두 발루스의 정체를 확인해주었기 때문에 발루스는 미국 시민권을 박탈당했다. 그러나 항소심에서 적십자사의 서류가 발루스의 알리바이를 확실하게 증명해주었다. 그가 당시 약 열다섯 살이었으며, 바이에른의 어떤 농장에서 일하고 있었다는 사실이 그 문서에 분명하게 적혀 있었던 것이다. 당시에 찍은 사진에서 그는 농부들과 함께였다. 월리스는 무죄 방면되었으며, 시민권도 되찾았다.

바게나르가 만든 수많은 규칙들을 알고 있는 사람이라면 트레블링카 같은 상황에서 사람들의 기억력이나 인식능력과 그 규칙들이 어떻게 관련되어 있는지 궁금할 것이다. 극단적인 상황을 조사하려면 특별한 방법이 필요하지 않을까? 목숨이 위험한 상황에서, 그것도 아주 오래 전에, 오랜 시간을 보낸 사람에게 소매치기나 날치기 같은 범죄자의 얼굴을 확인할 때 쓰는 절차를 적용해도 될까? 이런 의문들이 당연한 듯 머릿속에 떠오르겠지만, 이건 모두 틀린 질문들이다.

　　오랜 세월이 흐른 후에 증인들이 확인해야 하는 얼굴은 실제 용의자의 얼굴이 아니다. 40년 전이나 50년 전의 얼굴 그대로 그를 증인들 앞에 세우는 것은 불가능하다. 뭔가가 그의 자리를 대신 차지해버렸다. 어제의 전쟁범죄자와 오늘의 용의자는 서로 다르다. 신분증, 증명서, 사진, 등록부의 기록, 기록 속에 남은 이니셜 등이 그 둘을 갈라놓고 있다. 뎀야뉴크의 재판 같은 재판에서 이런 자료들은 수천 쪽에 달하는 서류 속에서 번호가 매겨진 증거물로 제시된다. 이 자료들은 어제의 범죄자와 오늘의 용의자를 갈라놓으면서도 또한 연결시켜주기도 한다. 이 서류들은 반드시 오랜 시간을 이어주는 다리가 되어야 한다. 지금 피고석에 앉아 있는 사람이 전쟁범죄를 저지른 바로 그 사람임을 이 자료들이 증명해주어야 하는 것이다. 그러나 바로 이 자료들이 실체를 가려버리기도 한다. 과거의 사람에 대한 증인들의 기억은 서류를 통해 용의자와 연결될 수 있을 때에만 법적인 중요성을 갖는다. 그들이 과거에 그에게 당했던 모든 일들, 그들이 보고 들은 것, 그를 두려워했던 일 등이 서류를 바탕으로 한 질문에 대한 대답으로 정리된다. 이 사진 속 남자가 저 사람입니까? 이것이 그의 필적입니까? 그가 특정한 제복을 입었나요?

　서류를 바탕으로 한 질문들과 그 질문들이 던져지는 방식에는 나름대로의 논리가 있다. 신원확인을 위한 규정들은 의심을 제거하기 위한 것이다. 절차상의 실수 하나하나는 피고측뿐만 아니라 검사측에게도 해로울 수 있다. 만약 뎀야뉴크가 정말로 폭군 이반이라면, 그 사실을 밝혀줄 수 있는 증거가 절차상의 실수로 인해 설득력을 잃어버린 꼴이 된다. 분명한 신원확인 기준은 용의자를 보호하기 위해서뿐만 아니라 증거에 힘을 실어주기 위해서도 반드시 필요하다. 또한 신원확인 절차가 제대로 수행되지 않으면 무고한 사람이 유죄판결을 받을 수도 있다. 뎀야뉴크의 재판에서는 적어도 그런 일은 일어나지 않았다. 항소심이 진행되는 동안 너무나 극적인 사실이 밝혀졌기 때문이다.


## 알리바이: 소비부르

재판에서 뎀야뉴크의 가장 커다란 약점은 바로 알리바이였다. 그는 자신의 알리바이에 대한 진술을 여러 번 바꿨지만 그 진술을 확인해주는 증거를 한 번도 제시하지 못했다. 처음에 뎀야뉴크는 자신이 소비부르의 농장에서 일했다고 진술했다. 그러나 나중에는 자신이 붉은 군대에 복무하다가 독일군에 포로로 잡혔다는 사실을 1951년에 미국 이민국에 밝히지 못했다고 말을 바꿨다. 하지만 이것이 끝이 아니었다. 전쟁 말기에 그는 한 우크라이나 부대에 합류했고, 몇 달 후 블라소프 장군이 이끄는 반공부대에 들어갔다고 주장했다. 그는 스탈린이 외국 군대에서 복무했던 사람들을 무자비하게 다룬다는 것을 알고 있었기 때문에 무슨 수를 써서라도 소련으로 추방되는 것을 피하려 했다. 그래서 자신이 농부였다고 진술했다는 것이다. 하지만 왜 하필이면 소비부르라는 지명을 댔을까? 뎀야뉴크는 자신이 그 서류를 작성할 때 폴란드 지도 옆에 서 있던 어떤 사람에게 아무 거나 지명을 말해보라고 했는데 그 지명이 공교롭게도 소비부르였다고 설명했다. 그러나 소비부르는 두 개의 철도선이 교차하는 지점에 지나지 않기 때문에 그 어떤 지도에도 실려 있지 않았다. 이스라엘의 재판부는 소비부르와 아주 가까운 곳에서 살았던 사람만이 그런 곳이 존재한다는 사실을 알 수 있을 것이라는 결론을 내렸다.

　SS 간수였던 다니엘첸코의 진술서 내용도 뎀야뉴크의 알리바이에 또 다른 문제를 제기했다. 모든 SS 대원과 무장친위대원들은 왼쪽 겨드랑이 밑에 자신의 혈액형을 문신으로 새겨두었다. 다니엘첸코는 자신과 뎀야뉴크가 바이에른의 강제수용소인 플로센뷔르크에서 근무할 때 그런 문신을 새겼다고 진술했다. 뎀야뉴크는 그 부위에 흉터가 있었다. 그는 그 자리에 있던 문신은 독일어가 아니라 우크라이나어였으며, 블라소프의 부대에 들어갈 때 자신이 정으로 직접 문신을 제거했다고 설명했다. 뎀야뉴크는 몇 년 동안에 걸친 재판에서 단 한 번도 그럴듯한 알리바이를 제시하지 못했다. 그리고 항소심에서 비로소 그가 그럴듯한 알리바이를 도저히 내놓을 수 없는 이유가 분명해졌다.

베를린 장벽이 무너지고 소련의 정세가 변한 덕분에 피고측은 물론 검사측도 각종 문서를 찾아볼 수 있었다. 그 전까지는 KGB의 검열을 거친 자료밖에 볼 수 없었다. 검사측은 트라브니키에서 소비부르로 전근 발령을 받은 사람들의 명단을 발견했다. 이 명단에 뎀야뉴크의 이름이 있었다. 그의 생년월일과 출생지, 그리고 신분증 번호인 1393까지 모두. 1943년 10월 1일자로 되어 있는 또 다른 서류에는 뎀야뉴크와 다니엘첸코가 플로센뷔르크에서 근무하고 있는 것으로 되어 있었다. 리투아니아의 빌뉴스에서는 1943년 1월에 작성된 소장訴狀이 발견되었다. 허락 없이 마이다네크 수용소에서 나간 죄로 뎀야뉴크에게 태형 25대를 내려야 한다는 내용이었다. 그가 양파와 소금을 얻으러 근처 마을에 나갔다 왔다는 것이었다. 1949년에 이미 작성되었던 다니엘첸코의 진술조서에서도 그가 뎀야뉴크를 간수로 지목한 부분이 발견되었다. 그는 뎀야뉴크가 유대인 학살의 보조업무에서 너무나 뛰어난 실력을 발휘했으므로, 게토에서 수용소까지 유대인들을 이송하는 데 참여해도 좋다는 허락을 여러 번 받았다고 말했다. 우크라이나와 리투아니아에서 발견된 이 서류들 외에 코블렌츠에서 발견된 서류도 있었다. 여기에는 뎀야뉴크와 다니엘첸코가 1944년에 플로센뷔르크에서 근무했다고 되어 있었다. 병기고 장부에 따르면, 두 사람에게는 각각 모제르 총과 총검이 지급되었다.

하지만 뎀야뉴크가 트레블링카의 이반이 아니라면, 누가 과연 이반일까?

1988년에 CBS의 다큐멘터리 제작팀이 트레블링카 인근 지역 주민들 중에 과거 폭군 이반을 본 사람들이 아직 살아 있는지 조사하기 시작했다. 수용소에서 약 반 마일쯤 떨어진 한 작은 마을에서 그들은 마리아 두덱Maria Dudek을 만나보라는 이야기를 들었다. 그녀가 전쟁 중에 매춘부로 일하면서 수용소 간부들도 상대했다는 것이었다. 그녀는 폭군 이반과 잘 아는 사이였다고 말했다. 그가 1년 동안 자신의 단골이었다고 했다. 그는 수용소에서 자신이 하는 일에 대해 그녀에게 이야기해주었다. 그의 본명을 아느냐고 물어보자 그녀는 주저 없이 '이반 마르첸코Ivan Marchenko'라고 대답했다. 당시 일흔 살이었던 두덱은 매춘부로 일한 과거가 부끄럽다며 카메라 앞에서 증언하지 않겠다고 했다. 뎀야뉴크의 변호인인 요람 셰프텔Yoram Sheftel은 이 다큐멘터리의 사본을 입수한 뒤 두덱을 직접 만나보기로 했다. 그는 그녀에게 뎀야뉴크의 사진을 포함해서 여러 장의 사진을 보여주며 이 사람들 중에 마르첸코가 있느냐고 물었다. 그녀는 없다고 대답했다. 셰프텔은 뎀야뉴크의 사진을 가리키며 이 사람이 이반 마르첸코냐고 물었다. 그녀는 이번에도 아니라고 대답했다. 애석하게도 그녀는 예루살렘에 가서 증언해달라는 요청을 거부했다. 그러나 마르첸코라는 이름이 밝혀졌으므로 이제 문서보관소에서 이 이름을 직접 찾아볼 수 있었다.

그 후 여러 가지 사실들이 연달아 밝혀졌다. 우크라이나 국립 문서보관소에는 트레블링카에서 일한 적이 있으며, 전쟁이 끝난 후 붉은 군대에 체포된 바흐매너Wachmänner의 자백서가 보관되어 있었다. 여기에는 이반 마르첸코가 디젤 엔진을 작동시킨 사람이라는 말이 스무 번도 넘게 언급되었다. 트라브니키에서 만든 마르첸코의 신분증도 발견되었고, 일부 증인들이 사진 속의 그를 알아보았다. 그들은 당시 그의 나이가 서른 살이었다고 말했다. 가스실에서 마르첸코의 조수로 일한 사람의 이름은 니콜라이 샬라예프Nicolai Shalayev로 밝혀졌다. 그는 1950년에 체포되었으며, 재판에서 수용소가 폐쇄된 후 자신이 마르첸코와 함께 트리에스테로 옮겨갔다고 진술했다. 이 사실은 1960년대에 SS 장교들의 진술에 의해 확인되었다. 트레블링카에서 강제노동을 했던 우크라이나 여성 알렉산드라 키르파Aleksandra Kirpa는 1951년에 이미 소련 당국자들에게 자신이 수용소 안에서 마르첸코와 '부부'로 살았으며, 그가 가스실에서 정확히 무슨 일을 했는지 자신에게 이야기해주었다고 증언했다.

서로의 내용을 뒷받침해주는 새로운 문서들이 이처럼 여러 곳에서 등장하면서 증인들의 증언과 신분증을 둘러싼 혼란이 마침내 정리되었다. 폭군 이반이 존재했던 것은 사실이었다(사람들은 이 사실에 대해 한 번도 의심을 품은 적이 없었다). 그러나 그의 이름은 이반 뎀야뉴크가 아니라 이반 마르첸코였다. 또한 뎀야뉴크에게 믿을 만한 알리바이가 없는 이유도 분명해졌다. 그가 자진해서 독일군에게 협력하면서 유대인 공동체들을 파괴하는 데 적극적으로 참여했음은 분명했다. 그러나 그가 소비부르에서 전쟁범죄를 저질렀다는 사실을 확인하는 데에는 커다란 대가가 뒤따랐다. 바로 이 증거로 인해 그가 트레블링카의 전쟁범죄에 대해 무죄판결을 받은 것이다.

예루살렘에서 재판이 시작된 지 7년 후, 그리고 뎀야뉴크가 사형선고를 받은 지 5년 후에 판사들은 도저히 해결할 수 없는 딜레마에 직면했다. 뎀야뉴크에 대한 사형선고를 실행에 옮길 수는 없었다. 그를 법정에 세운 혐의에 대해 무죄였으니까. 하지만 그에게 죄가 아주 없는 것도 아니었다. 그는 소비부르에서 범죄를 저질렀고, 만약 그 혐의로 재판에 회부됐다면 틀림없이 사형선고를 받았을 터였다. 오랜 심사숙고 끝에 세 명의 재판관은 원래 혐의에 대해 그가 무죄라는 만장일치의 판결을 내렸다. 뎀야뉴크는 이제 자유의 몸이었다.

뎀야뉴크가 폭군 이반이라고 증언한 증인들이 거짓말을 했던 것일까? 거짓말은 아니었다. 그들은 그저 실수를 저질렀을 뿐이다. 어쩌면 모든 증인들이 실수를 저지르지는 않았을지도 모른다. 어쩌면 실수를 저지른 증인이 한 명뿐이었는지도 모른다. 진짜 문제는 증인 개개인의 실수가 점점 퍼져나가면서 증폭되어서 증거를 왜곡해버리도록 신원확인 절차가 구성되어 있었다는 점이다. 무엇보다 정확하고, 세심하고, 엄격하고, 비밀스럽고, 규정을 모두 지키는 신원확인 절차가 있었다면 증인들에게도 이로웠을 것이다. 트레블링카의 '기차역'이 진짜 기차역이 아니었던 것처럼, 어떤 상황에서도 진정한 의미의 신원확인 절차라고 할 수 없는 절차에 증인들을 끌어들여서는 안 된다.

## 후기

프란츠 슈탕글(1908년생)은 트레블링카에서 근무하기 전에 소비부르의 수용소장이었다. 그는 트레블링카를 효과적인 학살기계로 변모시킨 조직개편 작업에서 두뇌 역할을 했다. 전쟁이 끝난 후 슈탕글은 체포되었지만 1948년에 오스트리아의 감옥에서 탈출했다. 그는 바티칸의 도움으로 시리아로 도망칠 수 있었다. 나중에 그는 브라질로 이주해서 상파울루의 폴크스바겐 공장에서 엔진 수리공으로 일했다. 시몬 비젠탈Simon Wiesenthal은 전직 게슈타포 장교에게서 정보를 얻어 슈탕글을 찾아낼 수 있었다. 그의 노력으로 슈탕글은 독일연방공화국으로 추방당했다. 1970년 12월 22일에 슈탕글은 트레블링카에서 최소한 40만 명의 유대인을 살해한 혐의로 종신형을 선고받았다. 1971년 봄에 영국인 기자 지타 세레니Gitta Sereny는 그와 여러 번에 걸쳐 인터뷰를 했다. 그는 그녀에게 자신이 한때 "오스트리아에서 가장 어린 방직 마스터"였음을 자랑스럽게 생각한다면서 그때가 "가장 행복한 시절"이었다고 말했다. 슈탕글은 세레니와 마지막으로 만난 다음날 심장마비로 사망했다.

쿠르트 프란츠(1914년생)는 전쟁이 끝난 후 자신의 원래 직업인 요리사로 돌아가서 본명으로 뒤셀도르프에 정착했다. 1959년에 그가 체포되었을 때 사진 앨범 한 권이 함께 압수되었다. 그 사진첩에는 트레블링카에서 찍은 사진들이 '행복한 시절'이라는 제목 밑에 붙어 있었다. 1965년에 프란츠는 '최소한 30만 명'의 죽음을 공모한 혐의와 35명을 살해한 혐의, 그리고 한 번의 살인미수 혐의에 대해 유죄판결을 받았다. 재판관들은 그의 형량을 신중하게 정했다. 35번의 종신형과 징역 8년형. 뎀야뉴크가 무죄판결을 받은 것과 비슷한 시기에 그가 건강상의 이유로 석방되었음이 발표되었다. 프란츠는 1998년에 사망했다.

이반 마르첸코(1911년생)는 진짜 폭군 이반이었다. 가스실에서 그의 조수로 일했던 니콜라이 샬라예프는 1952년에 처형당했다. 샬라예프는 1950년에 자신이 마르첸코를 마지막으로 만난 것이 1945년 봄이라고 진술했다. 그가 피우메의 어떤 유곽에서 나오는 것을 봤다는 것이었다. 마르첸코는 샬라예프에게 자신이 유고슬라비아 빨치산에 가담했으며 지금은 휴가 중이라고 말했다. 함께 새로운 삶을 시작하고 싶은 여자를 만났다는 이야기도 했다. 이때 이후 그의 흔적은 감쪽같이 사라져버렸다. 1960년대에 소련은 수많은 우크라이나인 간수들을 재판에 회부했다. 그들은 거의 예외 없이 사형선고를 받았다. 그러나 그들 중에 마르첸코는 없었다. 1962년에도 소련 당국은 여전히 그를 찾

왼쪽부터 프란츠 슈탕글, 쿠르트 프란츠, 이반 마르첸코.

고 있었다. 소련에 살고 있던 그의 딸들은 1990년대 초에야 비로소 실종된 아버지가 전쟁 중에 무슨 일을 했는지 알게 되었다.

이반/존 뎀야뉴크(1920년생)는 1993년 9월 22일에 이스라엘에서 추방당해 뉴욕행 비행기에 태워졌다. 미국은 그에 대한 추방조치를 철회했다. 그는 퇴직 후 현재 오하이오 주 클리블랜드의 옛집에서 살고 있다.

**참고문헌**

Y. Arad, *Belzec, Sobibor, Treblinka: The Operation Reinhard Death Camps*, Bloomington, 1987.

B. Bettelheim, 'Individual and mass behavior in extreme situations,' *Journal of Abnormal and Social Psychology* 38 (1943), 417~452.

_____, *The Informed Heart*, Glencoe, 1960.

E. A. Cohen, *De afgrond: een egodocument*, Amsterdam과 Brussels, 1971.

R. Glazar, *Die Falle mit dem grünen Zaun: Überleben in Treblinka*, Frankfurt와

Main, 1992.

D. de Mildt, *In the Name of the People: Perpetrators of Genocide in the Reflection of their Post-war Prosecution in West Germany. The 'Euthanasia' and 'Aktion Reinhard' Trial Cases*, The Hague, 1996.

D. Patterson, *Sun Turned to Darkness: Memory and Recovery in the Holocaust Memoir*, Syracuse, 1998.

G. Sereny, *Into that Darkness: An Examination of Conscience*, London, 1974.

Y. Sheftel, *Defending 'Ivan the Terrible': The Conspiracy to Convict John Demjanjuk*, Washington, DC, 1996.

J. F. Steiner, *Treblinka*, Paris, 1996.

W. A. Wagenaar, *Identifying Ivan: A Case Study in Legal Psychology*, New York, 1988.

W. A. Wagenaar와 J. Groenenweg, 'The memory of concentration camp survivors,' *Applied Cognitive Psychology* 4 (1990), 77~87.

Y. Wiernik, *A Year in Treblinka*, New York, 1945.

# 리하르트 바그너와 안나 바그너:
# 45년의 결혼생활

우리의 기억은 사실 일상적인 일들을 그리 잘 처리하지 못한다. 별로 특별하지 않은 일들, 옛날에 들었던 사람들의 목소리, 과거의 느낌, 방에서 나던 냄새, 음식의 맛 등을 잘 재현해내지 못한다는 얘기다. 부모, 자식, 아내, 남편, 친구들처럼 계속 우리 옆에 있으면서 잘 알아차리기 어려울 만큼 천천히 변해온 사람들의 과거 모습은 기억 속에서 사라져버린다. 심지어 옛날의 자기 얼굴조차 쉽게 기억나지 않는다. 지금 거울 속에 보이는 자기 얼굴이 한 달 전이나 1년 전의 얼굴은 고사하고 어제의 얼굴조차 흐릿하게 만들어버리기 때문이다.

만약 우리의 외모가 책이고 우리 기억이 서적 수집가라면, 기억은 책의 개정판이 나올 때마다 조심스레 보관해둔 옛날 판 옆에 개정판을 모셔둘 것이다. 그렇다면 언제든 옛날 판을 들여다보며 개정판과 비교해서 무엇이 사라지고, 무엇이 덧붙여지고 삭제되었는지, 무엇이 수정되었는지 알 수 있을 것이다. 하지만 우리의 기억은 진화에 유용하게

리하르트 바그너와 안나 바그너 부부. 1900년 크리스마스이브.

쓰일 수 있도록 설계된 도구이며, 옛날 판을 보관해두는 것은 우리 기억의 능력 속에 포함되지 않는다. 사실 10년 전이나 20년 전의 우리 아이들 모습을 다시 볼 수도 없는데 아이들의 옛날 모습을 회상하는 것이 무슨 소용이 있겠는가. 그러니 그런 기능은 없어도 된다!

우리가 우리의 기억을 용서해줘야 하는 이유는 또 있다. 우리 기억은 변하지 않은 것보다 변한 것을 더 쉽게 찾아낸다. 매일 우리 옆에 있는 사람들도 다른 사람들과 마찬가지로 빠르게 또는 느리게 변화하지만, 우리가 매일 그들과 접촉하고 있으므로 그들이 전혀 변화하지 않는 것처럼 보인다. 겉으로 보기에는 개정판이 옛날 판과 똑같은 셈이니 우리 기억이 옛날 판을 폐기해버렸다는 이유로 비난하는 것은 공정하지 못하다.

우리 시대의 사람들은 기억이 아니라 사진을 통해 옛날 모습을 떠올린다. 사진은 과거의 모습에 대한 우리 기억과의 관계를 바꿔놓았다. 19세기 중반 이전에는 누군가를 기억하려고 할 때 기억 속에 남아 있는 것이 그의 실제 얼굴인지 아니면 사진인지 알 수 없는 경우는 아예 존재하지 않았다. 그런데 과거 어느 시점에 그 사람의 시선, 머리 모양, 이목구비 등이 정확히 어떤 모습이었는지 알려주는 사진이 등장하면서 이런 불확실성이 생겨났다. 요즘은 거의 모든 사람들이 태어났을

리하르트 바그너와 안나 바그너 부부, 1915년 크리스마스이브.

때부터 현재까지, 또는 죽을 때까지 사진으로 구성된 자서전이라고 할 만한 것을 갖고 있다. 인생의 모든 단계를 똑같이 자세하게 기록하지는 못하더라도 우리의 전 생애를 보여주며 우리 기억이 눈치채지 못할 만큼 느리게 일어난 변화들을 포착해놓은 시각적 기록이 존재하는 것이다.

베를린에서 살던 안나 바그너와 리하르트 바그너는 1900년에 결혼식을 올린 후부터 매년 크리스마스이브에 자기들의 사진을 찍어 친구들에게 크리스마스카드로 보냈다. 이 사진 시리즈는 안나가 세상을 떠나기 3년 전인 1942년까지 계속되었다. 이 기록에서 빠져 있는 연도는 몇 개 되지 않는다. 바그너 부부의 한 여자 친구는 이 사진들을 모두 보관해두었다. 그리고 거의 반세기가 흐른 후 과거 동베를린 지역에 있던 한 집의 다락방에서 이 사진들이 발견되어 책으로 출판되었다. 얼핏 보면 사진 속 풍경이 전부 똑같아 보인다. 바그너 부부, 크리스마스 선물로 장식된 식탁, 크리스마스트리, 그리고 거의 변하지 않은 실내장식. 이 사진들은 모두 매년 같은 날 찍은 것이다. 그러나 한결같은 배경 속에서 인생의 변화가 훨씬 더 선명하게 나타난다. 이런 변화들이 얼마나 점진적으로 진행됐는지도 알 수 있다. 하지만 이런 변화가 갑작스레 일어날 수도 있다. 어느 날 아침에 갑자기 봄이 온 것을 느끼

리하르트 바그너와 안나 바그너 부부. 1917년 크리스마스이브.

거나 겨울이 온 것을 느끼는 것처럼. 바그너 부부는 정확히 1년씩 세월이 흐를 때마다 사진을 찍음으로써, 노화 과정이 달력의 날짜처럼 일정한 리듬으로 진행되지 않는다는 것을 분명히 보여주었다.

1873년생인 리하르트 바그너는 안나와 결혼했을 때 사진에 열정을 쏟는 아마추어 사진가였다. 그는 사진기를 하나 살 때마다 한 달 수입 이상의 돈이 드는데도 정기적으로 최신 사진기를 구입했다. 바그너 부부의 크리스마스 사진은 입체경으로 찍은 것이다. 바그너 부부(안나가 남편보다 한 살 어렸다)는 중산층이었다. 리하르트는 철도국의 비서로 일하다가 감독관의 자리까지 올랐다. 두 사람은 처음에 에센에서 살았지만 1911년에 베를린의 잘츠부르크 거리로 이사했다. 이곳에서 그들은 방이 두 개 반인 새 아파트를 세내어 죽을 때까지 살았다. 두 사람의 정치적 입장에 대해서는 알려진 것이 없다. 그러나 빌헬름 2세가 네덜란드의 도른으로 피신한 후에도 오랫동안 소파 위에 그의 초상화가 걸려 있는 것을 보면, 바그너 부부는 보수적인 편이었던 것 같다.

리하르트는 두 번에 걸친 세계대전에서 독일군에 복무할 필요가 없었다. 1914년에 이미 마흔한 살이어서 군대에 가기에는 나이가 너무 많았던 것이다. 바그너 부부에게는 아이가 없었다.

1900년에 찍은 첫 번째 사진에서 각각 스물일곱 살과 스물여섯 살인 리하르트와 안나는 실제 나이보다 어려 보인다. 안나는 집에서 기르던 고양이 미츠와 장난을 치고 있고, 리하르트는 크리스마스트리에 장식을 달고 있다. 이 사진을 보면 마치 두 사람이 엄마 아빠 놀이를 하고 있는 것 같다. 식탁 위에는 앞으로 찍게 될 모든 사진에서 유독 눈에 띄는 자리를 차지하게 될 크리스마스 선물들이 놓여 있다. 사진 속에서 리하르트 앞에 놓여 있는 앨범은 안나가 그에게 준 선물이다. 그림엽서 200장을 꽂을 수 있는 앨범이었다. 두 사람의 방 안에 있는 물건들 중 대부분은 수십 년 후에 찍은 사진 속에서도 여전히 자리를 지키고 있었다. 식탁보, 벽에 걸린 흉상, 카펫, 의자, 그 밖의 자질구레한 장식품들. 바그너 부부는 결혼선물을 영원히 간직하는 세대에 속했다.

15년 후 외적인 환경은 급격하게 변해 있었다. 1914년에 찍은 사진에도 나와 있는 유럽 지도에는 독일군의 성공적인 진군이 기록되어 있다. 이제 옷, 파라핀, 석탄 등 필요한 물건을 사려면 배급권이 필요한 세상이었지만, 바그너 부부는 케이크, 사과, 소시지, 음료수 등으로 제법 풍성한 크리스마스 식탁을 차릴 수 있었다. 두 사람은 다른 사진에서도 가끔 엿볼 수 있는 묘한 유머감각을 발휘해서 달걀 바구니와 소

리하르트 바그너와 안나 바그너 부부. 1935년 크리스마스이브.

시지 접시 옆에 '기근'이라는 단어가 적힌 작은 카드를 매달아놓았다.

2년 후인 1917년에는 전쟁으로 인한 궁핍함이 바그너 부부의 거실에까지 영향을 미쳤다. 두 사람이 외투를 입고 있는 이유는 아래에 적혀 있다. '석탄이 부족해서'라고. 독일군의 움직임을 기록하던 지도는 사라져버렸다. 크리스마스트리에 촛불도 밝히지 않았다. 리하르트는 1년 전에 크리스마스 선물로 받은 슬리퍼를 신고 있다. 그의 머리에는 희끗희끗한 선들이 처음으로 나타나 있다. 크리스마스 선물들보다 더 크게 사진을 지배하고 있는 것은 최소한의 연료로 요리를 할 수 있는 '건초통(마른풀을 넣은 통. 요리를 냄비에 담은 채 뜸을 들이는 데 사용한다—옮긴이)'이다.

두 번에 걸친 세계대전의 중간인 1927년에 바그너 부부는 다시 유복한 생활을 하고 있음이 사진에 분명히 드러난다. 이제는 두 사람 모두 50대에 접어들었다. 리하르트는 중년의 나이답게 배가 나왔고, 시가를 물고 있으며, 안경까지 쓰고 있다. 머리는 점점 백발로 변해가고 있는 중이다. 안나는 우아한 신발, 포도주, 과일, 무늬가 새겨진 크리스털 잔 등이 놓여 있는 식탁 뒤에 앉아 있다. 크리스마스트리에서는 전기 촛불이 처음으로 반짝이고 있다. 그러나 가장 중요한 물건은 맨 앞에 전시되어 있다. '프로그레스' 상표의 진공청소기. 안나의 집에 가전

제품이 등장한 것은 이때가 처음도 아니고 마지막도 아니다. 1년 전에 그녀는 전기 다리미를 선물로 받았다. 그리고 세월이 좀더 흐른 후에는 마사지 기계와 헤어드라이어를 선물받았다. 헤어드라이어에는 어떤 기구를 부착하는가에 따라 머리 모양을 만들 수도 있고 침대를 따뜻하게 데울 수도 있다는 설명서가 붙어 있었다.

리하르트 바그너와 안나 바그너 부부. 1937년 크리스마스이브.

    1935년과 1937년의 사진에는 더 많은 가전제품들이 등장한다. 1935년 사진에는 전열기가 있고, 1937년 사진에는 라디오가 있다. 안나는 아주 놀라운 속도로 늙어가고 있는 듯하다. 2년 만에 그녀는 활기찬 여성에서 예순세 살인 실제 나이보다 더 늙어 보이는 노인으로 변해버렸다. 머리도 하얗게 변하고, 몸도 눈에 띄게 말랐다. 그녀는 걱정스러운 남편의 눈길을 받으며 뚜껑이 열려 있는 반짇고리 뒤에 앉아 있다.

    그 후로 사진 속의 식탁 풍경은 점점 더 검소해졌다. 1940년 사진에서 바그너 부부는 다시 외투를 입고 크리스마스트리 옆에 앉아 있다. 두 사람이 함께 찍은 마지막 사진은 1942년의 것이다. 식탁 위에는 술이 조금밖에 남아 있지 않은 병이 놓여 있다. 음식은 거의 없다. 그래도 리하르트를 위한 시가는 아직 몇 개 놓여 있다. 크리스마스트리

안나 바그너. 1945년 6월.

의 전기 촛불은 꺼져 있다. 진짜 양초를 구하기가 너무 힘들어서 당시 여성들은 쓰고 남은 양초 도막을 아스피린 병에 담아 사용했다. 1945년 6월 24일에 리하르트는 당시 일흔한 살이던 안나의 사진을 마지막으로 찍었다. 전쟁은 이미 끝났지만, 그녀가 견디기에는 너무 긴 전쟁이었다. 식량부족으로 고생한 흔적이 뚜렷하다. 이때 그녀의 몸무게는 옷을 입은 상태(리하르트는 또다시 묘한 유머감각을 발휘해서 이것을 '총 무게'라고 표현했다)에서 80파운드밖에 되지 않았다. 그녀는 8월 23일에 세상을 떠났다. 공동묘지의 기록부에 의하면 그녀의 사인은 '심한 쇠약증'이라고 한다. 리하르트는 1950년 크리스마스 몇 주 전에 세상을 떠났다. 그의 나이는 일흔일곱이었다.

시대마다 인생의 여러 단계를 바라보는 시각이 각각 다르다. 이런 시각은 상징, 은유, 속담, 비유 등으로 표현된다. 중세 사람들은 대개 인생을 여행 또는 순례여행으로 생각했다. 당시 서적들은 이 여행을 시작해서 끝낼 때까지 사람에게 일어날 수 있는 일들을 이야기해주었다. 때로는 이 여행이 그림으로 표현되기도 했다. 그림 한쪽 귀퉁이에 아이의 모습을 그려 넣고, 그 아이가 점점 나이를 먹어가는 모습으로 그림의 테두리를 두르는 것이다. 중세 사람들이 즐겨 사용했던 또 다른 그림은 '삶의 계단'이었다. 그림의 왼쪽에서 첫 계단에 올라선 아이가 그림의 오른쪽에서 노인이 되어 계단에서 내려서는 모습을 그린 것이다. 인생을 여러 단계로 나누는 방식이 각각 다른 것처럼 계단의 숫자도 그림에 따라 달랐다. 계단이 7개인 그림도 있었지만, 무려 10개나되는 그림도 있었다. 이 인생의 단계들은 시간을 나누는 방법과 연결될 수 있다. 1560년에서 1570년 사이에 완성된 티치아노Tiziano의 〈신중함의 다스림을 받는 시간의 비유Allegory of Time Governed by Prudence〉에는 "과거의 경험을 토대로 현재의 계단을 신중하게 밟아라. 미래를 망치지 않도록"이라는 글 밑에 세 개의 얼굴이 그려져 있다. 옆모습만 그려져 있는 노인과 소년의 얼굴은 과거와 미래를 바라보고 있고, 중년 남자의 얼굴은 정면을 향하고 있다. 성당이나 마을회관 전면의 시계에 기계인형을 달아 삶의 여러 단계가 지나가는 것을 표현한 경우도 있었다. 아침에는 아이 인형이, 저녁에는 노인 인형이 나오도록 한 것이다. 인생을 4단계로 나눠 그것을 계절의 변화와 관련시키는 방법도 있었다. 젊은이의 생일은 봄에, 노인의 생일은 겨울에 오도록 표현하는 것이다.

바그너 부부가 매년 사진을 찍은 이유에 대해서는 알려진 것이 전혀없다. 1900년에는 매년 사진을 찍는다는 것이 아주 좋은 생각처럼 여겨졌을지도 모른다. 그리고 이런 생각이 1901년은 물론 그 후 오랜 세월이 흐를 때까지 계속 이어졌을 것이다. 바그너 부부가 사진을 찍기 시작한 후 그 사진들을 어떤 시각으로 바라보았는지에 대해서도 우리는 아는 것이 없다. 두 사람이 가끔 그 사진들을 입체경 속에 집어넣고 자기들이 늙어가는 모습, 방 안의 미세한 변화, 거의 매년 등장하는 새 장갑 등을 지켜보았을까? 두 사람이 1900년에 처음 사진을 찍을 때부터 자신들의 삶을 사진처럼 선명한 기억으로 남겨둘 생각을 했을 것 같지는 않다. 이 사진들은 개정판이 나와도 예전 판들을 하나도 버리지 않고 모아둔 자료실, 아무도 눈치채지 못한 자신과 다른 사람들의 미세한 변화를 포착한 기록이다. 지금 이 사진들을 훑어보면 약 1시간 만에 45년이라는 세월을 돌아볼 수 있다. 사진으로 남은 이 기억들은 이제 사진을 찍은 사람의 의도와 달리 우리에게 예술작품이 되었다. 이 사진들은 옛날 사람들이 순례여행, 인생의 단계와 계절변화 등을 통해 표현한 것이 무엇인지를 보여준다. 특히 이 사진들이 중세의 평범한 사람이 아니라 우리와 똑같은 사람들의 모습을 담고 있기 때문에 우리에게 더욱더 뚜렷한 메시지를 전해주고 있다.

**참고문헌**

바그너 부부의 사진 시리즈는 베를린의 Heimatmuseum Charlottenburg가 소장하고 있다. 이 사진들을 모두 수록한 책이 1996년에 베를린에서 *Deutsche Weihnacht: ein Familienalbum 1900-1945*(B. Jochens 편집)라는 제목으로 출판되었다. 바그너 부부의 삶에 관한 모든 자료는 이 책에서 구한 것이다.

# "우리가 몰고 다니는 달걀형 거울 속에서": 데자뷰 현상에 대해

우리가 몰고 다니는 달걀형 거울 속에서
우리 자신의 모습 속에서 우리 자신의 배경을 보고
그것 역시 언젠가 발견될 수 있음을 깨닫는다.

헤리트 아흐테르베르크Gerrit Achterberg, '데자뷰Déjà-vu', 1952

《데이비드 코퍼필드David Copperfield》에는 두 개의 사랑 이야기가 담겨 있다. 어린 데이비드는 캔터베리에서 학교에 다닐 때 어떤 부유한 신사의 재산을 관리하는 변호사인 윅필드 씨의 자선시설에 맡겨진다. 그곳에서 그는 윅필드의 딸 아그네스를 만나는데, 그와 비슷한 또래인 그녀의 사랑스러운 얼굴과 침착한 몸가짐이 그를 사로잡는다. 그는 아내가 죽은 후 술을 지나치게 많이 마시기 시작한 아버지를 아그네스가 재치 있게 대하는 모습을 조용히 지켜본다. 불행히도 그녀는 아버지가 변호사로서 가파르게 내리막길을 걷는 것을 막지 못한다. 윅필드의 교활한 사무원인 유라이어 힙은 윅필드에게 자신을 파트너로 만들어달라고 강요한다. 데이비드는 런던에서 학업을 계속하는 동안 자주 아그네스의 조언을 구하며 그녀의 지혜와 애정에 마음껏 빠져든다.

런던에서 데이비드는 스펜로 씨의 수습 직원이 된다. 어느 날 저녁식사 자리에서 그는 스펜로의 딸인 도라를 소개받는다. 그리고 첫눈에 그녀에게 반해버린다. 그녀에게 마음을 빼앗겼을 뿐만 아니라 분별력까지도 조금 빼앗긴 듯하다. 도라는 여러 면에서 아그네스와 정반대의 인물이다. 그녀는 장난스럽고 변덕스러우며 쉽게 화를 내는 '아이 같은 아내'다. 데이비드는 대고모의 충고를 무시하고 도라와 결혼한다. 처음에는 두 사람이 목가적인 결혼생활을 즐기지만, 데이비드가 그녀에게서 도움을 기대할 수 없다는 사실이 점점 분명해진다. 결국 그녀는 아이를 사산한 후 죽어버린다. 젊은 나이에 아내를 잃은 데이비드는 3년간 해외에서 지낸다.

영국으로 돌아온 그는 아그네스를 찾아 나선다. 대고모는 그에게 아그네스가 다른 남자와 약혼한 것처럼 얘기했지만 알고 보니 그 말은 사실이 아니었다. 데이비드는 자신이 처음부터 아그네스를 사랑했음을 깨닫는다. 두 사람은 눈물을 흘리며 솔직하게 서로에 대한 사랑을 고백한다. 그리고 14일이 지나기도 전에 결혼식을 올린다.

디킨스는 대부분의 사람들이 평생 동안 몇 번밖에 경험하지 않는 일을 데이비드가 연달아 두 번이나 경험하게 함으로써 아그네스에 대한 그의 감정이 얼마나 강렬한지를 표현했다. 이 두 번의 경험 중 첫 번째 것은 윅필드 씨의 방에서 벌어진 일이었다. 데이비드는 이 방에 교활한 아첨꾼 유라이어 힙과 단둘이 남게 된다. 힙은 그와 이야기를 나누다가 아그네스 이야기를 끄집어낸다. 데이비드는 힙이 오래전부터 말없이 아그네스를 좋아했다는 얘기를 듣고 당황한다. "아, 코퍼필드 주인님, 나의 아그네스가 걷는 땅을 제가 얼마나 순수한 애정으로 사랑하는지 아세요?" 데이비드는 혐오감을 숨기려 애쓴다. "그가 내 눈 앞에서 점점 부풀어 오르는 것 같았고, 방 안에서 온통 그의 목소리가 메아리치는 것 같았다. 그런데 언제인지 알 수는 없지만 이런 일이 전에도 있었고 그가 이 다음에 무슨 말을 할지 알 것 같다는 이상한 느낌(아마 이런 느낌을 한 번도 느껴보지 않은 사람은 없을 것이다)이 나를 사로잡았다."
두 번째 경험에는 데이비드의 친구인 달변가 미코버 씨가 관련되어 있다. 아무것도 모르는 미코버 씨가 도라와 아그네스에 대해 이야기하기 시작한다. "내 친애하는 코퍼필드, 우리가 자네와 함께 즐거운 시간을 보냈던 그 유쾌한 오후에 자네가 D라는 글자를 제일 좋아한다고 우리에게 말해주지 않았다면, ……난 자네가 A를 가장 좋아할 것이라고 확신해버렸을 걸세." 데이비드는 생각에 잠긴다. "우리 모두 가끔 우리를 덮치는 이런 느낌을 경험한다. 우리가 오래전에 지금과 똑같은 말과 행동을 한 적이 있다는 느낌. 아주 오래전에 똑같은 사람들, 똑같은 물건들, 똑같은 상황들에 둘러싸인 적이 있다는 느낌. 마치 갑자기 기억이 난 것처럼, 다음에 무슨 말이 나올지 확실히 알고 있다는 느낌. 내 평생 동안 그가 그 말을 하기 전에 느꼈던 것만큼 그 신비로운 느낌이 강했던 적이 없었다."

데이비드가 데자뷰를 경험했다고 말하는 것은 시대착오적이다. 디킨스가 《데이비드 코퍼필드》를 쓴 1850년은 데자뷰라는 말이 만들어지지도 않았을 때니까 말이다. 그러나 이런 경험 자체는 시대를 초월한다. 성 아우구스티누스는 5세기에 이미 '거짓 기억'에 대한 글을 쓰면서, 그보다 천 년 전에 피타고라스학파가 이 거짓 기억을 윤회의 증거로 보았다는 말을 했다. 그러나 모든 사람이 데자뷰를 경험한다는 디킨스의 말은 사실이 아니다. 설문지를 이용한 여러 차례의 조사결과 응답자의 3분의 1 내지 2분의 1이 데자뷰를 한 번도 경험하지 않았다고 대답했다. 그러나 데자뷰를 경험한 적이 있는 사람들의 입장에서 보면, 디킨스의 묘사는 정확하다. 데자뷰 현상은 갑작스레 시작된다. 언젠가 지금과 같은 상황을 경험한 적이 있다는 느낌이 서서히 생겨나는 것이 아니라 순식간에 생겨나는 것이다. 그리고 일단 이런 기분이 들면 주위의 물건, 소리, 사람들의 얼굴, 대화 등 모든 것을 전에 이미 경험한 적이 있었던 것 같은 느낌이 든다. 심지어 자신의 생각조차 전에 한 번 했던 생각처럼 느껴진다. 자신이 살아온 삶의 한 조각을 다시 경험하고 있는 것 같은 느낌이다. 그 삶의 조각이 어느 시기의 것인지는 알 수 없지만.

모든 것이 너무나 친숙하게 느껴져서 다음에 무슨 일이 일어날지 알고 있다는 확신이 든다. 하지만 이 확신은 수동적이다. 예전에 읽었던 책을 오랜 세월이 흐른 후 다시 읽으면서 다음 장면을 예측할 수 있을 것 같은 느낌이 들지만 그 장면을 실제로 읽을 때에야 비로소 그 기억이 완전히 되살아나는 현상과 많이 닮았기 때문이다. 말이 혀끝에 맴돌면서 나오지 않는 것도 같은 현상이다. 그 단어가 통 입에서 나오질 않는데도, 나중에 그 단어를 보면 그때 자신이 찾고 있던 단어가 바로 그것임을 금방 알아차릴 수 있다. 옛날에 잘 알던 집을 다시 찾아가서 "이 문 뒤에는 옛날에, 음, 그러니까, 보자, 그래, 그렇지! 찬장이 있었어"라고 혼잣말을 하는 것과도 비슷하다.

이제부터 일어날 일을 알고 있다는 느낌은 가슴이 덜컹 내려앉는 느낌과 함께 다가온다. 프랑스인들은 데자뷰를 설명할 때 이 느낌을 대개 un sentiment pénible(고통스러운 감정)이라고 부른다. 이런 감정에서 어렴풋이 느껴지는 위협은 약간 놀랐을 때의 감정과 완전히 공포에 질렸을 때의 감정의 중간쯤 된다. 또한 이런 감정이 데자뷰 현상의 일부인지, 아니면 데자뷰 현상으로 인해 생겨난 것인지 판단하기가 어렵다. 어쨌든 데자뷰는 사람들을 정상적인 연상이라는 평탄한 길에서 갑자기 들어 올리는 현상이므로, 잠시나마 제자리를 벗어난 듯한 느낌 때문에 놀라움과 경계심이 생길 수 있다.

데자뷰 현상은 거의 언제나 순간적으로 스치듯 지나가버린다. 데자뷰를 경험하는 사람이 이 현상 자체 때문에 깜짝 놀라는 바람에 데자뷰 현상이 금방 사라져버리는 경우도 있다. 자신의 내면을 들여다보는 것은 어둠이 어떻게 생겼는지 보려고 불을 켜는 것과 같다는 윌리엄 제임스William James의 말은 사람이 자신의 데자뷰 현상을 관찰하려 할 때에도 적용될 수 있다. 이 이상한 현상에 갑자기 정신을 집중시키는 순간 그 현상이 사라져버리기 때문이다. 대부분의 경우 데자뷰 현상은 잠깐 동안 지속될 뿐이다. 그 순간이 지나면 익숙한 장면을 다시 경험하고 있다는 느낌이 사라진다. 데자뷰 현상에 대한 혼란스러운 감정이 한동안 지속될 수는 있지만, 사람들은 곧 정상적인 삶으로 다시 돌아온다. 전에 경험한 일이 신비롭게 재현되는 듯한 느낌은 이미 사라지고 없다.

디킨스는 이름을 지어주지 않았지만 요즘은 데자뷰라고 불리는 이 현상은 19세기 후반에 약 20개의 이름으로 불렸다. 프랑스 문헌들은 이 현상을 기억의 이상과 관련시켰다. fausse mémoire(거짓 기억), paramnésie(기억 착오), fausse reconnaissance(잘못된 인식) 등의 용어에 이런 생각이 반영되어 있다. 독일의 의사와 정신과 의사들은 무엇보다도 데자뷔 현상의 재현효과에 깊은 인상을 받은 것 같다. 감정의 재현Empfindungsspiegelung, 이중지각Doppelwahrnehmung, 이중표상Doppelvorstellung 같은 용어가 이를 나타낸다. 철학자이자 심리학자인 에빙하우스는 Bewusstsein des Schondagewesenseins(전에 경험한 적이 있다는 의식)라는 용어를 도입하려 애썼지만 성과를 거두지 못했다. 과학계는 1896년 이후에 프랑스인 의사 아르노Arnaud의 견해를 받아들였다. 아르노는 파리 의학-심리학회에서 강연을 통해 어떤 현상을 지칭하는 전문적인 용어에 그 현상에 대한 설명이 미리 들어 있어서는 안 되므로 중립적인 용어가 바람직하다는 의견을 피력한 바 있었다. 대부분의 학자들은 그가 제안한 용어 '데자뷔'를 받아들였다. 그러나 fausse reconnaissance도 오랫동안 생명을 유지하며 이 조용한 개혁에 저항했다.

19세기에 어느 정도 교육을 받은 사람들은 기억력에 관한 책, 정신의학적 사례연구, 신경학 학술지, 의학 교과서뿐만 아니라 시와 소설 등 다양한 곳에서 데자뷔에 대한 언급을 발견할 수 있었다. 데자뷔에 관한 과학적인 문헌은 주로 의사와 정신과 의사들이 작성한 것이었다. 그들은 환자를 대한 경험을 바탕으로 데자뷔 현상을 설명했으므로 그들의 설명은 임상적인 쪽에 편향되어 있었다. 그들은 대개 의사로 활동하면서 만난 환자나 정신병원에서 만난 환자 몇 명의 사례만을 증거로 제시했다. 파리의 살페트리에르에서 의학교육을 받은 외젠 베르나르 르로이Eugène Bernard-Leroy는 1898년에 연구를 체계화하려고 시도했다. 그는 가능한 한 많은 사례연구 결과들을 수집한 다음, 설문지를 작성해서 자신의 지인, 동료, 전문 학술지 독자 등 1000명의 사람들에게 보냈다. 이 설문지의 질문들 중 일부는 데자뷔 현상과 성별, 나이, 기억의 질 사이에 연관성이 있는지 알아보기 위한 것이었다. 나머지 질문들은 데자뷰 현상이 지속된 시간, 데자뷰 현상에 동반된 감정, 다음에 일어날 일을 알 수 있을 것 같다는 느낌의 정확성 등을 물었다. 그에게 돌아온 설문지는 67장이었다. 그는 이 중 약 50장의 전문을 《잘못된 인식의 환상L'Illusion de fausse reconnaissance》에 인용했다. 응답자 수가 비교적 적었기 때문에 통계적인 분석은 불가능했다. 그래서 베르나르 르로이는 응답자들에게서 나타난 '경향들'을 요약하는 방법을 택했다. 데자뷰 현상은 사춘기 때 비교적 자주 일어나는 것 같았다. 그는 과거의 학자들이 암시했던 것처럼 간질, 극도의 피로, 긴장 등이 데자뷰 현상과 관련되어 있다는 증거를 발견하지 못했다. 성별, 인종, 사회적 지위도 마찬가지였다. 1000장의 설문지를 보낸 이 연구에서 데자뷰 현상에 대한 새로운 사실은 거의 발견되지 않았다. 데자뷰 현상의 기원에 대해서는 베르나르 르로이조차 오리무중이라고 생각했다.

데자뷰 현상에 대한 설명이 부족했기 때문은 아니다. 현실은 오히려 정반대였다.


## "전에도 이랬었소?"

영국의 의사 A. L. 위건Wigan은 1844년에 데자뷰 현상을 '선재先在의 느낌'이라고 묘사했다. 그 후 많은 시인과 저자들은 이것이 데자뷰 현상에 대한 진정한 설명임을 암시하는 글을 썼다. 찰스 디킨스는 《데이비드 코퍼필드》를 집필하기 몇 년 전에 이탈리아를 여행했는데, 이때의 이야기를 적은 기행문에서 어느 날 저녁에 있었던 일을 밝혔다. 그가 말들을 쉬게 하고 산책을 나갔는데, 한참 걷다 보니 너무나 낯익은 곳이 나타나더라는 것이었다. "내가 전생에 여기서 살해당했다 해도 이곳을 이토록 철저하게, 또는 피가 서늘해지는 듯한 느낌으로 기억하지 못했을 것 같다."

시인 단테 가브리엘 로세티Dante Gabriel Rossetti는 1854년에 쓴 '갑작스러운 빛Sudden Light'에서 어느 날 저녁 자신의 애인과 나란히 서서 제비 한 마리가 지면을 스치듯 날아가는 것을 보다가 전생에서도 지금과 똑같은 모습으로 그녀와 나란히 서 있었다는 느낌이 자신을 압도했을 때의 상황을 묘사했다.

당신은 전에도 내 사람이었소,

얼마나 오래전인지는 모르겠지만

하지만 그 제비가 막 솟아오를 때

당신이 고개를 돌리자

베일이 떨어졌지. 나는 옛날에 이미 다 알고 있었소.

전에도 이랬었소?

로세티는 이런 생각에서 위안을 얻었다. 시간이 자신들의 삶뿐만 아니라 사랑까지도 되살려줄 것이라는 생각이었으니까.

'전에도 이랬었다'는 생각은 데자뷰 현상에 관한 여러 가지 가설의 바탕이 될 수 있다. 첫 번째 가설은 데자뷰 현상을 전생의 경험으로 보는 것이다. 어떤 사람이 처음 간 도시에서 아무 생각 없이 길을 걷다가 길모퉁이를 돌았더니 갑자기 낯익은 집이 나타난다. 그 집의 내부를 그 사람이 속속들이 알고 있는 것으로 보아 전생에 이 집에서 살았음이 분명하다. 이런 식의 설명이 맞다면, 우리 기억 속에는 전생의 기억이 잠재되어 있는 셈이다. 우리가 현생에서 갑자기 전생의 기억과 일치하는 현상과 맞닥뜨리면, 이 기억이 공명하기 시작하면서 과거를 다시 경험하고 있는 것 같은 느낌이 생겨난다는 것이다. 이런 데자뷰 현상은 전생과 현생이 교차하는 한순간에만 한정되어 있다. 이 가설은 데자뷰 현상을 겪을 때의 느낌을 잘 설명해준다. 그러나 이 가설을 반박할 수 있는 여지도 많다. '과거의' 기억이 공명하는 것이라면, 데자뷰 현상이 순간적으로 시작됐다가 끝나기보다는 좀더 점진적으로 진행되어야 할 것이다. 게다가 현생과 전생 사이에 일치하는 점이 점점 많아지면서 예전에도 이런 일을 겪은 적이 있다는 느낌이 더욱 강해져야 할 것이다. 위에서 언급한 그 낯익은 집에 가까이 다가갈수록 데자뷰 현상이 더 강렬해지거나 오래 지속되어야 한다는 얘기다. 하지만 현실은 그렇지 않다. 데자뷰 현상은 전부 아니면 전무全無라는 식이며, 너무 순식간에 지나가기 때문에 그 느낌에 대해 뭔가를 파악하기도 어렵다. 데자뷰 현상에 의해 특정한 장면(예를 들면 낯익은 집)이 낯익게 느껴질 뿐만 아니라 주위 사람들, 시간, 날씨는 물론 심지어 자신의 기분과 생각까지도 왠지 낯익게 느껴진다는 점 역시 전생 가설과 어긋난다.

과거에도 똑같은 일을 겪은 적이 있다는 느낌은 때로 전생가설보다 훨씬 더 과격한 가설, 즉 우리 삶이 똑같은 형태로 한없이 반복된다는 가설의 증거로 여겨지곤 한다. 이 가설에 따르면, 정상적인 일상생활에서 우리는 삶이 반복된다는 것을 인식하지 못하지만 가끔 '갑작스러운 빛'이 비치는 순간에 지금의 삶이 반복되고 있음을 깨닫게 된다. 데자뷰 현상은 시간에 틈이 생겨서 한없이 반복되는 우리의 삶을 우리가 살짝 엿볼 수 있게 되는 것이다. 베일이 살짝 걷히고, 짧은 한순간 모든 것이 선명해지는 것이다. 그러나 삶이 똑같이 반복된다는 가설에는 해결하기 어려운 의문들이 뒤따른다. 우리의 일생 전체를 긴 데자뷰 현상으로 보지 못하는 이유가 무엇인가? 이 가설이 옳다면, 데자뷰가 정상이고 지금과 같은 평범한 삶이 예외가 되어야 하는 것 아닌가? 데자뷰가 반복되는 삶의 일부인지 여부도 쉽게 해결하기 어려운 문제다. 만약 데자뷰가 신기한 현상이라면, 지금의 삶이 예전의 삶을 정확하게 반복하고 있다고 할 수 없다. 전생에 똑같은 장소에서 데자뷰 현상이 일어났다고 해도, 데자뷰 현상과 이 가설을 설명할 수 없기는 마찬가지다. 이 가설은 삶이 무한히 반복된다는 어질어질한 환상을 만들어내며, 이 가설이 제시하는 설명은 수수께끼를 무한히 반복해서 늘어놓을 뿐이다.

'선재의 느낌'에 대한 최종 발언권을 위건에게 주는 것이 최선인지도 모르겠다. 이 모든 논쟁을 시작한 사람이 바로 위건이니까 말이다. 그는 뇌가 잠깐 동안 겪는 장애를 통해 데자뷰 현상을 설명하려고 했다. 그의 가설에 대해서는 잠시 후에 다시 설명하도록 하겠다. 어쨌든 그는 전생이나 삶의 무한한 반복을 내세운 가설과는 아무런 관계가 없다. 데자뷰의 느낌을 설명한 글에서 그는 무심히 결정적인 말을 했다. "자세, 표정, 몸짓, 어조, 이 모든 것이 기억 속에 보관되어 있다가 다시 한 번 우리의 주의를 끄는 것 같다. 하지만 이런 일이 또 한 번, 즉 세 번째로 일어나지는 않는다."

나이 들수록 왜 시간은 빨리 흐르는가

# '꿈속의 이미지'

월터 스콧Walter Scott 경의 역사소설 《가이 매너링Guy Mannering》(1815)에서 버트램은 수백 년 전부터 조상들이 살았던 엘란고원 성으로 돌아온다. 성은 장엄한 폐허가 되었다. 그는 여기저기를 돌아다니다가 최근에 사람이 살았던 흔적(빈 병, 반쯤 뜯어먹다 만 뼈)을 발견한다. 그는 이곳을 떠나려다가 다시 몸을 돌려 정문 좌우의 거대한 탑들을 감탄 어린 시선으로 바라본다. 정문 위에는 유구한 역사를 자랑하는 그의 가문의 문장이 돌에 새겨져 있다.

그는 엘란고원 성에서 살았던 기억이 없는데도, 눈앞의 모습이 낯익다는 생각이 갑자기 머리에 떠오른다(그는 다섯 살 때 납치된 적이 있다). "한 번도 만난 적이 없는 사람들과 함께 있는데도 정확히 설명할 수 없는 신비로운 의식으로 인해 눈앞의 모습도, 지금 말을 하고 있는 사람도, 그가 말하고 있는 주제도 언젠가 한 번 접한 적이 있다는 느낌이 드는 경우가 얼마나 많은가. 심지어 사람들이 아직 하지 않은 말까지 미리 알 것 같은 느낌이 든다!" 그는 심지어 이런 현상에 대한 그럴듯한 설명을 생각해내기까지 한다. "자면서 보았던 모습들이 우리 기억 속에서 혼란스럽게 떠다니다가 조금이라도 그 환상과 부합하는 물건이 실제로 나타나면 다시 의식 속으로 떠오르는 것이 아닐까?"

이 설명과 비슷한 가설들이 많이 존재한다. 이들의 공통점은 데자뷰를 전생의 기억이 아니라 어떤 식으로든 예전에 우리 머릿속에 존재했던 것에 대한 기억으로 본다는 것이다. 월터 스콧이 암시한 것처럼, 우리 머릿속에는 꿈에 대한 기억들이 들어 있는지도 모른다. 평소에는 우리 의식이 접근할 수 없지만, 우리가 꿈과 비슷한 상황을 경험할 때

스스로 모습을 드러내는 부분이 우리 머릿속에 있는지도 모른다. 만약 사람들이 매일 밤 꿈을 꾼다면, 영국의 심리학자 제임스 설리James Sully 가 《환상Illusions》(1881)에서 쓴 것처럼 그 꿈들 중 일부가 조만간 표면으로 떠오를 수밖에 없다. 꿈과 상당히 흡사한 경험을 하는 순간, 꿈속의 모습들이 활성화되어 왠지 낯익다는 느낌을 받게 되는 것이다. 그리고 이 꿈속의 이미지와 현실이 한동안 함께 존재하게 된다. 설리는 이렇게 말했다. 우리가 깨어 있을 때 겪은 일들이 종종 꿈에 나타나기도 하고, 반대로 우리가 깨어 있을 때 가끔 꿈이 우리 삶 속으로 파고 들어와 그 색다른 아름다움을 살짝 내보이기도 한다는 것이 낭만적이지 않은가?

설리에게 데자뷰 현상은 나중에 프로이트가 낮의 잔류물day residue 이라고 명명한 것을 거꾸로 뒤집어놓은 것과 같았다. 낮의 잔류물이 꿈속에 나타나 살짝 스치고 지나가는 것처럼, 기억 속에 오랫동안 보관되어 있던 꿈도 현실의 삶 속에서 똑같은 일을 겪은 적이 있는 것 같다는 느낌을 순간적으로 줄 수 있다. 우리가 그 꿈을 언제 꾸었는지는 이제 기억할 수 없다. 그래서 데자뷰 현상이 일어났을 때 언제인지 정확히 알 수 없는 과거의 일을 다시 경험하는 듯한 느낌이 드는 것이다. 데자뷰는 현재와 과거가 교차하는 현상이라기보다는 기억 속의 희미한 흔적이 잠시 현실과 나란히 자리하는 현상이다.

설리와 같은 시대를 살았던 심리학자들 중 일부를 포함해서 많은 심리학자들은 꿈의 기억이 잠재적으로 남았다는 가설조차 지나치게 포괄적이라고 생각했다. 우리가 과거에 실제로 경험했던 것과 비슷한 일이 일어날 때 데자뷰 현상이 생긴다고 생각하면 안 될 이유가 무엇인가? 데자뷰가 문자 그대로 우리가 전에 이미 보았던 것을 다시 보는 현상이라고 생각하면 안 될 이유가 무엇인가? 윌리엄 제임스는 데자뷰 현상을 둘러싼 모든 추측과 수수께끼가 과장되었다고 생각했다. 그는 자신이 직접 경험한 데자뷰 현상의 근원을 자신의 기억 속에서 찾아내는 데 여러 번 성공했다. 그는 사람들이 처음에는 지금 상황과의 비슷한 점만 보기 때문에 '전에 했던' 경험을 다시 하고 있다는 막연한 느낌이 생긴다고 설명했다. 하지만 정신을 집중하면 둘 사이의 차이점을 점점 더 많이 발견하게 된다. 그래서 머릿속에 남아 있던 기억이 점점 더 분명하게 떠오르고, 지금의 현실이 낯익다는 느낌이 사라지기 시작한다. 많은 학자들이 이 설명을 받아들였다. 리옹을 생전 처음으로 방문한 사람이 기마상을 보며 데자뷰 현상을 경험한다면, 그가 박물관에서 복제품을 보았든 아니면 책에서 그 조각상의 그림을 보았든 과거에 비슷한 조각상을 실제로 본 적이 있기 때문이라고 설명할 수 있을 것이다. 그가 언제 비슷한 조각상을 보았는지 기억해내지 못한다 해도, 두 조각상이 부분적으로나마 비슷하다는 사실 때문에 과거의 경험을 되풀이하고 있는 듯한 느낌이 생길 수 있다. 어떤 의미에서는 데자뷰 현상이 실제로 이런 것이다.

과거 경험과의 부분적인 유사성 때문에 데자뷰 현상이 생긴다는 가설에서 정신분석학적 변형이 탄생했다. 1930년에 스위스의 성직자이자 정신분석학자인 오스카 피스터Oskar Pfister는 제1차 세계대전 중에 한 젊은 장교가 겪은 일을 거론했다. 수류탄이 참호에 떨어져 전우들이 모두 죽었을 때 그는 땅에 바짝 달라붙어 있었다. 그때 그는 자신이 치명적인 부상을 입었다고 확신했다. 폭발이 있은 직후 그는 자신이 어딘가로 한없이 떨어지는 듯한 느낌과 함께 데자뷰 현상을 경험했다. "전에도 이렇게 떨어진 적이 있었어." 그는 피스터에게 그 데자뷰 현상으로 인해 헤엄을 칠 줄 몰랐던 아홉 살 때 물속으로 뛰어들었다가 간신히 살아나왔던 일을 떠올리게 된 것 같다고 말했다. 피스터는 프로 이트의 이론을 따라 이 현상을 해석했다. 즉, 데자뷰 현상이 일어나는 데에 무의식이 한몫 거들었음이 틀림없다는 것이다. 무의식은 장교의 기억 속에서 현재의 경험과 비슷한 일을 전광석화같이 찾아냈다. 그리 고 전에도 위험에 빠진 적이 있지만 살아나왔듯이 이번에도 무사히 살 아남을 수 있을 것이라며 치명적인 위험에 빠진 그를 위로해주었다. 피스터는 데자뷰 현상이 우리가 불러낼 수 있는 방어기제 중의 하나라 고 주장했다. 데자뷰 현상이 과거에 위험했던 상황을 불러내서 옛날에 비슷한 일을 겪었을 때 우리가 살아남았음을 일깨워준다는 것이다.

윌리엄 제임스처럼 피스터도 기억 속에 실제로 존재하는 사실 때 문에 데자뷰 현상이 생긴다고 믿었다. 다른 점이 있다면, 제임스는 데 자뷰 현상이 대개 우연히 일어난다고 주장한 반면 피스터는 데자뷰 현 상에 분명한 기능이 있다고 믿었다는 점이다. 현재의 경험과 과거의 경 험이 비슷하다는 사실은 데자뷰의 원인이 아니라 활동적인 구성요소 다. 이런 데자뷰 현상의 의미를 해석하는 데 전문적인 분석훈련이 필요 하지 않다는 사실은 케스 반 코텐Kees van Kooten에 의해 증명되었다. 그 는 사이클 선수로 활동할 때의 모험을 기록한 'Mijn Tour de France(나 의 투르 드 프랑스)'에서 브레이크가 고장나는 바람에 자신의 몸이 자전거 핸들 위로 붕 떠서 날아갔을 때의 일을 언급했다. "공중을 날아가는 동 안 나는 데자뷰 현상을 경험했다(전에도 이런 일을 겪은 적이 있어. 그때 나는 틀 림없이 무사했을 거야. 그렇지 않으면 지금 이런 데자뷰 현상을 경험할 수 없었을 테니 까). 내 머리와 오른쪽 어깨가 타는 듯 뜨거운 노면과 충돌하는 순간 나 는 네덜란드산 자동차가 쓰러진 내 자전거를 휙 지나쳐 시야에서 사라 지는 모습을 지켜보았다." 이처럼 공중을 날면서 자신을 스스로 분석했던 코텐은 실제로 이 사고에서 살아남았다.

그러나 우리 머릿속에 실제로 존재하는 기억이 데자뷰 현상의 바탕이 된다는 가설에서 이보다 훨씬 더 대담한 변형이 탄생했다. A. F. T. 반 데르 헤이덴van der Heijden의 소설 《쓰러지는 부모들Vallende ouders》에서 알베르트 에흐베르트스와 그의 친한 친구인 티히윔은 한밤중에 텅 빈 호텔로 쳐들어간다. 그런데 충계참에서 그들은 동시에 데자뷰 현상을 경험한다. 두 사람은 겁에 질려 서로의 어깨를 부여잡는다.

> "잠깐만, 잠깐만…… 올라가는 계단이랑 내려가는 계단이 있는 데서 이렇게 서 있었는데…… 그 다음에 두어 명이 벽장을 들여다보러 가서 서랍을 열고…… 너무 낯이 익어."
>
> "그게 언제야…… 언제?"
>
> "그래, 그래, 계속 얘기해. 난 정확하게 알고 있어. 정말로 정확하게. 네가 무슨 말을 할지."
>
> "그래? 그럼 말해봐……. 내가 무슨 말을 할 건데?"
>
> "'그래? 그럼 말해봐…….' 그거야. 바로 그거라고. 네가 이 말을 하는 순간 기억이 났어. '내가 무슨 말을 할 건데?' 너 전에 언제 이런 말을 한 적이 있어?"

티히윔이 재빨리 문을 닫아서 잠갔는데도 데자뷰 현상은 사라지지 않는다. 두 사람이 비틀거리며 옥상으로 올라갔을 때에야 비로소 주문이 풀린다. 옥상에서 두 사람은 모든 것이 영원히 되풀이된다는 증거가 데자뷰 현상인지를 놓고 철학자인 척 이야기를 주고받는다. 티히윔은 데자뷰 현상이 증거가 아니라며 이런 가설을 내놓는다. "사람이 죽을 때 자신의 인생이 '영화처럼' 눈앞을 지나간다고들 하지. 왜 아니겠어? 내 생각에 데자뷰는 영화 예고편 같아. 맛보기 같은 거지." 그는 데자뷰를 프레뷰prévu(미리 보았다는 뜻―옮긴이)로 불러야 한다고 주장한다.

티히윔의 주장은 반 데르 헤이텐의 작품에 잘 들어맞는다. 헤이텐은 시간의 축을 옆으로 펼쳐《일상Het leven uit een dag》에서는 시간의 흐름을 빠르게 하고, 다른 작품에서는 시간의 흐름을 느리게 했다. 그러나 티히윔의 프레뷰는 시간을 조작하는 방법이 또 하나 있음을 의미한다. 시간을 거꾸로 뒤집어 앞으로 일어날 일, 즉 미래를 바탕으로 친숙함을 구축하는 것이다. 그러나 프레뷰는 똑같은 삶이 한없이 반복된다는 가설과 똑같은 문제를 만들어낸다. 현재의 데자뷰가 미래에 '영화처럼 우리 눈앞을 지나갈 일생' 속에 포함되어 있는가? 포함되어 있지 않다면, 그 영화는 사실적인 것이 아니다(이런 경우 무엇을 근거로 지금의 상황을 전에 경험한 적이 있다고 인식하겠는가?). 하지만 만약 포함되어 있다면, 데자뷰를 처음부터 다시 설명해야 할 것이다. 티히윔의 프레뷰는 수수께끼 같은 미래의 기억을 내세움으로써 원래 하나뿐이었던 수수께끼를 두 개로 늘려놓는다.


## 이중 이미지

1817년에 영국의 샬럿 공주가 아이를 낳다가 세상을 떠났다. 그녀의 뜻하지 않은 죽음으로 전국이 깊은 슬픔에 빠졌다. 백성들이 그녀를 몹시 사랑했기 때문이다. 젊은 의사인 아서 래드브로크 위건은 궁정에 연줄이 있는데다 자청해서 체임벌린 경의 참모가 된 사람이었다. 체임벌린 경은 윈저의 세인트조지 성당에서 벌어질 장례식의 준비를 맡았다. 위건은 나중에 쓴 글에서 장례식 전날 한숨도 자지 못했기 때문에 "조그만 일에도 히스테리처럼 발끈 화를 내는 상태"였다고 밝혔다. 스트레스와 피로와 굶주림이 이런 상황을 더욱 악화시켰다. 성 안이 전체적으로 어수선했기 때문에 그는 아침 일찍부터 정확히 밤 12시에 장례식이 치러질 때까지 음식을 전혀 먹지 못했다. 장례식이 치러지는 동안 위건은 꼬박 4시간 동안 관 옆에 서 있었는데, 당장이라도 기절할 것 같은 기분이 들었다. 모차르트의 '미제레레'가 연주된 후 완전한 침묵이 예배당을 가득 채웠다. 사람들이 관을 무덤 속으로 천천히 내리기 시작했다. 그 속도가 하도 느려서 위건은 멀리서 반짝이는 물체와 관 가장자리의 상대적인 위치를 비교해보고서야 관이 움직이고 있음을 알 수 있을 정도였다.

나는 무감각 상태에서 상념에 빠져들었다. 하지만 그때 아내를 잃은 남편이 검은 무덤 속으로 가라앉는 관을 보고 슬픔을 이기지 못해 갑자기 발작을 일으키는 바람에 나는 다시 정신을 차렸다. 그 순간 내가 전에 이런 광경을 본 적이 있으며, 조지 네일러 경이 내게 하는 말까지도 들은 적이 있다는 느낌이 들었다. 아니, 그것은 느낌이 아니라 확신이었다.

위건에 따르면, 샬럿 공주의 관 옆에서 겪은 이 이상한 경험은 뇌의 활동에 관한 자신의 이론과 완벽하게 들어맞았다. 그는 25년 전부터 머릿속에서 그 이론을 성숙시키며 단순한 추측에서 확고한 확신으로 발전시키고 있었다. 그는 일을 그만둔 직후인 예순 살 때, 즉 1844년에야 비로소 자신의 관찰결과와 사례연구 결과들을 종합한 신경학 논문을 써서 《정신의 이중성The Duality of the Mind》이라는 제목을 붙였다. 그는 뇌가 두 개의 반구로 구성되어 있다는 사람들의 생각이 틀렸다고 주장했다. 뇌를 구성하는 두 개의 반쪽을 합해도 온전한 구의 절반이 되지 않기 때문에 '반구'라는 말을 쓰는 것 자체가 잘못이라는 것이다. 우리 머릿속에 들어 있는 것은 사실 두 개의 뇌이다. 눈이 두 개인 것처럼 독립적인 두 개의 기관인 것이다. 비록 두 개의 뇌 중 한쪽이 전체를 지배하고 나머지 한쪽이 보조적인 역할을 하기는 하지만, 이 두 개의 뇌는 각각 독자적인 의식, 독자적인 생각, 인식, 감정을 갖고 있다. 뇌의 아래쪽에서 두 반구를 이어주는 뇌량corpus callosum은 다리라기보다 장벽에 가깝다. 신경학 문헌에 질병이나 부상으로 인해 뇌의 반쪽을 모두 잃어버렸는데도 달라진 것이 하나도 없는 사람들의 사례가 수십 건이나 언급되어 있다는 사실은 두 개의 반구 중 하나만 있어도 정신 능력이 유지된다는 것을 결정적으로 증명해준다. 위건은 파리의 유명한 병리학자이자 해부학자인 크뤼베이에Cruveilhier의 업적에 큰 감사의 뜻을 표했다. 크뤼베이에는 1835년에 출판된 《인간 시신의 병리학적 해부학Anatomie pathologique du corps humain》에 뇌의 그림을 실었다. 한쪽 반구가 정상 크기의 절반으로 줄어든 상태에서 손상을 입지 않은 다른 반구가 정상적인 삶을 유지해줄 수 있음을 보여주는 그림이었다.

만약 두 개의 뇌가 같은 대상에 초점을 맞추고 있다면, 그 결과로 강한 집중력이 나타난다. 하지만 이와는 반대로, 뇌가 두 개의 기관으로 구성되어 있기 때문에 우리는 한쪽 뇌를 쉽게 하고 다른 쪽 뇌만 활발히 사용할 수 있다. 사람이 기진맥진했을 때는 한쪽 뇌만 활동할 것이다. 위건은 세인트조지 성당에서 자신이 겪은 일에 대한 설명을 여기서 찾을 수 있다고 생각했다. 데자뷰 현상이 일어나기 직전에 그의 뇌에서 한쪽 반구만이 활동하고 있었으므로 그의 뇌에는 감각기관에서 받아들인 영상이 비교적 약하게 존재하고 있었다. 그런데 그때 뜻하지 않게 들려온 울부짖음 때문에 잠들어 있던 반구가 깨어났고, 눈앞의 똑같은 장면이 갑자기 훨씬 더 선명해졌다. 그의 의식은 이 장면을 현재로

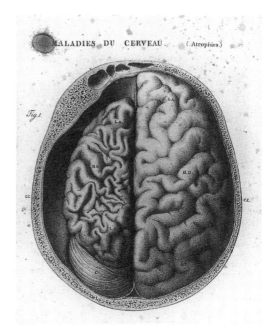

뇌의 한쪽 반구가 쪼그라든 모습을 묘사한 판화.

인식했지만, 앞서 그의 머릿속에 희미하게 존재하던 희미한 영상은 언제인지 알 수 없는 과거의 것으로 해석해버렸다. 그렇다면 데자뷰 현상에서 모든 것이 그토록 낯익게 느껴지는 것도 무리가 아니다. 실제로는 두 장면이 아주 짧은 시간을 사이에 두고 나타나기 때문이다. 또한 똑같은 장면에 대한 데자뷰 현상이 한 번 더 일어나지 않는 것도 무리가 아니다. 우리 뇌의 반구는 두 개이지 세 개가 아니기 때문이다.

　위건의 이론은 후세의 학자들에 의해 약간 더 생생하게 재구성되었다. 그들은 두 개의 반구가 번갈아가며 활동한다고 주장했다. 정상적인 상황에서 좌반구와 우반구는 세심한 조화 속에서 번갈아가며 활동하기 때문에 감각기관에서 받아들이는 정보가 모두 통합적으로 처리된다. 그러나 한쪽 반구가 활동을 멈추기도 전에 다른 쪽 반구가 활동을 시작하면 일종의 '이중 이미지'가 나타난다. 눈앞에 보이는 장면

속에서 먼저 활동하던 반구의 희미해져가는 이미지가 계속 깜박거리는 것이다. 따라서 마치 이 장면을 두 번째로 경험하는 것 같은 느낌을 받게 된다. 이 가설은 이제 위건의 것이 아니다. 이중 이미지를 이용한 비유는 1868년에 독일의 신경학자인 옌센Jensen에 의해 비로소 도입되었다. 옌센에 따르면, 각각의 반구는 자신이 받아들인 이미지들을 처리하지만 우리의 의식이 이 이미지들을 아주 매끄럽게 이어 붙여주기 때문에 우리는 이 이미지들을 하나로 인식한다. 만약 무슨 이유에서든 이미지들의 융합이 이루어지지 않으면 이중 이미지가 나타나 똑같은 일이 반복되는 것으로 오인된다.

베르나르 르로이의 시대에도 위건과 옌센의 이론은 시대에 뒤떨어진 것으로 간주되었다. 두 개의 반구가 각각 일시적으로 활동을 멈출 수 있다거나, 우리 뇌가 모든 것을 좌반구와 우반구에서 각각 한 번씩 두 번 처리한다는 주장을 입증해주는 신경학적 증거는 전혀 없었다. 그러나 신경-해부학적인 증거가 없다 해도, 일시적으로 이중 이미지가 나타난다는 주장은 대단히 매력적이었다. 독일의 정신과 의사인 안옐Anjel은 1878년에 감각기관이 받아들인 자극을 처리하는 과정에서 지극히 짧은 순간 오작동이 발생하면서 데자뷰 현상이 일어나는 것인지도 모른다는 생각을 했다. 우리는 감각기관이 지각한 것을 조리 있는 이미지에 맞춰 넣어야 비로소 인식할 수 있다. 정상적인 상황에서 이 두 단계(안옐은 이들을 각각 지각perception과 통각apperception이라고 불렀다)는 서로 아귀가 아주 잘 들어맞기 때문에 우리는 이 두 단계를 따로따로 구분해서 보지 못한다. 그러나 두 단계 사이에 시간적인 틈이 생기면 감각기관의 지각이 하나의 인식으로 맞물려야 하는 지점에서 흐릿해지게 된다. 그 결과 지금 눈앞에서 벌어지는 일이 먼 과거에도 똑같이 벌어진 적이 있다는 환상이 생겨난다.

이 이중 이미지 가설에도 여러 가지 형태가 있다. 영국의 초심리학 연구를 개척한 프레더릭 마이어스Frederic Myers는 1875년에 인간의 지능 속에 정상적인 의식을 지닌 자아 외에 '잠재의식적인 자아subliminal self' 즉 너무 순간적이거나 너무 약해서 지각의 영역 안으로 들어오지 못하기 때문에 의식을 지닌 자아가 눈치채지 못하는 자극에 민감한 무의식적인 부분이 있다고 가정했다. 마이어스는 잠재의식적인 지각을 카메라에 비유했다. 이 자아는 의식을 지닌 자아보다 훨씬 더 민감할 뿐만 아니라 더 빠르게 작동한다. 따라서 뭔가가 우리 머리에 도달하고 조금 시간이 흐른 후에야 우리의 의식이 그것을 인식하는 경우가 생길 수 있다. 이런 현상이 일어나면 시간감각이 흐트러진다. 의식을 지닌 자아는 눈을 통해 보고, 잠재의식적인 자아는 카메라를 통해 보면서 우리가 현재의 상황과 과거의 상황을 동시에 보고 있다는 환상을 만들어낸다. 마이어스는 이것을 'promnesia', 즉 선기억pre-memory이라고 불렀다.

이 모든 가설들에서 데자뷰 현상은 과거의 기억으로 오인될 만큼 어렴풋한 이미지와 선명한 이미지가 서로 비교되면서 발생하는 것으로 되어 있다. 이 이미지들은 시각적인 영상뿐만 아니라 냄새, 소리, 추위, 더위, 굶주림 등 다른 모든 감각기관에서 들어온 정보들이 한데 모여서 만들어진다. 따라서 데자뷰 현상에서 과거가 정확하게 반복되는 것처럼 느껴지는 것은 당연한 일이다. 물론 현실에서는 두 개의 이미지 사이에 시간차이가 거의 없지만 말이다. 두 가지가 완벽하게 일치한다는 느낌, 즉 기분도 같고 생각도 같고 느낌도 같다는 느낌은 아주 순간적인 시간차이 때문에 생겨난다. 그러나 모든 사람이 친숙하게 알고 있는 자기 성찰적인 경험을 토대로 이중 이미지 가설을 반대하는 목소리도 있다. 일상생활에서 어떤 일을 두 번째로 경험하는 듯한 느낌은 상당히 자주 발생한다. 예를 들어, 우리가 책을 읽고 있을 때 누군가가 우리에게 질문을 던지면 우리는 '지금 뭐라고 했지?'라고 말하는 듯 시선을 들면서 대답을 한다. 그런데 그렇게 시선을 드는 순간에도 우리는 여전히 상대의 질문을 '듣고' 있는 것 같은 착각에 빠진다. 또는 북적이는 야외 카페를 멍하니 둘러보다가 아는 사람의 얼굴을 발견했다는 사실을 조금 뒤에야 깨닫는 경우도 있다. 이런 경우 이미 존재하는 것이 실제보다 조금 늦게 감각을 통해 지각된다. 그러나 데자뷰 현상 같은 것은 생기지 않는다. 똑같은 일이 반복된다는 느낌도 없고, 언제인지 알 수 없는 과거의 일을 보는 듯한 느낌도 없고, 다음에 무슨 일이 일어날지 미리 알고 있는 듯한 느낌도 없다.


## 데자뷰와 탈개인화

문학작품에서 제시된 것이든, 신경학, 정신의학, 정신분석학 등을 통해 제시된 것이든, 앞에서 언급한 이론들에는 한 가지 공통점이 있다. 많은 양의 사례연구를 바탕으로 하고 있지 않다는 것. 이 이론들을 제시한 학자들은 대부분 데자뷰 경험을 이에 비견될 만한 심리적 현상, 피실험자들 사이의 차이, 주변 상황의 변화 등과 연결시킬 수 있을 만큼 자료를 충분히 확보하지 못했다. 데자뷰 현상을 경험하는 사람이 있는가 하면 그렇지 않은 사람도 있는 이유가 무엇인가? 데자뷰 현상을 촉진하는 특수한 조건이 있는 것일까? 여행, 피로, 술, 수면 부족이

철학자이자 심리학자인 헤라르드 헤이만스(1857~1930). 사진촬영 날짜 미상.

그런 조건일까? 이런 의문들에 관한 연구는 네덜란드의 철학자이자 심리학인 헤라르드 헤이만스Gerard Heymans가 1904년과 1906년에 데자뷰 현상 못지않게 순간적으로 일어나는 심리적 현상인 탈개인화 depersonalization와 데자뷰 현상 사이에 연관이 있는지 연구하기 시작하면서 비로소 시작되었다.

　헤이만스는 탈개인화가 "우리가 인식하는 모든 것이 현실이라기보다 낯선 꿈처럼 느껴지는 현상이 순간적으로 일어나는 것"이라면서 "이럴 때 우리와 이야기를 나누는 상대방은 기계처럼 느껴지고, 심지어 우리 자신의 목소리조차 다른 사람의 것처럼 낯설게 들리며, 우리가 실제로 행동을 하거나 말을 하는 것이 아니라 우리의 행동과 말을 수동적인 관찰자처럼 지켜보고 있다는 느낌이 든다"고 설명한다. 헤이만스는 이 현상을 연구한 끝에 데자뷰 현상과 탈개인화가 모두 아주 구체적인 기억 환상을 바탕으로 일어난다는 이론을 만들어냈다. 나중에 이루어진 연구도 이 이론을 여러 면에서 확인해주었다.

헤이만스는 설문지를 통해 응답자들의 일상 리듬(아침형 인간인가, 올 빼미족인가?), 작업 리듬, 정서적 안정성, 외향성과 내향성, 멍하니 다른 생각에 잠기는 것, 시각기억의 질, 수학이나 어학 재능 등을 조사했다. 친숙한 단어가 갑자기 "이상하고, 낯설고, 아무 의미 없는 소리나 글자 의 결합체처럼" 느껴지는 '단어 소외word alienation'와 관련된 질문도 있 었다. 그는 응답자들에게 이런 현상이 일어난 시간을 기록하고, 당시 자신들이 평범한 환경에 있었는지, 혼자 있었는지, 아니면 누군가와 이야기를 하거나 상대방의 말에 귀를 기울이고 있었는지, 피곤했는지, 긴장한 상태였는지, 육체적으로나 정신적으로 많은 노력을 쏟던 시기 였는지, 식사 중이었는지, 평소보다 술을 많이 먹은 상태였는지 등을 기술해달라고 요청했다. 그는 또한 응답자들의 답변과 비교할 자료를 충분히 확보하기 위해 자신의 학생들에게 데자뷰나 탈개인화 현상을 경험하고 있지 않을 때 그들의 성격과 지적인 성향에 대해서도 질문을 던졌다. 그는 미코버가 도라와 아그네스에 관한 이야기를 시작했을 때 데이비드 카퍼필드의 느낌을 묘사한 부분을 토대로 데자뷰 현상을 설 명했다.

헤이만스는 자신의 심리학 강의를 듣는 학생들을 연령별로 두 집 단으로 나누어 설문지를 나눠주었다. 그는 또한 하이델베르크, 본, 베 를린에 있는 동료 교수들의 도움으로 독일에도 설문지를 보낼 수 있었 다. 그가 수거한 응답지는 130장이었다. 그는 정확한 통계적 분석을 통 해 '긍정적인' 응답자(데자뷰나 탈개인화 현상을 경험한 사람들)에게 더 자주 나타나는 세 가지 특징을 찾아냈다. 그 세 가지 특징은 감수성이 예민 하다, 기분 변화가 뚜렷하다, 작업 리듬이 불규칙하다는 것이었다. 이 런 특징을 지닌 사람들은 단어 소외 현상도 더 자주 경험했다. 데자뷰 현상과 탈개인화는 밤이나 저녁에 주로 다른 사람들과 함께 있을 때, 응답자 본인이 말을 하고 있지 않을 때, 지루하고 골치 아픈 공부를 하거나 술을 마신 뒤라서 피로를 느끼고 있을 때 가장 많이 발생했다. 헤이만스는 간단히 말해서 집중력이 떨어지고 정신적 에너지가 감소했을 때 그런 현상이 자주 일어난다고 정리했다.

헤이만스는 데자뷰 현상을 경험한 응답자들은 탈개인화, 단어 소외 또한 경험했다는 사실을 지적했다. 게다가 이 세 가지 현상이 똑같은 환경에 의해 촉진된다는 사실은 이들이 서로 관련되어 있음을 암시했다. 따라서 데자뷰만 설명하는 가설을 만드는 것이 불가능해졌다. 사실 현재의 경험과 과거의 경험이 부분적으로 일치하면서 데자뷰 현상이 일어난다는 가설, '이중지각' 가설, 감각기관이 받아들인 정보의 처리가 지연되면서 데자뷰 현상이 일어난다는 가설 등은 모두 데자뷰 현상을 경험한 사람들이 탈개인화와 단어 소외를 경험할 확률이 높은 이유를 설명해주지 못했다. 데자뷰 현상을 경험할 때는 낯선 것이 낯익게 느껴지는 반면, 단어 소외와 탈개인화에서는 낯익은 것이 낯설게 느껴진다.

헤이만스의 가설에 따르면, 겉으로 보기에는 이토록 다른 데자뷰, 탈개인화, 단어 소외 현상이 모두 같은 뿌리에서 나온 것이다. 그는 우선 감각기관을 통해 지각한 것이 낯익게 느껴지는 것은 그 지각과 과거 경험 사이의 연상 작용 때문이라고 가정했다. 이 연상 작용은 우리가 현재의 경험을 과거의 것으로 인식하게 되는 데 한몫을 한다. 연상이 애매하고 어렴풋할수록 현재의 경험과 과거의 것으로 인식된 경험 사이의 시간차가 더욱 벌어진다. 정신적인 에너지가 일시적으로 감소해 있거나 집중력이 떨어진 상태이기 때문에, 정상적인 상황이라면 우리에게 친숙하게 느껴졌을 연상이 나타나지 않거나 약화될 수 있다. 이 가설에 따르면, 단어 소외는 어떤 단어와 의미론적 기억이 연상을 통해 연결되지 않았기 때문에 발생한다. 그래서 단어가 그냥 소리로만 인식되는 것이다. 탈개인화는 연상이 전혀 일어나지 않아서 단어뿐만 아니라 모든 것이 친숙한 느낌을 잃어버리는 현상이다. 마지막으로 데 자뷰 현상은 연상 작용이 미약할 때 발생한다. 이때 우리 의식은 현재 의 경험을 오랜 옛날에 일어났던 사건의 기억으로 잘못 인식하게 된다.

헤이만스는 개인적 경험을 토대로 데자뷰 현상과 정신적 에너지 사이의 관계를 정의했다. 집중력이 정상 수준이거나 평소 때보다 높더 라도 현재 우리가 지각하고 있는 것을 처리할 정신적 에너지가 적다면 데자뷰 현상이 발생할 가능성이 있다. 저녁식사 후에 연설을 하기로 되어 있는 사람의 예를 들어보자. 그는 연설 직전에 사람들과 대화를 나눴다. 그런데 그의 정신적 에너지가 대부분 연설 쪽에 쏠려 있기 때 문에, 대화는 약한 연상 작용만을 불러일으킨다. 헤이만스는 동료 교 수에게서 사람이 많은 방으로 들어가려 할 때 종종 데자뷰 현상을 경 험한다는 말을 들었다. 문고리에 손을 대는 순간 자신이 이런 일을 전 에도 겪었던 것 같은 느낌이 갑자기 든다는 것이다. 눈앞의 일이 아니 라 다른 일에 정신을 쏟고 있을 때에도 데자뷰 현상이 쉽게 일어나는 것으로 보인다.

헤이만스의 이론에서 단어 소외, 데자뷰, 탈개인화 현상은 하나의 척도에서 단계별로 자리를 차지하고 있다. 이 셋 중에 가장 미약한 현 상인 단어 소외에서는 단어와 그 의미 사이의 연결고리만이 사라져서 단어가 갑자기 묘하게 고립된 소리로 인식된다. 탈개인화의 경우에는 낯익은 것들과의 모든 연상 작용이 사라져서 모든 것이 낯설고 새롭게 보인다. 데자뷰는 이 둘의 중간쯤을 차지하고 있다. 친숙한 느낌과 낯선 느낌이 동시에 공존하기 때문이다. 이 세 가지 현상 중 무엇이 나타날지를 좌우하는 것은 정신적 에너지의 양이다. 헤이만스는 이 이론을 바탕으로 두 가지 예측을 할 수 있다고 주장했다. 첫째, 데자뷰 현상을 일으키는 과정이 더 극단적으로 진행된 현상이 탈개인화라면, 데자뷰 현상이 탈개인화보다 더 흔하게 나타날 것이다. 연구결과 이 예측이 옳은 것으로 증명되었다. 헤이만스의 두 번째 예측은 이런 현상을 경험하는 사람의 심리적 프로필과 관련되어 있다. 탈개인화가 가장 극단적인 현상이라면, 데자뷰 현상만 경험한 응답자보다 탈개인화를 경험한 응답자의 프로필이 더욱 뚜렷이 나타날 것이다. 1904년의 연구에서는 이 두 번째 예측이 사실로 확인되지 않았지만, 1906년의 연구에서는 사실로 확인되었다. 탈개인화와 데자뷰 현상을 모두 경험한 응답자들은 데자뷰만 경험한 응답자들과 분명히 달랐다.

거의 1세기 전에 실시된 이 연구가 왜 지금도 우리의 흥미를 끄는가? 헤이만스가 실시한 두 차례의 조사는 현재의 기준으로 봐도 정밀하기 짝이 없었다. 문제의 현상들이 일어나는 조건을 설명하기 위해면 옛날의 기억으로 돌아가지 않고 오히려 앞을 내다보며 실시된 연구는 지금도 헤이만스의 연구가 유일하다. 또한 헤이만스의 예측은 실험을 통해 옳은 것으로 확인되었다. 그리고 그의 가설은 데자뷰에 관한 많은 가설들처럼 추측을 바탕으로 하고 있지 않다. 전생의 기억이 잠재되어 있다가 나타난다거나, 삶이 한없이 반복된다거나, '전에도 이랬었다'는 식의 설명이 전혀 없는 것이다. 정신과 의사인 헤르만 스노 Herman Sno와 필자도 이러한 장점에 탄복해서 헤이만스의 자료를 새로이 분석해보게 되었다. 지금은 통계적인 도구를 이용해서 같은 데이터에서 더 많은 정보를 얻어낼 수 있다. 우리가 헤이만스의 자료를 재분석해서 얻어낸 결과는 다른 자료를 통해 발표되었다. 여기서는 그냥 재분석의 중요한 결론만을 언급하도록 하겠다. 헤이만스가 조사를 반복함에 따라, 공부를 하다가 지쳤을 때와 관련된 질문을 제외한 모든 질문에서 응답자들의 답변 사이에 의미 있는 상관관계가 발견되었다. 데자뷰와 탈개인화의 상관관계가 의미심장하다는 사실도 증명되었다. 헤이만스의 두 가지 예측 중 첫 번째 예측은 우리의 재분석에서 사실로 확인되었다. 헤이만스의 두 번째 예측은 조금 달랐다. 우리의 재분석에서 의미 있는 것으로 증명된 것은 단어 소외에서 나타나는 차이점뿐이었다. 데자뷰 현상이나 탈개인화, 또는 두 가지 현상을 모두 경험했다고 밝힌 응답자들은 '부정적인' 응답자들과 놀라울 정도로 달랐지만 '긍정적인' 응답자들 사이에서는 아무런 차이가 발견되지 않았다.

## 데자뷰, 정신분열, 간질

헤이만스는 신경학자가 아니었다. 그가 설문지를 나눠준 학생들도 정신질환자가 아니었다. 그러나 정신적으로 건강한 사람들 중에서도 정서적으로 불안정한 사람들이 데자뷰 현상을 더 자주 경험했으며, 데자뷰 현상이 발생했을 때의 상황은 일시적으로나마 그들의 정신이 쇠약해져 있음을 암시해주었다. 데자뷰와 탈개인화의 상관관계가 발견된 덕분에 데자뷰 현상은 점점 병리학과 정신질환의 영역에 속하게 되었으며, 이러한 분류는 지금도 변하지 않았다. 지난 30~40년 동안 데자뷰 현상을 다룬 학자들은 거의 모두가 정신과 의사나 신경학자들이었으며, 그들은 직업상 임상적인 현상이나 기질성 장애와의 관련성에 초점을 맞췄다. 1969년에 정신과 의사인 하퍼Harper는 과거의 헤이만스처럼 정신질환이 없는 사람들에게서 데자뷰와 탈개인화 사이의 상관관계를 발견했다. 또한 900명에 가까운 학생들을 대상으로 실시된 탈개인화 연구에서도 1972년에 데자뷰 현상과의 관련성이 발견되었다. 데자뷰 현상이 특정한 성격 특징과 주로 관련되어 있다는 헤이만스의 연구결과와 비슷한 결과가 나온 연구들도 있었다. 리처드슨Richardson과 위노커Winokur는 1968년에 정신질환자들 중 정서적으로 불안정한 사람과 적응장애가 있는 청소년들에게서 데자뷰 현상이 더 자주 나타난다는 사실을 입증했다.

그러나 데자뷰는 오래전부터 탈개인화보다 훨씬 더 심각한 질병과도 관계가 있는 것으로 여겨졌다. 특정한 형태의 정신분열증에서는 데자뷰 현상이 만성적인 특징으로 여겨질 만큼 오랫동안 지속되다가 환자의 망상 속에 완전히 흡수되기 때문에 환자는 자신이 이중의 삶을 살고 있다거나 같은 인생을 두 번째로 살고 있다고 생각해버린다. 참으로 기묘한 현상이다. 환자가 스스로 자신의 도플갱어가 되어 자신이 경험하거나 생각하는 모든 것을 어딘가 다른 곳이나 과거에 살았던 또 다른 인생의 복제품으로 해석해버리니 말이다. '평범한' 데자뷰 현상과 달리 이 정신병적인 변형은 천천히 시작되지만, 일단 시작되면 쫓아버리기가 거의 불가능하다. 아르노는 1896년에 데자뷰라는 용어를 처음 도입한 바로 그 글에서 루이의 사례를 설명했다. 서른네 살의 장교인 루이는 통킹에서 근무하다가 말라리아에 걸렸다. 그런데 심한 열이 그의 기억에 영향을 미치는 바람에 그는 과거에 자신이 겪었던 많은 일들을 잊어버렸을 뿐만 아니라 현재 경험하는 일들도 기억 속에 보관해둘 수 없게 되었다. 그는 몇 분 동안 똑같은 질문을 대여섯 번씩 반복하곤 했다. 약 18개월 후인 1893년 초에 데자뷰 증상이 처음으로 나타났다. 그는 자신이 그 전에 신문에서 여러 기사를 읽었다고 주장했다. 그 기사들이 기억 속에 너무 생생해서 그 기사를 자신이 직접 썼을 것이라는 생각이 들 정도였다. 처음에 그는 자신이 읽는 글에 대해서만 혼란을 드러냈다. 그러나 몇 달 후 그는 남동생의 결혼식에 참석했다가 이 결혼식을 예전에 목격한 적이 있는 것 같다는 생각을 하게 되었다. 똑같은 결혼식을 왜 또 해야 하는지 모르겠다는 생각이 들 정도였다. 그 후 그의 증세가 급속히 악화되어서 그는 피해망상에 시달리기 시작했다. 1894년 여름에 아버지가 그를 설득해 정신병원에 입원시켰고, 그곳에서 그는 아르노의 치료를 받게 되었다. 루이는 병원에 들어오자마자 병원 마당, 병실, 복도는 물론 심지어 병원 직원들에 이르기까지 병원 안의 모든 것을 전에 본 적이 있음을 분명히 했다. "난 작년 이맘때도 여기 있었어요." 그의 내면세계도 한없이 반복되는 똑같은 일들의 연속이었다. 그가 아르노와 처음 만났을 때도 기묘했다. 그는 아르노에게 정식으로 자신을 소개한 뒤 인사말을 나눴다. 그런데 갑자기 루이의 표정이 변했다.

"이제 선생님이 누군지 알겠습니다! 작년 이맘때 바로 이 방에서 나를 맞이한 분이죠? 작년에도 선생님이 제게 똑같은 질문을 던지셨고, 저도 똑같은 대답을 했습니다. 이제 분명히 알겠어요. 놀란 척하시는군요. 하지만 이제 연극은 그만두셔도 됩니다."

아르노는 그렇지 않다고 말했지만 루이는 자신의 생각을 버리려 하지 않았다. 6개월 후 루이는 옛날에 입원했을 때와 달랐던 순간이 그때까지 한 번도 없었다고 주장했다. 그는 정신병원에서 일어나는 일뿐만 아니라 드 레셉스 자작의 죽음, 마다가스카르 원정, 파스퇴르의 죽음, 몽파르나스 역의 열차사고 등 공적인 사건들도 모두 과거에 겪은 적이 있다고 말했다. 동생에게 보낸 편지에서 그는 딸을 잃은 친구에게 위로의 말을 하지 않겠다고 말했다. 이미 옛날에 죽은 그 어린 딸이 또 다시 죽었을 리가 없다면서.

　루이의 사례는 독특한 것이 아니다. 그보다 20년 전에 독일의 신경학자인 피크Pick도 비슷한 사례를 발표한 적이 있었다. 피해망상에 시달리던 젊은이가 병원에 입원한 후 두 번째 날부터 이 모든 일을 이미 전에 겪은 적이 있다고 확신하게 되었다는 내용의 일기를 썼다는 것이다. 그는 자신이 '이중의 삶'을 살고 있는 것 같다고 표현했다. 스위스의 정신과 의사인 포렐Forel은 피해망상에 시달리는 젊은 상인의 사례를 발표했다. 그 상인도 병원에 입원한 직후 1년 전에도 자신이 이 병원에 있었다고 단언했다. 그보다 훨씬 최근인 1992년에는 스노가 여러 동료들과 함께 19세 소녀의 사례를 발표했다. 암스테르담 메디컬센터의 정신병동에 정신분열증 환자로 입원한 그녀 역시 망상에 시달리고 있었다. 그녀는 자신이 매릴린 먼로의 환생이라면서 그녀가 찍은 모든 영화와 사진이 친숙하게 느껴진다고 말했다. 그녀는 자신의 주치의에게 병원에 있는 다른 환자들과 병동, 병원 직원들이 모두 낯익게 느껴지는 것으로 보아 자신이 과거에도 이 병원에 입원했던 적이 있음이 틀림없다고 말했다.

　아르노의 환자였던 장교, 피크와 포렐의 환자였던 젊은이들, 스노의 병동에 입원했던 정신분열증 환자는 모두 항상 데자뷰 현상을 경험하고 있었을 뿐만 아니라 또 다른 특징을 공유하고 있었다(데자뷰 현상의 결과로 이런 특징이 생겼다고 봐야 할 것이다). 아르노의 환자였던 장교가 병원에 입원한 것은 1894년이었지만 편지에서 그는 연도를 1895년으로 표기했다. 포렐의 환자였던 젊은 상인도 항상 연도를 1879년이 아니라 1880년으로 표기했다. 정신분열증 환자였던 소녀는 자신이 달력의 날짜보다 1년 뒤의 시간을 살고 있다는 말로 자신의 '기억'을 설명했다. 아르노가 장교에게 날짜를 틀리게 표기했음을 지적하면 그는 지극히 논리적인 설명을 내놓았다. 자신이 '작년'에 읽은 신문의 연도가 1894년이었으니 지금은 1895년일 수밖에 없다는 것이었다. 포렐과 스노의 환자도 각각 1897년과 1992년에 똑같은 말을 했다. 날짜가 2년이나 3년이 아니라 딱 1년만큼 차이가 난다는 사실은 정신질환에서 '질서'와 '광기'가 얼마나 아슬아슬하게 균형을 유지하고 있는지를 보여준다. 만약 데자뷰 현상이 오랫동안 일관성 있게 계속돼서 언제 그런 현상이 시작되었는지 환자가 더 이상 기억하지 못할 정도라면, 자신의 경험을 현실과 대조해서 확인할 능력도 없다고 봐야 한다. 장교의 경우 그가 방브의 병원과 여름이라는 계절을 또렷하게 기억하고 있다는 사실을 설명하는 방법은 그가 시기적으로 가장 가까운 여름, 즉 그 전해 여름에 그 병원에 있었다고 생각하는 것뿐이다. 병에 걸려 질서를 잃어버린 정신은 일관성을 결코 포기하려 하지 않는다.

정신분열증의 증상으로서 데자뷰는 환자의 시간감각에 문제가 생겨서 나타나는 현상인 것 같다. '평범한' 데자뷰 현상을 경험하는 사람도 순간적으로 혼란을 느끼지만 곧 정상을 되찾는다. '전에 이것을 경험한 적이 있다'는 느낌이 '마치 전에 경험한 것처럼 느껴지는 일을 경험하고 있다'는 생각으로 순식간에 바뀌는 것이다. 자신이 환상을 경험하고 있음을 자각하는 사람은 현실로 다시 돌아올 수 있다. 하지만 또 다른 형태의 데자뷰 현상이 존재한다. 이 데자뷰 현상은 정신분열증 환자의 경우처럼 오랫동안 지속되지는 않지만, 대부분의 사람들이 경험하는 순간적인 데자뷰보다는 더 오래 지속된다. 이런 데자뷰 현상은 간질과 관련되어 있는데, 19세기 말에 영국의 신경학자인 존 휼링스 잭슨John Hughlings Jackson이 이 현상을 자세히 설명한 바 있다.

간혹 간질 발작의 전조 현상이 나타나는 경우가 있다. 환자의 귀에 이상한 소리가 들리거나 입에 이상한 맛이 느껴지는 것이다. 갑자기 몸이 붕 뜨는 느낌이 들거나 친숙한 물건들이 기괴한 모양으로 늘어나는 것처럼 보이는 경우도 있다. 측두엽 간질temporal epilepsy의 경우 전조 현상에 또 다른 현상이 간혹 동반되곤 한다. 휼링스 잭슨은 환자의 표현을 빌려 이 현상을 '몽롱한 상태dreamy state'라고 불렀다. 발작 직전에 정상적인 시간감각이 사라지고 환자는 자신이 현실 바깥에 있는 듯한 느낌을 받는다. 간혹 생생한 환상을 보거나 모든 것이 매우 친숙하게 느껴지는 경우도 있다. 휼링스 잭슨은 이런 느낌을 '회상reminiscence'이라고 불렀는데, 그의 설명을 보면 이 회상이 오늘날 데자뷰라고 일컬어지는 현상임을 분명히 알 수 있다. 휼링스 잭슨은 부검결과(당시에는 환부를 정확하게 파악할 수 있는 다른 방법이 거의 없었다)를 바탕으로 측두엽의 손상이나 장애로 인해 '몽롱한 상태'가 생기는 것 같다는 의견을 내놓았다.

실험을 위해 이런 현상을 재현할 수 있는 수단이 만들어진 것은 그로부터 반세기가 흐른 후였다. 1930년대에 캐나다의 신경학자인 와일더 펜필드Wilder Penfield는 새로운 수술방법으로 심한 간질환자들을 치료했다. 그는 환자들에게 국소마취를 실시한 후 두개골의 일부를 원반 모양으로 잘라 떼어내고 뇌막을 재빨리 절개해 뇌의 표면을 노출시켰다. 뇌 자체는 감각을 느끼지 못한다. 환자가 의식이 있는 상태에서 펜필드는 자극을 받으면 간질 발작을 일으키는 부위를 찾기 위해 전극으로 대뇌피질을 차근차근 조사했다. 이 방법을 통해 그는 문제의 부위를 찾아내 제거할 수 있었다. 그런데 자극을 가하는 부위에 따라 환자의 반응과 지각이 달라졌다. 그 중에는 미리 예측할 수 있는 반응도 있었다. 좌뇌의 운동 담당 부위를 자극했을 때 환자의 오른팔이 올라가거나, 시각피질을 자극했을 때 환자가 눈앞에 번개가 번쩍이는 듯한 느낌을 받는 것이 좋은 예다. 그러나 측두엽의 특정 부위를 전극으로 약하게 자극하면 시간 지각이나 기억과 관련된 반응이 나타났다. 일부 환자들은 전에 같은 상황을 경험한 적이 있다는 느낌을 받거나 순간적으로 전혀 낯선 환경에 와 있는 듯한 느낌을 받곤 했다. 마치 뭔가 재앙이 일어날 것처럼 어렴풋이 불안감을 느낀 환자도 있었고, 아무 이유 없이 행복이 넘쳐흐르는 듯한 느낌을 받은 환자도 있었다. 측두엽과 인접한 부위를 자극하면 환상, 꿈같은 이미지, 플래시백 현상 등이 나타났다. 플래시백 현상에서는 대개 일상적인 사건이나 상황이 재현되었다. 따라서 펜필드는 전극을 이용해서 휼링스 잭슨이 측두엽 간질 환자들에게서 관찰한 '몽롱한 상태'를 만들어낼 수 있었다고 봐도 될 것이다.

휼링스 잭슨이 수많은 연구결과를 발표했던 학술지 〈뇌Brain〉는 1세기 후인 1994년에 전조 현상이 일어나는 동안 '몽롱한 상태'를 경험한 간질환자 16명에 대한 뇌파 측정 결과를 게재했다. 파리의 생트안 병원에서 실시된 이 실험 결과 뇌에서 '몽롱한 상태'와 관련된 부위를 휼링스 잭슨이나 펜필드보다 훨씬 더 정확하게 파악할 수 있었다. 참고로, 이 연구의 목적은 순전히 임상적인 것이었으므로 데자뷰 현상과 관련된 사실들이 발견된 것은 사실상 연구의 부산물이었다. 실험에 참가한 간질환자들은 약이 듣지 않는 사람들이었다. 따라서 뇌파 측정의 첫 번째 목적은 나중에 수술로 제거해야 할 부위를 찾아내는 것이었다. 이를 위해 의사들은 환자를 약하게 마취한 뒤 뇌에 10여 개의 전극을 붙이고 5시간 이상 검사를 실시했다. 마취약의 기운이 모두 사라진 후 의사들은 여러 전극을 통해 매우 약한 전류를 1000분의 1초 동안 흘려보냈다. 그리고 간질증상을 일으키는 부위를 찾을 때까지 전압을 점차 높여갔다. 실험이 이루어지는 동안 의사들은 환자에게 그의 개인적인 경험에 대한 질문을 던졌다. 나중에 뇌의 다양한 부위를 측정한 뇌파 검사지에 주관적인 감정변화가 나타나도록 하기 위해서였다.

전기자극은 휼링스 잭슨이 '몽롱한 상태'로 분류했던 모든 현상들을 이끌어냈다. 환자들은 옛날에 살던 동네나 옛 친구처럼 친숙한 모습들이 선명하게 나타나는 환상을 경험했으며, 현실을 꿈처럼 느꼈다. 어머니가 부엌에서 일하는 모습처럼 아주 오래전에 집에서 보았던 광경이 되살아나는 경우도 있었다. 어떤 환자들은 환상 속에 나타난 사람들의 이미지가 하도 진짜 같아서 그 이미지를 향해 말을 걸기도 했다. 머리에 전극을 붙이고 앉아 있는 지금의 경험이 너무나 친숙하게 느껴져서 전에도 이런 일을 겪은 적이 있다고 믿어버린 환자도 있었다. 하지만 지금의 상황이 너무 낯설어서 마치 꿈속에 사로잡혀 있는 것처럼 느끼는 사람도 있었다. 똑같은 전극으로 가한 자극이 데자뷰 현상과 모든 것이 낯설게 느껴지는 현상을 번갈아 일으키는 경우도 있었다. 거의 모든 환자들은 자극이 가해지는 동안 느낀 감각에 뭐라고 꼭 집어 말할 수 없는 불안이 어렴풋하게 동반되었다고 말했다. 환자들이 경험한 기억이나 환상이 친숙하게 느껴질 때도 마찬가지였다.

'몽롱한 상태'는 항상 발작 초기에 나타났다. 발작이 시작되고 첫 10초 동안 나타나는 경우가 일반적이었다.

이 뇌파 측정결과를 환자들의 주관적인 경험과 비교해본 결과 편도체와 해마를 자극했을 때 '몽롱한 상태'가 나타나는 것 같았다. 편도체와 해마 모두 계통발생학상 뇌의 오래된 부분인 변연계의 일부다. 변연계는 뇌의 깊숙한 곳 뇌간 근처에 위치해 있으며, 경계심과 감정 조절을 담당하는 부위와 직접 연결되어 있다. 과거의 연구에서 이미 확인되었듯이, 편도체를 자극하면 환자가 처한 상황에 따라 불안감이 느껴지거나, 정반대로 긴장이 풀릴 수 있다. 해마는 기억에 필수적인 부분이다. 코르사코프Korsakoff 증후군(알코올성 치매─옮긴이)에서처럼 해마가 손상된 환자는 심한 기억장애 증상을 나타낸다. 해마의 양편이 모두 손상되면 기억을 저장할 수 있는 능력이 완전히 사라져버린다. 편도체와 해마는 모두 측두엽에서 감각기관의 정보를 통합하는 부위와 밀접하게 연관되어 있다.

현재 우리가 알고 있는 최고의 지식에 따르면, 간질 데자뷰는 편도체, 해마, 측두엽의 일부가 동시에 활동하고 있는 신경회로에서 발생한다. 측두엽은 현재의 경험과 관련된 정보를 처리해서 그 결과를 해마에 전달한다. 그러나 전극을 통한 자극에 의해서든 간질 발작에 의해서든 해마가 동시에 활성화되면, 해마는 새로 들어오는 정보를 기억으로 해석한다. 그 기억이 '언제'의 것인지를 알려주는 정보가 빠져 있지만(그것이 진짜 기억이 아니기 때문이다) 그 순간 뇌가 처리하고 있는 모든 정보가 한데 합쳐져서 환자는 지금의 경험이 친숙하다는 느낌을 받게 된다. 이 친숙하다는 느낌은 해마와 관련되어 있다. 마지막으로 편도체가 활성화되면 환자는 곧 종말이 다가올 것 같은 느낌을 받게 된다.

그러나 측두엽의 활동 부위가 조금만 달라져도 해마와 편도체가 현재의 상황에서 연상되는 친숙함을 없애버리기 때문에 환자는 자신이 경험하고 있는 모든 것을 완전히 낯설게 느끼게 된다. 이 두 가지 느낌(친숙한 것이 낯설게 느껴지는 것과 낯선 것이 친숙하게 느껴지는 것)이 아무리 동떨어진 것처럼 보여도, 신경학적으로는 아주 밀접하게 관련되어 있기 때문에 뇌의 똑같은 자리를 자극해도 경우에 따라 친숙한 것이 낯설게 느껴지기도 하고, 낯선 것이 친숙하게 느껴지기도 한다.

회의주의자라면 환자들을 대상으로 한 연구에서 데자뷰 현상과 관련해 발견된 사실들이 수많은 정상인들의 데자뷰 현상과 얼마나 관련되어 있는지 모르겠다는 의문을 제기할 수도 있을 것이다. 정신분열증과 간질은 다행히도 희귀한 질병이며, 환자들이 데자뷰 현상을 경험하는 경우도 드물다. 정신분열증 환자나 간질 환자라고 해서 정상인보다 데자뷰 현상을 더 많이 경험하지는 않는 경우가 대부분인 것이다. 병리적으로도 데자뷰 현상은 그리 중요하지 않다. 소수의 환자들만을 대상으로 하는 경우 데자뷰 현상은 임상적인 증상의 일부일 뿐이며, 데자뷰 현상이 질병을 의미하는 것도 아니다. 정신과 질병의 진단 지침서에는 데자뷰라는 항목이 없다. 그렇다면 전극을 이용해 데자뷰 현상을 유도하는 것이 자연발생적으로 일어나는 평범한 데자뷰 현상에 대해 어떤 정보를 알려주는지 궁금하다는 생각이 들 것이다. 사실 신경과 병동이 아니면 머리에 전극을 붙이고 돌아다니는 사람을 결코 볼 수 없다. 그러니 그런 의문을 품을 만도 하지만, 그것은 지금까지의 탄탄한 연구성과를 잘 알지 못하기 때문이다. 정상적인 상황에서는 너무 순간적으로 지나가버리거나 너무 무의미해서 자세히 관찰할 수 없는 현상들이 질병에 의해 증폭되는 경우가 많다. 실험을 통해 데자뷰 현상을 어느 정도 유도할 수 있기 때문에 신경학자들은 뇌의 어느 부위에서 데자뷰 현상이 생겨나는지 찾아낼 수 있다. 신경심리학에서 문제의 '부위'는 그런 현상이 일어나는 '과정'과 '이유'를 알아내기 위한 연구의 기초가 될 수 있다.

상황에 따라 낯선 느낌, 친숙함, 두려움을 이끌어낼 수 있는 세 가지 부분으로 이루어진 신경회로처럼, 완전히 다른 분야에서 다른 시대에 이루어진 두 연구결과가 멋들어지게 일치한다. 1904년에 헤이만스는 데자뷰와 탈개인화가 똑같은 상황에서 똑같은 사람에게 일어나더라도 주관적으로는 반대되는 현상임을 입증했다. 그의 주장에 따르면, 이는 두 현상 사이에 숨은 접점이 있음을 의미한다. 즉, 두 현상이 똑같은 과정에 의해 일어난다는 뜻이다. 생트안 병원에서 거의 100년 후에 실시된 실험은 헤이만스의 주장이 옳다는 것을 보여주었다.

## 달걀형 거울

데자뷰 현상에는 세 가지 환상이 관련되어 있다. 첫째, 데자뷰 현상은 기억처럼 느껴지지만 전혀 기억이 아니다. 둘째, 앞으로 무슨 일이 일어날지 다 알고 있는 것 같다는 생각이 들지만 사실 우리는 앞으로 일어날 일을 예측하지 못한다. 셋째, 뚜렷한 이유 없이 막연한 불안을 느끼게 만든다. 이 세 가지 환상은 아주 대수롭지 않은 것 같아도 혼란을 불러일으킨다. 이 환상 때문에 우리는 정상적인 상황이라면 물 흐르듯이 계속 이어졌을 연상들 속에서 잠시 멈추게 된다. 낯설면서도 친숙하게 느껴지는 일이 똑같이 되풀이되고 있다는 느낌 때문에 사람들은 깜짝 놀라서 자신이 경험하고 있는 일들을 관찰하게 된다. 경험이 사람의 내면에서 또 한 번 복제되는 것이다. 모든 데자뷰 현상에는 이런 거울 효과가 나타난다. 물론 사람에 따라 차이가 나타나는 부분도 있다. 예를 들어, 데자뷰 현상은 대개 순간적으로 지나가버리지만 오랫동안 계속될 수도 있다. 자연발생적으로 데자뷰 현상이 나타날 수도 있고, 전기 자극으로 데자뷰 현상이 생길 수도 있다. 순간적인 환상으로 분류되는 데자뷰가 있는가 하면, 정신분열증으로 인한 망상의 일부가 되는 데자뷰도 있다. 데자뷰 현상은 흔히 뚜렷한 신경장애가 없는 사람에게 발생하지만, 간질 발작의 전조 현상일 수도 있다. 이처럼 다양한 현실을 한 가지 이론으로 설명할 수 있을 것 같지는 않다. 현재 데자뷰에 관해 가장 많은 글을 써내고 있는 헤르만 스노는 여러 학자들의 연구결과가 서로 모순되는 경우가 아주 많다고 말한 바 있다. 데자뷰가 신경증과 관련되어 있음을 입증한 연구가 있는가 하면, 전혀 관련이 없음을 입증한 연구도 있다는 것이다. 학자들은 나이, 지능, 사회경제적 지위, 해외여행 경험, 정신질환, 뇌손상, 인종적 배경 등 여러 가지 요인들을 조사해보았지만 데자뷰 현상과 이런 요인들 사이의 간단한 상관관계는 발견되지 않았다. 데자뷰 현상의 빈도는 학자들이 어떤 범주의 것을 조사하는가에 따라 달라진다. '평범한' 데자뷰 현상과 만성적인 데자뷰 현상 사이의 차이가 정도의 문제인지 아니면 두 현상이 아예 다른 것인지에 대해서도 공감대가 형성되어 있지 않다. 피로, 스트레스, 외상, 질병, 음주, 임신 등 데자뷰를 촉진하는 것처럼 보이는 조건들이 존재하는 상황에서 어느 정도 분명한 패턴이 발견된 적은 있다. 이런 조건들은 탈개인화가 나타날 수 있는 조건이기도 하다. 탈개인화는 사실 데자뷰 현상과 분명히 관련되어 있는 유일한 정신적 현상이다.

　그러나 모든 이론이 똑같은 가능성을 품고 있다는 결론은 너무 쓸쓸하다. 어떤 사람이 휴대전화기를 꺼내는 순간 데자뷰 현상을 경험한다면, 그것을 전생의 기억과 연결시키기는 어렵다. 만약 예전에 경험했거나, 꿈꿨거나, 상상했던 일들과 지금의 현실이 어느 정도 비슷하기 때문에 데자뷰 현상이 일어나는 것이라면, 익숙한 것이 하나도 없는 반대의 상황에서도 데자뷰 현상이 일어나는 이유를 더욱더 설명하기 어렵다. 1904년에 헤이만스가 내놓은 가설, 즉 두 가지 현상을 설명해주는 납득할 만한 이론이 분명히 있을 것이라는 가설은 지금도 유효하다. 예전의 경험과 지금의 현실이 일치하기 때문에 데자뷰 현상이 생긴다는 가설이 옳다면, 데자뷰 현상은 지금보다 훨씬 더 빈번하게 일어나야 하며, 극도로 지치거나 긴장했을 때, 또는 여행 중일 때가 아니라 자주 반복되는 일상적인 상황에서 주로 발생해야 한다. '이중 이미지', 즉 정보가 뇌에서 두 번 처리된다는 가설 역시 마찬가지다. 우리가 의미를 이해하지 못한 채 방금 기계적으로 읽은 구절을 다시 읽을 때처럼 똑같은 정보가 두 번 처리되는 상황에서는 데자뷰와 비슷한 현상이 전혀 일어나지 않는다. 순간적으로 집중력이 저하되는 바람에 감각기관이 받아들인 정보와 관련된 연상 작용이 제대로 일어나지 않아서 현실이 어렴풋한 기억처럼 느껴진다는 헤이만스의 가설은 지금도 상당한 신뢰를 얻고 있다. 이처럼 집중력이 저하되는 원인으로는 음주, 임신 중의 순간적인 산소 부족, 충격적인 사건, 남 앞에 나서기 전의 긴장, 극도의 피로 등 다양한 것을 꼽을 수 있다. 따라서 데자뷰 현상이 드물게 발생하는 이유와 쉽게 탈개인화로 바뀌어버리는 현상을 헤이만스의 가설로 설명할 수 있다.

간질환자들을 대상으로 문제가 되는 부위를 찾아내기 위해 실시된 프랑스 병원의 실험은 과거에 주로 주관적인 경험으로 간주되던 것을 실험을 통해 파악할 수 있게 해주었다. 만약 전기 자극으로 유도한 데자뷰 현상이 간혹 자연발생적으로 훨씬 더 미약하게 발생할 수 있는 장애의 인위적인 재현이라면, 이 실험은 단순히 문제의 부위가 어디인지 찾아내는 것보다 훨씬 더 커다란 의미를 지니게 된다. 데자뷰의 세 가지 환상(친숙함, 낯설다는 느낌, 불안감)뿐만 아니라 탈개인화의 기묘한 효과까지 만들어낼 수 있는 신경 메커니즘이 발견되었다는 사실은 연구가 뜻하지 않게 수렴되는 현상의 좋은 예다. 만약 설문지와 전극 등 다양한 도구를 이용해서 얻어낸 결과들이 갑자기 같은 방향을 가리킨다면, 우리는 미학적인 만족감 같은 것을 느끼게 된다. 그러나 이런 연구가 데자뷰의 원인을 결정적으로 밝혀줄 수 있을 것 같지는 않다. 하지만 이런 연구를 통해 원인을 밝히기 위한 연구의 첫 단계가 완성될 수 있을지도 모른다.

1949년 봄에 네덜란드의 시인 헤리트 아흐테르베르크는 아내 카트흐린, 헤티 테르 코이레, 임 테르 코이레와 함께 자동차를 몰고 프랑스로 여행을 갔다. 그는 시인이자 수필가인 헨드리크 마르스만Hendrik Marsman이 생애 마지막 몇 달을 보냈던 집에 가보고 싶었다. 그가 여행을 떠나기는 쉽지 않았다. 1937년에 애인을 총으로 쏜 사건 이후 아흐테르베르크는 병보석으로 석방되었지만 병원을 떠날 수 없는 몸이었다. 그의 병보석 기간은 한 번에 1~2년씩 연장되곤 했다. 그는 여행을 떠날 때마다 담당 정신과 의사에게 미리 보고해야 했으며, 여권을 자유로이 사용할 수 없었다. 테르 코이레가 연줄을 동원해 아흐테르베르크가 여권을 사용할 수 있도록 해주었다. 아흐테르베르크 일행은 4월에 테르 코이레의 포드 자동차를 타고 프랑스 남부로 향했다. 아흐테르베르크는 그때 공책을 하나 가지고 갔는데, 헤티 테르 코이레가 나중에 아흐테르베르크의 전기를 쓴 빔 하죄Wim Hazeu에게 밝힌 바에 따르면 그가 이 공책에 여행 중에 일어난 일을 모두 기록했다고 한다. 그는 심지어 지금까지 달려온 거리가 얼마인지를 표시해놓은 도로 표지판의 내용까지 공책에 적었다. 아흐테르베르크는 나중에 《자동차의 꿈Autodroom》(1954)을 테르 코이레에게 헌정할 걸 그랬다고 말했다. 그가 프랑스에서 일행과 함께 보고 겪은 일들을 바탕으로 이 책에 실린 시들('리비에라Rivièra' '추억Souvenir' '늑대의 조르주George de loup')을 썼기 때문이다. 《자동차의 꿈》의 맨 앞에 실린 시의 첫 행에서부터 아흐테르베르크는 시간과 공간, 지도와 여행안내서, 거리(距離)와 국경, 오르막길과 내리막길, 정지와 추월 등의 개념을 뒤바꿔서 이용하고 있다. 오랫동안 자동차를 몰 때 생길 수 있는 묘한 황홀경 같은 느낌은 시간감각을 바꿔놓을 수 있는데, 《자동차의 꿈》에 여덟 번째로 실린 시가 이런 느낌을 잘 포착하고 있다.

데자뷰

매끈하게 누워 있는 물,
자신이 지금 채우고 있는 우묵한 곳으로 낮게 꺼져 있다
거리에 줄지어 늘어선 하얀 성들이
꿈인 듯 반짝거린다. 차가 계속 나아간다.

내가 보는 것은 책에서 곧장 나온 것.

환상에 실린 현실,

내게는 데자뷰로 바뀌었다.

지금을 피할 수는 없다. 이럴 수밖에 없다.


우리가 몰고 다니는 달걀형 거울 속에서

우리 자신의 모습 속에서 우리 자신의 배경을 보고

그것 역시 언젠가 발견될 수 있음을 깨닫는다.


똑같은 도로 가장자리가 다가왔다가 사라진다.

가슴이 벅차다. 오래전 그때처럼.

우리가 아는 모든 영혼들을 묶어주는 아말감.


  제목만 보면 이 '데자뷰'라는 시가 '로르샤흐Rorschach' '탈개인화'
'환상Hallucination'처럼 정신병적인 현상을 다룬 아흐테르베르크의 시와
어울릴 것 같다. 아흐테르베르크는 1943년에 우흐스트헤스트에 있는
요양소에 거의 1년 동안 갇혀 있을 때 정신의학 서적을 접할 수 있었
다. 그는 정신의학에 커다란 관심을 보였으며(정신의학자들도 그에게 커다란
관심을 보였다), 예술과 정신병리학에 관한 책들을 읽었다. 그곳에 있는
동안 그가 데자뷰 현상을 설명한 문헌을 읽었을 수도 있다. 위의 시에
서 4행으로 구성된 연들에는 데자뷰 현상에 관한 설명들이 나란히 언
급되어 있다. 꿈을 다시 경험하는 것 같은 느낌, 지금 읽고 있는 구절을
이미 알고 있던 것 같은 느낌, 자신이 공상하던 것을 실제로 경험하
는 것 같은 느낌. 그러나 3행으로 구성된 연들에서 아흐테르베르크는

해답이 아니라 수수께끼의 이미지를 찾고 있는 것 같다. 거울은 사물을 반복적으로 복제해서 보여주기 때문에 데자뷔와 딱 맞는 연상을 제공해준다. 우리는 백미러를 통해 자신은 가만히 있는데 '도로 가장자리가 다가왔다가 사라진다'는 역설적인 이미지를 본다. 달걀형 테두리의 거울 속에서 우리는 가만히 앉아서 엄청난 속도로 앞을 향해 돌진하는 우리 자신의 모습을 본다. 헤티 테르 코이레는 여행 중에 아흐테르베르크가 "포드 자동차의 백미러를 통해 이미 지나간 것을 볼 수 있다며 한참 동안 강연을 했다. 이미 지나간 물건이지만 여전히 보이는 것. 그가 말하고자 한 것이 그것이었다"고 회상했다.

**참고문헌**

G. Achterberg, *Verzamelde gedichten*, Amsterdam, 1963.

J. Anjel, 'Beitrag zum Capittel Über Erinnerungstäuschungen,' *Archiv für Psychiatrie* 8 (1877), 57-64.

F. L. Arnaud, 'Un cas d'illusion de "déjà vu" ou "fausse mémoire",' *Annales Médico-Psychologiques* 3 (1896), 8번째 시리즈, 455~470.

J. Bancaud, F. Brunet-Bourgin, P. Chauvel, E. Halgren, 'Anatomical origin of déjà vu and "vivid memories" in human temporal lobe epilepsy,' *Brain* 117 (1994), 71~90.

H. Bergson, 'Le souvenir du present et la fausse reconnaissance,' *Revue Philosophique* 66 (1908), 561~593.

E. Bernard-Leroy, *L'illusion de fausse reconnaissance*, Paris, 1898.

G. E. Berrios, 'Déjà vu in France during the 19th century: a conceptual history,' *Comprehensive Psychiatry* 36 (1955), 123~129.

R. Brauer, M. Harrow, G. J. Tucker, 'Depersonalization phenomena in psychiatric patients,' *British Journal of Psychiatry* 117 (1970), 509~515.

C. Dickens, *David Copperfield*, London, 1850.

_____, *Pictures form Italy*, London, 1913.

A. Forel, *Das Gedächtnis und seine Abnormitäten*, Zurich, 1885.

M. A. Harper, 'Déjà vu and depersonalization in normal subjects,' *Australian and New Zealand Journal of Psychiatry* 3 (1969), 67~74.

W. Hazeu, *Gerrit Achterberg: Een biografie*, Amsterdam, 1988.

A. F. T. van der Heijden, *Vallende ouders*, Amsterdam, 1983.

G. Heymans, 'Eine Enquête über Depersonalisation und "Fausse Reconnaissance",' *Zeitschrift für Psychologie* 36 (1904), 321~343.

_____, 'Weitere Daten über Depersonalisation und "Fausse Reconnaissance",' *Zeitschrift für Psychologie* 43 (1906), 1~17.

J. H. Jackson, 'On a particular variety of epilepsy "intellectural aura". one case with symptoms of organic brain disease,' *Brain* 11 (1888), 179~207.

W. James, *Principles of Psychology*, New York, 1890.

J. Jensen, 'Über Doppelwahrnehmungen in der gesunden wie in der kranken Psyche,' *Allgemeine Zeitschrift für Psychiatrie und Nervenkrankheiten* (Suppl. Issue) 25 (1868), 48-64.

K. van Kooten, *Meer modernismen*, Amsterdan, 1986.

D. H. Myers와 G. Grant, 'A study of depersonalization in students,' *British Journal of Psychiatry* 121 (1972), 59~65.

F. W. H. Myers, 'The subliminal self,' *Proceedings of the Society for Psychical Research* 11 (1895), 334~593.

V. M. Neppe, *The Psychology of Déjà Vu: Have I Been Here Before?*, Johannesburg, 1983.

O. Pfister, 'Schockdenken und schockpahntasien bei höchster Todesgefahr,' *Internationale Zeitschrift für Psychoanalyse* 16, 3~4 (1930), 430~455.

A. Pick, 'Zur Casuistik der Erinnerungstäuschungen,' *Archiv für Psychiatrie* 6 (1876), 568~574.

T. F. Richardson과 G. Winokur, 'Déjà vu in psychiatric and neurosurgical patients,' *Journal of Nervous and Mental Disease* 146 (1968), 161~164.

W. Scott, *Guy Mannering*, London, 1815.

H. N. Sno, *The Déjà Vu Experience: A Psychiatric Perspective*, Amsterdam, 1993.

H. N. Sno와 D. Draaisma, 'An early Dutch study of déjà vu experiences,'
   *Psychological Medicine* 23 (1993), 17~26.

H. N. Sno와 D. H. Linszen, 'The déjà vu experience: remembrance of things past?',
   *American Journal of Psychiatry* 147 (1990), 1587~1595.

H. N. Sno, D. H. Linszen, F. E. R. E. R. de Jonghe, 'Déjà vu experiences and
   reduplicative paramnesia,' *British Journal of Psychiatry* 160 (1992), 565~568.

_____, 'Een zonderlinge zweming··· Over déjà vu ervaringen in de belletrie,'
   *Tijdschrift voor Psychiatrie* 4 (1992), 243~254.

J. Sully, *Illusion: A Psychological Study*, London, 1881.

A. L. Wigan, *The Duality of the Mind*, London, 1844.

회<br>상

빌렘 반 덴 휠Willem van den Hull의 80평생을 요약하면 다음과 같다. 그는 1778년에 하를렘에서 우편배달부의 아들로 태어났다. 하를렘의 몇몇 유지들의 도움으로 그는 교사가 되기 위한 교육을 받았으며, 나중에는 사립 기숙학교의 소유주가 되었다. 그는 사업수완이 좋아서 하를렘에서 가장 멋진 건물에 '프랑스 학교'를 세울 수 있었다. 암스테르담의 많은 귀족들이 아들을 이 학교에 보냈다. 그는 평생 독신이었으며, 역시 독신이었던 누이와 함께 조카 휘베르트를 입양해 길렀다. 반 덴 휠은 1858년에 세상을 떠났다.

　우리가 그의 삶에 대해 위에서 언급한 간단한 사실들보다 훨씬 더 많은 것을 알게 된 것은 그가 남긴 두툼한 자서전 덕분이다. 반 덴 휠은 1841년부터 자서전을 집필하기 시작했다. 당시 예순세 살이었던 그는 기숙학교의 교장직을 그만두고 은퇴한 상태였으므로 자신의 일생을 글로 옮길 시간이 충분했다. 1년 남짓한 기간에 그는 서른일곱 살 때까지의 삶을 글로 옮겼다. 그리고 예순다섯 살 때 그 다음부터 1854년까지의 삶을 기록하기 시작했다. 그는 1854년 이후 4년을 더 살았지만, 자전적인 기록은 더 이상 남기지 않았다. 그의 자서전 원고는 제본하지 않은 상태에서 800쪽이었으며, 각 쪽마다 교사답게 깔끔한 글씨로 약 400단어 분량의 글이 적혀 있었다.

그가 출판을 염두에 두고 자서전을 쓴 것 같지는 않다. 반 덴 횔은 입양한 아들과 다른 가족들을 위해 자서전을 썼으므로, 1장에서 가족사를 자세히 밝혔다. 요즘 계보학을 연구한다며 기록보관소에 모여드는 사람들처럼 그도 조상들과 후손들의 가계도 속에서 자신의 위치를 확인하고 싶었던 것인지도 모른다. 자신의 삶이 자세히 기록해도 좋을 만큼 가치 있다고 생각했을지도 모르고. 확실한 것은 그가 몇 가지 사실들을 바로잡아야겠다는 생각을 했다는 점이다. 또한 그가 특별한 시대를 살고 있다고 생각했다는 사실도 분명히 알 수 있다. 1831년에 그는 책 한 권을 출판했다. 그 책의 제목을 모두 영어로 옮기면《1831년에 한 60대 노인의 관심사 또는 이 시대를 다른 시대와 뚜렷이 구분해주는 가장 놀라운 현상의 스케치On the Concerns of a Sexagenarian in the Year 1831; or a Sketch of the Most Remarkable Phenomena Characterizing This Age Above All Others》가 된다. 이 책은 1831년까지 반세기 동안 새로 나타난 변화, 발명품, 발견 등을 살펴본 것이다. 반 덴 횔에 따르면, 이 시기에 일어난 일들이 그 전 300년 동안 일어난 일들을 합한 것보다 더 많았다.

반 덴 횔은 자서전을 쓸 때 자신의 일기를 이용했던 것 같다(애석하게도 이 일기는 사라져버렸다). 따라서 그는 자서전에 묘사된 사건들이 일어난 날짜를 정확히 제시할 수 있었다. 그러나 그의 문체는 일기체가 아니다. 반 덴 횔은 이야기의 가닥들을 따라가면서 주제가 스스로 발전하도록 했으며, 분명하지 않은 부분들을 정리했다. 그의 글은 솔직하며, 때로는 감동적이기까지 하다. 그는 자신이 겪은 고난과 좌절, 수치스러웠던 순간, 후회, 죄책감 등을 솔직하게 묘사했다. 반 덴 휠은 쉽게 상처를 받는 예민한 사람이었으며, 몹시 결혼하고 싶어했다. 대부분의 사람들이 그의 자서전을 읽다보면 그에게 애정을 느끼게 될 것이다.

자서전을 쓰는 사람들은 모두 정도의 차이는 있지만 기억에 의존한다. 어떤 사람들은 메모, 보고서, 편지, 연설문 등 별도의 자료를 부분적으로 이용하기도 한다. 처칠처럼 비서의 도움을 받아 회고록을 완성하는 경우도 있다. 그러나 반 덴 휠의 경우에는 자서전을 쓸 때 커다란 도움을 줄 수 있는 비서가 없었다. 따라서 그는 전적으로 자신의 기억을 바탕으로 자신의 삶을 기록했다. 따라서 자전적인 기억의 특징들이 대단히 뚜렷하게 드러나 있다. 이 자서전에는 그가 서너 살이 될 때까지의 일들이 거의 기록되어 있지 않다. 그는 자신의 기억 속에 처음으로 남은 일들을 열거한 뒤 어린 시절, 성인기, 노년기로 이야기를 이어나간다. 이 책은 또한 나이를 많이 먹은 사람이 쓴 자서전이기 때문에 학자들이 최근에야 실험을 통해 연구하기 시작한 노년기 자전적 기억의 특징들이 반영되어 있다.


## 회상 효과

1879년에 이미 프랜시스 골턴은 자신의 연상 중에 최근의 경험과 관련된 것보다는 어린 시절과 관련된 것들이 훨씬 더 많다는 사실을 발견했다. 당시 그가 사용한 방법은 현재 '골턴의 단서기법'이라고 부르는 방법의 핵심을 이루고 있다. 그는 기억을 되살리기 위해 단어 목록을 이용했다. 학자들은 인생의 모든 시기와 연결될 수 있는 단어들을 골라 목록을 만든다. 따라서 '시험' 같은 단어는 이 목록에 포함될 수 없다. 스무 살인 사람은 최근에 시험을 봤을 가능성이 높지만, 마흔 살인 사람은 그렇지 않기 때문이다. 반면 '이사'나 '계단에서 추락' 같은 단어들은 실험에 아주 적합하다. 학자들은 피실험자에게 단서로 제시된 단어를 통해 기억을 떠올려보라고 말한다. 그리고 그 기억의 날짜를 가능한 한 정확하게 말해보라고 한다. 대략적으로 말해서, 최근의 사건과 관련된 기억이 가장 많은 듯하다. 가장 최근의 이사, 가장 최근에 계단에서 떨어진 일 등. 세로축은 기억의 비율을, 가로축은 나이를 나타내는 히스토그램을 보면 오른쪽으로 갈수록 막대가 높아져서, 실험 직전의 시기에 해당하는 막대가 가장 높다. 이것은 사실 정상적인 망각 곡선과 일치하는데, 가파르게 하강하다가 평탄해지는 이 곡선은 다른 형태의 회상에도 똑같이 적용될 수 있다. 그러나 좀더 나이가 많은 사람들을 대상으로 똑같은 실험을 실시하면 놀라운 현상이 나타난다. 중년의 피실험자들에게서 곡선이 평탄해졌던 부분에서 막대가 높아지기 시작하는 것이다. 시간 축의 왼쪽 방향에서는 막대기가 불룩하게 튀어나와 이른바 '회상 혹reminiscence bump'이 형성된다. 이 혹이 나타나는 지점은 연구에 따라 조금씩 다르지만, 스무 살을 중심으로 약 10년에 이르는 기간 동안 기억이 집중되어 있음이 분명히 나타난다. 피실험자에게 단서가 되는 단어를 제시하지 않고 가장 생생하게 남아 있는 기억을 서너 가지 말해보라고 하면 이 혹의 크기가 더욱 증가한다. 이때, 막대는 가장 최근에 해당하는 시간대에서 가장 짧고, 열다섯 살 무렵에 막대의 높이가 가장 높아진다. 회상 효과는 약 60세 이상의 피실

험자에게 나타나며, 피실험
자의 나이가 많을수록 효과
가 더욱 뚜렷해진다.

예순세 살에 자서전을
쓰기 시작한 빌렘 반 덴 휠은
사실 단 한 사람, 즉 자신을
대상으로 비공식적인 실험을
실시하고 있었다고 볼 수 있
다. 그는 단서가 되는 단어나

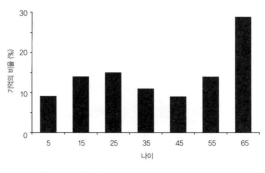

평균연령 일흔 살의 실험대상자들이 단서가 되는 단어들을 듣고 생각해낸 기억의
양을 나타낸 히스토그램. 기억들 중 절반이 실험 전 해의 것이었으나 이 그래프에는
포함되지 않았다. 그 기억들을 포함시키면 다른 기억들에서 나타나는 패턴을 분명
히 표시할 수 없기 때문이다. 그래프의 오른쪽에서 왼쪽, 즉 더 먼 옛날로 거슬러
올라갈수록 정상적인 망각 곡선이 급격하게 하향곡선을 그리는 것을 볼 수 있다. 그
러나 열다섯 살에서 스물다섯 살 사이에는 기억의 양이 다시 늘어난다. 이것이 회상
혹이다.

정해진 틀 없이 자신의 일기를 훑어보고 머릿속에 떠오르는 연상들을
계속 따라가면서 기억나는 것을 글로 적었다. 그는 시간 순서대로 사
건을 기록하는 방법을 사용했다. 때로는 시간을 앞서나가기도 하고 과
거에 일어났던 일을 덧붙이기도 했지만, 대체적으로 그는 시간 순서를
따랐다. 이 방법 덕분에 우리는 반 덴 휠이 자신의 인생 중 각각의 해에
몇 쪽을 할애했는지 계산할 수 있다. 네 살 생일부터 열세 살 생일 때까
지 그는 한 해에 평균 약 14쪽을 할애했다. 열세 살 생일부터 스물한 살
생일 때까지는 한 해에 15쪽 이상을 할애했으며, 스물한 살 때부터 스
물일곱 살 생일 때까지는 한 해에 할애한 분량이 조금 더 늘어났다. 그
러나 그 다음부터는 이 분량이 빠른 속도로 꾸준히 줄어들기 시작한다.
따라서 스물일곱 살 때부터 서른일곱 살 생일 때까지는 한 해에 할애한
분량이 10쪽이 채 안 되고, 그 후 5년 동안은 6쪽이 채 안 되며, 쉰네 살
부터 일흔두 살 때까지는 4쪽이 채 안 된다. 일흔여섯 살 때까지 4년 동
안 이 분량이 다시 조금 늘어서 평균 5쪽이 된 것은 그가 이 기간 동안
자신이 쓴 글에 대해 자세히 설명했기 때문이다. 여기에는 그의 논문

도 포함되는데, 그 제목을 번역하면 《토성 고리의 본질과 목적에 관한 추측Conjecture about the Nature and Purpose of Saturn's Ring》이 된다.

반 덴 횔은 800쪽 분량의 회고록을 쓰면서 강력한 회상 효과를 보여주었다. 한 해에 할애된 원고 분량을 히스토그램으로 그리면 실험에 참가해서 생생한 기억을 말한 70대 노인들의 히스토그램과 대체로 비슷한 모양이 될 것이다. 왼쪽에 혹이 생기는 것도 똑같고, 중년이 가까워질수록 분량이 급속히 줄어드는 것도 똑같고, 생애의 마지막 몇 년 동안의 기억이 별로 없는 것도 똑같다. 이런 패턴을 보면 호기심이 생긴다. 스무 살을 중심으로 기억이 축적되는 원인이 무엇일까? 그때의 기억력이 더 나아서 그런 걸까? 그 나이 때 기억에 남을 만한 경험을 더 많이 하는 걸까? 사람들이 나이를 많이 먹으면 중간의 기억이 대부분 사라져버리기 때문에 젊은 시절의 기억을 더 또렷이 회상하게 되는 걸까? 이런 의문들을 생각하다 보면 반 덴 횔의 자서전을 더 자세히 살펴보면서 그가 또렷이 기억하고 있다고 말한 것이 무엇인지, 그가 생생하게 기억하는 사건이 어떤 것인지, 처음에는 자세히 설명되어 있지만 나중에는 그냥 사라져버린 사건들이 어떤 것인지 알아보고 싶다는 생각이 든다. 간단히 말해서, 회상 혹이 어떤 기억들로 구성되어 있으며, 그 앞과 뒤에 무엇이 있는지 조사해봐야겠다는 생각이 든다는 뜻이다.


## "지금도 그 소리가 들리는 듯하다."

반 덴 횔은 "적어도 네 살 이후부터는 그 어떤 도움도 받지 않고〔내 삶을) 글로 적을 수 있어야 할 것이다. 자연이 내게 뛰어난 기억력(이름에 대한 기억력만 빼고)을 주었으니까"라고 썼다. 게다가 만약 그가 혹시라도 잊어버린 것이 있다면, 그와 마찬가지로 기억력이 뛰어난 그의 누이 엘리자베스('걸어 다니는 연대기')가 그를 도와줄 터였다. 그러나 그가 네 살이 될 때까지 겪은 일들에 대한 정보는 모두 남에게 들은 것이었다. 그는 1778년 9월 16일 이른 아침에 태어났다. 모든 것을 더 넓은 시각에서 보곤 하던 반 덴 휠에 따르면, 그 해에는 많은 일들이 있었다. 린네, 루소, 볼테르가 죽은 것도 바로 그 해였다. 하를렘에서도 놀라운 사건이 일어났다. 부유한 상점주인인 반 에라는 사람이 흐로테 교회 입구에 서서 지인과 이야기를 나누고 있을 때 교회 꼭대기에서 커다란 돌이 떨어져 그의 모자와 가발과 두개골을 뭉개버렸던 것이다. 그는 그 자리에서 목숨을 잃었다. 몇 년 후 그의 친척 한 명을 가족 묘지에 묻는 장례식에서 "사람들은 불운한 사나이 반 에의 두개골을 한 번 더 보려고 안달이었다. 그의 두개골은 돌에 맞은 부분이 움푹 들어가 있었다."

빌렘의 유아기 기억은 모두 단편적이다. 예를 들어, 이때 그는 아침마다 어머니에게 가능한 한 예의바르게 인사를 하곤 했다. "안녕히 주무셨어요, 엄마? 그러면 어머니는 '잘 잤지, 빌렘. 너도 잘 잤니?'라고 대답했다. 나는 나도 잘 잤다고 대답했다. 내가 남동생이나 여동생보다 훨씬 더 예의바른 아이라는 생각이 들었다." 그는 또한 우유배달 부인 마르텐이 항상 자신에게 작은 컵으로 신선한 우유를 주었다는 사실도 기억하고 있었다. 어쨌든 적어도 그의 신발이 깨끗할 때는 항상 우유를 얻어먹을 수 있었다. 이 두 가지는 너무 어린아이 같은 기억이라 말하기가 좀 쑥스럽지만, 그가 어떤 가정교육을 받았는지를 잘 보여준다. 집 반대편의 길거리가 번잡했던 기억은 조금 더 또렷하다. 그곳에는 얼마전에 세상을 떠난 테일레르 반 데르 횔스트가 남긴 돈으로 사람들이 건물을 짓고 있었다. 빌렘은 자신이 아팠을 때와 사소한 사고를 당했을 때의 일도 기억하고 있었다. 그는 처음에 풍진에 걸렸고, 나중에는 천연두에 걸렸지만 "마치 (당시에는 존재하지도 않았던) 우두 백신을 맞은 것처럼 깨끗이 나았다." 그가 어렸을 때 당한 사고로는 끓는 물이 발에 쏟아졌던 것, 수평아리가 그의 손을 쪼았던 것, 발을 덥히는 난로 위에서 미끄러져 넘어졌던 것 등이 있다.

요즘은 최초의 기억이 동생의 탄생과 연결되는 경우가 많다. 반 덴 휠이 어렸을 때는 가족 중 누군가의 죽음에 대한 기억이 탄생에 대한 기억만큼 흔했다. 빌렘의 남동생은 첫돌이 되기 전에 죽었으며, 그의 형인 피테르는 일곱 살 때 사망했다. 빌렘이 아직 네 살도 되지 않았을 때였다. 피테르는 조부모의 집에서 살고 있었는데 집으로 오기 위해 아버지와 함께 배를 탔다가 하를렘 호수에서 격렬한 폭풍을 만났다. 선장이 할 수 있는 일이라고는 배를 스파르네 강 입구까지 간신히 몰고 가는 것뿐이었다. 피테르가 그 후로 내내 기침을 한 것으로 보아 이때 감기에 걸렸던 것 같다. 어느 날 그가 걷잡을 수 없이 기침을 하자 어머니가 그를 자기 침대에 뉘였다. 몇 시간 후 그는 또다시 발작적으로 기침을 해대기 시작했다. 어머니는 그를 무릎에 안고 달래주었다. "하지만 소용없었다. 기침이 계속되었다. 걱정이 된 어머니는 어린 아들의 눈을 안쓰럽게 바라보았다. 어머니는 아이의 눈이 흐려지는 것을 보고 비명을 질렀다. 오 하나님, 내 아이가 죽어가고 있어요! 형은 어머니의 품에서 마지막 숨을 내쉬었다." 빌렘은 형의 죽음보다 부모의 슬픔에 더 커다란 영향을 받았다. 형의 죽음에 대한 기억은 단편적이지만 그의 마음속에 또렷이 각인되었다. "그 비극적인 사건과 관련해서, 형이 관에 누워 있던 모습과 내가 부모님, 큰누나와 함께 관 주위에 무릎을 꿇고 앉아 있는 가운데 아버지가 너무나 감동적인 기도를 해서 어머니가 심하게 흐느껴 울었던 것 외에는 별로 기억나는 것이 없다."

형의 죽음 이후 며칠 동안의 일들에 대해 반 덴 휠이 기억하는 것은 자신이 혼란스러워했다는 점이다. 그는 피테르가 지금 어디 있는지, 그가 불행한지 계속 물어보곤 했다. 그는 어른들의 대답을 대부분 이해할 수 없었으며, 형이 천국에 있다면서 왜 무덤 속에 누워 있는지 알 수가 없었다. 하지만 결국 모든 일들을 자기 나름대로 해석했다. 하를렘에서는 집 안에 시신이 있을 때 덧창을 닫아두는 것이 관습이었다. 피테르가 죽었을 때 반 덴 휠의 식구들도 그렇게 했다. 그 후 빌렘은 덧창이 닫힌 집을 지나칠 때마다 형이 지금은 어디에 있는지 궁금하다는 생각을 했다. 스파르네 강 옆에는 전에 요금 징수소로 쓰이던 커다란 건물이 있었다. 그곳에는 사람이 살지 않았기 때문에 창문이 항상 닫혀 있었다. 빌렘은 그 집에 "죽은 사람이 아주 많을지도" 모른다고 생각했다. 죽은 사람들이 도망치지 못하게 창문을 항상 닫아두는 것이라고 말이다. 자기 형도 그 안에 있을지 모른다는 생각이 들었다. 항상 그렇게 쓸쓸하고 어두운 곳에 있어야 하다니. 형은 정말 속이 상할 거야! 빌렘은 형이 너무나 불쌍하다고 생각했기 때문에 어느 날 그 집에 가서 문을 열고 어두운 방 안으로 들어가는 꿈을 꾸었다. 방 안을 비추는 빛이라고는 창문 틈새로 몰래 들어온 한 줄기 햇빛뿐이었다.

그 방에는 작은 아이들이 천장까지 가득 차 있었다. 그들은 내 존재를 알아차리자마자 예쁜 머리를 한데 모으고 놀란 표정으로 나를 빤히 바라보았다. 하지만 그들에게는 손도 발도 없었다. 유령들이 대부분 그렇듯이 예쁜 머리가 끊임없이 날아다닐 뿐이었다. 희미한 햇빛이 빛줄기 속에 들어온 아이들의 머리를 비췄다. 하지만 그 중에 형의 모습이 보이지 않아서, 줄곧 나를 바라보면서 날아다니는 그 아이들 중 어느 누구도 형이 어디 있느냐는 내 질문에 대답해주지 않아서 슬펐다. 그 어두운 방에서 들리는 소리라고는 유령들이 끊임없이 날아다니는 바람에 생긴, 작게 윙윙거리는 소리뿐이었다. 모기가 날아다니는 소리와 비슷했다고밖에는 달리 설명할 길이 없다.

어린 시절에 보았던 그 모습이 지금도 얼마나 생생한지. 그 수많은 유령들이 지금도 또렷이 보인다. 그 중에 한 명은 나를 특히 오랫동안 빤히 바라보았는데, 나는 그가 아주 행복한 표정을 짓고 있다는 것을 알 수 있었다. 지금도 혼자 있을 때 모기가 날아다니는 소리가 들려오면 그 꿈이 떠오르며, 형이 죽은 직후 그 꿈속에서 느꼈던 감정이 그대로 느껴진다.

반 덴 휠은 자신의 어린 시절에 대해 '처음 경험하는 일들'을 많이 언급했다. 그는 1785년에 아버지를 따라 할아버지 집에 가도 좋다고 처음으로 허락받았다. 운하에서 배를 타고 여행한 뒤 몇 시간 동안 걸어야 하는 여행길이 너무 멀었으므로 그에게는 여행 그 자체가 모험이었다. 그는 처음으로 스케이트를 신었을 때의 일도 기억하고 있었다. 어느 날 밤 아버지가 골목에 양동이로 물을 10여 차례나 날라다가 부어놓았다. 다음날 아침 길에는 얼음판이 생겼다. 그는 '노르망디의 장난감'(요요)이 처음으로 등장했을 때의 일도 기억하고 있었다. 그는 또한 처음으로 학교에 갔던 날도 또렷하게 기억하고 있었던 것 같다. 네 살 때부터 일곱 살 때까지 그는 무려 네 번이나 전학을 다닌 후에야 비로소 ABC를 제대로 배울 수 있었다. 그는 세 번째로 전학간 학교에 처음 갔을 때의 일을 자세히 적어놓았다. 담임교사가 어떻게 생긴 사람이었는지, 그의 옷차림이 어땠는지, 다른 학생들과 교실의 모습은 어땠는지. 그가 네 번째로 전학간 학교는 스파르네 강변의 시립학교 B였다. 반 덴 휠은 "그 학교에 처음 간 날 나는 피트스 교장선생님과 교장선생님의 가정부를 자세히 살펴보았다. 비록 나도 모르게 한 일이었지만, 그 때문에 두 사람의 얼굴이 내 머릿속에 영원히 각인되었다." 피트스 교장은 겨우 몇 달 후 세상을 떠났지만 "나는 그의 좁고 섬세한 얼굴, 최근에 손질한 밝은 갈색 머리, 그의 몸을 감싼 가운을 50년 전 그를 마주했을 때처럼 또렷이 기억하고 있다."

자서전을 쓰면서 반 덴 휠은 첫 경험을 다시 반복할 수는 없다는 점을 독자들에게 분명히 밝혔다. 그는 아홉 살이 다 된 1787년 여름에 또다시 아버지와 함께 할아버지 집에 가게 되었다. 두 사람은 밤배를 타고 암스테르담에서 위트레흐트까지 갔다. 동이 터올 무렵 아직 모두들 자고 있을 때 그는 조용히 일어나 의자에 앉아서 밖을 내다보았다.

그 이른 아침의 풍경, 그 순간에 어린 내가 받았던 인상을 결코 잊지 못할 것이다. 아마 자연이 적막 속에 그렇게 잠겨 있는 모습을 처음 보았기 때문일 것이다. 찬란하게 동이 트는 모습을 처음 보았기 때문일 것이다. 너무나 아름다운 강변의 모든 것이 깊디깊은 고요 속에 누워 있었다. 돌아다니는 사람은 아무도 없었다. 소들은 들판에 누워 곤히 자고 있었다. 멀리 있는 물체를 알아보기가 아직 힘들었다. 밤새 한 마리가 우리 배의 뱃머리 위를 날아갔다. 바람은 전혀 불지 않았다. 배 앞에서 잔잔하게 물결이 일고(지금도 그 소리가 들리는 듯하다), 내 귀에 들리는 소리라고는 밧줄이 자아틀에 감기면서 가끔 나는 덜걱거리는 소리뿐이었다.

이 여행의 기억이 하도 생생해서 반세기가 지난 어느 여름에 반 덴 휠은 "이번에도 어렸을 때와 똑같은 감정을 되살릴 수 있는지" 알아보기 위해 위트레흐트까지 가는 밤배를 탔다. 그는 끝까지 잠을 자지 않고 있다가 새벽 2시에 상갑판으로 올라가 50년 전에 보았던 모습을 다시 보려고 했다. 이 실험은 비참한 실패로 끝났다. 많은 것이 여전히 똑같은 모습을 간직하고 있었지만, 이제 예순 살이 다 되어가는 반 덴 휠의 마음을 움직이지는 못했다. 대신 우울한 생각들이 그를 괴롭혔다. 옛날에 함께 여행했던 사람들은 지금 다 어디 있을까? 키를 잡은 선장, 하인, 강변의 별장에 잠들어 있던 부자들, 그의 아버지. "아, 그들은 이제 세상에 없다. 무덤 속에 뻣뻣하게 누워 있다. 어쩌면 썩어버렸는지도 모른다! 그때는 그렇게 힘과 활기가 넘치던 사람들이 지금은 모두 똑같이 썩어가고 있다!" 여명 속에서 앞에 보이는 성당의 첨탑만이 똑같은 곳에 서 있었다. 그가 사랑했던 과거의 사람들처럼 무덤에 묻힌 후에도 그 첨탑은 여전히 그 자리에 서 있을 것이다.

반 덴 휠이 어렸을 때 무엇이든 배우려고 열심이었다는 사실이 자서전 초입에서부터 중요한 테마로 떠오른다. 그는 전학을 다닌 모든 학교에서 자신이 배운 것(또는 배우지 못한 것), 학교에서 받은 상, 다른 아이들과 자신의 성적 차이, 자신이 누군가에게서 받거나 직접 산 교과서 등을 자세히 기록해놓았다. 그런 의미에서 그의 자서전은 사업가나 성직자의 회고록이 아니라 진정한 교사의 회고록이라 할 만하다. 좀더 나이를 먹은 후의 삶에 대해서도 그는 스하우텐 교장의 조수로 일하면서 배운 것, 교감이 돼서 한 일, 기숙학교에서 자신이 맡았던 다양한 직책 등을 자세히 적어놓았다. 자서전의 또 다른 테마는 자신의 계급보다 한 단계 높은 계급, 즉 유복한 부르주아 계급으로 이동해 사회적 지위를 높이겠다는 그의 굳은 의지다. 자서전의 처음부터 끝까지 그는 자신이 지켜야 하는 관습과 자신의 포부에 걸맞은 옷차림, 그리고 자신의 직업에 필요한 재능, 자신에게 도움이 되는 친구들에 크게 신경을 쓰고 있다. 그가 어렸을 때, 젊었을 때, 어른이 되었을 때 경험한 것들은 대부분 그가 도달하고자 하는 사회적 지위와 관련되어 있다. 그리고 이런 기억들이 의미를 갖게 된 것도 바로 사회적 지위 때문이다. 반 덴 휠은 자신이 어렸을 때 꿈꿨던 지위에 도달했다고 생각했다.

## "꼭 어제 일처럼"

그러나 이 포부 때문에 문제가 된 부분도 있었다. 반 덴 휠은 자신이 어렸을 때부터 "모욕을 당하거나, 부당한 일을 당하거나, 오해를 받았을 때 매우 민감하게 반응했다"고 썼다. 사실 이 점은 그의 자서전에도 몹시 두드러지게 드러나 있다. 과거를 돌아보며 속상한 일들이 생각날 때마다 그는 그 일을 자세히 설명했다. 말년에는 그가 자신의 보잘것 없는 출신에 대해서도 민감한 반응을 보였던 것 같다. 그는 자신이 그토록 노력해서 어느 정도 존중받을 수 있는 위치에 도달했음에도 남들이 자신을 그렇게 대접해주지 않았던 여러 가지 사례들을 설명해놓았다. 그러나 어렸을 때도 그는 모욕을 당했을 때 그냥 쉽게 넘어가지 못했다. 나중에 친구인 디크튀스와 함께 스하우텐 교장의 학교에서 교감이 되었을 때, 그는 학생들에게 엄격한 체벌이 적용될 것이라고 미리 예상했지만 교감들까지 그런 벌을 받게 될 것이라고는 생각하지 못했다. "교감으로 임명된 직후 그가 어느 날 아침 아이들이 모두 보는 앞에서 가죽 끈으로 나를 몇 번 세게 후려쳤던 것을 지금도 생생히 기억하고 있다." 스하우텐은 작은 일에도 벌을 가했다. "글 한 줄만 잘못 써도" 그가 매를 휘두르는 데 충분한 이유가 되었다. 어느 날 반 덴 휠은 학교 규칙을 사소하게 위반한 사건과 관련해서 스하우텐의 방으로 불려갔다. 그는 자신을 보호하기 위해 바지 속에 연습장 한 권을 미리 넣어두었다. 그러나 그 사실이 발각되고 말았다. 스하우텐은 그의 행동이 너무 재미있다고 생각했는지 자기 하녀인 크레인티에에게 말해버렸다. 그날 늦게 크레인티에가 반 덴 휠에게 바지 속에 혹시 뭐가 들어 있지 않느냐고 물으며 그를 놀리자 반 덴 휠은 심한 수치심을 느꼈다. "내가 너무나 커다란 고통과 굴욕감을 느꼈던 처벌에 대한 이 농담 때문에 나는 너무나 커다란 충격을 받았다. 그녀가 서 있던 자리, 그녀가 내게 그 질문을 던질 때의 태도, 디크튀스가 앉아 있던 자리, 내가 있던 자리가 지금도 내 머릿속에 생생하게 남아 있다. 꼭 어제 일처럼." 섬광전구는 둘째 치고 사진술도 아직 발명되지 않았을 때였지만, 그의 머릿속에 각인된 이 장면은 섬광전구 기억의 모든 특징을 지니고 있다.

그는 그로닝겐의 학교에서 일할 때 하를렘에서 휴가를 보낸 뒤 배를 타고 그로닝겐으로 돌아가는 길에 겪었던 일도 앞의 사건 못지않게 생생히 기억하고 있었다. 배가 스트로보스에 도착했을 때, 그는 수중의 돈이 충분하지 않다는 것을 깨달았다. 모자라는 금액은 4센트였다.

큰돈은 아니었지만, 그로닝겐 사람들이 그냥 어깨를 으쓱하며 쉽게 포기해버릴 수 있는 돈도 아니었다. 그는 비르베르라텐까지 배를 타고 간 다음, 거기서부터 그로닝겐까지 걸어가기로 했다. 그가 다른 승객들과 함께 스트로보스의 부두에 서서 배에 오를 준비를 하고 있을 때 선장이 뭐라고 외치는 소리가 들렸다. "여러분 모두 그로닝겐까지 갑니까?"라고 외치는 것 같았다. 아무도 그 질문에 대답하지 않았고, 반 덴 휠은 다른 승객들과 함께 배에 올랐다. 30분 후 선장이 요금을 받으러 왔다. 반 덴 휠은 비르베르라텐까지 요금이 얼마냐고 물었다. 그리고 당혹스러운 언쟁이 벌어졌다.

비르베르라텐까지 가는 요금은 받을 수 없습니다. 선장이 대답했다. 그로닝겐까지 가는 요금을 내야 해요. 난 그로닝겐에 안 갑니다. 내가 설명했다. 비르베르라텐에서 내려야 돼요. 그럴 수는 없습니다. 그가 나를 무시하는 듯한 말투로 말했다. 어쨌든 그로닝겐까지 가는 요금을 내야 해요. 그게 내 규칙이니까. 그래서 스트로보스에서 물어본 겁니다. 모두 그로닝겐까지 가는 손님들이냐고. 그때 비르베르라텐까지 간다고 말을 했어야죠. 이제는 어쩔 수 없습니다. 요금을 다 내야 돼요……. 나는 그 돈을 내고 싶어도 낼 수가 없었으므로 그의 말을 일축해버릴 수밖에 없었다. 그로닝겐에 가서 그에게 책임을 묻겠다는 뜻을 분명히 밝히면서. 하지만 내가 무슨 말을 해도, 아무리 위협적인 태도를 취해도, 그는 코웃음을 치며 내가 법에 따라 요금을 모두 치르기 전에는 배에서 내릴 수 없을 것이라고 말했다. 그러고는 내 돈을 받지 않고 자기 자리로 돌아가 버렸다. 백주 대낮에 내게 온갖 욕을 퍼부으면서. 그가 가장 많이 한 욕은 건방진 어린 도둑놈이었다.

이 난처한 상황에서 빠져나오기 위해 그는 다른 여행자에게 속내를 털어놓고 혹시 4센트를 빌려줄 수 있겠느냐고 물었다. 그러나 그 남자는 의심스러운 시선으로 그의 요청을 거절해버렸다. 소득은 하나도 없이 이중으로 수치를 당한 셈이었다. 그는 불안한 표정으로 비르베르라텐이 점점 가까워지는 것을 지켜보았다. 그리고 그곳에서 다행히도 친구 여동생이 부두에 서 있는 것을 발견했다("하나님이 곤경에 처한 나를 보신 것이다."). 그녀는 그에게 부족한 돈을 기꺼이 빌려주었고, 그는 그로닝겐까지 갈 수 있었다.

수치스러운 일을 당할 때마다 원인은 달랐지만, 그는 항상 강한 수치심을 느꼈다. 햇빛이 화창한 어느 날 오후에 반 덴 휠은 하를렘에서 어느 집 앞을 지나다가 보모 몇 명이 친구들과 함께 창문을 열어놓고 창가에 앉아 있는 것을 보게 되었다. 그는 정중하게 모자를 들어 올리며 인사를 했다. "그러나 그들은 내 인사를 받아주기는커녕 내가 조용히 길을 지나가는 것조차 방해했다. 그 새침한 아가씨들이 갑자기 까르르 웃음을 터뜨린 것이다. 온 거리에 그 소리가 울려 퍼질 정도였다. 나는 그들이 정말로 나 때문에 웃음을 터뜨린 것인지 확인하기 위해 한 시간 후에 다시 그 집 앞을 지나면서 정중하게 모자를 들어 올려 인사를 했다. 그랬더니 그 아가씨들이 이번에는 더 커다란 소리로 웃음을 터뜨렸다. 1817년 5월 3일에 있었던 일이다." 한번은 그가 어린 제자인 욘크헤르 콜로트 데스퀴리와 함께 헤이그에 있는 그의 부모를 찾아간 적이 있었다. 두 사람은 바지선의 선실을 예약해서 편안한 여행을 했다. 하지만 욘크헤르의 집에 도착했을 때, 욘크헤르는 반 덴 휠을 현관 앞에 내버려둔 채 집 안으로 쏙 들어가 버렸다. 반 덴 휠은 하인이 깜짝 놀란 표정으로 다시 나와 괜찮다며 그를 데리고 들어갈 때까지 거기서 기다리고 있었다. "헤이그로 오는 배에서 정중한 대접을 받았던 내가 콜로트 데스퀴리의 집 현관에서 그 지위를 잃어버리고 말았다." 얼마 지나지 않아 그는 또 다른 집의 현관 앞에서 기분 나쁜 일을 당했다. 이번에는 발론의 목사 집이었는데, 그가 "점잖은 사람들의 관습대로" 하녀에게 반 덴 휠을 안으로 안내하라는 지시를 내리지 않고 자기가 직접 문으로 나와 그의 인사도 받지 않은 채 그가 전하러 온 말만 듣고는 그를 그냥 선걸음에 보내버렸던 것이다. 목사의 하녀는 "마치 내가 뜨내기라도 되는 것처럼" 그의 등 뒤에서 쾅 소리가 나도록 문을 닫아버렸다. 그 하녀 역시 40년 동안 그가 끝내 용서하지 못한 사람들 중 하나였다. "그 하녀의 버릇없는 얼굴이 내 영혼에 얼마나 단단하게 각인되어 있는지!"

그가 어느 집에 갔다가 현관 문턱조차 넘어보지 못한 적은 그 밖에도 몇 번 더 있었다. 이런 사건은 하를렘의 엘리트들 사이에서 그의 지위가 어느 정도인지를 은유적으로 보여주었다. 그가 말년에도 이런 사건들을 가슴에 품고 있었던 것은 하를렘에서 가장 웅장한 집에 살던 그가 사교 모임, 협회, 공공위원회 등에 초대받지 못했기 때문이었다. 그는 자신을 문 앞에 세워두고 형편없이 대했던 목사 요쉬에 테이세드레 랑게Josué Teissèdre l'Ange가 수작을 부렸기 때문이라고 생각했다. 자서전에서 그의 이름이 처음으로 등장하는 것은 이야기가 1800년에 이르렀을 무렵인데, 그 후 줄곧 그의 이름이 등장하다가 반 덴 휠이 1853년에 그가 세상을 떠났다고 밝힌 후에야 비로소 자취를 감춘다. 랑게 목사만큼 심하고 끈질기게 반 덴 휠을 모욕한 사람은 없었다.

반 덴 휠이 랑게 목사를 처음 만난 것은 발론의 교회에서 그가 성가대의 선창자로 임명된 후였다. 성경을 읽는 연습을 할 때부터 두 사람은 올바른 발음을 놓고 언쟁을 벌였다. 반 덴 휠은 그로닝겐에서 프랑스인에게 프랑스어를 배운 사람이었다. 그런데 그가 듣기에 하를렘 사람들은 "프랑스어를 사용하는 스위스인 가정교사들"의 영향인지 프랑스어를 아주 틀리게 발음하고 있었다. 그는 하를렘 사람들의 발음을 따라 하지 않았기 때문에 연단에 선 랑게 목사의 발음과 성가대석에서 성서를 읽는 반 덴 휠의 발음 차이가 뚜렷이 드러났다. 그런데 이 차이가 결국 공개적인 분쟁으로 발전하더니 나중에는 두 사람이 서로 반목하는 지경에 이르렀다. 반 덴 휠은 자신이 여러 집에서 가정교사 자리를 잃은 것도, "랑게 씨와 친하게 지내는 엔스헤데 씨, 휘에핀 씨 등의 집에서 다시는 단 한 푼도 벌 수 없게 된 것"도 모두 랑게 목사 때문이라고 확신했다. 그는 또한 자신이 교육 극회Instructive Entertainment Dramatic Society의 오케스트라에서 너무나 굴욕적으로 쫓겨난 것도 랑게 목사의 선동 때문이라고 생각했다. 그는 공연 도중 휴식 시간에 "모든 스태프와 객석에 앉은 모든 사람들이 보는 앞에서" 쫓겨났다. 그의 봉급을 둘러싼 논쟁도 있었다. 반 덴 휠에 따르면, 랑게 목사는 많은 시간을 들여 유복한 집 자제들에게 견진성사를 준비시키면서(그는 그 대가로 아이들의 부모에게서 '수많은 벽시계'를 받았다), 반 덴 휠에게는 고아와 가난한 집 아이들을 가르치는 일을 맡겼다. 1806년에 두 사람의 분쟁은 반 덴 휠이 지도했던 아이들이 치른 시험에 대한 격렬한 싸움으로 절정에 이르렀다. 랑게의 선동 때문에 교회 위원회가 반 덴 휠의 선창자 자격과 교사 자격을 정지시켰던 것이다.

반 덴 휠은 자서전에서 이 사건에 대해 도를 뛰어넘는 반응을 보였다. 1842년에도 그는 사건이 벌어졌던 1806년 못지않게 화를 내고 있었다. 마치 그가 갑자기 오래된 서류철을 열고 문서를 차례대로 읽으면서 점점 더 흥분하게 된 것 같았다. 그는 실제 편지 내용을 자서전에 길게 인용하면서 자신에게 혐의를 뒤집어씌운 사람들의 잘못과 말이 어긋나는 부분을 지적했다. 그리고 독자들을 상대로 여기저기서 장광설을 늘어놓거나, 랑게에게 직접 하고 싶은 말을 적어놓기도 했다. 그는 모든 문장을 느낌표로 끝맺었다. 랑게 목사가 무례하게 굴었던 일을 설명할 때마다 또 다른 기억들이 떠오른 모양이었다. 그의 회고록에는 랑게의 악행이 길게 묘사되고 있다. 그의 잘못 중에 무시해도 좋을 만큼 사소한 것은 하나도 없었다. 시간이 아무리 오래 흘렀어도 반 덴 휠은 그가 저지른 짓을 잊지 못했다. 랑게 목사의 악행을 열거한 장에서는 자서전의 전형적인 이야기구조가 완전히 무너져버렸다. 반 덴 휠은 호소, 반박, 비난을 늘어놓고 있는데, 이 장을 쓰면서 과거에 일어났던 모든 일을 다시 경험하는 듯한 기분이었을 것이다. "꼭 어제 일처럼" 가슴에 맺혀 있는 크레인티에 사건을 이야기할 때 그랬듯이. 그는 자격정지를 당한 직후 가정교사 자리를 얻어 발론 교회에서 받던 수당보다 훨씬 더 많은 돈을 벌게 되었다는 사실에 대해 35년이 흐른 후에도 커다란 만족감을 느끼고 있었다. "이 글을 쓰는 동안 하나님이 주신 그 선물을 생각하며 나는 계속 감사의 눈물을 흘리고 있다." 반 덴 휠은 수십 쪽에 걸쳐 랑게 목사에 대해 쓰면서 연속성이 있는 이야기가 아니라 자세한 범죄자 명부를 작성하듯이 글을 썼다. 이는 그가 느낀 굴욕감이 그의 기억 속에서 특별한 자리를 차지하고 있음을 잘 보여준다. 아니, 그 기억들이 다른 기억처럼 응축되지 못했다고 해야 할 것이다. 그 기억들은 처음의 그 충격과 색채, 선명함을 고스란히 간직하고 있었다. 반 덴 휠은 노인이 된 후에도 그 일들을 생생히 기억하고 있었던 것같다. 다른 기억을 그토록 생생히 기억하고 있었더라면 더 좋으련만.

# "온 세상에서 리나밖에 보이지 않았다"

1811년에 랑게 목사는 암스테르담의 일자리를 제의받고 하를렘에서 사라졌지만, 반 덴 휠의 인생에서 사라지지는 않았다. 반 덴 휠은 오랫동안 계속 랑게 목사로 인해, 아니 랑게 목사 본인은 아닐망정 그의 수많은 친구들과 친척들로 인해 좌절감을 느꼈다. 그토록 심한 방해를 받았음에도 점점 사회적 지위를 높여간 이야기를 하면서 그는 점점 의기양양한 인물로 변해간다. 1803년에 그는 아우데 흐라흐트에서 집 한 채를 빌려 기숙학교를 열었다. 그리고 아버지에게 반은 과수원이고 반은 텃밭인 '140라인루드 넓이의' 땅을 사주었다. 기숙학교의 학생들이 급속히 늘어났기 때문에 그는 1809년과 1814년에 각각 더 넓은 곳으로 학교를 옮겨야 했다. 그리고 마침내 그는 사인트 얀스트라트에 있는 화려한 집을 꿈꿀 수 있을 정도가 되었다. 그는 그 집을 살 수 있게 되었다는 생각을 하며 행복감에 도취했다고 썼다. "밤 10시가 지난 후 나는 무려 스물다섯 번이나 살며시 집을 빠져나와 어둠 속에서 장래 내 집이 될 그 집 주위를 걸으며 몇 걸음이나 걸어야 하는지 세어보곤 했다. 집 둘레는 내 걸음으로 110걸음이었고, 정원의 너비는 135걸음이었다. 틀림없이 하를렘에서 가장 넓은 집이었다." 제자의 부모와 하를렘의 여러 후원자들이 돈을 꿔준 덕분에 그는 1만 길더에 그 집을 살 수 있었다.

1820년에 반 덴 휠은 이 우아한 집으로 이사했다. 그의 부모도 이 집에 함께 살면서 근심걱정 없는 노년을 즐겼다. 결혼하지 않은 누이 두 명이 학생들을 위해 살림을 도와주었다. 그의 밑에서 일하는 교감들은 헌신적인 사람들이었다. 이제 그는 유명인사가 되었다. 네덜란드

하를렘의 사인트 얀스트라트에 있던 빌렘 반 덴 횔의 '프랑스 학교' 뒷면. 헤리트 숄텐Gerrit Scholten 그림. 1822년.

에서 가장 훌륭한 가문의 아들들이 하를렘으로 공부를 하러 왔다. 이 시기에 그는 행복과 번영을 누렸다. 하지만 그가 그 집에 살 때만큼 불행했던 적도 없었다. "마흔 살이 될 때까지 내가 겪었던 모든 고생과 시련들도 끊임없이 살을 갉아먹는 벌레처럼 11년 동안이나 나를 괴롭힌 지긋지긋한 고뇌와는 비교가 되지 않는다." 고뇌의 원인은 바로 짝사랑이었다. 반 덴 횔은 짝사랑이야말로 남자에게 가장 괴롭고 끔찍한 일이며, 짝사랑을 직접 경험한 사람만이 그 괴로움을 이해할 수 있다고 썼다. 하지만 짝사랑을 직접 경험한 사람이 많을 것 같지는 않다는 말도 했다. "그처럼 격렬한 감정이 삶을 무너뜨려서 죽음의 신이 재빨리 그 생명을 채가거나, 그런 감정으로 고통받는 사람을 광기 속으로 밀어넣기 때문이다. 어떤 사람들은 절망에 사로잡혀 스스로 목숨을 끊어버리기도 한다."

집을 옮긴 후 반 덴 휠은 결혼을 생각하기 시작했다. 이제 그는 마흔두 살이었으며, 경제적으로도 편안한 생활을 하고 있었으므로 자신의 가정을 꾸리고 싶었다. 그의 제자 중 한 명에게 누이가 있었다. 반 덴 휠은 그녀를 한 번도 본 적이 없었지만, 제자에게 들은 이야기를 토대로 그녀가 적당한 신붓감이라고 생각했다. 게다가 그녀는 상당한 재산의 상속자였다. 1821년 여름방학 때 그는 그녀를 만나러 갔다. 그녀는 아름답지는 않았지만 다정하고 친절했다. 그러나 그는 이번에도 자신이 방문한 목적을 밝히지 않고 그 집을 나왔다. 지나치게 성급한 결정을 내려서는 안 된다는 생각에 그는 다음 달인 8월의 어느 토요일까지 그녀에게 편지를 쓰지 않기로 했다. 마침내 그날이 되어 편지를 쓰려던 그는 먼저 시내에 나가 장을 좀 봐와야겠다고 생각했다. 집으로 돌아오는 길에 그는 니우에 흐라흐트에서 어떤 아가씨를 만났다. "나는 못 박힌 듯 그녀를 바라보았다. 그녀는 나와 가까워질수록 점점 더 얼굴을 붉히기 시작했다. 나는 갑작스레 닥쳐온 감정을 설명할 수 없었다. 내가 그녀에게 인사를 했고, 우리의 눈이 마주쳤다. 그녀의 시선이 골수까지 나를 꿰뚫어보는 듯했다. 세상에, 저토록 매력적이고 아름다운 아가씨가 있다니! 나는 혼잣말을 했다. 저 아가씨가 내 아내가 돼준다면 얼마나 좋을까!"

그는 넋을 잃었다. 얀 다리에서 그가 뒤를 돌아보니 그녀가 세뤼리르 목사의 집으로 들어가고 있었다. 그날 저녁 그는 목사의 조카인 자기 제자에게 그 '천사 같은 아가씨'가 누군지 그 집 하인들에게 넌지시 물어보라고 시켰다. 그녀는 귀족의 영애인 룰리나 데 보스 반 스텐

베이크 토트 덴 하빅스호르스트Roelina de Vos van Steenwijk tot den Havixhorst 양으로서 메브라우브 카멜르링의 집에 머무르고 있는 모양이었다. 제 자에게서 이 소식을 들은 그는 불안해졌다. 자신은 전직 교사인 평민 인데, 그녀는 네덜란드에서 가장 고귀한 가문 출신이라니. 둘 사이의 차이는 '도저히 헤아릴 수 없을 정도'였다. 게다가 그는 마흔이 넘었는 데, 그녀는 그가 보기에 기껏해야 열여덟 살이었다. 하지만 하필이면 그날 두 사람이 만난 것은 분명히 하나님의 뜻이었다. 다음날 아침 그 는 발론 교회에서 그녀를 다시 보았다. 그는 자신이 항상 앉는 자리에 앉아 있었고, 리나는 친구들과 함께였다. 그런데 그 친구들이 공교롭 게도 그의 바로 옆에 앉았으므로 두 사람 사이의 거리는 '겨우 3피트 정도'였다. 그는 곁눈질로 그녀를 훔쳐보며 "그녀의 가슴이 불규칙하 게 오르락내리락하는 것"으로 보아 그녀도 그 못지않게 동요를 느끼고 있으며, 그녀에 대한 자신의 사랑이 그녀의 가슴속에 사랑의 불꽃을 당겼다는 결론을 내렸다.

희망적인 징조는 이것뿐이었지만 그에게는 충분했다. 그는 하인 한 명을 뇌물로 매수했고, 그 하인은 리나가 다음 일요일에 하를렘을 떠나 암스테르담으로 갈 것이라고 조용히 알려주었다. 반 덴 휠은 그 녀와 같은 시간에 마차를 예약하고 짐을 꾸렸다. 리나를 설득해 자신 의 마차에 태운 다음 그녀와 몰래 결혼식을 올릴 수 있을 것이라는 희 망을 안고서. 그것은 대담한 계획이었지만 그는 이미 이성의 목소리에 귀를 기울일 수 있는 상태가 아니었다. 나중에 그때를 되돌아보며 그 도 이 점을 인정했다. "온 세상에서 리나밖에 보이지 않았다. 오로지 그녀만이 항상 내 마음을 차지하고 있었다. 하나님께 바치는 나의 기 도는 필사적인 외침 그 자체였다." 그녀가 떠나는 일요일이 왔을 때 그는 먼저 교회 예배에 참석했다. 그녀도 교회에 나와 앉아 있었다. 그러나 예배가 진행되는 동안 반 덴 휠은 자신의 계획을 포기해야 한다는 사실을 분명히 깨닫게 되었다. 세뤼리르 목사의 설교 주제가 '너의 아버지와 어머니를 공경하라'였기 때문이다. 반 덴 휠은 자신의 자리에 석상처럼 앉아 있었다. 그날의 설교가 하도 적절해서 "마치 누군가가 목사의 귀에 대고 '신도들 중에 무모한 계획을 실행하려는 두 연인이 있다. 그들에게 말하라!'고 속삭인 것 같았다. 목사는 무모한 계획을 막기에 가장 적절한 주제를 선택했다." 그는 마차 예약을 취소했다.

반 덴 휠이 언급한 '두 연인'이라는 말은 그가 리나도 자신을 사랑한다고 굳게 믿었음을 증명해준다. 그러나 그는 감히 그녀에게 다가가지도 못했고, 편지도 쓰지 못했다. 세뤼리르 목사의 설교에 감화된 그녀가 부모의 뜻을 거스르는 짓은 결코 하지 않으려 할 가능성이 너무나 컸기 때문이다. 그러니 부모가 받아들일 수 없는 남자와 결혼하는 짓은 말할 것도 없었다. 그는 어떻게 해야 자신의 감정을 드러낼 수 있는지 알 수 없었다. 부모나 누이들이나 교사들에게 자신의 마음을 털어놓을 수는 없었다. 혼자서 조용히 다 감당하는 수밖에 없었다. 일시적으로나마 그에게 위안이 되었던 것은 리나에게 바치는 긴 시를 쓰는 것이었다. 그러나 그 시들을 그녀에게 보내지는 않았다. 그는 단 한순간도 그녀를 잊지 않았다. 그래서 새벽에 "끔찍하기 짝이 없는 공포에 사로잡혀" 깨어났다가 "신음을 하며 다시 잠들곤 했다." 이런 식으로 1년이 흘렀다. 다음해 여름에 그녀가 다시 친구들을 만나러 왔을 때 그는 길에서 그녀를 보았지만 단 한 번도 감히 그녀에게 다가가지 못했다. 그녀는 다시 떠났다. 이번에는 배를 타고 즈볼레의 집으로 돌아간다고 했다. 그는 시를 통해 그녀와 함께 여행했다. 스무 연의 시 중 두 연만

인용해도 그가 얼마나 공들여 이 시들을 썼는지 충분히 알 수 있을 것이다.

> 즐거운 항해가 되기를, 내 아름다운 아가씨,
> 북으로 가는 여행이 즐거운 항해가 되기를.
> 오, 당신 곁에 있을 수만 있다면
> 슬프도다, 내 신분이 이토록 낮다니.
>
> 내 어여쁜 아가씨를 태운 당신이
> 다른 배와 가까이 스쳐 지나간다면,
> 모든 선원들이 외치리라
> 세상에서 가장 아름다운 아가씨가 에이 호를 타고 간다고!

"이렇게 해서 또 고통스러운 1년이 시작되었다." 그의 고통은 그 후로도 계속 이어졌다. 부모님의 결혼기념일에도 그는 이룰 수 없는 자신의 사랑을 머리에서 지워버릴 수 없었다. 리나를 처음 본 지 6년이 흐른 1827년에도 그의 사랑은 예전 그대로였다. 그의 처지도 마찬가지였다. 매년 하를렘을 찾던 그녀가 그 해에는 하를렘에 도착한 다음날 기침을 하다 피를 토했다는 이야기를 들은 후 그의 절망은 더욱 깊어졌다. 반 덴 휠은 제정신이 아니었다. 어쩌면 그녀가 죽음의 문턱에 서 있을지도 모른다는 생각 때문에("그녀가 나 때문에 한없이 괴로워하다 그리 된 것인가?"). 그는 3일간 단식을 하며 간절한 기도를 드리고, 그녀의 집 앞을 지나가며 희미하게 불이 밝혀진 방에서 죽음과 싸우고 있는 그녀의 모습을 상상했다("그녀가 나의 이름을 부르며 죽어갈까?"). 그러다가 며칠 후 그녀가 너무나 건강한 모습으로 시내를 거니는 모습을 보았다. 그는 자신의 기도에 그토록 빨리 응답해주신 하나님께 감사했지만, 그녀를 만나지도 못했는데 그녀가 또다시 떠날 것이라는 생각을 하며 절망에 빠졌다. 한 해가 지나고, 또 한 해가 흘렀다. "수많은 눈물과 한숨 속에서."

1830년 7월 26일 밤에 그는 하를렘 성벽에서 산책을 하는 꿈을 꾸었다. 모래언덕의 풍경을 감상하기 위해 전망 좋은 곳에 앉았는데, 느닷없이 어떤 남자가 나타났다. '신분이 높은 사람'인 그 남자는 한마디 말도, 인사도 없이 그의 옆에 앉더니 그에게 몸을 밀어붙이기 시작했다. 결국 그는 자리에서 밀려나고 말았다. 화가 난 반 덴 휠은 자기가 이곳에 먼저 앉아 있었다면서 다시 자신의 자리를 차지했다. 그런데 놀랍게도 그 낯선 남자가 갑자기 너무나 예의바른 사람으로 돌변해서 사과를 하며 그가 그토록 오랫동안 거기 앉아 있었는지 몰랐다고 말하더니 재빨리 일어서서 가버렸다. 반 덴 휠은 잠에서 깬 뒤에도 그 꿈을 생생하게 기억하고 있었지만, 그 꿈의 의미가 무엇인지는 도무지 알 수 없었다. 바로 그날 아침 그의 제자 한 명이 그를 찾아와 드 보스 아가씨가 하를렘에 머물다가 다시 떠났다고 말해주었다. 그리고 그녀가 아센 출신의 반 데르 바이크와 약혼했다고 단숨에 덧붙였다.

그때 내 기분이 어땠는지는 말할 필요도 없을 것이다! 내 감정을 설명하며 독자 여러분을 지루하게 만들 생각도 없다! 그 소식이 얼마나 순식간에 내 가슴을 찢어놓았는지! 절망에 빠진 나의 얼굴에서 얼마나 식은땀이 흘렀는지! 어머니와 누이들 앞에서 아무 일도 없는 것처럼 행동하기가 얼마나 힘들었는지! 그 아이를 배웅한 뒤 나는 내 방으로 도망쳐 문을 잠근 다음 바닥에 엎어져 하나님께 절망적으로 울부짖었다.

"하나님, 당신을 믿은 제게 이런 식으로 보상하시는 겁니까?"

정신을 차린 후 그는 밤에 꾼 꿈을 기억해냈다. 갑자기 모든 것이 이해되기 시작했다. 꿈속에서 그가 앉았던 전망 좋은 자리는 리나의 마음이었다. 그를 그 자리에서 밀어낸 귀족은 그의 연적이었다. 하지만 그 침입자는 그가 먼저 그 자리에 앉아 있었다는 것을 알고는 겸손하게 사과한 뒤 떠나버렸다. 다시 말해서 반 덴 휠에게 아직 희망이 있다는 얘기였다. 어쩌면 하나님께서 리나의 마음속에서 반 데르 바이크를 쫓 아내서 그 결혼을 막아주실지도 모르는 일이었다. 그래서 그는 1년 동 안 희망과 두려움 사이를 오가다가 1831년 4월 30일에 신문에서 두 사 람의 결혼발표를 보고 '너무나 커다란 고통'을 느꼈다. 그때서야 그는 리나가 결코 자신의 것이 될 수 없음을 확실하게 알 수 있었다. 그는 니 우에 흐라흐트에서 그녀를 처음 보았던 그날을 저주했다.

사랑에 빠져 있지만 상대도 자신을 사랑하는지 확신하지 못하는 사람들은 상대의 모든 행동에 의미를 부여한다. 그 사람이 하는 행동 이라면 그 어떤 몸짓도 무의미하지 않고, 그 어떤 말도 무심히 넘길 수 없다. 상대가 하는 말, 그 말을 할 때의 태도, 그 말을 한 시기에 모두 어떤 신호가 들어 있을지도 모르기 때문이다. 따라서 그 모든 것을 반 드시 꼼꼼하게 살펴보고 시험해보아야 한다. 모든 신호가 한데 합쳐지 면 마침내 확신이 생긴다. 그래, 그녀도 나를 사랑해. 또는 아냐, 그녀 는 나를 사랑하지 않아. 하지만 사랑의 감정이 너무 강렬해서 상대의 사랑에 대한 확신이 신호에 의미를 부여하는 경우도 있다. 짝사랑을 하는 사람의 감정이 두 사람 몫을 너끈히 감당할 만큼 강렬해서, 상대 의 말과 행동이 모두 상대도 나를 사랑한다는 확실한 증거로 받아들여지는 경우가 바로 그렇다. 물론 결국은 짝사랑을 하는 사람의 확신이 착각으로 판명날 수도 있다. 그가 상대의 신호를 제대로 읽지 못한 것이다. 그가 상대에게서 본 것은 오로지 자기 자신의 모습이었을 뿐이다. 상대의 진정한 감정이 어떤 것인지 깨닫는 순간 기억 속의 뭔가에 방아쇠가 당겨지고, 그는 몇 주나 몇 달을 고통 속에서 보내게 된다. 따스한 사랑의 빛과 함께 저장되었던 모든 기억들이 다시 떠오른다. 마치 기억 속에서 쫓겨난 것처럼. 이제 그 기억들을 하나하나 다시 평가해보아야 한다. "그래서 그녀가…… 그녀의 말은 전혀 그런 뜻이 아니었어……." 마치 그 기억들을 새로이 해석해야만 기억의 저장고에 다시 집어넣을 수 있는 것 같다. 기억이 일단 머릿속에 저장되면 결코 지워지지 않는다고 생각하는 사람들에게 짝사랑만큼 훌륭한 교훈을 가르쳐주는 것은 없다.

반 덴 휠의 경우에는 상대의 신호가 거의 없었다. 대부분의 신호는 그가 만들어낸 것이었다. 그가 리나를 바라보았을 때 그녀가 얼굴을 붉힌 것, 교회에서 그와 가까운 곳에 앉은 그녀의 숨소리가 불규칙해진 것, 예배가 끝난 후 하를렘을 떠날 예정이던 그녀가 출발을 며칠 늦춘 것. 그날 설교에서 그가 감화를 받은 것처럼 그녀도 감화를 받았기 때문임이 틀림없다. 이 모든 사실들이 그녀의 사랑에 대한 의심을 모두 지워버렸다. 반 덴 휠은 처음부터 그녀와 자신이 서로 사랑하는 사이라고 생각했다. 35년이 흐른 후 자서전을 쓰면서 그는 자신과 그녀가 서로를 사랑했던 감정을 몹시 강렬하게 재현할 수 있었다. 독자들은 사랑에 빠진 그가 점점 현실감각을 잃어가는 모습을 안타깝게 지켜본다. 반 덴 휠은 자신의 감정을 리나에게 투사했다. 프로이트가 태어나기도 전에 감정을 투사할 수 있었던 것이다. 독자들은 상황을 전혀 눈치채지 못한 아가씨가 한 중년남자의 삶을 철저한 혼란 속으로 던져넣는 것을 지켜본다.

칠순의 나이에 이때 일을 글로 옮기면서 반 덴 휠은 리나와 함께한 세월을 이제 다른 시각으로 바라보게 되었음을 암시했다. 하나님은 왜 그에게 그토록 커다란 고통을 주셨을까? 만약 그가 리나를 얻는 것을 하나님이 원하지 않았다면, 처음부터 두 사람의 만남을 막아줄 수도 있었을 텐데. "그 길을 5분만 빨리, 아니면 5분만 늦게 지나갔다면 나는 결코 리나를 보지 못했을 것이고 11년 동안이나 견딜 수 없을 만큼 끔찍한 고통을 겪지 않아도 되었을 것이다." 하나님이 그에게 그런 고통을 주신 데에는 뭔가 다른 의도가 있는 걸까? 반 덴 휠은 이 점에 대해 생각을 거듭할수록 점점 그럴 가능성이 크다는 생각을 하게 되었다. 그의 고통은 일종의 징벌이었음이 틀림없다. 그는 곧 독자들에게 그것이 무엇에 대한 징벌이었는지를 밝힌다.

"나는 어렸을 때 예쁜 아이였다." 반 덴 휠은 자기 나이쯤 되면 이런 말을 해도 괜찮다고 생각했다. 하얀 피부, 밤색 머리, 장밋빛 뺨, 보기 좋게 모양이 잡힌 팔다리. 그는 형제자매들 중 가장 아름다운 아이였다. 게다가 그의 외모는 세월이 흐른 뒤에도 거의 변하지 않아서 예순 살 생일에도 겨우 마흔 살로 보일 정도였다. 그 자신은 자신이 아름다운 아이였다는 것을 몰랐기 때문에 다른 사람들의 이야기를 듣고서야 알았다. 그가 가르친 아가씨들 중에는 "그에게 불순한 행동을 할 기회를 제공한" 사람들이 여러 명 있었다. 그는 항상 그들의 유혹을 이겨낼 수 있었지만 "스물여섯 살 때 한 번 유혹에 굴복한 적이 있었다." 그것이 그가 처음으로 저지른 죄였다. 독신으로 살면서 여자들의 시선을 받자 그는 허영심에 우쭐해지기 시작했다. 그는 훌륭한 가문의 아가씨가 그를 사랑하게 되어 그를 보며 얼굴을 붉혔다는 것을 알고 자랑스러워했다. 심지어 "내가 그 아가씨에게 얼마나 고통을 주는지 생각하지 못하고" 그 사랑의 불꽃을 부추기며 즐거워하기도 했다(그의 두 번째 죄). "감수성이 예민한 아가씨에게 그런 열정이 치유할 수 없는 고통이 되는 경우가 드물지 않다. 열정 때문에 목숨을 잃는 아가씨도 많다. 따라서 여러 아가씨들이 요절하지는 않았을망정 슬픔 때문에 고통받게 된 원인을 내가 제공했다고 할 수 있다." 하나님은 리나에 대한 그의 절망적인 사랑을 통해 그에게 딱 맞는 처벌을 내리신 것이다. 그녀는 그가 여자들에게 저지른 잘못을 응징하고 복수하는 사람이었다. 그가 그녀의 마음을 얻을 수 없었던 것은 더 커다란 힘을 가진 하나님이 그렇게 정해놓았기 때문이다. 반 덴 휠은 "내가 생각했던 것처럼 리나가 내게 사랑을 느낀 적이 있는지" 독자들이 궁금해 할 것이라고 썼다. 그러나 자신의 짝사랑을 새로이 해석하게 되었다고 해서 리나의 마음에 대한 생각까지 바뀐 것은 아니었다. "아, 그것은 의심의 여지가 없는 사실이다."

반 덴 휠은 거의 서른네 살이 되어서야 사랑에 빠졌다. 자서전에서 이 시기는 그가 한 해에 할애하던 쪽수가 6쪽 이하로 줄어든 시기다. 리나에 대한 사랑에 할애된 30여 쪽을 거기서 빼면, 한 해에 평균 3쪽이 할애되었다는 결론이 나온다. 이는 그가 중년기부터 일흔일곱 살로 죽을 때까지 한 해에 할애한 분량과 일치하는 숫자다. 다시 말해서, 그의 사랑 때문에 그때의 이야기가 길게 늘어났고, 기억 속에서 그때의 일이 차지하는 자리도 더 커졌다는 뜻이다. 반 덴 휠이 그 세월을 고통스러울 정도로 길게 느꼈음은 분명하다. 그의 사랑은 1821년 8월의 어느 토요일에 시작해서 그가 그녀의 결혼 소식을 신문에서 읽은 1831년 4월에 끝났다. 시간적으로는 10년이 채 안 되는 세월이지만, 반 덴 횔에게는 그가 몇 번 썼듯이 '기나긴 11년 세월'이었다.

그러나 어쩌면 그 세월이 결코 끝나지 않았다고 보아야 할 것 같기도 하다. 그는 자신이 서서히 평정을 되찾았지만, 결코 그녀를 잊을 수 없었다고 썼다. "내 심장이 너무나 커다란 상처를 입었다. 고독 속에서 그녀를 떠올릴 때마다 그 엄청난 충격의 잔재, 말로 표현할 수 없는 경련 같은 것이 느껴진다."


## 다시 한 번: 회상 효과

골턴이 자신의 기억을 연구한 결과를 〈뇌〉에 발표한 지 꼭 100년 후에 매코맥McCormack은 골턴의 방법을 이용해 노인들의 자전적 기억을 연구했다. 그는 평균 연령이 여든 살인 피실험자들에게 '말' '강' '왕' 등의 단어를 제시하고, 그 단어들로 인해 떠오르는 기억의 날짜를 기록했다. 그 결과 대부분의 기억이 삶의 첫 번째 4분기에 속했으며, 그보다 약간 적은 수의 기억이 두 번째 4분기에 속한다는 사실을 알 수 있었다. 세 번째 4분기(대부분의 피실험자들에게 이 시기는 마흔 살에서 예순 살 사이였다)에는 떠오르는 기억의 숫자가 급격하게 감소했다. 수십 건의 다른 연구에서도 비슷한 패턴이 발견되었다. 루빈과 슐킨드Schulkind는 오랫동안 실시해온 실험결과들을 종합해, 이 '혹'이 마흔 살까지는 나타나지 않다가 쉰 살부터 서서히 나타나기 시작해 예순 살 때 뚜렷한 모양을 갖춘다는 사실을 입증했다.

회상 효과는 매우 강렬한 현상이라서 극단적인 질병에 걸린 환자에게서도 완전히 사라지지 않는다. 프롬홀트Fromholt와 라르센Larsen은 실험에서 건강한 노인 30명과 알츠하이머병 환자 30명(모두 일흔한 살에서 여든아홉 살 사이)에게 15분의 시간을 주고 자신에게 커다란 의미가 있는 과거의 사건들에 대해 이야기해보라고 했다. 알츠하이머병 환자들이 떠올린 기억의 숫자는 건강한 사람들보다 적었지만(8개 대 18개), 시간에 따른 기억의 분포는 건강한 사람들의 경우와 다르지 않았다. 알츠하이머병 환자들도 청소년기의 일을 가장 많이 기억하고 있었던 것이다.

회상 효과는 상당히 다른 종류의 연구에서도 모습을 드러냈다. 사회학자인 카를 만하임Karl Mannheim은 1928년에 쓴, 세대 개념에 대한 글에서 대략 열일곱 살에서 스물다섯 살 사이의 경험들이 한 세대의 정치의식 형성에 중요한 역할을 한다고 주장했다. 사회학자인 슈만Schuman과 스콧Scott은 이 이론을 바탕으로 세대간의 차이에 대한 정량적인 연구를 실시했다. 18세 이상의 미국인 1400여 명을 대상으로 한 조사에서 그들은 '국가적 또는 국제적으로 중요한 사건' 한두 개를 말해보라고 했다. 응답자들이 직접 참여하지 않은 사건이어도 상관없었다. 심지어 그들이 태어나기 전에 일어난 사건을 얘기해도 괜찮았다. 응답자들은 매우 다양한 대답을 했다. 그러나 슈만과 스콧이 가장 많이 언급된 5개의 사건(시간 순서대로 열거하면 대공황, 제2차 세계대전, 케네디 대통령의 암살, 베트남 전쟁, 1970년대의 비행기 납치사건과 인질사건들)을 응답자의 나이에 따라 정리했더니 뚜렷한 패턴이 나타났다. 즉, 응답자들은 20대 때 경험한 일들을 '국가적 또는 국제적으로 중요한 사건'으로 가장 많이 꼽았던 것이다. 예순다섯 살의 응답자들(조사가 실시된 것은 1985년이었다)은 제2차 세계대전을 많이 꼽았고, 마흔다섯 살인 응답자들은 케네디의 죽음을 많이 꼽았다. 우스갯소리로, 사람들이 스무 살 때 일어난 일들이 세상을 뒤흔드는 셈이다.

기억의 숫자를 세고 날짜를 밝혀 정리하면 연령별로 기억의 분포를 알 수 있지만, 그런 분포가 나오는 이유를 설명할 수는 없다. 문헌을 뒤져보면 회상 효과와 관련된 이론 세 개를 찾아낼 수 있다. 우선, 신경 생리학적인 면에서 기억력이 20대 때 절정에 이른다고 생각해볼 수 있다. 이때 경험한 일들은 어렵지 않게 기억 속에 저장된다. 따라서 이 시기에 사람들은 그 후의 어떤 시기보다 많은 기억을 머릿속에 저장한다. 50여 년의 세월이 흐른 후에도 그 시기의 기억이 떠오를 가능성이 훨씬 높은 것은 바로 그 때문이다. 이 이론이 그럴듯해 보일 수도 있지만, 사실은 틀렸을 가능성이 크다. 만약 기억의 질이 가장 중요한 요소라면, 회상 혹은 그보다 10여 년 전에 나타나야 한다. 실험을 통해 드러났듯이, 그때의 기억이 가장 오래 남기 때문이다.

두 번째 이론은 열다섯 살에서 스무 살 사이에 사람들이 대개 기억할 만한 일을 많이 경험한다는 것이다. 이 이론은 피실험자들에게 가장 생생하게 기억하는 일 서너 가지를 말해보라고 하면, 단어를 제시하고 기억을 떠올리라고 했을 때보다 훨씬 더 강력한 회상 효과가 나타난다는 연구결과에서 나온 것이다. 어떤 사건이 우리 머릿속에 남긴 인상이 중요한 요인인 것 같기는 하다. '그 시기에 기억할 만한 일이 더 많이 일어난다'는 이론을 따라가다 보면 피실험자들이 떠올린 기억의 날짜를 조사하고, 그 기억을 기록해둘 뿐만 아니라 그 기억의 정체도 확인해보아야 할 것 같다는 생각이 든다. 그것은 어떤 종류의 기억인가? 그 기억들 사이의 공통점은 무엇이며, 나이를 먹을수록 그런 기억이 드물어지는 이유는 무엇인가? 이런 의문들을 다룬 연구는 드물지만, 그렇다고 아주 없는 것은 아니다. 잔사리Jansari와 파킨Parkin은 회상 혹 속에 포함된 많은 기억들이 온갖 종류의 '첫 경험'과 관련되어 있음을 발견했다. 첫 키스, 초경, 많은 사람 앞에서 처음으로 연설했던 것, 부모님과 따로 보낸 첫 휴가, 첫 운전교습, 주위에서 처음으로 죽은 사람, 출근 첫날. 이 첫 경험의 기억들은 대개 섬광처럼 선명하다. 물론 나이를 많이 먹은 후에도 첫 경험은 존재한다. 처음으로 난 흰머리, 첫 갱년기 증상 등. 하지만 세월이 흐를수록 첫 경험이 적어지는 것은 분명하다.

회상 효과와 관련된 세 번째 이론은 어린 시절과 성인기 초기에 사람들이 성격 형성과 정체감 확립에 영향을 미치고 인생행로의 지침이 되어주는 일들을 겪는다는 것이다. 우연한 만남, 커다란 인상을 남긴 책 한 권, 자신의 꿈이 무엇인지를 갑자기 깨닫게 해준 예리한 말 한마디. 어린 시절과 성인기 초기에 사람들은 이런 일에 가장 민감하게 반응한다. 그 결과 사람들은 살아가면서 한 번쯤은 자신을 지금의 모습으로 바꿔놓은 사건들을 떠올리게 된다. 노인들은 현재의 자신과 지금의 모습을 만들어준 경험 사이의 유사점들을 발견하고 거의 자동적으로 어린 시절로 되돌아간다. 이 이론에 따르면, 노인들은 과거를 회상하다가 자신의 인생에 커다란 영향을 미친 일들을 기억해낸다. 역으로, 그들이 그 기억을 이야기할 때의 태도를 보면 그들의 정체감이 분명히 드러난다. 심리학자인 피츠제럴드Fitzgerald에 따르면, 이런 기억들에 대부분 나타나는 공통적인 특징이 하나 있다. 화자가 기억을 더 조리 있게 만들거나, 덜 조리 있게 만들려고 애쓴다는 것. 노인들은 자신의 삶을 되돌아보며 자신의 인생이 소설 같았다고 생각하기를 좋아한다. 그 소설 속에 깜짝 놀랄 만한 일과 갑작스러운 변화들이 포함되어 있을 수도 있지만, 침착한 주인공이 항상 그다운 반응을 보였기 때문에 그 소설의 일관성이 유지되었다고 말이다. 이 특징 다음에 나타나는 두 번째 특징은, 일단 패턴이 확립된 다음에는 새로운 일들을 기억할 필요가 점차 없어진다는 것이다. 새로워 보이는 일들도 자세히 살펴보면 이미 옛날에 몇 번이나 겪은 일이므로, 자신의 인생을 훌륭한 소설로 만들려면 이런 일들을 생략해버리는 편이 낫다. 피츠제럴드는 한 연구를 통해 기억의 반복적인 측면을 밝혀냈다. 그는 남자 노인 30명에게 만약 자서전을 쓴다면 반드시 그 안에 포함될 것이라고 생각되는 이야기 다섯 가지를 해보라고 말했다. 이를 통해서 그는 여러 가지 기억들을 수집할 수 있었는데, 여기서 회상 효과가 뚜렷이 나타났다. 회상 혹이 마치 산처럼 우뚝 솟아 있었던 것이다. 노인들이 들려준 기억들 중에는 열 살에서 스무 살 사이의 기억이 쉰 살에서 여든 살 사이의 기억을 모두 합한 것보다 더 많았다.

800쪽이나 되는 빌렘 반 덴 횔의 자서전에는 많은 추억들이 담겨 있다. 그가 74년에 걸친 인생을 돌아보면서 자신의 기억 속에서 파낸 자료들은 피츠제럴드의 실험에 참가했던 노인들의 이야기처럼 시간대별로 고르게 분포되어 있지 않다. 처음에는 산더미 같은 기억들이 쏟아져 나오다가 산이 언덕으로 변하고, 언덕이 평지로 변했다. 그가 자서전에 기록해놓은 기억들을 읽다 보면, 회상과 관련된 문헌에서 주로 발견되는 두 가지 이론(대략적으로 말해서 '옛날에 기억할 만한 일이 더 많이 일어났다'는 이론과 '인생에서 중요한 일들이 그 시기에 일어났다'는 이론)이 기왓장처럼 서로 겹친다는 것을 알 수 있다. 그가 어린 시절과 성인기 초기를 다룬 부분들은 '첫 경험'에 관한 수많은 기억들로 구성되어 있다. 새 학교에 처음 등교한 날, 할아버지 집에 가도 좋다고 처음 허락받은 날, 교사가 되어 처음 출근한 날, 교장이 되어 처음 한 일, 처음 산 집……. 물론 세월이 흐른 후에도 '첫 경험'은 존재했다. 그가 길에서 리나를 처음 보았던 그 짧은 순간이 좋은 예다. 그러나 자서전의 이야기가 진행될수록 첫 경험의 빈도가 줄어든다. 첫 경험의 기억은 자신의 인생을 되돌아본 반 덴 휠의 '이야기'를 강조해주는 역할을 한다. 첫 경험이란 다음에도 같은 경험이 있었다는 것을 의미하며, 따라서 새로운 이야기의 시작을 의미하기 때문이다. 그가 길에서 리나를 처음으로 보지 않았다면 슬픈 짝사랑 이야기도 없었을 것이다. 뭔가를 기억하는 사람은 항상 시작의 반대편에 서 있다. 시간이 흐른 후에야 비로소 시작을 볼 수 있으니까.

자전적인 기억과 자서전의 공통점은 그 안에 포함된 기억들이 테마, 모티브, 줄거리에 잘 들어맞는 구조를 갖고 있다는 것이다. 그 기억들은 계속 진행되는 사건의 일부로서 점차 모습을 드러낸다. 어떤 사람이 자신이나 다른 사람에게 기억을 얘기할 때는, 대개 많은 사람들이 그 이야기를 듣게 될 것임을 염두에 두기 마련이다. 따라서 그의 이야기는 더 이상 그 사건 자체만의 기록이 아니다. 반 덴 휠의 경우, 그가 겪은 일들에 대한 기억은 그저 자서전의 원재료에 불과했다. 그가 그 기억들을 해석하기 위해서는 약 60년 전의 과거를 되돌아볼 수밖에 없었다. 아주 어렸을 때의 기억들, 예를 들어 어머니와 매일 인사를 주고받던 것이나 신발을 깨끗하게 신었을 때 신선한 우유를 상으로 받았던 기억 같은 것도 전체적인 테마와 어울리기 때문에 자서전에 포함된 것이다. 그는 이런 자세한 기억들이 굳이 이야기할 필요가 없을 만큼 유치하지만 "가정교육과 관련되어 있다"고 썼다. 어렸을 때 위트레흐트 행 밤배를 타고 가다가 의자 위에 올라가 새벽의 적막하고 평화로운 모습에 감동을 받았던 기억도 전체적인 이야기 속에서 의미를 갖고 있다. 어릴 때의 그는 아직 그 의미를 몰랐고, 그의 인생이 아직 하나의 이야기로 완성되지도 않았지만 말이다. 그의 인생이 소설 같은 이야기로 변한 것은, 일기를 빼놓지 않고 쓰던 예순세 살의 반 덴 휠이 반세기 후에 똑같은 배를 타고 여행하면서 그동안 자신의 삶에서 사라져버린 것이 너무나 많다는 사실을 생각해낸 덕분이다. 노인들은 이렇게 젊은 시절의 기억 속으로 빠져드는 것 같다. 만약 반 덴 휠이 20대 때 자신의 삶을 되돌아보았더라도, 어떤 사건들은 자서전에 묘사된 것과 똑같은 모습으로 그의 머릿속에 기억되어 있었을 것이다. 그러나 그가 나이를 먹은 후에야 비로소 어떤 패턴이나 테마의 일부로 인식한 사건들도 있었다. 반 덴 휠은 이미 원재료라고 할 수 없는 자료, 즉 해석의 과정을 거친 자료를 토대로 자서전을 썼다.

반 덴 휠이 기억의 선택, 해석, 윤색을 통해 끌어낸 테마들에는 다른 역할도 있다. 시간을 부풀리거나 찌그러뜨리는 것. 그의 머릿속에서는 과거에 수치심을 느꼈던 순간으로부터 조금도 시간이 흐르지 않았다. 마구 웃어대는 크레인티에 앞에서 얼어붙은 듯 서 있던 젊은 날의 기억. 창가에 앉아 있던 아가씨들이 수다를 떨어대던 기억도 생생히 남아 있어서 갑자기 1817년 5월 3일로 돌아간 듯한 느낌이 들 정도다. 그가 나이를 조금 더 먹은 후에는 리나에 대한 사랑 때문에 10년이 채 안 되는 기간이 '무려 11년'으로 늘어나버렸다. 그 반대의 경우도 있다. 즉, 테마와 일치하는 사건들이 점점 줄어들면서 시간도 쪼그라드는 것처럼 보이는 것이다. 그는 끝에서 두 번째 장(章)에서 "나의 이야기에서 그 다음에 일어난 일에 관해서는, 1841년부터 1848년까지 별로 할 얘기가 없다. 그때 나는 단조로운 생활을 하고 있었으므로 특별히 두드러지는 사건이 거의 없었다"고 썼다. 이 한 문장으로 그는 7년 세월을 뛰어넘어버렸다! 몇 줄 더 내려가 보면 다음과 같은 한탄이 나온다. "한 시간 한 시간, 하루하루, 한 달 한 달이 항상 엄청난 속도로 내게서 도망치는 것 같았다."

## "나는 고향에 있었지만, 길 잃은 영혼이었다."

1849년에는 그가 자서전에서 이야기할 만한 일들이 조금 있었다. 비록 좋지 않은 일들이었지만 말이다. 그해 1월에 그가 제일 좋아하던 누이 엘리자베스가 세상을 떠났다. 두 사람은 기숙학교를 운영할 때도, 입양한 아이를 기를 때도 항상 함께였다. 그는 크게 상심했다. "그 66년의 세월에 대해 내가 기억할 수 있는 모든 것을 수도 없이 떠올려보았다. 친구들과 함께 놀던 어린 시절로 얼마나 돌아가고 싶었는지. 그 친구들도 이미 오래전에 세상을 떠났다. 나만 살아남았다!" 이제 누이조차 곁에 없었으므로 그는 완전히 혼자가 된 느낌이었다. 하를렘에서 누군가에게 그의 안부를 묻는 사람은 이제 하나도 없었다. 좋은 친구들은 "모두 죽어버렸거나 다른 곳으로 이주했거나 결혼해버렸다. 그래서 나는 고향에 있었지만, 길 잃은 영혼이었다." 일흔여섯 살 생일까지 4년의 세월이 담겨 있는 자서전의 마지막 20쪽에는 점점 더 외로워지기만 하는 삶이 묘사되어 있다. 세상에 단 하나 남은 그의 누이는 넘어지면서 무릎을 다쳐 그를 만나러 올 수 없었다. 1849년 10월의 어느 날 반 덴 휠은 떨어지는 눈송이를 지켜보고 있었다. 그런데 땅을 바라보니 눈이 조금도 쌓여 있지 않았다. 눈에 이상이 생겼음이 분명했다. 그 후 몇 달 만에 그의 눈에 심한 염증이 생기는 바람에 그는 책을 읽을 수도, 글을 쓸 수도 없게 되었다. 예전에는 길고 긴 겨울 저녁을 유익하게 보내곤 했는데, 이제는 할 일도 없고 오락거리도 없이 어두운 방에서 잠자리에 들 시간을 기다리는 수밖에 없었다. 그의 눈이 조금 회복되었을 때, 그에게 또 다른 불행이 닥쳤다. 어느 날 아침 선반에 놓인 잉크병을 내리려고 의자에 올라갔다가 발을 헛디디는 바람에 날카로운 대리석판 모서리에 뒤통수를 찧었던 것이다. 얼마나 세게 머리를 찧었는지 그 소리가 길에서도 들릴 정도였다. 반 덴 휠은 잠시 정신을 잃었지만 곧 스스로 깨어나서 뒤를 돌아보았다. "엄청나게 많은 피가 고여 있었다. 머리뼈에는 상처가 없었지만, 뒤통수가 3인치 정도 찢어졌기 때문에 며칠 동안이나 모자를 쓸 수 없어서 밖에 나가지 못했다."

반 덴 휠의 삶은 날이 갈수록 조용해졌다. 그에게 날아오는 소식이라고는 누가 죽었다는 얘기뿐이었다. 가족, 친지, 친구, 옛 이웃, 동료, 옛 제자. 그의 인생에서 한 자리를 차지했던 많은 사람들의 이름이 다시 들려왔다. 그들이 사망한 날짜와 사망 당시의 나이와 함께. 반 덴 휠은 거의 집 밖에 나가지 않았다. 오른쪽 다리가 심하게 부어올라서 서 있을 수도 없었다. 자기가 너무 늙어서 다리를 치료할 수 없는 것이 아닌가 하는 생각이 들었다. 그는 살아오면서 자주 그랬던 것처럼, 이번 일도 '신의 섭리에 맡기기로' 했다. 그는 고통을 참으며 무릎을 꿇고 앉아 종이 두 장을 집어 들었다. 그리고 각각의 종이에 이렇게 썼다. "오 주여! 주님의 이름으로. 그렇다." "오 주여, 주님의 이름으로. 아니다." 그는 종이를 접은 다음 눈을 감고 종이 두 장 중 하나를 집으면서 기도를 했다. 그가 집은 것은 '그렇다'고 적힌 종이였다. 그는 하나님이 기도에 응답해주시기를 참을성 있게 기다렸다. 그가 1854년 5월에 이 일을 글로 옮길 때까지 그의 다리에는 아무 변화가 없었다. 슬픈 일이었다. 사람들이 암스테르담으로 물을 끌어오기 시작한 것이 바로 이때였기 때문이다. "강력한 증기 엔진 세 대, 즉 레흐바테르, 크뤼코이위스, 레인데"가 하를렘 호수에서 물을 끌어갔다. 그 모습을 직접 보고 싶은 생각이 간절했다.

반 덴 휠은 1854년에 자서전을 마무리했다. 그의 삶에서 마지막 4년은 처음 4년과 마찬가지로 기록으로 남지 못했다. 자서전 말미에서 그는 다시 한 번 자신의 마음을 열어 보여주었다. 그는 1844년에 미망인이 된 리나를 여전히 생각하고 있었다. 그녀를 아내로 맞게 해달라고 여전히 하나님께 기도하고 있었다. 비록 자신의 기도에 하나님이 응답해주지 않을지도 모른다는 생각이 들기 시작했지만. "이제 내 나이가 일흔다섯이니, 내 이야기를 모르는 사람들은 이 나이에 아내를 얻고 싶어하는 것이 우스꽝스럽다고 생각할 것이다."

## 참고문헌

반 덴 휠이 입양해 기른 아들의 마지막 후손의 미망인이 자서전 원고를 1992년에 하를렘 시립 문서보관소에 제출했다. 이 자서전은 1996년에 Hilversum에서 Ego Document 시리즈 중 한 권으로 *Autobiografie(1778~1854)*라는 제목으로 출판되었다. Raymonde Padmos가 이 책의 서문을 썼고, 반 덴 휠의 가계도와 참고문헌도 수록되어 있었다.

M. A. Conway와 D. C. Rubin, 'The structure of autobiographical memory,' A. F. Collins, S. E. Gathercole, M. A. Conway, P. E. Morris 편집, *Theories of Memory*, Hove, 1993, 103~137.

J. M. Fitzgerald, 'Autobiographical memory and conceptualizations of the self,' M. A. Conway, D. C. Rubin, H. Spinnler, W. A. Wagenaar 편집, *Theoretical*

*Perspectives on Autobiographical Memory*, Dordrecht, 1992, 99~114.

P. Fromholt와 S. F. Larsen, 'Autobiographical memory and life-history narratives in aging and dementia (Alzheimer type),' M. A. Conway, D. C. Rubin, H. Spinnler, W. A. Wagenaar 편집, *Theoretical Perspectives on Autobiographical Memory*, Dordrecht, 1992, 413~426.

F. Galton, 'Psychometric experiments,' *Brain* 2 (1879), 149~162.

A. Jansari와 A. J. Parkin, 'Things that go bump in your life: explaining the reminiscence bump in autobiographical memory,' *Psychology and Aging* 11 (1996), 85~91.

P. D. McCormack, 'Autobiographical memory in the aged,' *Canadian Journal of Psychology* 33 (1979), 118~124.

D. C. Rubin, T. A. Rahhal, L. W. Poon, 'Things learned in early adulthood are remembered best,' *Memory and Cognition* 26 (1998), 3~19.

D. C. Rubin과 M. D. Schulkind, 'The distribution of autobiographical memories across the lifespan,' *Memory and Cognition* 25 (1997), 859~866.

H. Schuman과 J. Scott, 'Generations and collective memories,' *American Sociological Review* 54 (1989), 359~381.

# 나이 들수록
# 왜 시간은 빨리 흐르는가

에른스트 윙거Ernst Jünger가 서재에 앉아 있다. 늦은 저녁, 거의 밤이 가까운 시간이다. 그는 시간에 대한 연구결과를 담은《모래시계의 책Das Sanduhrbuch》의 원고를 손질하고 있다. 책상에는 오래된 모래시계가 놓여 있다. 제2차 세계대전 중에 러시아에서 실종된 친구 클라우스 발렌티너에게서 받은 선물이다. 모래시계는 단순한 모양의 철제구조 속에 들어 있다. 옛날에는 틀림없이 쓸모가 많은 물건이었을 것이다. 시계의 허리부분은 젖빛 유리처럼 반짝반짝 광택이 난다. 윙거는 위쪽 모래에 깔때기 모양의 구멍이 생기고 아래쪽에서는 벨벳처럼 소리 없이 흘러내린 모래가 원뿔 모양으로 점점 쌓이는 것을 지켜본다. 시간이 결코 멈추지 않는다는 것을 생각하면 그리 편안한 기분은 아니다. 위쪽에서 사라진 모래가 아래쪽에 쌓인다. 모래시계를 뒤집을 때마다 시간이 새로 복원된다. 그냥 팔을 뻗어 모래시계를 뒤집어놓기만 하면 된다. 하지만 아무리 자주 시계를 뒤집어놓아도, 시간은 점점 빨리 흐를 뿐이다. 모래시계 속에 들어 있는 모래알들이 서로 부딪히면서 매 끄럽게 다듬어져서 나중에는 마찰이 거의 없이 아래로 흘러내린다. 그리고 모래시계의 허리는 모래에 갈려 계속 넓어지기만 한다. 모래시계가 오래된 것일수록, 모래가 빨리 흘러내린다. 사람들은 눈치채지 못하지만, 모래시계의 시간은 계속 빨라진다. 이처럼 시계로서 부정확한 시간을 알려주는 모래시계 속에는 은유가 숨어 있다. "사람의 경우에도 해가 갈수록 시간이 점점 빨리 흘러서, 마침내 모래시계 아래쪽이 가득 차는 날이 온다. 사람에게도 점점 더 그 흔적이 남는다."

《모래시계의 책》은 1954년에 출판되었다. 이 책을 쓰기 시작했을 때 에른스트 윙거는 예순이 다 된 나이였다. 그는 나이를 먹을수록 시간이 빨리 흐르는 것처럼 느껴진다는 사실을 개인적 경험을 통해 익히 알고 있었을 것이다. 시간이 점점 빨리 흐르기 때문에 한 해 한 해가 자꾸 줄어든다. 마흔 살, 쉰 살 생일이 지나면, 열다섯 살이나 스무 살 때에 비해 1년의 길이가 훌쩍 줄어든 것처럼 느껴진다. 시간이 빨라지는 것처럼 보이는 이 신비한 현상 속에 윌리엄 제임스가 1890년에 《심리학의 원칙Principles of Psychology》에서 언급했던 두 번째 수수께끼가 숨어 있다. 한 시간과 하루의 길이가 옛날과 똑같은 것처럼 보이는데도 1년이 더 빨리 흘러가는 것처럼 느껴지는 것은 어찌된 일인가?

시간이 빨라지는 현상을 설명하는 말보다는 이 현상을 표현한 은유가 더 많다. 헤리트 크롤은 《프리슬란트 사람은 울지 않는다Een Fries huilt niet》에서 "시간은 손가락에 감기는 작은 사슬"이라고 썼다. 하지만 그 사슬이 감기는 속도가 점점 빨라지는 이유가 무엇일까? 숫자로만 제시된 해답들도 그리 만족스럽지 않기는 마찬가지다. 프랑스의 철학자 폴 자네Paul Janet는 1877년에 사람의 인생 중 어떤 기간의 길이에 대한 느낌은 그 사람 인생의 길이와 관련되어 있다는 의견을 내놓았다. 열 살짜리 아이는 1년을 인생의 10분의 1로 느끼고, 쉰 살의 남자는 50분의 1로 느낀다는 얘기다. 윌리엄 제임스는 이 '법칙'이 시간이 빨라지는 현상에 대한 설명이라기보다는 그 현상 자체에 대한 묘사라고 생각했다. 그의 생각이 옳았다. 그는 시간이 빨리 흐르는 것처럼 느껴지는 이유를 다음과 같이 제시했다.

> 단조로운 기억, 그리고 그 결과로 나타나는 회상의 단순화. 어렸을 때 사람들은 항상 주관적으로든 객관적으로든 완전히 새로운 경험을 할 수 있다. 불안감은 생생하고, 기억은 강렬하다. 그때에 대한 우리의 기억 속에는 빠르게 움직이면서 아주 재미있는 여행을 했을 때의 기억처럼 복잡하게 얽히고설킨 여러 가지 일들이 길고 자세하게 기록되어 있다. 그러나 해가 갈수록 이런 경험들 중 일부가 자동적인 일상으로 변해 사람들이 거의 의식하지 못하게 되고, 하루 또는 일주일 동안 일어났던 일들이 알맹이 없이 기억 속으로 섞여 들어간다. 그래서 한 해의 기억이 점점 공허해져서 붕괴해버린다.

윌리엄 제임스는 기억이 시간감각의 핵심을 차지한다고 보았다. 심리적으로 우리가 인식하는 시간은 우리의 기억을 반주 삼아 우리 내부의 시계에 맞춰 똑딱거리며 사라져간다. 시간의 길이와 속도는 기억 속에서 만들어진다. 인생의 속도가 점점 빨라지는 것 같은 느낌은 시간에 대한 온갖 환상들 중 일부다. 어떤 환상들은 몇 초나 몇 분만 차지하기도 하지만, 며칠이나 몇 년 또는 그보다 훨씬 더 긴 기간을 차지하는 환상도 있다. 그러나 시계나 달력 속에 표시된 시간의 길이와 상관없이, 이 환상들에는 공통점이 있다. 시간감각을 우리 의식 속에서 벌어지는 일들과 연결시켜준다는 것. 프랑스의 철학자이자 심리학자인 장 마리 귀요Jean-Marie Guyau (1854~1888)는 1885년에 이미 시간에 대한 주관적인 인식에 영향을 미치는 여러 가지 심리적 요인들을 설명한 바 있다. 결핵으로 고통받으며 너무나 짧은 생애를 살았던 그는 시간감각을 설명하는 훌륭한 이론을 만들어냈다.

## "거리 밑에 거리가 또 묻혀 있다."

귀요는 갓 스무 살이 되었을 때 윤리학의 역사에 관한 1000쪽 분량의 연구를 완성했다. 그리고 13년 후 때 이른 죽음을 맞이할 때까지 그는 10권의 저서와 헤아릴 수 없이 많은 글들을 남겼다. 그가 다룬 주제는 미학, 사회학, 교육학, 종교 등 다양했다. 그는 지식인으로 평생을 살면서 짧은 삶을 보상하기라도 하듯 다른 사람들보다 두 배나 많은 일들을 경험했던 것 같다. 그에게 가장 커다란 명성을 안겨준 《시간에 대한 사상의 기원La genèse de l'idée de temps》은 그가 세상을 떠난 지 2년 후인 1890년에 발표되었다. 일반 활자 크기로 50쪽이 조금 넘는 이 책은 그가 1885년에 〈철학 리뷰Revue Philosophique〉에 발표한 글을 토대로 쓴 것이다. 미숑Michon과 두 명의 학자들은 귀요의 사망 100주기를 맞아 그의 생애를 설명한 머리말과 함께 이 책의 주해판을 내놓았다.

장 마리 귀요는 1854년에 라발에서 태어났다. 그의 아버지 장 귀요가 자신보다 열세 살 어린 오귀스틴 튈르리Augustine Tuillerie와 결혼한 것은 그보다 1년 전이었다. 두 사람의 결혼생활은 행복하지 않았다. 미

송은 이렇게 썼다. "오귀스틴은
결혼할 때 지옥이 어떤 것인지
잘 몰랐겠지만, 곧 지옥을 경험
하게 되었다." 남편에게 혹사당
하던 오귀스틴은 결국 남편을
떠나기로 결심하고 당시 세 살
이던 장 마리와 함께 자신의 사
촌인 철학자 알프레드 푸이예
Alfred Fouillée의 집으로 거처를 옮
겼다.

장 마리 귀요(1854~1888).

　　장 마리의 어린 시절 교육
을 담당한 것은 그의 어머니였
다. 나중에는 푸이예가 그의 교
육을 맡았다. 그는 장 마리에게 플라톤과 칸트를 읽어보라고 권유했
다. 장 마리는 열다섯 살 때 플라톤과 소크라테스에 대한 책을 쓰는 푸
이예를 돕기도 했다. 대학에 들어가 공부를 시작한 열일곱 살 때까지
귀요는 지적으로 매우 분주한 나날을 보냈다. 1874년에 그는 파리의
콩도르세 고등학교 철학교사로 임명되었다.

　　그해에 결핵 중세가 처음으로 나타났다. 이로써 귀요는 요절할지
도 모른다는 불안 때문에 삶을 한층 더 서두른, 19세기의 전설적인 인
물들 속에 끼게 되었다. 귀요는 학교를 그만두고 기후가 좀더 온화한
곳에서 공부를 계속하기로 했다. 그는 아내, 어머니, 푸이예와 함께 프
로방스에 정착했다. 1884년에는 귀요 부부에게 아들 오귀스탱이 태어
났다. 산으로 둘러싸인 마을에서 소란스러운 학계와는 동떨어진 삶을

살면서 귀요는 생산적이고 행복한 나날을 보냈다. 이 기간 동안 그는 시간에 대한 사상을 다룬 책의 가장 중요한 부분을 집필했다.

귀요는 시간에 대한 이론에서 가장 기본적인 비유로 공간을 이용했다. 기하학적인 공간이 아니라 원근법으로 표현되는 공간, 즉 관찰자의 눈에 비친 공간이었다. 시간에 대한 각자의 경험은 '내적인 광학 internal optics'이었다. 화가가 원근법을 이용해서 공간을 정돈하듯이, 기억도 시간 속에서 우리가 경험한 일들을 정돈한다. 기억은 우리의 의식에 깊이를 준다. 기억 속의 질서가 깨지는 순간, 꿈속의 이미지가 아주 미세하게 바뀔 때처럼 시간감각이 사라져버린다. 귀요는 갑자기 기면 상태에 빠진 한 학생의 사례를 인용했다. 그 학생은 걱정이 된 친구들이 깨우는 바람에 금방 잠에서 깨어났는데, 그 짧은 시간에 이탈리아를 여행하는 꿈을 꾸었다. 꿈속에서 도시, 사람, 기념물, 개인적인 경험 등이 연달아 등장했기 때문에 그는 자신이 몇 시간 동안 계속 꿈을 꾸었다고 생각했다.

귀요는 심리학적 시간의 내적인 광학에 영향을 미치는 몇 가지 요인들을 정리했다. 시간의 길이와 속도는 우리의 느낌과 생각의 강도, 이 두 가지가 교체되는 속도, 느낌과 생각의 횟수, 우리가 거기에 쏟는 관심, 기억 속에 그것들을 저장하는 데 드는 노력, 그것들이 불러내는 감정과 연상 등에 의해 좌우된다. 그러나 시간을 파악하는 데 도움이 되는 요인들이 거꾸로 시간을 잘못 인식하게 만들 수도 있다. 예를 들어, 어떤 일에 주의를 집중하는 행위는 망원경 같은 효과를 낸다. 망원경을 이용하면 사물을 자세히 볼 수 있기 때문에 우리는 그 물체가 가까이 있는 것처럼 착각하게 된다. 귀요는 영국의 심리학자인 설리에게서 이 비유를 빌려왔다. 설리는 《환상》에서 납치나 살인처럼 충격적인 사건들이 실제보다 더 최근에 일어난 일처럼 느껴진다고 말한 바 있다. 범인이 형기를 다 마칠 때쯤이면, 그 사건이 그토록 오래전에 일어났다고 생각하는 사람이 하나도 없다는 것이다.

개인적인 차원에서는 시간의 길이를 짐작할 때 사건의 강렬함도 영향을 미친다. 우리에게 깊은 인상을 남긴 사건을 되돌아볼 때, 우리는 그 사건이 실제보다 더 최근에 일어났다고 생각하는 경향이 있다. 이런 환상은 정신질환을 앓는 환자에게서도 발견된다. 충격적인 사건들이 계속 머릿속에서 반복되면서 기억이 심리적인 현재 속으로 뚫고 들어와 사람이 마음대로 지워버릴 수 없게 된다. 귀요는 이런 기억이 시간과 함께 움직이면서 끝내 시야에서 사라지지 않는 것 같다고 썼다. 벵언알프에 서 있을 때는, 맑은 하늘을 향해 돌을 던지기만 하면 융프라우의 빙하를 맞힐 수 있을 것처럼 보인다. 마찬가지로 깊은 상처를 남긴 사건 역시 현재로부터 엎어지면 코 닿을 거리에 있는 것처럼 보인다.

명료한 기억 때문에 그 사건이 가까운 과거의 일처럼 느껴지는 현상은 반대방향으로도 작동한다. 다시 보고 싶은 뭔가를 기다릴 때, 우리는 그 물체의 모습을 또렷하게 그려볼 수 있기 때문에 그 물체를 다시 보게 될 때까지의 시간을 실제보다 짧게 인식한다. 잔뜩 긴장해서 뭔가를 기대하는 마음은 영원히 지속될 수 있다. 하지만 일단 보고 싶은 물건을 다시 보게 되면, 우리가 그토록 고대했던 그 순간이 날듯이 지나가버리는 것처럼 느껴진다. 그 순간이 오기를 기다릴 때와 막상 그 순간이 왔을 때의 상황이 대조적이기 때문에 시간의 속도가 빨라지는 것이다.

시간의 길이와 속도를 평가할 때 기억이 이런 역할을 한다는 사실은 현재의 경험 속에서 과거를 찾을 수 있음을 의미한다.

베수비오의 재 속에 묻힌 도시 아래에서 훨씬 더 오래된 도시들의 흔적들이 발견되었다. 훨씬 더 오래전에 그곳에 묻힌 도시들의 유적이다. 그 도시의 주민들은 그 전의 도시를 뒤덮은 재 위에 도시를 건설했다. 따라서 여러 층으로 쌓인 도시들이 만들어졌다. 거리 밑에 거리가 또 묻혀 있다. 교차로 밑에는 또 다른 교차로가 묻혀 있다. 잠자고 있는 도시 위에 살아 있는 도시가 건설되었다. 우리 뇌 속에서도 똑같은 일이 일어난다. 현재의 삶이 자신도 잘 모르는 사이에 과거의 삶을 덮어버리지만, 과거의 삶은 현재의 삶을 지탱해주는 숨은 기초 역할을 한다. 만약 우리가 내면의 자아 속으로 내려가 본다면, 유적들 사이에서 헤매게 될 것이다.

원근법에 나타나는 공간적인 관계도 우리 인생 중 여러 시기의 길이를 짐작하는 데 이용될 수 있다. 우리의 시선을 사로잡은 물체가 시작점과 종점 사이에 있으면 거리가 더 길어 보이듯이, 놀랍고 다양한 사건들이 일어난 해가 아무 일도 일어나지 않은 단조로운 해보다 더 길어 보일 것이다. 귀요는 우리가 기억하는 사건들 속에서 선명하고 강렬하게 감지되는 차이점이 몇 개인가에 따라 어떤 시기의 길이에 대한 우리의 감각이 달라질 수 있다고 보았다. 그래서 어린 시절에는 한 해가 그토록 길게 느껴지고, 나이를 먹은 후에는 한 해가 그토록 짧게 여겨지는 것이다. 귀요의 글은 여기서 길게 인용할 만한 가치가 있다.

젊은이들은 욕망을 참지 못한다. 젊은이는 시간을 집어삼켜 앞서나가고 싶어하지만, 시간은 천천히 흐를 뿐이다. 게다가 젊은 시절에는 많은 일들에 깊은 인상을 받게 되고, 그 인상들이 생생하고 신선하기 때문에 여러 면에서 그 시절이 뚜렷하게 구분된다. 따라서 젊은이는 지난해를 회상할 때, 마치 여러 가지 장면들이 길게 이어지는 듯한 느낌을 받는다. 무대 위에서 너무나 많은 것들이 변화하며 장면이 계속 바뀌기 때문에 무대 배경은 그 장면들 뒤로 사라져버린다. 수많은 배경막들이 때가 되면 관객들 앞에 펼쳐지도록 제자리에 매달려 있음을 우리는 알고 있다. 이 배경막들은 우리의 과거 속에서 자꾸만 떠오르는 장면들이다. 흐릿한 안개처럼 희미해져서 마치 아주 멀리 있는 것처럼 보이는 배경막도 있고, 무대 양옆의 날개 역할을 하는 배경막도 있다. 우리는 강도와 순서에 따라 그것들을 분류한다. 우리의 기억은 무대감독이다. 따라서 아이들에게는 지난번 새해가 그 후에 일어난 사건들 뒤로 점점 더 물러나는 것처럼 보일 것이고, 빨리 자라고 싶어 안달하는 아이에게 다음 새해는 너무 멀리 있는 것처럼 보일 것이다. 그러나 노년은 고전적인 연극에서 전혀 변하지 않는 배경과 같다. 한 장소에서 때로는 시간마저 변하지 않은 채, 극을 지배하는 단 한 가지 움직임에 모든 것이 집중되고 나머지는 지워져버린다. 때로는 아예 시간이 존재하지 않는 가운데 연극이 진행되기도 한다. 이번 주도 다음 주도, 이번 달도 다음 달도 모두 비슷해 보인다. 단조로운 삶이 계속 이어진다. 이 모든 이미지들이 하나의 이미지로 융합된다. 상상 속에서 시간은 축약된다. 욕망도 같은 역할을 한다. 삶의 끝이 점점 다가오면 우리는 매년 이렇게 말한다. "한 해가 또 갔구나! 내가 지난 1년 동안 뭘 했지? 뭘 느끼고, 뭘 보고, 뭘 이룩했지? 어떻게 365일이 겨우 두어 달처럼 느껴지는 거지?" 시간을 길게 늘이고 싶다면, 기회가 있을 때 새로운 것들로 시간을 채

워야 한다. 신나게 여행을 다녀오거나, 새로운 삶을 받아들여 한층 젊어지거나. 뒤를 돌아보면, 지금까지 일어났던 일들과 지금까지 걸어온 길이 상상 속에 쌓여 있음을 알게 될 것이다. 우리 눈에 보이는 세상의 일부인 이 모든 조각들이 길게 줄지어 늘어설 것이고, 그것이 길게 이어진 시간을 보여줄 것이다.

귀요가 서른네 살에 일찍 세상을 떠났다는 점을 생각하면 '기회가 있을 때'라는 구절에 안타까움이 배어 있는 듯하다. 죽기 전 몇 년 동안 그는 신나는 여행을 하고 싶어도 할 수 없는 처지였다. 적어도 그의 몸은 그런 상태였다. 그가 매번 자신의 내면세계를 새로이 부활시켰으므로 사실상 장수한 것이나 마찬가지라고 말할 수도 있을 것이다. 그가 철학과 심리학에서 뻗어나간 다양한 가지들 사이를 거의 강박적으로 빠르게 돌아다녔으므로, 그것이 틀림없이 진짜 여행처럼 그의 정신세계를 넓혀주었을 것이다.

1888년 초에 지진으로 인해 프랑스와 이탈리아 해안지방이 커다란 피해를 입었다. 귀요의 집도 파손되었다. 주민들은 습기 찬 헛간에서 며칠 밤을 보낼 수밖에 없었다. 귀요의 약한 몸은 이것을 견뎌낼 수 없었다. 그는 감기에 걸렸고, 그의 상태가 눈에 띄게 악화되었다. 3개월 후, 예수 수난일 전야에 그는 세상을 떠났다. 이제 네 살인 오귀스탱은 옆방에서 자고 있었다. 다음날 아침 사람들은 그에게 아버지가 긴 여행을 떠났다고 말해주었다.

# 내적인 광학

귀요가 시간에 대해 자기만의 시각을 갖게 된 것은 실험이 아니라 개인적인 경험을 통해서였다. 그래서 그의 주장이 그토록 설득력 있게 들리는 것인지도 모른다. 그는 자신의 내면에서 벌어지는 일을 예민하게 인식하고, 다른 사람들 같으면 그저 순간적인 흥분으로 치부했을 일들을 어떻게 하면 제대로 묘사할 수 있는지 알고 있었으므로, 그의 주장에는 왠지 강하게 흥미를 끄는 부분이 있다. 내면 관찰은 문자 그대로 '안을 들여다본다'는 의미일 수 있지만, 어느 단계를 지나면 다른 사람의 경험도 그 안에 포함되고, 내면 관찰이 바깥을 향하게 된다. 그런 의미에서 내면 관찰은 소설에 나오는 내적인 독백을 연상시킨다. 때로는 내면 관찰과 내적인 독백이 서로 공명하는 것처럼 보이기도 한다. 프루스트는 《잃어버린 시간을 찾아서》의 일부인 〈게르망트 쪽Le Côté de Guermantes〉(1920~1921)에서 뭔가를 기다리며 잔뜩 긴장해 있을 때 시간이 느리게 흐른다는 생각을 훌륭한 문장으로 묘사했다. 화자는 매력적인 여인 드 스테르마리아 부인에게 저녁식사를 함께 하자고 초대하는 내용의 편지를 보냈다. 그녀는 그날 저녁 8시 전에 답장을 보내주겠다고 말했다. 그에게는 오후가 한없이 길게 느껴진다.

그녀의 편지를 기다리던 그날 오후에 다른 사람이 나를 방문해주었더라면 시간이 빨리 흘러갔을 것이다. 대화를 하며 시간을 보내다 보면, 시간을 의식하지 않게 된다. 시간이 사라졌다가 한참 후에 갑자기 다시 나타나는 것이다. 시간은 이렇게 게으름을 피우다가도 재빠르게 움직이곤 한다. 하지만 혼자 있을 때는 한결같은 속도로 똑딱거리는 시계추의 움직임 때문에 아직도 멀게만 느껴지는 그 순간을 더욱 의식하게 되면서 시간을 분 단위로 쪼개 그만큼 늘려놓게 된다. 친구와 함께 있었다면 1분, 1분 시간이 가는 것을 세지 않았을 텐데.

마침내 편지가 도착한다. 드 스테르마리아 부인은 3일 후에 그와 함께 식사를 하겠다며 그의 초대를 받아들였다. 그 순간부터 그는 그녀를 만날 생각 외에는 다른 생각을 전혀 할 수 없게 된다. 그녀와의 만남은 단순한 저녁식사에 불과하지만, 그가 진심으로 원하는 것은 그녀를 자기 사람으로 만드는 것이다. 그는 그날 저녁에 그녀가 자신에게 마음을 열 것이라고 확신한다. 그는 그녀를 애무하는 자신의 모습을 단 한순간도 빼놓지 않고 생생하게 상상한다. 그녀와 만나기로 한 날까지의 시간은 비참할 뿐이다.

드 스테르마리아 부인과 저녁식사를 하기로 한 날까지 하루하루가 내게는 전혀 즐겁지 않았다. 사실 나로서는 그 시간을 그저 참고 견디는 것이 최선이었다. 우리가 계획한 날까지의 시간이 짧을수록, 오히려 더 길게 느껴지는 것이 일반적이다. 그 시간을 우리가 더 잘게 쪼개서 인식하기 때문에, 또는 손가락을 꼽아가며 그 순간을 기다려야 하기 때문에. 교황은 백 년 단위로 시간을 센다고 한다. 어쩌면 시간을 셀 생각을 아예 하지 않을지도 모른다. 교황이 기다리는 시간은 영원 속에 있으니까. 내가 기다리는 시간은 겨우 3일 후였다. 나는 1초, 1초 시간을 헤아리며, 그녀를 처음으로 쓰다듬는 내 손길을 상상하는 데 나 자신을 맡겨버렸다……

여기서 귀요의 내면의 광학 법칙이 뚜렷하게 작용하고 있다. 욕망이 상상을 더 선명하게 만들고, (망원경을 들여다볼 때처럼) 그 순간을 아주 가까이로 끌어오기 때문에 그 시간까지의 실제 거리가 너무 길게 느껴지고 시간이 느리게 흐르는 것처럼 보인다. 마침내 기다리던 시간이 도달했을 때에야 비로소 시간이 제 속도를 되찾는다. 그러나 애석하게도 소설 속 화자의 경우에는 시간이 잘못된 방향으로 흐르기 시작한다. 저녁식사를 약속한 날이 되자 그는 그녀에게 마차를 보낸다. 하지만 마차는 텅 빈 채 되돌아온다. 마부가 그에게 드 스테르마리아 부인의 메모를 건네준다. 뜻밖의 일이 생겨 식사를 하러 올 수 없다는 내용이다. 심지어 그녀는 너무나 미안하다는 말까지 덧붙여놓았다. "오늘을 정말 고대하고 있었어요." 이날을 고대한 것은 그녀뿐만이 아니다.

시간과 기억에 바쳐진 또 다른 기념물이라고 할 수 있는 토마스 만Thomas Mann의 《마법의 산The Magic Mountain》은 1924년에 독일에서 출간되었다. 이 작품 역시 귀요가 1885년에 만든 법칙을 넌지시 암시하고 있다. 한스 카스토르프Hans Castorp는 며칠 전에 다보스에 있는 어떤 요양소에 왔다. 그곳에서 치료를 받고 있는 사촌을 만나러 온 것이다. 그는 그곳에 가면 일주일이 분주하게 움직이는 건강한 사람들 사이에서 시간을 보낼 때와는 상당히 다르게 느껴질 것이라는 말을 미리 들었다. '시간 감각에 대한 여담Excursus on the Sense of Time'에서 토마스 만은 권태가 시간에 미치는 영향에 대해 생각해보았다. 흔히들 권태가 시간을 길게 늘여놓는다고 말한다. 그래서 독일어로 Langeweile가 권태를 뜻하게 된 것이다. 그러나 그 법칙은 몇 시간이나 며칠에만 적용되는 것 같다. 몇 주, 몇 달의 경우에는 권태 때문에 시간이 오히려 짧게 느껴지는 것이다. "하루하루가 똑같을 때는 매일이 똑같이 느껴진다. 하루하루가 완전히 똑같이 흘러간다면, 아무리 긴 일생도 짧게 느껴질 것이다. 마치 우리가 모르는 사이에 권태가 우리에게서 시간을 훔쳐간 것처럼." 역으로, 충만하고 흥미로운 일들은 "시간에 무게와 폭과 부피를 주어 그 다사다난한 세월이 아무 일도 없는 세월보다 느리게 흘러가는 것처럼 느껴진다. 아무 일도 일어나지 않는 공허한 세월은 바람이 한번 불면 사라져버린다." 오래 살고 싶다면 가능한 한 자주 정해진 일상을 버리고, 주위 환경을 바꾸거나 여행을 해야 할 것 같다. 귀요의 충고를 진심으로 받아들여야 하는 것이다. 그러나 귀요보다 훨씬 더 넓은 세상을 여행한 토마스 만은 그 효과가 오래 가지 않는다는 것을 알고 있었다.

새로운 곳에 처음 갔을 때는 시간이 젊다. 다시 말해서 시간이 광범위하고 포괄적이다. 이런 현상은 6~8일 동안 계속된다. 그 후 사람이 '그곳에 익숙해짐'에 따라 시간이 점점 쪼그라드는 현상이 눈에 띄게 나타난다. 삶에 매달리는 사람, 아니 삶에 매달리고 싶어 하는 사람이라면 하루하루가 점점 가벼워지는 것, 시간이 낙엽처럼 빠르게 사라져버리는 것을 보며 몸을 떨 것이다. 그러다가 4주째가 되면 아마 시간이 무서울 정도로 덧없이 빨리 흘러가는 것처럼 느껴질 것이다.

높은 산속의 요양원에 도착한 한스 카스토르프는 이것과는 정반대의 경험을 하며 경이로움을 느꼈다. 시간이 불안할 정도로 느리게 흐르는 것 같은 느낌. 그 역시 허파에 병이 들었음이 발견되어 요양원에서 7년 세월을 보내게 된다.

프루스트와 만은 시간에 대한 경험을 귀요와 똑같이 해석했다. 감정의 강도, 감정의 개수, 기억과 기대의 선명도, 일상이나 그와 반대되는 상황이 미치는 영향. 사람들이 심리적으로 인식하는 시간에 이 모든 것이 독특한 리듬과 길이를 부여한다. 우리 의식 속에서 일어나는 변화에 따라 시간은 빨라지기도 하고 느려지기도 한다. 쪼그라들기도 하고 길게 늘어나기도 한다. 귀요에 따르면, 시간을 파악하려면 경험과 그 경험을 저장해두는 기억이 모두 필요하다. "시간은 모래시계 속에 존재하는 것과 마찬가지로, 처음부터 우리 의식 속에 존재하고 있다. 우리의 인식과 생각은 모래시계의 좁은 구멍을 빠져나오는 모래알에 해당한다. 우리의 인식과 생각은 바로 그 모래알들처럼 서로 융합되는 대신 서로의 자리를 빼앗는다. 이렇게 조금씩 떨어져 내리는 모래, 그것이 바로 시간이다."

## 시간 인식

귀요가 말한 '조금씩 떨어져 내리는 모래'의 이미지는 또 다른 것을 분명히 깨닫게 해준다. 우리의 상상력은 시간을 그림으로 인식할 때에만 시간을 이해할 수 있다. 시간을 묘사하는 단어들은 본질적으로 공간을 묘사하는 단어들이다. 앞, 뒤, 사이, 짧다, 길다 등은 모두 가상의 시간축에 그려진 표식들이다. 서구인들의 시각에서 볼 때, 이 축은 일직선이며 사람들은 그 위에 가능한 한 정확하게 시간의 단위를 표시한다. 자에 눈금을 표시하듯이 이 축 위에 같은 길이로 초, 분, 시간을 표시하는 것이다. 어떤 경우에는 시간의 축이 우리 몸을 관통해서 이어진 것처럼 묘사되기도 한다. 미래에 다가올 일을 '고대한다look forward'는 표현이나, 과거의 일들을 우리의 '등 뒤behind'에 있는 것으로 보는 표현이 좋은 예다. 미래는 앞으로 다가올 시간이고 과거는 우리가 지나온 시간이다. 시간이 우리 몸을 통과해서 흐르는 것처럼 표현되지 않을 때에도 시간 축의 경로는 분명하다. 시간이 왼쪽에서 오른쪽으로 흐르는 것처럼 표현되는 것이다. 그래프의 축에 시간을 표현할 때도, 역사책의 연대표에서도 시간은 항상 왼쪽에서 오른쪽으로 흐른다. 중세에 자주 그림의 소재가 되었던 '삶의 계단'을 보면, 어린이가 왼쪽에서부터 계단을 오르기 시작한다. 그리고 나중에 노인이 되어 오른쪽에서 계단에서 내려선다. 미래를 나타내는 화살표(방향을 표시하는 화살표나 비디오에서 '재생' 버튼에 그려진 그림)는 항상 오른쪽을 향하고 있다. 시간과 공간에 대한 우리의 직관이 왜 그런 식으로 작동하는지는 분명하지 않다. 그러나 우리가 글을 쓰는 방향이 '미래는 오른쪽에 놓여 있다는' 직관적인 생각에 영향을 미친다는 것을 보여주는 사례가 몇 가지 있다. 심리학자인 즈반Zwaan은 이스라엘에서 모국어가 히브리어인 사람들을 상대로 일련의 실험을 실시했다. 히브리어로 글을 쓸 때는 오른쪽에서 왼쪽으로 쓴다. 그러나 대부분의 피실험자들은 '앞before'을 상징하는 카드를 '뒤after'를 상징하는 카드의 왼쪽에 놓았다. 네덜란드에서 똑같은 실험을 실시했을 때는 거의 모든 실험 대상자들이 '앞' 카드를 '뒤' 카드의 왼쪽에 놓았다. 시계바늘이 오른쪽으로 움직이기 때문에 사람들이 미래를 오른쪽에 놓게 된다는 주장은 단순히 문제를 다른 것으로 바꿔놓을 뿐이다. 시계바늘이 문자판의 아래쪽을 돌 때는 오른쪽으로 움직이는 경우가 거의 없기 때문이다. 우리가 '시계방향'을 '오른쪽을 향한 움직임'과 동일시한다는 사실은 문제의 해답이 아니라 문제의 일부일 뿐이다.

우리가 일상생활에서 사용하는 단어들은 시간에 방향을 부여할 뿐만 아니라 속도 변화와 탄력성도 부여한다. 시간이 기어가는 것 같다, 날듯이 흐른다, 시간이 빨라진다, 느려진다, 꼼짝도 하지 않는다는 표현들이 좋은 예다. 우리의 일상적인 표현 속에서 시간은 쪼그라들기도 하고, 늘어나기도 한다. 사람들의 생각과 말 속에서 시간이 공간적인 개념으로 표현된다는 사실, 시간과 관련된 사람들의 경험이 공간과 관련된 경험과 부합될 수 있다는 사실은 시간의 수축과 팽창에 대한 프루스트와 만의 생각, 그리고 귀요의 '내면의 광학'에서 매우 중요한 요소였다. 세 사람 모두 내면의 인식에 원근법을 적용했다. 실험에서도 이런 비유가 사용된 적이 있다. 19세기의 마지막 25년 동안 시간과 관련된 수백 건의 심리학 실험이 실시되었다. 실험이 가장 많이 이루어진 장소는 얼마 전에 문을 연 독일 연구소들이었으며, 이 실험의 목적은 시간감각Zeitsinn의 패턴을 찾아내는 것이었다. 이 연구를 위해 개발된 방법론은 비록 많이 변형되기는 했지만, 시간 인식에 대한 오늘날의 연구에서도 여전히 사용되고 있다. 가장 흔한 방법 중의 하나는 피실험자에게 버저를 울리는 식으로 일정한 시간 간격을 제시해준 다음, 그들에게 직접 입으로 버저 소리를 내면서 그 시간 간격을 정확히 맞춰보라고 하는 것이었다. 실험자는 첫 번째 버저와 두 번째 버저 사이에 크고 작은 소리, 느린 음악이나 빠른 음악 등 갖가지 자극을 끼워넣곤 했다. 그리고 나중에 자신이 버저 소리로 제시한 시간 간격과 피실험자가 직접 소리를 내서 표시한 시간 간격을 비교해 그들이 인식하는 시간의 길이가 자극의 종류(예를 들면, 느린 음악)에 따라 달라지는지 살펴보았다. 또 다른 방법은 실험 대상자에게 다양한 자극으로 가득 찬 동일한 시간 간격을 두 번 제시하고 나서 그들에게 어느 쪽 간격이 더

빌헬름 분트의 설계를 기반으로 만들어진 탁티르 장치. 이 장치는 똑딱거리는 소리를 내는데, 실험자가 그 소리의 속도와 볼륨을 정확하게 조절할 수 있다.

길었느냐고 묻는 것이었다. 라이프치히 심리학연구소의 설립자인 빌헬름 분트는 이 실험을 가능한 한 표준화하기 위해 탁티르 장치Taktir Apparatus를 개발했다. 이 장치는 다양한 속도와 다양한 볼륨으로 똑딱똑딱 소리를 낼 수 있었다. 분트의 동료인 모이만Meumann은 이 기계를 이용한 실험에서 시간 간격을 제시할 때 똑딱똑딱 소리를 함께 들려주면서 박자는 똑같지만 소리가 점점 커지도록 조정하면 똑딱똑딱 소리가 점점 빨라지는 것처럼 느껴진다는 사실을 발견했다. 라벨Ravel의 '볼레로Bolero'를 들어보면 이런 환상을 훨씬 더 커다란 규모로 느낄 수 있다. 뒤로 갈수록 볼륨이 점점 커지기 때문에 이 곡은 처음보다 끝부분의 박자가 더 빠른 것처럼 느껴진다. 라벨은 공연 도중에 지휘자가 갈수록 박자를 빨리한 것을 눈치채면 벌컥 화를 내곤 했다고 한다.

　　탁티르 장치나 비슷한 기계들을 이용한 실험은 항상 기껏해야 몇 초밖에 되지 않는 짧은 시간 간격을 다뤘다. 이런 실험에서 30초는 아주 긴 시간이었다. 그 정도 시간 간격에서는 비교적 정확한 간격으로 자극을 제시할 수 있었고, 피실험자들이 주관적으로 느끼는 시간의 길이와 속도변화도 필요하다면 1000분의 1초 단위까지 지극히 정확하게 파악할 수 있었다. 학자들은 몇 초나 몇 분 규모로 실시된 실험결과를 꼼꼼히 측정해서 며칠이나 몇 달, 심지어 몇 년 규모의 시간감각을 추정할 수 있게 될 것이라고 기대했다. 시간 간격이 길어지면 여러 가지 변수를 실험자가 마음대로 통제할 수 없었다. 《마법의 산》의 경우처럼 삶 그 자체를 대상으로 실험하는 수밖에 없지만, 소규모 실험에서 정확하게 측정한 법칙들이 더 긴 시간에 대해서도 그대로 적용될 가능성이 있었다. 이것은 매력적인 생각이었다. 귀요와 프루스트가 자신의 내적인 성찰을 넘어서서 다른 사람들의 경험과 공명하는 글을 썼듯이, 다양한 소리를 내는 기계들을 이용한 실험을 통해 실험실이 아닌 다른 곳에서 벌어지는 시간 인식의 왜곡에 대해 뭔가를 알게 될 수도 있었다.

그러나 시간의 규모를 확대해서 실험결과를 해석하는 데 문제가 없는 것은 아니었다. 우선 용어의 문제가 있었다. 시간감각을 측정하기 위한 실험을 할 때는, 실험이 아무리 간단하다 해도 표현이 혼란스러워질 수 있었다. 누군가에게 시계의 도움 없이 정확히 1분을 표시해보라고 했다고 가정해보자. 그 결과 그 사람은 50초를 1분으로 인식한다는 것이 밝혀졌다. 그렇다면 그 사람이 시간을 과소평가했다고 해야 할까, 과대평가했다고 해야 할까? 어떤 사람들은 그 사람이 1분의 길이를 과소평가했다고 표현하는 편이 맞다고 할 것이다. 하지만 그 사람이 1분이 흘러가는 속도를 과대평가했다고 말하는 사람도 있을 것이다. 이런 혼란이 점점 확대되다 보면 금방 이야기를 도무지 이해할 수 없는 지경에 이르게 된다. 어떤 사람이 일주일간 휴가를 냈다고 하자. 그런데 휴가가 하도 빨리 지나가서 정신을 차려보니 벌써 휴가 마지막 날이다. 집으로 돌아온 그는 일주일이 훨씬 넘게 집을 떠나 있었던 것 같은 느낌을 받는다. 이 경우 그가 느끼기에 시간이 더 빨리 흐른 것일까, 더 느리게 흐른 것일까? 휴가 기간에는 하루하루가 눈 깜짝할 사이에 지나간 것 같은 느낌이 들었는데, 그런 날 일곱을 합쳤을 때 왜 일주일보다 훨씬 더 길게 느껴진 걸까? 일주일이 길게 느껴질 때, 시간이 더 느리게 흘렀다고 해야 할 것인가? 짧다, 길다, 빠르다, 느리다 외에 팽창이나 수축 같은 용어를 사용하려면 뭔가 특단의 조치를 취하지 않는 한 이런 문제를 피할 수 없을 것이다. 다행히도 시간에 대한 연구가 여러 가지 관습과 개념적인 구분에 의존하고 있다는 점이 어느 정도 도움이 된다. 우리는 과소평가라고 해야 할지 과대평가라고 해야 할지 결정할 때 시계에 나타난 시간을 기준으로 삼을 수 있다. 50초를 1분으로 인식하는 사람은 시계에서 시간이 흐르는 속도를 과대평가한 것이지만, 그래도 그의 주관적 인식은 과소평가로 간주된다. 한편, 그보다 더 긴 시간을 추정할 때는 1차 추정과 2차 추정을 구분해야 한다. 어떤 순간에 피실험자가 추정한 시간의 속도와 그 사람이 나중에 그 순간을 되돌아보며 추정한 시간의 길이가 서로 다를 수 있기 때문이다. 휴가 기간에는 시간에 대한 추정들 사이의 관계가 역전되는 경우가 많다. 따라서 하루하루가 '빨리' 흘러가는 것 같았는데도(1차 추정) 일주일은 '길게' 느껴지는 것이다(2차 추정). 권태에도 똑같은 법칙이 적용된다. 토마스 만이 지적한 것처럼 아무 일도 일어나지 않는 시간은 길게 느껴진다. 하지만 이것은 1차 추정일 뿐이다. 2차 추정에서는 시간이 쪼그라든다. 카뮈Camus도 이런 역설적인 관계를 알고 있었다. 《이방인The Outsider》에서 주인공은 감옥에 갇힌다. 자기 기억을 더듬는 것 외에는 할 일이 없고 밤낮이 바뀌는 것 외에는 아무 변화도 없는 감옥에서도 시간은 흐른다. "나는 하루가 길면서도 짧게 느껴질 수 있다는 것을 이해하지 못했다. 내가 견디기에는 긴 시간이지만, 그 시간이 너무 팽창해서 결국 서로 포개지며 흐르는 것 같다." 어느 날 교도관한테서 감옥에 들어온 지 5개월이 되었다는 말을 들은 그는 그 말을 믿으면서도 제대로 이해하지는 못한다. "감방에서 허송세월하며 보내는 하루하루가 내게는 다 똑같았다."

시간에 대한 실험적인 연구에서 처음 드러난 또 다른 문제가 있다. 윌리엄 제임스는 사람이 나이를 먹을수록 시간이 쪼그라드는 것처럼 느껴지는 현상을 다룬 글에서 '공허한' 세월이라는 말을 했다. 토마스 만은 '빈곤하고, 살풍경하고, 텅 빈' 세월이 빨리 흘러간다고 썼다. 하지만 공허하고 텅 빈 세월을 실험에서 어떻게 재현할 것인가? 아무런 자극 없이 시간 간격만 제시하면 될까? 그 어떤 학자도 피실험자에게 그런 환경을 제시해줄 수 없다. 설사 감각기관에 도달하는 자극을 모두 없애버릴 수 있다 해도 마찬가지다. 자신을 완전히 비우고 철저하게 텅 빈 시간을 경험할 수 있는 사람은 아무도 없다. 텅 빈 시간은 절대적인 진공처럼 허구다. 텅 빈 시간은 사람들의 생각, 관찰, 기억을 몰래 빨아들인다. '텅 빈' 시간을 다룬 실험들(피실험자에게 아무런 자극을 제시하지 않는 실험들)에서는 앞뒤가 안 맞는 결과가 나왔을 뿐이다. 모이만은 1896년에 이미 똑딱 소리로 가득 찬 시간이 아무 소리 없이 '텅 빈' 똑같은 시간보다 더 길게 느껴진다는 것을 밝혀냈다. 그러나 이 사실은 10초 미만의 시간 간격에만 적용될 수 있었다. 10초가 넘으면 '텅 빈' 시간이 더 길게 느껴진다. 또한 똑딱 소리 대신 짜증스러운 소리가 계속된다면 그 시간이 '조용한' 시간보다 더 길게 느껴진다는 사실이 다른 학자의 연구에서 발견되었다.

거의 100년에 가까운 시간을 다룬 훌륭하고 박식한 연구서인 레너드

둡Leonard Doob의 《시간 패턴Patterning of Time》이나 그보다 최근에 나온 마이클 플래허티Michael Flaherty의 《항아리 관찰A Watched Pot》을 읽다 보면 19세기가 끝나기 전에 빌헬름 분트와 윌리엄 제임스가 이미 이런 연구의 한계를 밝혀냈다는 결론을 내릴 수밖에 없다. 두 사람 모두 우리가 시간을 추정할 때 나타나는 시간 왜곡 현상에 흥미를 느꼈다. 분트는 그런 왜곡 현상을 시각적인 환상처럼 취급했다. 시간 왜곡 현상이 여러 면에서 시각적인 환상과 비슷한 것은 사실이다. 자극들 사이의 간격을 한 번 길게 늘였다가 다시 원래 간격으로 돌아오면, 원래 간격이 짧게 느껴지는 것이 좋은 예다. 그는 탁티르 장치를 이용해서 변수들을 하나하나 꼼꼼하게 조정하며 각각의 변수들이 시간의 길이나 속도에 어떤 영향을 미치는지 살펴보았다. 그가 실험을 통해 해결하고자 했던 의문이 사소한 것이었는지는 몰라도, 그가 얻은 해답은 정확했으며 그가 통제할 수 있는 것이었다. 제임스는 커다란 의문들을 품었다. 그는 일주일간의 휴가를 마치고 집에 온 사람이 지난 일주일을 더 길게 느끼는 이유, 병석에 누워 있던 한 달을 나중에 돌이켜보면 겨우 일주일처럼 느껴지는 이유를 알고 싶었다. 해답을 얻기 위해 그는 문학작품이나 다른 사람과의 대화에서 수집한 다른 사람들의 경험과 자신의 경험을 살펴보았다. 사람들이 공통된 경험을 할 수는 있었지만, 실험을 통해 어떤 사람의 경험을 정당화하거나 반박하는 것은 불가능했다. 분트는 사람이 나이를 먹을수록 시간이 빨리 가는 것처럼 느껴지는 이유를 알아내기 위해 연구를 한 것이 아니다. 연구를 통해 이 의문의 해답을 얻고 싶은 사람은 탐색의 범위를 좁혀야 할 것이다. 시간과 기억에 관한 최근의 연구에서 학자들은 세 가지 메커니즘을 발견해 시간이 점점 빨라지는 현상과 관련시킬 수 있었다. 첫 번째 메커니즘은 '망원경 효과telescopy'라고 불리는 현상이고, 둘째는 앞 장에서 다룬 회상 효과이며, 셋째는 인체 내부에 있는 생리적 시계의 리듬과 관련된 현상이다.

## 망원경 효과

헤리트 얀 헤인을 납치해서 살해한 페르디 E.가 가석방됐을 때 네덜란드 사람들의 일반적인 반응은 "그 사람 형기가 벌써 끝났단 말이야? 그럼 그 납치사건 이후로 시간이 얼마나 지난 거야?"였다. 헤인의 납치사건은 1987년 9월 9일에 일어났지만, 대부분의 사람들은 그 사건을 훨씬 더 최근의 일로 기억하고 있었다. 심리학자인 설리는 1881년에 이미 이와 비슷한 사례를 언급했다. 그것도 커다란 화제가 되었던 범죄와 관련된 사례였는데, 사람들은 범인이 감옥에서 중노동을 한 3년이 눈 깜짝할 사이에 지나가버렸다고 생각했다. 설리는 이 현상을 쌍안경의 비유로 설명했다. 쌍안경을 통해서 사물을 보면, 그 물체가 아주 선명하고 자세하게 보이기 때문에 그 물체까지의 거리가 실제보다 짧게 느껴진다는 것이다.

미국의 통계학자인 그레이Gray는 1955년에 설문조사의 답변지를 검토하다가 특이한 현상을 발견했다. "지난 2년 동안 의사의 진찰을 몇 번이나 받았습니까?"라는 질문에 대해 응답자들은 실제보다 많은 횟수를 적어내는 경향을 보였다. 그 2년의 범위가 시작되기 직전에 의사의 진찰을 받은 것도 답변에 포함시켰기 때문이다. 다시 말해서, 그레이가 발견한 것은 사람들이 대개 자기가 겪은 일들을 실제보다 더 최근의 일로 기억한다는 사실이었다. 이 현상은 지금까지 수많은 학자들의 연구대상이 되었다. 그들은 설리의 쌍안경 비유를 인용해 이 현상을 '망원경 효과'라고 부른다. 그들이 이 현상을 설명하기 위해 내놓은 이론들도 설리의 비유와 크게 다르지 않다. 우리가 과거를 돌아볼 때 마치 망원경을 통해 보는 것처럼 사건들이 확대되어 보이기 때문에 시간적인 거리가 축소되고, 그 사건이 아주 오랫동안 지속된 것처럼 느껴진다는 것이다.

개인적인 사건들이 관련되어 있을 때는 망원경 효과가 얼마나 개입되어 있는지 정확히 파악하기 어려운 경우가 많다. 그러나 대중적인 사건의 경우는 다르다. 심리학자인 크롤리Crawley와 프링Pring은 1997년에 피실험자들이 추정한 시간과 실제 시간의 길이를 정확히 비교해보는 실험을 실시했다. 그들은 뉴스에 조금이라도 관심이 있는 사람이라면 누구나 기억하고 있을 만한 사건들의 목록을 작성했다. 여기에는 체르노빌 사건(1986년), 록커비 사건(1988년, 스코틀랜드 록커비 상공에서 팬암 항공기가 폭파돼 추락한 사건. 2003년에 리비아가 이 사건에 대한 책임을 인정했다—옮긴이), 마거릿 대처의 총리 취임(1979년), 아르헨티나의 포클랜드 점령(1982년), 존 레논 사망(1980년), 인디라 간디 암살(1984년), 해러즈 백화점 폭파 사건(1983년), 브라이턴의 그랜드 호텔 폭파사건(1984년) 등 커다란 화제를 불러일으킨 사건들이 포함되었다. 그 중에서 가장 먼저 일어난 사건은 여왕 즉위 25주년 축제(1977년)였으며, 가장 최근의 사건은 베를린 장벽 붕괴(1989년)였다. 크롤리와 프링은 피실험자들에게 이 사건이 일어난 해와 달을 가능한 한 정확하게 말해보라고 했다. 그 결과 피실험자들의 연령에 따라 흥미로운 차이가 나타났다. 중년(서른다섯에서 쉰 살)의 피실험자들은 이 사건들을 실제보다 나중에 일어난 것으로 기억하고 있었다. 과거의 연구들에서 발견된 망원경 효과가 확인된 셈이다. 그러나 그보다 나이가 많은 사람들(평균 연령 70세가량)은 이 사건들을 아주 오래전의 일로 기억하고 있었다. 마치 그들이 망원경을 거꾸로 뒤집어 시간을 길게 늘여놓은 것 같았다.

크롤리와 프링은 "나이를 먹을수록 시간이 빨리 흐르는 것처럼 느껴지는 현상을 설명하는 데 이것이 도움이 될 수 있다"고 썼다. 주관적으로 길게 느껴지는 시간이 더 빨리 흐르는 것처럼 느껴질 것이라는 가정을 토대로 한 발언이었을 것이다. 이는 시간 인식에 관한 연구결과를 해석하기가 얼마나 어려운지를 잘 보여준다. 같은 결과를 놓고 정반대의 결론을 내릴 수도 있기 때문이다. 5년 전에 일어난 일을 3년 전 일로 기억하는 사람들은 "아이고, 시간이 왜 이렇게 빨리 흐르는 거야"라며 한탄할 것이다. 시간이 빠르게 느껴지는 현상은 역전된 망원경 효과가 아니라 그냥 망원경 효과 때문에 생기는 것 같다. 크롤리와 프링의 이론을 구하는 방법은 일정한 기간의 길이에 대한 과대평가와 시간의 속도 사이의 관계가 역전된 것처럼 가정하는 수밖에 없다. 일주일간의 휴가가 빨리 지나간 것처럼 느껴지는 현상에서 실제로 이처럼 역전된 관계가 나타난다. 휴가가 끝나고 집에 돌아오면 그 일주일이 평소보다 더 길게 느껴지기 때문이다. 그러나 이 경우 망원경 효과를 적용하든, 아니면 역전된 망원경 효과를 적용하든 우리는 시간이 날듯이 흘러간다고 느낄 것이다. 따라서 두 가지 효과 모두 현상을 설명하는 이론으로서 가치를 잃어버리는 셈이다.

# 회상 효과

프랑스의 의사 테오뒬 리보Théodule Ribot는 1881년에 이제는 고전이 된 책《기억의 질병Les maladies de la mémoire》에서 사람들이 기억 속의 사건이 일어난 날짜를 알아내려 할 때 발생 시기가 잘 알려져 있는 사건들을 표식으로 이용한다고 썼다. 하지만 우리가 이 표식들을 의도적으로 선택하는 것은 아니다. 표식이 될 만한 사건들이 저절로 떠오르기 때문이다. 대개는 순전히 개인적인 사건들이 표식으로 이용되지만, 가족이나 국가 전체가 함께 경험한 사건이 이용되기도 한다. 이 표식들은 일상적인 사건들, 집안의 중요한 일, 직장에서 벌어진 일 등으로 구성되어 있다. 리보는 "다채로운 삶을 산 사람일수록" 이런 사건들이 "더 많다. 이 표식들은 우리가 지나온 길의 이정표나 푯말 역할을 하며, 똑같은 지점에서 출발해 여러 방향으로 퍼져 나간다. 우리가 이 사건들을 나란히 늘어놓고 비교할 수 있는 것은 바로 이런 특징 덕분이다"고 단언했다. 현대의 여러 학자들도 자전적 기억 속의 시간 관계에 대한 이론에 이 표식 개념을 포함시켰다. 콘웨이는 이 표식들을 기준점reference point이라고 부르고, 슘Shum은 '시간의 이정표temporal landmarks'라고 부른다. 이런 표식들은 어떤 사건이 얼마나 오래전에 일어났는지, 그 일이 다른 사건 전에 일어났는지 후에 일어났는지를 표시해주며, 때로는 그 사건이 일어난 정확한 날짜를 알려주기도 한다.

우리는 기억 속 사건의 날짜를 알 수 없을 때에만 이 표식들이 작동하는 것을 보게 된다. 기억은 대개 '하지만'을 중요한 전환점으로 삼아 우리의 과거라는 시간 축에서 앞뒤로 이동한다. X가 그때 이미 우리랑 같이 일하고 있었으니까 그 사건은 1993년 이후에 일어났어. 하지만 이웃집 사람들이 아직 이사가지 않았을 때야. 그 사건에 대해 이웃집 남자랑 얘기했던 기억이 나니까. 그렇다면 틀림없이 1995년 전일 거야. 하지만 Z가 아직 집에 살고 있을 때니까 틀림없이 1994년 9월 이후일 거야. 하지만 그날은 아주 화창한 가을날이었어. 그러니까 1994년 10월 무렵일 거야. 그래, 맞아. 우리가 가을 휴가를 떠나기 전날 그 일이 일어났어. 이런 표식들 덕분에 우리 기억은 시간 축 위를 오가며 시간의 범위를 점점 좁혀갈 수 있다. 기억들 사이의 시간 관계에 꼭 들어맞는 표식들은 기억들 그 자체만큼이나 개성적이다. 각자 나름의 색채와 분위기를 지니고 있으며, 당시 내 친구가 누구였는지, 내가 매일 하던 일이 무엇이었는지 등 구체적인 연상들을 서로 연결해준다. "내가 P의 밑에서 일하고 있을 때"라는 표식은 "내가 Q에 살고 있을 때"라는 표식과는 다른 기억들을 활성화시킨다. 이 두 표식이 같은 시간대에 존재한다 해도 마찬가지다. 리보의 주장처럼 시간의 표식들을 나란히 늘어놓고 비교하는 것이 정말로 가능한 것이다.

숨도 삶이 다채로울수록 기억의 표식이 많다는 리보의 무심한 말에서 영감을 얻었음이 분명하다. 그는 나이 많은 사람들이 스무 살 때 일을 더 쉽게 기억해내는 현상, 즉 회상 효과가 나타나는 것은 그 시기에 적용할 수 있는 시간의 표식이 더 많기 때문이라고 주장했다. 연구 결과들이 암시하는 것처럼 만약 시간의 표식들이 얽히고설킨 연상들을 정리하는 역할을 하는 것이 사실이라면, 바로 그 표식들이 기억을 불러낼 수도 있을 것이다. 그렇다면 표식의 숫자와 기억의 밀도 사이에 양의 상관관계가 존재하는 셈이다. 전형적인 시간의 표식들은 "……를 처음 만났을 때" "내가 처음으로 ……했을 때" "내가 처음으로 ……을 시작했을 때" 등이다. 모두 회상 효과에 커다란 영향을 미치는 기억인 것이다. 간단히 말해서 시간의 표식은 단순히 시기와 날짜를 알려줄 뿐만 아니라, 노인들이 상념에 잠기게 만드는 원인이기도 하다.

숍은 나이를 먹을수록 시간이 빨리 흐르는 현상과 이 이론을 연결시키지 않았지만, 이 두 가지는 자연스럽게 연결될 수밖에 없다. 어떤 시기를 회고하면서 많은 기억들을 떠올릴 수 있다면 기억을 별로 떠올릴 수 없는 시기보다 그 시기가 더 길게 느껴질 것이다. 또한 중년 이후에는 시간의 표식이 줄어들기 때문에 기억 속에 빈틈이 생기면서 시간이 더 빨리 흐르는 것처럼 느껴질 것이다. 이 설명이 얼핏 보기에는 젊은 시절의 기억이 생생한 반면 나이를 먹은 후에는 매일 똑같이 되풀이되는 단조로운 기억밖에 없어서 시간이 빨리 가는 것처럼 느껴진다는 윌리엄 제임스의 설명과 상당히 흡사해 보인다. 그러나 숍은 기억의 시간적인 편제가 아주 중요한 요인일지 모른다는 말을 덧붙였다. 삶의 다채로움이 사라지면 시간 표식들의 네트워크도 사라지고, 그 시기의 기억에 접근할 수 있는 중요한 창구도 함께 사라진다는 것이다.


## 생리적 시계

시간 인식에 영향을 미치는 여러 가지 생리적 요인들이 1930년대부터 밝혀지기 시작했다. 미국의 심리학자 호글런드Hoagland는 체온의 변화에 따라 시간이 빠르게 느껴질 수도 있고 느리게 느껴질 수도 있다는 사실을 우연히 발견했다. 병에 걸린 아내가 약을 가져온 그에게 왜 이렇게 오래 걸렸느냐고 타박을 한 것이 계기였다. 사실 그가 방을 비운 시간은 아주 잠깐에 불과했다. 호글런드는 아내에게 짐작으로 1분의 길이를 맞혀보라고 말했다. 그런데 그녀가 1분으로 인식한 시간은 실제로는 37초에 불과했다. 아내는 열이 높을수록 1분을 더 길게 느끼는 것 같았다. 기억을 연구한 심리학자인 배들리는 이와 반대되는 실험을 실시했다. 그가 피실험자들을 섭씨 4도의 바닷물 속에서 헤엄치게 했더니, 피실험자들은 예상대로 물속에 있을 때 시간의 흐름을 느리게 인식했다.

아무런 조작도 가해지지 않은 상태에서 체내의 생리적 작용은 놀라울 정도로 정확한 '시계' 역할을 할 수 있다. 심지어 몇 년 단위의 시간까지 알아맞힐 정도다. 프랑스의 미생물학자인 카렐Carrel은 1930년대에 세포 속에서 시계나 달력처럼 정확한 생리현상들을 여러 가지 찾아냈다. 예를 들어, 세포 표면의 상처가 치유되는 속도는 세포의 연령에 따라 달라지는데 이 변화를 방정식으로 정확히 표현할 수 있다. 따라서 이 방정식을 토대로 스무 살 청년의 상처가 마흔 살 중년의 상처보다 두 배 빠른 속도로 치유될 가능성이 크다는 예측을 내놓을 수 있다. 또한 상처 치유와 관련된 측정을 하는 사람들은 상처 치유 속도를 바탕으로 환자의 나이를 추정할 수 있다. 이 방정식을 이용하면 열 살에서부터 마흔다섯 살 사이의 사람들에 대해 믿을 만한 추정치를 얻을 수 있다.

우리 몸속에서는 수십 가지의 생리적 시계들이 똑딱거리고 있다. 호흡, 혈압, 맥박, 호르몬 방출, 세포분열, 수면, 신진대사, 체온. 이들은 모두 고유한 주기를 갖고 있으며, 우리 삶에 리듬과 박자를 부여해준다. 그러나 이 현상 자체가 어떤 의미를 갖는 것은 아니다. 우리가 생리 현상들을 '시계'라고 부르는 것은 사실 현상에 대한 설명이 아니라 은유에 더 가깝다. 하지만 이 은유가 흥미로운 의문들을 제기하는 것은 사실이다. 생체시계의 속도를 빠르게 하거나 늦출 수 있을까? 고장 난 생체시계를 다시 조정할 수 있을까? 모든 생리현상을 통제하며 주인 역할을 하는 시계가 있어서 그 시계의 표준시가 우리 몸을 다스리는 걸까? 사람이 나이를 먹으면 생체시계의 속도는 빨라지는 걸까, 느려지는 걸까?

인체 내부의 주기들을 다스리는 시계장치를 잠깐 살펴보면, 신경계의 리듬이 가장 빠르다는 것을 알 수 있다. 일부 뉴런들은 초당 1000개의 속도로 신호를 발사한다. 뇌파 검사지에 기록된 뇌 활동주기는 초당 8~12주기로 이보다 덜 바쁘다. 체온과 혈압은 24시간 주기로 변하기 때문에 아주 느린 편이다. 1주기의 길이가 하루보다 더 긴 생리현상들 중에서는 월경주기가 가장 중요하다. 월경주기의 평균은 음력으로 한 달에 해당하는 29일이다. 1년 단위의 주기들은 체중 증가와 면역체계 변화 등을 통해 모습을 드러낸다. 가장 빠른 주기적 변화와 가장 느린 주기적 변화 중간쯤에서 우리가 실제로 소리를 통해 느낄 수 있는 인체 시계는 심장박동밖에 없다. 세심하게 조정된 여러 가지 체내 시계들이 근육의 수축과 이완을 통해 피를 내보내고 받아들이는 심장의 활동을 다스린다. 이런 천연 시계들의 리듬을 이해한 덕분에 우리는 전기자극을 이용해 심장의 불규칙한 박동을 조절해주는 심장박동 조절장치를 설계할 수 있었다.

밤낮의 활동리듬은 사람을 아침형 인간으로 만들기도 하고, 올빼미족으로 만들기도 한다. 아침형 인간의 체온은 아침 일찍 상승하기 시작해서 오후 4시쯤 절정에 이르렀다가 다시 떨어지기 시작한다. 이들의 체내 시계는 해가 진 뒤에도 활발하게 활동하는 올빼미족들보다 몇 시간이나 앞서 있다. 올빼미족의 체온은 아침형 인간보다 훨씬 더 늦은 시간에 절정에 이른다. 사람이 나이를 먹을수록 체내 시계가 점점 아침을 향해 이동하기 때문에 아침형 인간과 올빼미족의 차이가 줄어들기 시작한다. 그리고 그와 동시에 삶의 속도가 느려지면서 행동도 굼뜨게 변한다. 그래서 기차역이나 우체국 창구에서 십대들이 굼뜬 노인들 때문에 안달하는 현상이 벌어지는 것이다.

노인들의 수면주기에 문제가 생기는 것은 시상하부 교차상핵 suprachiasmatic nucleus(SCN)의 세포가 줄어들기 때문인지도 모른다. 원래 크기가 1세제곱밀리미터에 불과한 SCN은 약 8000개의 세포로 구성되어 있으며, 시신경이 교차하는 지점 바로 위에 있다. SCN은 체내의 모든 시계를 통제하는 주인 역할을 한다. 만약 SCN에 문제가 생기면 체내의 모든 시계가 고장을 일으키는 것이다. 실험을 통해 밝혀진 사실에 의하면, SCN은 빛의 통제를 받는다. 신경전달물질인 도파민이 이 과정에서 중요한 역할을 담당하는데, 사람이 나이를 먹으면 도파민 생산량이 줄어든다. 따라서 SCN의 세포 감소와 도파민 부족으로 인해 시간과 관련된 중대한 문제가 발생하는 것인지도 모른다. 미국의 신경학자인 맹건Mangan은 이러한 문제들을 이용해서 노인들에게 3분의 길이가 얼마나 되는지 추정해보라고 한 실험결과를 설명할 수 있다고 생각하고 있다. 과거의 실험결과들을 보면, 아이들의 경우 시간을 정확하게 추정하는 능력이 나이와 함께 발달하며, 이 능력이 스무 살 때 절정에 이르렀다가 감소하기 시작한다는 것을 알 수 있다. 노인이 되면 이 능력이 아주 어린아이들의 수준으로 떨어진다. 맹건은 노인들이 항상 시간의 길이를 과대평가한다는 사실을 밝혀냈다. 그는 피실험자들을 연령별로 세 집단으로 나눠(19~24세, 45~50세, 60~70세) 초를 세는 방식으로 3분의 길이를 추정해보라고 했다. 나이가 가장 어린 집단은 3분의 길이를 매우 정확하게 알아맞혔다. 평균적으로 그들의 추정치는 실제 3분을 겨우 3초 초과할 뿐이었다. 중년 집단은 3분 16초를 3분으로 추정했다. 그런데 노인 집단에서는 이 오차가 40초까지 벌어졌다. 사람이 아주 바쁘게 일하고 있을 때 시간이 더 빨리 흐른다는 사실은 두 번째 실험에서 드러났다. 맹건은 피실험자들의 주의를 분산시키기 위해 뭔가를 분류하는 일을 맡긴 후 다시 3분의 길이를 추정해보라고 했다. 가장 어린 집단은 3분 46초를 3분으로 추정했다. 중년 집단의 오차는 63초, 노인 집단의 오차는 무려 106초였다. 다시 말해서, 노인들은 거의 2분에 가까운 시간이 더 흐른 뒤에야 비로소 3분이 되었다고 생각한 것이다.

　나이를 먹으면 사람들이 느리게 가는 시계로 변해버리는 것 같다. 시계바늘의 속도가 갑자기 들쭉날쭉해지는 것은 아니다. 전체적인 속도가 그냥 느려지는 것이다. 그것도 정확하게 규칙적으로. 자기 시계가 얼마나 느려졌는지 아는 사람은 예전처럼 시간을 정확하게 추정할 수 있을 것이다. 에른스트 윙거의 오래된 모래시계 허리 부분이 오랫동안 모래에 쓸려 점점 넓어졌듯이, 사람도 나이를 먹으면 시간을 추정할 때 나이라는 변수를 고려해야 할 것 같다.

망원경 효과 또는 역전된 망원경 효과, 회상 효과, 맹건의 실험결과, 이 세 가지 요소를 하나로 합쳐서 나이를 먹을수록 시간이 빨라지는 현상을 설명하는, 설득력 있는 이론을 만들어낼 수 있을까? 솔직하게 말한다면, 그럴 수 없다. 실험에 따라 다른 결과가 나오는 경우도 있기 때문이다. 맹건의 실험에 참가한 노인들이 3분을 실제보다 길게 추정한 반면, 크롤리와 프링의 실험에서 과거의 사건들을 실제보다 더 오래된 일로 인식했던 노인들은 그 사건이 발생한 때로부터 지금까지의 세월을 실제보다 더 길게 인식했다. 그들의 시간 인식은 반대였다. 만약 맹건의 실험에 참가한 노인들에게 3분이 지났을 때 뭔가 신호를 해줬다면, 그들은 속으로 '벌써 3분이 지났단 말이야?'라고 생각했을 것이다. 반면 크롤리와 프링의 실험에 참가한 노인들은 이런 생각을 했다. '로커비에 비행기가 추락한 것이(노인들은 이 사건을 실제보다 평균 2년 반 정도 더 오래된 것으로 기억하고 있었다) 겨우 9년 전 일이라고? 그보다 훨씬 더 오래 전인 줄 알았는데.' 시간이 날듯이 빠르게 흘러간다는 느낌이 드는 것은, 실제로는 10년 전에 일어난 사건을 5년 전의 사건으로 기억할 때뿐이다.

우리가 가장 믿을 수 있는 것은 회상 효과와 생리적 시계가 느려지는 현상이다. 지난 5년이 다른 때보다 훨씬 더 빨리 흘러갔다는 느낌이 드는지 알아보려 애쓰는 일흔 살 노인들은 대개 마흔세 살에서 마흔여덟 살 때까지의 5년, 또는 쉰여섯 살에서 예순한 살 때까지의 5년과 지난 5년을 비교하는 것이 아니라, 어렸을 때나 사춘기 때의 5년과 지난 5년을 비교하곤 한다. 어떤 의미에서 이것은 극단과 극단을 비교하는 것이다. 갖가지 기억이 가득 차 있는 시절과 같은 일들이 반복될 수밖에 없는 시절을 비교하는 셈이니까 말이다. 노인이 되면 생리적 시계들이 대부분 느려지기 때문에, 세상의 속도가 빨라진 것처럼 보일 수 있다.

# 젊은 시절은 길고, 노년기는 짧다

어린 시절에 살던 동네를 어른이 돼서 찾아가보면 거리들이 옛날에 생각했던 것보다 좁아 보인다. 또한 옛날에는 그 거리들이 한없이 길게 보였는데, 지금은 몇 걸음 걷지도 않아 그 거리의 끝에 도달하고 만다. 골목길, 정원, 광장, 공원 등 모든 것이 옛날에 비해 절반으로 줄어버린 것 같다. 심지어 교실도 옛날보다 작아 보인다. 옛날에 비해 몸집이 똑같은 선생님들이 그 교실에 들어갈 수 있다는 것이 기적처럼 느껴질 정도다. 사람들은 이런 현상을 대개 이렇게 설명한다. 어렸을 때 거리가 길어 보였던 것은 아직 어린 자신의 몸을 기준으로 거리의 길이를 평가했기 때문이라고. 이제 어른이 되어 키가 두 배로 커졌으니 거리가 절반으로 줄어든 것처럼 보이는 것이라고. 어렸을 때의 보폭으로 거리의 길이를 재보면, 옛날과 달라진 것이 하나도 없다는 것을 알 수 있다. 삶의 단계에 따라 우리의 시각을 사로잡는 환상이 기억을 속인 모양이다. 이런 환상이 어떤 현상을 일으키는지 모르는 사람이 없는데도, 사람들은 여전히 그 환상에서 쉽게 벗어나지 못한다. "옛날에 살던 동네에 얼마 전에 가봤는데 말이야, 모든 게 옛날보다 아주 작게 보일 줄 알았거든. 그런데 세상에, 모든 게 다 똑같더라고." 누구에게서든 이런 말을 들어본 사람은 아무도 없을 것이다. 진정한 시각적 환상과 마찬가지로, 이런 시각적 환상 역시 현실 앞에서 사라지지 않는다. 옛날보다 줄어든 것처럼 보이는 거리가 다시 옛날과 같은 크기로 보이는 경우는 없다는 뜻이다. 뜨거운 물에 빨아서 줄어든 스웨터를 찬물에 다시 빨아도 스웨터가 원래대로 돌아오지는 않는 것과 마찬가지다.

기억이 어린 시절의 시간 인식에도 같은 영향을 미치는 걸까? 시간과 공간 사이에는 근본적인 차이가 있다. 옛날에 살던 동네에는 다시 가볼 수 있지만, 과거의 시간으로는 돌아갈 수 없다는 것. 옛날에 살던 동네를 다시 찾는다고 해서 다시 열여섯 살이 되어 거리를 걸을 수는 없다. 그때 느꼈던 시간의 속도를 현실과 비교해서 시험해볼 수가 없는 것이다. 어쩌면 그런 시험 자체가 무의미한 것인지도 모른다. '오래전'이라거나 '옛날'처럼 과거의 어느 시간을 지칭하는 말을 정확하게 바로잡는 데에는 한계가 있기 때문이다. 옛날에 살던 동네에 대한 어린 시절의 기억을 바꿀 수 없는 것처럼. 어쩌면 우리가 우리 자신을 기준으로 시간의 흐름을 인식하기 때문인지도 모른다. 어린아이의 인생에서 1년은 대단히 커다란 부분을 차지한다. 그러니 1년이 아주 길게 느껴지는 것도 무리가 아니다. 아이들은 아주 길게 뻗어 있는 것처럼 보이는 거리에서 아주 길게 느껴지는 하루를 보낸다. 그런데 인생의 단계에 따라 이 기준이 계속 변하기 때문에 사실은 기준이 아예 없는 것과 마찬가지다. 우리가 보기에 어른은 항상 어른일 뿐이다. 하지만 우리가 직접 아이를 낳고, 자신이 지금 그 아이 나이였을 때 부모의 나이가 몇 살이었는지 생각해보면 얘기가 달라진다. 선생님들도 항상 나이 많은 어른처럼 보이지만, 20년 후 동창회에서 그 선생님들을 다시 만나면 왠지 그 분들이 다시 젊어진 것처럼 보인다. 또한 대학생들은 매년 신입생이 들어올 때마다 그 아이들이 작년 신입생보다 더 어리다고 생각한다(그들의 부모도 마찬가지다). 달력을 기준으로 할 때는 10년이나 20년의 길이가 일정하지만 개인적인 느낌으로는 그 길이가 달라질 수 있기 때문에, 우리가 나이를 먹을수록 과거가 더 가깝게 느껴지는 것인지도 모른다. 열다섯 살짜리 아이가 지난 15년을 생각할 때와 쉰 살의 중년이 지난 50년을 생각할 때의 느낌은 분명히 다르다. 시간의 흐름과 속도를 판단할 때 적용되는 개인적 경험이라는 기준은 미래에 일어날 사건들을 판단할 때도 중요한 역할을 한다. 시간이 빨리 흐르는 것 같은 느낌에 익숙해지는 나이에 도달하고 나면, 10년이 짧게 느껴질 수 있다. 그러나 스무 살 청년에게 10년은 여전히 영원처럼 긴 시간이다. 간단히 말해서, 모든 사람이 끊임없이 변하는 자기만의 기준을 갖고 있으며, 그 기준의 변화에 따라 시간에 대한 느낌이 달라질 수 있다는 얘기다.

그러나 사람이 나이를 먹으면서 일어나는 변화의 방향에 대해서는 의심의 여지가 없다. 나이를 먹을수록 행동이 느려지면서 시간이 빨리 흐르는 것처럼 느껴진다는 것. 생체시계의 속도가 이 과정에 영향을 미친다. 젊은이의 생체시계는 대개 노인의 생체시계보다 빨리 움직인다. 앞에서 언급했던 카렐처럼 생리적 시계의 속도로 사람의 나이를 표현한다면, 젊은 시절은 길고 노년기는 짧다고 할 수 있다. 그래서 어렸을 때는 하루가 길게 느껴지지만 나이를 먹으면 하루가 무서울 정도로 짧게 느껴지는 것인지도 모른다. 우리가 현실 속의 시간을 헤아릴 때, 무의식적으로 생리적 시계를 기준으로 삼기 때문에. 카렐은 객관적인 시간, 즉 시계에 표시되는 시간이 계곡을 흐르는 강물처럼 일정한 속도로 흐른다고 설명했다. 인생의 초입에 서 있는 사람은 강물보다 빠른 속도로 강둑을 달릴 수 있다. 중년에 이르면 속도가 조금 느려지기는 하지만, 아직 강물과 보조를 맞출 수 있다. 그러나 노년에 이르러 몸이 지쳐버리면 강물의 속도보다 뒤처지기 시작한다. 결국 그는 제자리에 서서 강둑에 드러누워 버리지만, 강물은 한결같은 속도로 계속 흘러간다.

# 참고문헌

A. D. Baddeley, 'Reduced body temperature and time estimation,' *American Journal of Psychology* 79 (1966), 475~479.

A. Camus, *L'étranger*, 1942. A. Camus, *The Outsider*, J. Laredo 번역, London, 1982 에서 재인용.

A. Carrel, *Man, the Unknown*, London, 1953.

M. A. Conway, *Autobiographical Memory*, Milton Keynes, 1990.

S. E. Crawley와 L. Pring, 'When did Mrs. Thatcher resign? The effects of ageing on the dating of public events,' *Memory* 8 (2000), 111~121.

L. W. Doob, *Patterning of Time*, New Haven and London, 1971.

M. G. Flaherty, *A Watched Pot: How We Experience Time*, New York과 London, 1999.

P. G. Gray, 'The memory factor in social surveys,' *Journal of the American Statistical Association* 50 (1955), 344~363.

J.-M. Guyau, *La genèse de l'idée de temps*, Paris, 1890.

H. Hoagland, 'The physiological control of judgments of duration: evidence for a chemical clock,' *Journal of General Psychology* 9 (1933), 267~287.

W. James, *The Principles of Psychology*, New York, 1890.

P. Janet, 'Une illusion d'optique interne,' *Revue Philosophique* 3 (1877), 497~502.

E. Jünger, *Das Sanduhrbuch*, Frankfurt am Main, 1954.

G. Krol, *Een Fries huilt niet*, Amsterdam, 1980.

P. A. Mangan, *Report for the Annual Meeting of the Society for Neuroscience*, Washington, DC, 1996.

T. Mann, *Der Zauberberg*, 1924. *The Magic Mountain*, H. T. Lowe-Porter 번역, New York, 1968에서 재인용.

E. Meumann, 'Beitrage zur Psychologie des Zeitbewusstseins,' *Philosophische Studien* 12 (1896), 127~254.

J. Michon, V. Pouthas, J. Jackson 편집, *Guyau and the Idea of Time*, Amsterdam, Oxford, New York, 1988.

C. Orlock, *Inner Time*, New York, 1993.

M. Proust, *The Guermantes Way, Part* II, C. K. Scott Moncrieff 번역, London, 1941.

T. Ribot, *Les maladies de la mémoire*, 1881. *The Diseases of Memory*, London, 1882 에서 재인용.

M. S. Shum, 'The role of temporal landmarks in autobiographical memory processes,' *Psychological Bulletin 124 (1998), 423~442*

J. Sully, *Illusion: A Psychological Study*, London, 1881.

E. J. Zwaan, *Links en rechts in waarneming en beleving*, Utrecht, 1966.

망
각

기억은 약하고 탄성이 크다. 기억을 망가뜨리는 데는 별로 힘이 들지 않는다. 뇌에 피가 조금 뭉치거나, 산소가 부족하거나, 뇌막에 염증이 생기는 등 조금만 문제가 생겨도 기억은 돌이킬 수 없는 손상을 입을 수 있다. 그러나 심하게 손상된다 해도 대부분의 기억은 고스란히 남는다. 기억상실증에 걸린 사람들도 단어와 상징의 의미를 기억하고 있으며, 옷을 입거나 식사를 하려면 몸을 어떻게 움직여야 하는지 알고 있다. 처음에는 뇌손상으로 인한 피해가 아무리 큰 것처럼 보여도, 나중에 보면 신기하게도 기억의 일부가 피해를 면했음을 알 수 있다.

　　모든 형태의 기억 중에서 가장 쉽게 파괴될 수 있는 것이 자전적 기억이다. 기억을 망가뜨리는 두 가지 형태의 기억상실을 시간대별로 분류할 수 있다. 퇴행성 기억상실retrograde amnesia의 경우 손상을 입기 전의 기억에 장애가 발생한다. 가장 심한 경우에는 모든 기억이 사라져버리기도 한다. 자기가 방금 어디서 나왔는지, 무엇을 하던 중인지,

자기가 누구인지를 모두 잊어버리는 것이다. 그런 사람은 미래와 마찬가지로 과거에 대해서도 거의 아는 것이 없고, 낯선 사람을 볼 때처럼 자신을 낯설어한다. 또 다른 형태의 기억상실인 전향적 기억상실 anterograde amnesia은 손상을 입은 후에 생긴 기억의 저장을 방해한다. 과거는 보존되지만, 손상을 입은 후의 미래는 결코 과거로 머릿속에 저장되지 못하는 것이다. 만약 자전적 기억이 정말로 일기 같은 것이라면, 전향적 기억상실은 아직 백지인 부분을 찢어내는 것이고, 퇴행성 기억상실은 일기장에 백지만 남겨놓는 것이다.

환자가 앓고 있는 기억상실증이 어떤 종류이든 차이는 없다. 두 가지 기억상실증 모두 환자의 시간에서 한쪽 방향을 차단해버린다는 공통점을 갖고 있기 때문이다. 윌리엄 제임스의 비유를 이용하자면, 전에는 말에 올라타듯이 시간 위에 앉아 앞과 뒤를 모두 쉽게 바라볼 수 있던 사람이 이제는 과거나 미래를 향해 영원히 등을 돌리고 앉게 된다고 할 수 있다. 치매의 경우처럼 두 가지 기억상실증을 모두 앓고 있는 불행한 환자는 양쪽 방향이 모두 막혀버린 시간 속에서 생을 마감한다. 그에게 남은 시간은 현재라는 한순간밖에 없기 때문에 그는 과거를 회상할 수도, 미래를 전망할 수도 없다.


## 기억과 망각

우리는 기억과 망각이 서로 양립할 수 없다고 생각하는 데 익숙해져 있다. 우리가 기억하는 것은 우리가 잊지 않은 것이고, 우리가 잊은 것은 기억해낼 수 없다. 기억이 끝나는 곳에서 망각이 시작되고, 망각이 끝나는 곳에서 기억이 시작된다. 하지만 이 이분법의 어디쯤에 우리가 잊어버린 기억을 끼워넣을 수 있을까? 과거의 사건 그 자체에 대한 기억(사건에 대해서는 이미 잊어버렸다)이 아니라 옛날에는 그 사건을 알고 있었는데 지금은 기억나지 않는다는 인식 말이다. 만약 우리가 뭔가를 잊어버렸다는 사실을 기억해낼 수 있다면, 기억이 사라진 후에도 뭔가가 남아 있다는 뜻이다. 오랫동안 벽에 걸어두었던 물건을 떼어낸 뒤에 벽지의 색깔이 달라진 부분이 남아 있는 것처럼.

　기억과 망각의 관계는 대단히 복잡하기 때문에 단순히 서로 양립할 수 없다는 말만으로는 설명할 수 없다. 때로 우리는 어떤 사실이 분명히 기억 속에 있다는 것을 아는데도 그 기억을 떠올리지 못한다. 어떤 단어가 혀끝에 맴돌기만 하면서 끝내 생각나지 않을 때의 기분을 모르는 사람은 없을 것이다. 무엇보다 놀라운 것은 그 단어가 의식의 표면으로 떠오르지 않으면서도 자신의 존재를 분명히 암시한다는 것이다. 윌리엄 제임스는 다음과 같이 썼다.

　우리가 잊어버린 이름 하나를 떠올리려 하고 있다고 가정해보자. 이럴 때 우리의 의식 상태는 매우 독특하다. 의식 속에 분명히 빈틈이 있는데, 그것은 단순한 빈틈이 아니다. 아주 활발하게 활동하는 빈틈이다. 그 이름의 유령 같은 것이 그 빈틈 안에서 어떤 방향으로 우리를 손짓해 부르기 때문에 금방 그 단어를 생각해낼 수 있을 것 같은 느낌이 든다. 그러나 우리는 끝내 그 단어를 기억해내지 못한 채 그냥 주저앉고 만다. 만약 틀린 이름이 떠오르는 경우, 이 독특한 빈틈은 즉시 그 이름을 부정하고 나선다. 틀린 이름은 그 빈틈과 맞지 않는다. 모든 빈틈에는 반드시 거기에 딱 맞는 단어가 있기 때문이다. 빈틈이라는 말에서 알 수 있듯이, 각각의 틈에는 알맹이가 없다. 내가 스폴딩이라는 이름을 기억해내려고 애쓸 때, 내 의식은 보울스라는 이름을 기억해내려고 애쓸 때와 몹시 다른 모습을 하고 있다.

이 '빈틈'은 아주 끈질기게 남아 집요하게 우리의 관심을 요구한다. 심리학자인 브라운과 맥닐McNeill은 피실험자들에게 '중국의 작은 배sampan'나 '피의 복수vendetta'처럼 자주 사용되지 않는 단어들의 정의를 보여주었다. 그리고 피실험자들이 그 단어가 혀끝에 맴도는 것 같은데 잘 생각이 나지 않는다고 말하면, 그들에게 여러 가지 질문을 던졌다. 그 단어의 첫 글자가 무엇입니까? 음절이 몇 개입니까? 어떤 자음들이 그 안에 포함되어 있습니까? 비슷한 단어를 말할 수 있습니까? 그 결과 '빈틈'의 윤곽선 안에 정보가 들어 있음이 밝혀졌다. 피실험자들 중 절반은 단어의 첫 글자와 음절수를 잘 맞혔다. 그러나 바로 그 '빈틈'이 새로운 현상을 일으키기도 했다. 각각의 소리와 음절과 글자들이 합쳐져서 '못생긴 누이'를 뜻하는 다른 단어가 만들어졌는데, 그 단어 역시 브라운과 맥닐이 제시한 목록에 포함된 것이었다. 'sampan'이라는 단어를 생각해내려고 애쓰는 사람에게 'saipam'이라는 단어는 'sampan'이 못생긴 누이를 뜻하는 단어 바로 뒤에 있다는 것을 알면서도 끝내 그 단어를 생각해낼 수 없는 역설적인 상황을 강조해준다.

이 현상만큼 흔하게 나타나는 또 다른 현상은 기억의 착각이다. 자신이 기억할 리가 없는 것을 잊어버렸다고 믿는 것. 나도 이런 착각을 경험한 적이 있다. 1979년에 네덜란드의 노동당 소속 정치인이자 전직 상원의장인 안네 본델링Anne Vondeling이 사고로 사망했다. 나는 노동당 지도자들이 그녀의 부고를 냈으며, 거기에 어떤 시가 네 줄 인용되어 있었다고 기억하고 있다. 그 시의 첫 행은 '히스 밭에서 엷은 안개를 뚫고'였다. 그 다음 행은 별로 내 마음에 들지 않았기 때문에 내 기억에서 금방 사라져버렸고, 나머지 두 행은 다음과 같았다.

덜컹거리는 사슬 소리와 함께 밤이 내린다
그리고 세상의 뚜껑이 쾅 하고 내려온다.

이 시의 끝에는 헤리트 아흐테르베르크라는 서명이 적혀 있었다. 사슬에 묶여 있는 뚜껑이 한 번 닫히고 나면 혼자 힘으로는 열 수 없다 는 시 속의 이미지가 내 기억 속에 단단하게 박혀버렸다. 아니, 그 이미 지를 내 기억 속에서 지워버릴 수 없었다고 하는 편이 옳을 것이다. 나 중에, 그러니까 내 딸이 태어난 해에 나는 아흐테르베르크의 《시선집 Verzamelde gedichten》을 선물로 받게 되었다. 그런데 위에서 인용한 시를 찾으려고 몇 시간 동안이나 그 시집을 뒤져보았지만 찾을 수 없었다. 비슷한 시도 없었다. 아흐테르베르크의 시에 통달한 사람들 네댓 명에 게 물어보기도 했지만 전혀 도움이 되지 않았다. 어떤 사람들은 아흐 테르베르크가 그런 시를 쓴 적이 없다고 단언했다. 이상한 일이었다. 노동당 지도자들이 직접 그 시를 쓰고서 거기에 아흐테르베르크의 이 름을 갖다 붙였을 리는 없었다.

20년 후(이미 내 딸이 집을 떠난 후) 나는 이 시가 포함된 부고를 또 다시 접하게 되었다. 그런데 두 가지 차이점이 눈에 띄었다. 내가 잊어버렸 던 그 줄이 생략되어 있었고, 뚜껑은 쾅 하고 닫히는 것이 아니라 그냥 아래로 내려온다고 묘사되어 있었다. 이번에도 아흐테르베르크의 이 름이 적혀 있었다. 사실을 확인하기 위해서 나는 그의 시선집을 처음부터 끝까지 샅샅이 훑어보았다. 하죄가 쓴 아흐테르베르크 전기의 색인까지 살펴보았다. 그러나 역시 아무 소용이 없었다. 나는 그 부고를 잘라내서 가지고 있다가, 거기에 가장 먼저 이름이 적혀 있는 사람에게 전화를 걸었다. 그는 아주 친절한 사람이었다. 내가 그 시를 어떻게 거기에 싣게 되었느냐고 물었더니 그는 고인이 그 시를 안네 본델링의 부고에서 읽은 적이 있다고 말해주었다.

내 의문의 답을 구하려고 전화를 걸었는데, 수수께끼는 여전히 풀리지 않았다. 도대체 이 시는 어디서 나온 것이란 말인가? 정말로 아흐테르베르크가 쓴 것일까? 나는 이 이야기를 네덜란드의 한 신문에 기고한 뒤 반응을 기다렸다. 일주일 후 아흐테르베르크의 팬들이 편지를 보내왔다. 그 편지를 읽고 나는 며칠 동안 내가 참 보잘것없는 사람이라는 생각을 했다. 내가 모든 것을 잘못 기억하고 있었던 것이다. 우선 그 시는 실제로 아흐테르베르크의 작품이었다. '기정사실Fait accompli'이라는 작품의 끝에서 두 번째 연이었다. 그 시의 마지막 연은 다음과 같다.

오늘 내린 결정이 무산될 리가 없다.
내일이면 헤이그에서 내 서류를 이미 보냈을 것이다.
그곳에서 마지막 우편물이 방금 떠났다.

게다가 이 시는 《시선집》(955쪽)에 분명히 포함되어 있었다. 또한 내가 보았던 부고는 노동당 지도자들이 낸 것이 아니라 본델링의 가족들이 낸 것이었다. 마지막으로, 아흐테르베르크는 뚜껑이 '쾅 하고' 닫힌다고 하지 않고 아래로 '내려온다'고 썼다. 아흐테르베르크의 《시집

Gedichten》에 역사적인 비평을 곁들인 책을 편집했던 페테르 드 브뤼에인Peter de Bruijn은 아흐테르베르크가 마지막 원고에서 원래 '내려온다' 대신 '내려오게 한다'는 표현을 썼다고 내게 알려주었다. 아흐테르베르크가 쓴 적도 없는 '쾅 하고 내려온다'는 표현이 거기 있었다고 기억해버림으로써 내가 그 시를 상스럽게 만들어버린 셈이었다. 그러니 내가 이 시에 대해 질문을 던졌던 아흐테르베르크 전문가들이 이 시를 찾아낼 수 없었던 것도 무리가 아니었다.

하지만 문제는 이것뿐만이 아니었다. 내가 잊어버린 그 행에 대해 내가 기억하는 것이라고는 그 내용이 별로 아름답지 않았다는 것뿐이었다. 그런데 사실 원래 시에는 그 행이 없었다. 따라서 내가 그 행을 마음대로 지어내고서는 잊어버린 모양이었다. 내게 편지를 보내준 사람들은 또한 '기정사실'이 원래 다른 시집에 실렸었다고 알려주었다. 그 시집의 제목을 영어로 번역하면 《잊힌Forgotten》이 된다.


## 잊어버린 망각

기억력 때문에 걱정이 되는 사람이라면 영국의 기억 연구자인 앨런 배들리가 여러 동료들과 함께 만든 '일일 기억 설문지Everyday Memory Questionnaire'를 한번 작성해보고 싶다고 생각할지도 모르겠다. 이 설문지에는 사람들이 흔히 기억력 때문에 문제를 겪는 상황 스물일곱 가지가 묘사되어 있다. 각각의 질문에 대해 응답자는 9단계의 척도 중 하나를 골라 답해야 한다. 설문지에 묘사된 상황을 '지난 6개월 동안 전혀 겪은 적이 없다'면 1을 선택하고 '하루에 한 번 이상 겪는다'면 9를 선택하는 식이다. 특별한 기억장애가 없는 평범한 사람들을 표본으로 해서 표준화한 이 설문지의 답변들을 살펴보면 자신이 하려던 일을 실제로 했는지 기억해내야 하는 상황, 어떤 물건을 어디에 뒀는지 잊어버리는 상황, '혀끝에 맴도는' 단어를 끝내 기억해내지 못하는 상황, 방금 한 말을 잊어버리는 상황("내가 무슨 얘기를 하고 있었지?"), 어떤 일이 어제 일어났는지 지난주에 일어났는지 잊어버리는 상황이 거의 모든 사람에게 한 달에 한두 번씩 일어난다는 것을 알 수 있다. 자기가 하겠다고 말한 일을 잊어버리고 하지 않는 상황, 중요한 메시지를 깜빡 잊고 전해주지 않는 상황, 평소에 물건을 보관해두던 장소를 잊어버리는 상황, 자주 가본 적이 있는 건물 안에서 길을 잃어버리는 상황, 방금 한 일을 다시 하는 상황("칫솔이 왜 젖어 있지?")은 반년에 한 번 정도로 그보다 드물게 발생한다. 전에 자주 갔던 장소를 알아보지 못하는 사람, 신문에서 전에 이미 읽은 기사를 까맣게 잊어버리고 또 다시 읽기 시작하는 사람, 전날 자신이 한 일들 중 중요한 부분을 잊어버린 사람, 자신의 생일을 기억하지 못하는 사람, 신문기사를 읽은 후 그 기사가 무엇에 관한 것이었는지 기억나지 않는 사람, 어떤 사람에게 같은 질문을 두 번 던진 적이 있는 사람이라면, 일반 사람들의 기억력에 대한 통계 결과에서 위안을 얻지 못할 것이다. 일반 사람들은 지난 6개월 동안 그런 일을 겪지 않은 것으로 되어 있기 때문이다. 원래 정상적인 기준이라는 것이 그렇듯이, 평균치는 오랫동안 위안을 제공해주지만("내 몸무게, 주량, 건망증은 평균치를 조금 넘는 수준에 불과해"), 나중에는 평균치와의 차이가 더욱 더 커다란 걱정거리가 된다.

이런 설문지를 보면, 묘한 방법론이 등장한다. 전문가들은 응답자의 기억장애가 얼마나 심각한지 진단할 때 다양한 방법들을 사용한다.

환자에게 일기를 쓰라고 하는 치료사도 있고, 환자들에게 자세한 면접 조사를 실시하는 치료사도 있고, 표준적인 기억력 테스트를 실시하거나 설문지를 작성하라고 하는 치료사도 있다. 배들리의 연구팀은 이처럼 다양한 방법들이 같은 결과를 이끌어내는지 알아보려 했다. 그들은 대개 교통사고로 인해 뇌가 손상돼서 기억력에 문제가 생긴 사람들을 실험대상으로 삼았다. 그런데 그들을 대상으로 설문조사를 실시한 결과는 유감스럽게도 다른 조사들과 상관관계가 없었다. 나중에 생각해보니 이런 결과가 나온 이유를 분명히 알 수 있었다. 기억력에 문제가 생긴 사람들은 자신이 뭔가를 잊어버렸다는 사실조차 잊어버린다는 것. 배들리는 뇌출혈로 인해 기억을 잃어버린 법대생이 쓴 일기의 한 구절을 인용했다. "내가 잊어버린 것들의 목록을 작성하기로 한 것을 잊어버렸다는 사실이 어젯밤 늦게 기억났다. 하지만 내가 무엇을 잊어버렸는지 어떻게 알 수 있을까?" 뇌손상을 입지 않은 노인들을 대상으로 실험을 실시했을 때도 똑같은 문제가 드러났다. 즉, 그들이 기억을 잃어버렸다는 사실조차 잊어버린 순간부터 설문조사 결과의 점수가 계속 높아졌던 것이다. 어떤 사람들은 기억력이 너무나 나빠진 나머지 자기 기억에 아무런 문제가 없다고 생각하기도 한다.


## 어둠 속에 새겨진 글

지금까지 밝혀진 현상들 중에서 기억과 망각 사이의 가장 이상한 관계를 보여주는 것은 '암묵적 기억implicit memory'이라는 현상이다. 여기에는 우리의 의식 속에 기억으로 남아 있지는 않지만 우리 행동에 영향을 미치는 여러 가지 경험들이 포함되어 있다. 우리가 자신의 내면을 들여다보더라도 이 기억 속으로는 뚫고 들어갈 수 없기 때문에, 암묵적 기억이 우리 행동에 미치는 영향을 통해 이 기억의 존재를 추론할 수밖에 없다. 이 기억은 지하에서 활동하며, 결코 파괴되지 않는다. 아무리 심한 기억상실증에 걸리더라도 암묵적 기억은 고스란히 보존된다.

암묵적 기억이 틀림없이 존재한다는 사실을 학자들이 처음으로 눈치챈 것은 전향적 기억상실증을 앓고 있는 환자들을 통해서였다. 그들에게 거울에 비친 글자처럼 좌우가 뒤바뀐 문서를 읽어보라고 했더니, 그들은 기억장애가 없는 사람들과 같은 속도로 그런 문서를 읽는 법을 터득했다. 이상한 것은 그들이 좌우가 뒤바뀐 문서를 읽는 기술이 건강한 사람들과 마찬가지 속도로 발전하고 있는데도, 정작 그들은 매일 아침 학자들과 만나 그런 문서를 읽었다는 사실을 까맣게 잊어버렸다는 점이었다. 그들은 자기들이 터득한 기술은 기억했지만, 그 기술을 터득한 경위는 잊어버렸다. 원래 학자들은 암묵적 기억이 단순한 운동기능과 인지기능에만 한정되어 있다고 생각했지만, 다니엘 색터 Daniel Schacter의 연구팀은 문장을 이해하는 것처럼 더 '고등한' 정신적 기능에 대해서도 조사해보았다. 그 결과 학자들의 생각이 틀렸음이 드러났다. 한 실험에서 그들은 기억력이 심하게 손상된 사람들에게 설명을 해주지 않으면 도저히 이해할 수 없는 문장들을 보여주었다. 예를 들어, "갓이 찢어졌기 때문에 건초 더미가 중요했다" 같은 문장들이었다. 이 문장 앞에 "낙하산의"라는 구절을 덧붙이기 전에는 이 문장의 뜻을 도무지 알 수 없다. 이 문장의 뜻은, 낙하산이 찢어졌지만 그 낙하산에 타고 있던 사람이 다행히도 건초 더미 위에 떨어졌다는 것이다. "솔기가 터졌기 때문에 틀린 음이 났다"는 문장도 마찬가지다. 문장 앞에 "백파이프의"라는 말을 덧붙여야만 이 문장의 뜻을 알 수 있는 것이다. 색터의 연구팀은 기억장애를 앓고 있는 환자들에게 이런 문장들과 해답을 함께 보여주었다. 그리고 며칠 뒤에 해답 없이 같은 문장들을 보여주었더니 그들은 이런 문장을 한 번도 본 적이 없다는 반응을 보였다. 그들이 기억장애를 앓고 있다는 점을 감안하면 이런 반응은 당연한 것이었다. 그러나 그들은 문장의 뜻을 아무 문제 없이 파악해냈다. 이렇게 암호 같은 문장의 뜻을 어떻게 이해할 수 있느냐고 물었더니 그들은 깜짝 놀란 표정을 지었다. 의미가 아주 논리적이고 분명하지 않나요? 몇 분 만에 모든 기억이 사라져버리는 의식의 층 밑에 뭔가가 남아 있는 모양이었다. 의식적으로 기억을 끌어낼 수는 없지만 문장을 이해하는 데 영향을 미치는 무엇인가.

테오뒬 리보는 1880년에 기억의 생물학적 토대에 관한 글을 발표했다. 그는 사람들의 일상적인 대화 속에서 기억이 세 가지 요소로 구성되어 있다고 설명했다. 경험의 저장, 그 기억을 불러오기, 과거 속에서 그 경험이 차지하고 있는 위치. 처음 두 가지 요소는 필수불가결하다. 어떤 이유로든 이 두 가지 요소가 사라져버리면 기억은 파괴된다. 그러나 세 번째 요소가 사라졌을 때는 "기억이 스스로 존재할 수 없게 되지만, 그 기억 자체가 사라지지는 않는다." 이 문장은 기억 속에 남는 것이 무엇이고 사라지는 것이 무엇인지를 정확하게 설명하고 있다. 의식 속에서는 기억이 사라졌을지라도, 어둠 속에 새겨진 글처럼 뭔가가 계속 남아 있다는 것이다.

어둠 속에 새겨진 글이라는 개념을 완벽한 기억력에 관한 더 광범위한 이론에 포함시키면 그럴듯한 결론이 나올 것 같다는 생각이 든다. 우리 기억은 우리가 보고, 경험하고, 생각하고, 꿈꾸고, 상상하는 모든 것을 붙잡아둘 수 있는 것이 아닐까? 엘리자베스 로프터스 Elizabeth Loftus와 제프리 로프터스Geoffrey Loftus는 1980년에 심리학자들에 대한 조사결과를 발표했다. 심리학자들이 작성한 설문조사 결과를 보면, 그들 중 대다수(84퍼센트)가 우리 뇌에 우리의 모든 경험이 완벽하게 기록되어 있다고 믿고 있음을 알 수 있었다. 이제는 기억이 몇 가지 형태의 정보를 무한히 보존할 수 있다는 사실을 부정할 수 없게 되었다. 어렸을 때 알던 외국어를 어린 시절 이후 한 번도 쓴 적이 없는 사람들을 대상으로 한 바릭Bahrick의 실험들은 50년이라는 세월이 흐른 후에도 외국어 어휘들 대부분이 기억 속에 고스란히 남아 있음을 보여주었다. 바릭은 이런 현상을 '영원한 저장permastore'이라고 명명했다. 바게나르도 일기를 이용한 실험에서 자전적 기억이 사라져버린다는 증거를 전혀 찾아내지 못했다. 그는 일기에 적힌 모든 사건들을 기억해낼 수 있었다. 하지만 바게나르가 실험을 위해 그 사건들을 글로 적었으며, 바로 그 때문에 그 기억이 다른 기억들보다 더 확실하게 머릿속에 저장되었는지도 모른다는 사실을 강조해야 할 필요가 있다. 바게나르는 우리가 머릿속에 저장된 기억에 접근하지 못하는 것이 망각의 원인이라고 보았다. 즉, 어쩌면 기억은 여전히 그 자리에 남아 있는지도 모르는데(기억이 남아 있지 않다는 증거가 없다) 기억을 불러내는 힘이 그 기억에까지 미치지 못한다는 것이다. 어쩌면 우리는 완벽한 기억력을 갖고 있는데도 그 사실을 깨닫지 못하는 것인지도 모른다. 그런 기억은 리보가 말한 세 가지 요소들 중 첫 번째 요소만으로 구성되어 있을 것이다. 생물학적인 측면에서 보면, 우리가 경험하는 모든 일들이 기억 속에 저장된다는 가설은 말이 되지 않는 것처럼 보인다. 기억은 뇌조직 속에 저장되고, 뇌 조직은 성장, 신진대사, 손상, 퇴화, 죽음 등 온갖 변화를 겪는다. 우리가 경험하는 일들의 흔적 중 일부가 평생 동안 고스란히 뇌 속에 남아 있다는 사실에는 의심의 여지가 없지만, 모든 흔적이 고스란히 보존된다는 주장은 의심스럽다.

## 공허에 대한 공포

심한 기억장애로 고생하는 사람들은 정신적인 자산의 상당 부분을 한꺼번에, 또는 장기간에 걸쳐 잃어버린다. 신경 손상, 산소 부족, 감염, 알로이스 알츠하이머Alois Alzheimer나 세르게이 코르사코프Sergei Korsakoff 가 앓았던 질병 등 원인이 무엇이든 그 결과는 참담하다. 그 사람이 평생 동안 몸에 익히거나 배운 것, 정성을 기울여 자기 것으로 만들었던 것들 중 상당부분이 사라져버리는 것이다. 전향적 기억상실증 환자는 새로 경험하는 일들을 나중에 회상할 수 있도록 머릿속에 저장하는 능력을 잃어버린다. 그가 아직 살아 있는데도 그의 미래는 사라져버린 것이나 마찬가지다. 퇴행성 기억상실증 환자의 경우에는 과거가 완전히 지워져버리거나, 과거의 기억에 접근할 수 없게 된다. 과거 그 사람의 모습, 그의 능력과 재능과 성격, 갖가지 경험을 통해 형성된 내면 등이 사라져버리는 것이다. 두 경우 모두 환자들은 정신적 자산 중 상당부분을 잃어버리며, 그 손실을 벌충할 방법도 없다.

기억의 강탈과 흡사한 기억상실증의 경우에는 기억을 일부 회복하는 것이 가능할 수도 있다. 전기충격이나 두개골에 가해진 심한 충격이 퇴행성 기억상실증을 일으킬 수 있다. 의식을 잃었다가 깨어난 환자는 자신의 과거 중 일부가 사라져버렸음을 알게 된다. 기억이 사라졌음을 알게 되는 순간이 언제인지는 비교적 분명하다. 환자가 의식을 회복하는 순간이 바로 그 순간이므로. 그러나 환자가 입은 손상이 얼마나 심각한지에 따라 회복 시간에 차이가 발생하므로, 환자가 언제 기억을 회복하게 될지는 불분명하다. 리보는 이런 환자들의 회복과정을 분명하게 정리한 바 있다. 그 후 많은 학자들이 사례연구를 통해 이 회복과정을 조사해보았다. 리보는 《기억의 질병》에서 가장 오래된 기억이 가장 먼저 돌아온다고 썼다. 오래된 기억부터 차차 회복되기 시작한다는 것이다. 그가 '노인성 치매'라고 명명한 현상으로 인해 환자가 기억을 잃어버릴 때는, 가장 최근의 기억이 가장 먼저 사라지고 가장 오래된 기억이 가장 마지막에 사라진다. 그러나 리보는 이 과정을 지나치게 단순화해서 생각하면 안 된다고 경고했다. "기억이 고고학 발굴 장소의 지층처럼 우리 뇌 속에 시간 순서대로 층층이 쌓여 있으며, 실험을 위해 동물의 뇌를 얇게 저미는 학자들처럼 질병이 위층부터 시작해서 점점 아래층으로 내려가며 기억의 층들을 제거한다고 생각하는 것은 유치하다." 그는 자주 반복되기 때문에 다른 기억들과 더 밀접하게 연결되어 있는 오래된 기억들 사이의 강력한 연상 고리 속에서 오늘날 '리보의 법칙'이라고 불리는 것을 설명할 길을 찾으려 했다. 기억상실증의 진행에 대한 현재의 이론들 중에도 오래된 기억들이 비교적 오랫동안 버틸 수 있는 것은 연상의 힘 덕분이라고 보는 이론들이 많다. 오래된 기억들이 우리 뇌에서 쉽게 교란되지 않는 부분에 저장된다는 가설도 나온 적이 있다. 환자가 손상을 입기 직전의 일을 기억하지 못하는 것은, 손상으로 인한 충격이 기억의 흔적들을 견고히 해주는 화학적 과정을 방해했음을 보여주는 증거라고 여겨지고 있다.

갑작스러운 충격 때문이 아니라 야금야금 진행되는 증세로 인한 기억상실의 경우, 겉으로나마 정상적인 생활을 하는 데 필요한 것들이 간혹 그대로 보존되기도 한다. 다니엘 색터는 뇌 손상이 기억에 미치는 영향을 다룬 글에서 초기 단계의 알츠하이머병을 앓고 있는 50대 남자 프레더릭과 골프를 쳤을 때의 일을 언급했다. 프레더릭은 30년 동안 골프를 친 사람이었다. 색터는 그와 함께 두 라운드를 치는 동안 프레더릭의 실력에 감탄했다. 그는 예전과 똑같은 솜씨로 공을 쳤으며, 상황에 딱 맞는 클럽을 고를 줄 알았다. 또한 아무 어려움 없이 골프 용어들을 구사했으며, 버디에 대한 이야기를 신나게 늘어놓았다. 골프 에티켓도 흠잡을 데 없이 잘 지켰다. 그는 자신의 공이 색터의 공과 홀 사이에 있을 때, 공을 집어 들고 동전으로 그 자리를 표시한 다음, 색터가 공을 칠 때까지 예의바르게 기다렸다. 그러고 나서 어렵지 않게 자신의 공이 있던 위치를 찾아냈다. 색터는 공을 친 다음 프레더릭의 뒤를 따랐다. 첫 번째 라운드를 반쯤 끝냈을 때, 색터는 실험을 해보기로 했다. 어쨌든 그는 심리학자였으니까 말이다. 그는 티오프의 순서를 바꿔 프레더릭에게 먼저 공을 치라고 했다. 그러자 즉시 문제가 생겼다. 색터가 공을 치는 동안 프레더릭이 기다리다가 자기 공이 어디 떨어졌는지를 잊어버린 것이다. 티오프를 끝낸 후 공이 떨어진 장소로 이동할 때, 색터가 그를 도와 공을 찾아주어야 했다. 게임을 끝낸 후 클럽하우스로 돌아온 프레더릭은 게임에 대한 기억을 모두 잊어버렸다. 그는 체면을 지키기 위해 "오늘은 내 퍼팅이 별로 좋지 않았다"는 식의 일반적인 말만 늘어놓았다. 일주일 후 색터가 다시 게임을 하자며 그를 데리러 갔을 때 그는 자기 실력에 대해 너무 큰 기대는 하지 않는 것이 좋을 것이라고 말했다. 몇 달 동안 필드에 나간 적이 없다면서.

기억장애는 기억에 구멍과 빈틈을 만들어놓는다. 아무것도 없는 진공 속에서 살 수 있는 사람은 하나도 없다. 그래서 기억장애를 앓는 사람들은 기억의 빈틈에 실제 기억이 아니라 자기가 꾸며낸 이야기들을 채워 넣는다. 코르사코프 증후군 환자들은 지난주에 자신이 겪은 일들을 그럴듯하게 이야기해주곤 한다. 이렇게 꾸며낸 이야기들을 자연스럽게 늘어놓는 것은 코르사코프 증후군의 특징적인 증상 중 하나다. 어떤 경우에는 아직 기억장애로 인한 빈틈이 생기지 않았는데도, 자신이 뭔가를 잊어버렸다는 사실이 안에서부터 느껴지기도 한다. 하지만 이 경우 사람들은 잊어버린 기억을 별로 그리워하지 않는다. 안과 의사의 진찰을 받은 후에야 시야가 좁아졌음을 알게 된 환자와 마찬가지로, 진단을 위한 테스트를 받기 전에는 자기 기억이 퇴화하고 있음을 환자가 알아차리지 못하는 것이다. 일상적인 일을 반복하는 환경이 이미 스스로를 지탱할 수 없게 된 기억을 오랫동안 지탱해주는 경우가 많다.

문제가 생겼다는 첫 번째 징조는 대개 앞으로 할 일에 대한 기억이 퇴화하는 형태로 나타난다. 자기가 무엇을 할 생각이었는지를 잊어버리는 것이다. 이런 기억은 건강한 사람들도 자주 잊어버리곤 한다. "절대 잊으면 안 된다"고 스스로 다짐하는 것이 때로는 망각을 확실하게 보장해주는 암호 역할을 하는 것 같다. 증세가 좀더 심각해지면 자신의 계획과 의도를 잊어버리고 꼭 해야 할 일을 제때에 하지 못하게 되기 때문에 일상생활이 흐트러질 뿐만 아니라, 뭔가가 퇴화하고 있음이 미세하게 드러난다. 환자들은 특히 증세가 나타나는 초기에는 기억을 잃어버리는 것을 견디지 못한다. 초기 알츠하이머병 환자들은 건강하고 정상적인 사람들이 잘 알고 있는 것을 이제 자신은 기억하지 못한다는 사실을 깨달은 후 처음에는 약간의 불안감을 느끼다가 점점 완전한 공황상태에 빠지게 된다. 궁극적으로는 자신이 뭔가를 잊어버렸다는 사실조차 모조리 잊어버리게 되기 때문에 잃어버린 기억을 아쉬워하는 일은 없을 것이라는 사실이 환자들에게는 결코 위안이 되지 않는다. 그 정도로 기억을 잃어버리면, 자신의 인격이 모두 사라진다는 뜻이니까 말이다. 환자와 가까운 사람들도 기억상실로 인한 공허감을 견디지 못한다. 점점 기억을 잃어가는 가족과의 접촉이 특히 고통스러워지는 것은, 환자와의 대화에서 느껴지는 깊이가 점점 사라져가는데도 대화를 나눌 수 있는 수단, 어휘력과 상대의 말을 이해하는 능력은 오랫동안 고스란히 보존되기 때문이다. 옛날에 함께 겪었던 일을 이야기해 봐도 환자는 그 일을 기억하지 못한다. 환자는 상대의 말을 예전과 다름없이 잘 이해하지만, 그 대화를 통해 상대방과 같은 기억을 떠올리지는 못한다. 그 대화에 공명하는 과거의 기억이 남아 있지 않기 때문이다. 마치 공명통 위에 느슨하게 매어져 있는 기타 줄을 뜯는 것과 비슷하다.

기억상실이 심하게 진행되어서 환자의 과거나 주변 사람들과의 연결고리가 거의 사라져버렸을 때에도 환자의 의식은 자신이 가장 다급하게 해결해야 하는 의문, 즉 자기가 있는 곳이 어디이고 주위의 이 사람들은 누구이며 지금 자신에게 무슨 일이 일어나고 있는 것인지를 알아내려고 발버둥친다. 남편이 죽은 후 계속 양로원에서 살았던 여든세 살의 할머니가 있었다. 그녀는 알츠하이머병을 앓고 있기 때문에 남편이 8년 전에 세상을 떠났다는 사실을 기억하지 못한다. 그래서 화가 나거나 흥분할 일이 생기면 그녀는 남편에게 편지를 쓴다.

덴 헬데르

여보,

당신도 알다시피 여기 덴 헬데르에서 우리는 알펜 출신의 노인들과 함께 휴가를 보내고 있어요. 여기서 일주일 동안 즐거운 시간을 보낼 수 있을 것 같아 잔뜩 기대하고 있지요. 다만 당신을 두고 와야 한다는 것이 너무 슬퍼요. 당신과 내가 다시 옛날처럼 잘 지낼 수 있다면 좋을 텐데. 우리는 여기 덴 헬데르에서 알펜 출신의 노인들과 같이 있어요. 당신과 내가 다시 옛날처럼 잘 지낼 수 있으면 좋겠어요. 그렇게 헤어지는 것이 너무 슬펐으니까. 우린 그 생각을 미처 못했죠. 여기 같이 있는 사람들은 다 좋은 사람들이에요. 그렇게 무정하게 떠나온 것이 슬플 뿐이에요. 내가 집에 돌아갔을 때 모든 일이 다 옛날처럼 돌아가 있으면 좋겠어요. 우리가 그렇게 헤어져야 하는 것이 너무 슬펐어요. 여긴 아주 좋아요. 다들 함께 있으니까. 편지에 쓸 말이 별로 없네요. 그냥 내가 집에 돌아갔을 때 우리 사이가 더 좋아져 있기를 바랄 뿐이에요. 여긴 아주 좋아요. 다들 함께 있으니까. 여보, 편지에 쓸 말이 별로 없네요. 내가 일주일 후에 집에 돌아갈 수 있으면 좋겠어요. 그때 우리 기분도 더 나아져 있으면 좋겠고. 여보, 난 항상 당신을 생각해요. 정말이에요. 당신에게 키스를 보내요.

아직도 당신을 사랑하는 아내가.

이 편지에서 무엇보다 애처로운 것은 바로 같은 말이 계속 반복된다는 사실이다. 그녀가 이제 아주 짧은 시간 동안 일어난 일밖에 기억할 수 없는 단계에 이르렀음을 분명히 알 수 있다. 그래서 1분도 지나지 않아 똑같은 말을 되풀이하고 있는 것이다. 그녀가 기억할 수 있는 것은 기껏해야 두세 문장에 불과한 것 같다. 그녀가 계속 되풀이하고 있는 말의 내용 또한 애처롭다. 그녀는 왜 하필 자신이 불행했던 시절에 붙들려 있는 걸까? 조금만 시간을 거슬러 올라가면 남편과 행복하게 살았던 기억이 나올 텐데. 반대로 조금만 앞으로 더 나아가면 남편과 싸웠던 기억을 잊고 행복하게 살던 시절이 나올 텐데. 우리가 그녀의 기억을 이런 식으로 바라보는 것이 너무 순진한 걸까? 이런 기억이 떠오른 것은 혼란에 빠진 그녀의 감정에 이 기억이 딱 맞기 때문일까? 어쩌면 그런 것이 아닌지도 모른다. 남편과 차갑게 헤어진 것이 사실은 기억이 아닌지도 모른다. 그녀가 양로원에 머물고 있는 것이 휴가를 즐기기 위해서가 아닌 것처럼. 그녀는 남편 없이 노인들과 함께 그곳에 살면서 왠지 불안해하고 있지만, 그 이유가 무엇인지는 그녀 자신도 알지 못한다. 그래, 노인들하고 같이 여행을 온 거야. 남편은 집에서 나를 기다리고 있을 거야. 그녀의 편지에 나타난 것은 과거의 조각들이다. 그녀는 그 과거의 조각들을 여러 번 되풀이해서 편지지에 한가득 늘어놓은 다음, 키스와 함께 작별인사를 한다.


**참고문헌**

G. Achterberg, *Verzamelde gedichten*, Amsterdam, 1963.

A. D. Baddeley, *Human Memory: Theory and Practice*, Hove, 1990.

H. P. Bahrick, 'Semantic memory content in permastore: 50 years of memory for Spanish learned in school,' *Journal of Experimental Psychology: General* 113 (1984), 1~29.

R. Brown과 D. McNeill, 'The "tip of the tongue" phenomenon,' *Journal of Verbal Learning and Verbal Behavior* 5 (1966), 325~337.

W. James, *The Principles of Psychology*, New York, 1890.

E. F. Loftus와 G. R. Loftus, 'On the permanence of stored information in the human brain,' *American Psychologist* 35 (1980), 409~420.

T. Ribot, 'La mémoire comme fait biologique,' *Revue Philosophique* 9 (1880), 516~547.

_____, *Les maladies de la mémoire* (1881). *The Diseases of Memory*, London, 1882 에서 재인용.

D. Schacter, *Searching for Memory: The Brain, the Mind, and the Past*, New York, 1996.

A. Sunderland, J. E. Harris, A. D. Baddeley, 'Do laboratory tests predict everyday memory?', *Journal of Verbal Learning and Verbal Behavior* 22 (1983), 341~357.

W. A. Wagenaar, 'My memory: a study of autobiographical memory over six years,' *Cognitive Psychology* 18 (1986), 225~252.

# "내 눈앞으로 인생이 섬광처럼 지나가는 것을 보았다"

독일의 물리학자이자 철학자인 구스타프 페히너Gustav Fechner(1801~1887)가 1836년에 죽음 이후에 우리를 기다리고 있는 것이 무엇인지에 관해 마음을 편안하게 해주는 이론을 발표했다. 《내세에 관한 작은 책 Büchlein vom Leben nach dem Tode》이라는 저서를 통해서였다. 이 책의 중간쯤 되는 부분에서 페히너는 사람이 지상에 사는 동안 느끼는 지성의 한계를 언급했다. 대개 우리의 의식은 한 번에 한 가지 생각과 한 가지 기억밖에 받아들이지 못한다. 우리 머릿속에 들어 있는 모든 정보에 한꺼번에 접근하는 것은 절대 불가능하다. 뭔가 기억을 떠올리고 싶을 때, 우리가 기억의 창고 속으로 가지고 들어갈 수 있는 등불은 희미한 등불밖에 없다. 우리는 빛이 약해서 바로 우리 앞밖에 밝혀주지 못하는 그 등불을 들고 어두운 창고 속을 이방인처럼 헤매야 한다. "마치 미리 매어놓은 줄을 따라가듯이 벽을 더듬으며, 빛이 비치지 않는 어둠 속에 묻힌 커다란 그림자를 무시해버린 채."

이것은 정말로 통렬한 비유다. 조금 우울한 그림이기도 하다. 거대한 창고 속에서 길을 잃고 천천히 움직이는 작은 불빛이라니. 그 빛 속에 드러나는 정보는 항상 다른 것들과 단절되어 있으며, 등불이 움직이는 순간 다시 어둠 속으로 돌아가 버린다. 빛이 비치는 범위는 분명하게 정해져 있다. 무엇이든 빛이 비치는 범위를 조금만 벗어나도, 아주 멀리 있는 물체와 마찬가지로 어둠 속에 잠겨버린다. 방금 등불을 스치고 지나간 것이 무엇인지도 전혀 알 수 없다. 그러나 페히너는 우리가 죽고 나면 상황이 완전히 바뀐다고 주장한다. 우리 눈이 감기면서 외부 세계와 차단되는 순간 우리에게 영원한 밤이 내릴 거라 생각하겠지만, 사실은 밝은 빛이 우리의 내면세계를 환히 비추기 시작한다는 것이다. 따라서 한번 흘깃 둘러보기만 해도 우리가 찾고 싶어하는 모든 것, 우리가 기억 속에 저장해둔 모든 것을 찾아낼 수 있다. 페히너는 죽음 직전의 순간에 사람들이 이미 이런 변화를 어렴풋이 눈치챘다고 말한다. 자신이 살아온 삶을 되돌아보는 동안 완전히 잃어버린 줄 알았던 기억이 되돌아온다는 것이다. 조금 있으면 어둠 속으로 빠져들 사람들이 "머릿속에 저장되어 있는 정보들을 갑자기 밝게 비춰주는 빛"을 만난다.

페히너가 묘사한 것과 같은 현상을 요즘은 대개 "내가 살아온 인생이 영화처럼 죽 떠올랐다"고 표현한다. 지금까지 죽을 뻔한 경험을 하면서 이제 모든 것이 마지막이라고 생각한 순간에 여러 가지 영상들이 마음의 눈앞을 빠르게 지나가는 경험을 한 사람들의 이야기가 적잖이 기록으로 남아 있다. 이런 경험을 한 사람들은 물에 빠지거나 높은 곳에서 떨어져 죽음을 목전에 두었지만 구사일생으로 살아나 자신이 겪은 일을 다른 사람들에게 이야기해주었다. 해군소장이었던 프랜시스 보포트Francis Beaufort 경(1774~1857)은 1825년에 영국의 박물학자인 W. 하이드 월러스턴Hyde Wollaston 박사의 요청으로 자신이 젊은 수병이던 1795년에 포츠머스 항구에서 물에 빠져 죽을 뻔했을 때 겪은 일을 편지에 적어 보내주었다. 보포트는 자신이 죽음을 눈앞에 두고 흥분한 나머지 정신을 제대로 차릴 수 없었을지도 모른다는 점을 인정했다.

그래서 연달아 일어난 일들을 정확하게 파악하지 못했을 수도 있습니다. 그러나 그 직후에 일어난 일에 대해서는 분명히 기억하고 있습니다. 그때 나의 정신은 당신이 그토록 놀랍게 생각하고 있는 갑작스러운 변화를 겪었습니다. 그때의 모든 일들이 지금도 마치 어제 일처럼 기억 속에 생생하게 남아 있습니다.

내가 몸부림을 멈춘 순간부터…… 흥분과 격동 대신 너무나 고요하고 차분한 느낌이 들었습니다. 무감각한 상태였다고 말해도 될 것입니다. 하지만 체념은 분명 아니었습니다. 물에 빠져 죽는 것이 더 이상 나쁜 일처럼 보이지 않았으니까요. 난 이미 구조된다는 생각을 하지 않고 있었습니다. 몸이 괴롭거나 아프지도 않았습니다. 오히려 무감각하지만 왠지 만족스러운 느낌과 함께 즐거움이 느껴졌습니다. 그리고 피로 때문에 졸음이 몰려오기 시작했습니다. 감각은…… 둔해졌지만 내 정신은 그렇지 않았습니다. 내 정신은 말로 형용할 수 없을 만큼 활발히 활동하고 있는 것 같았습니다. 수많은 생각들이 꼬리를 물고 연달아 떠올랐으니까요. 그 속도는 단순히 말로 형용할 수 있는 수준이 아니었습니다. 나와 비슷한 상황에 빠져본 사람이 아니라면 도저히 상상할 수도 없는 수준이었습니다. 그때 떠오른 생각들을 나는 지금도 꽤 정확하게 되짚어볼 수 있습니다. 바로 얼마 전에 내가 물에 빠졌다는 것, 그래서

아주 창피한 기분이 들었다는 것〔사고 직전에 보포트는 작은 배를 저어 모선으로 돌아가서 모선에 자기 배를 고정시키려 했다. "멍청하게도 일에 너무 열중한 나머지 나는 뱃전 위에 올라섰고, 당연히 배가 흔들렸다. 나는 물속으로 떨어졌……."〕, 저 위에서 사람들이 나 때문에 정신없이 움직이고 있으리라는 것(두 사람이 물속으로 뛰어드는 것을 내가 보았거든요), 다정한 우리 아버지에게 이 사건이 미칠 영향. 아버지가 어떤 표정으로 가족들에게 이 소식을 전할지 알 수 있을 것 같았습니다. 이런 생각들과 함께 집과 관련된 수많은 생각들이 가장 먼저 떠올랐습니다. 하지만 이내 내 생각의 범위가 점점 넓어져서 가장 최근의 항해, 난파, 내가 다니던 학교, 그곳에서 내가 이룩한 것과 낭비해버린 시간 등이 떠올랐습니다. 심지어 어렸을 때 내가 좋아했던 일들과 온갖 유치한 모험에 관한 기억들도 떠올랐지요. 그렇게 점점 뒤를 향해 거슬러 올라가면서 내가 그때까지 겪었던 일들이 시간의 반대 순서로 휙휙 나타나는 것 같았습니다. 내가 지금 여기서 말한 것처럼 그냥 사건의 대략적인 윤곽만 나타난 것이 아니라, 아주 사소한 일들까지 모두 완벽하게 떠올랐어요. 간단히 말해서, 내 인생 전체가 파노라마처럼 내 앞에 펼쳐지는 것 같았고, 각각의 사건에 대해 그것이 옳은 일이었다, 또는 잘못된 일이었다는 판단이 수반되어 있는 것 같았습니다. 그 사건의 원인과 결과가 함께 떠오르는 경우도 있었고요. 사실 오래전에 잊어버린 사소한 사건들이 수없이 떠올라서 내 머리를 가득 채웠습니다. 왠지 최근에 겪은 일인 것 같은 느낌과 함께……. 아주 놀라운 점이 하나 있습니다. 내 머릿속을 휙휙 지나가는 수많은 생각들이 모두 과거를 되돌아보는 것이었다는 점……. 저는 종교적인 가정에서 자랐습니다……. 그런데 도저히 뭐라고 설명할 수 없는 그 순간에, 내가 죽음의 문턱을 이미 넘어섰다고 확신하던 그 순간에, 미래에 관한 생각은 단한 번도 떠오르지 않았습니다. 과거가 나를 완전히 둘러싸고 있었어요. 이렇게 여러 가지 생각들이 정신없이 떠오르는 것이 얼마나 오랫동안 계속됐는지, 아니 그 수많은 생각들이 얼마나 짧은 시간 안에 응축되어 있었는지 지금으로서는 정확하게 말할 수 없지만, 내가 호흡곤란을 느낀 순간부터 물 밖으로 구출될 때까지 틀림없이 2분이 채 안 되었을 겁니다.

보포트는 월러스턴 박사에게 보낸 편지를 예의바르게 끝맺었다. "죽음의 작용에 관한 이 '비자발적인 실험'이 당신에게 조금이라도 만족감을 안겨주거나 당신의 관심을 끈다면, 저 F. 보포트가 그 일을 겪은 것도 헛된 일만은 아니었다고 생각할 수 있을 겁니다."

보포트는 마지막 순간에 구조되었을 뿐만 아니라, 나중에 풍력계를 발명함으로써 불멸의 명성을 얻었다.

앞에 인용한 것과 같은 보고서를 믿어도 될까? 보포트는 자신의 전기를 쓴 A. 프렌들리Friendly가 "물에 빠진 사람이 모든 것을 기억해낸다는 전설"이라고 명명한 이야기를 그냥 되풀이한 것이 아닐까? 그런 것 같지는 않다. 왕실 수위(水位) 기록관으로서 보포트는 정확성을 중시하는 사람이었다. 그의 직업에서 정확성과 신뢰성은 결정적인 가치를 지니고 있었다. 그가 저명한 월러스턴 박사에게 보고서를 보낸 것은 과학에 기여하기 위해서였으므로, 가벼운 마음으로 이 보고서를 쓰지는 않았을 것이다. 보포트는 비록 기독교 신자였지만 자신이 겪은 일을 종교적인 경험으로 포장하려 하지도 않았다. 오히려 그는 죽음을 목전에 둔 상황에서 자신의 정신이 죽음 이후의 미래가 아니라 과거를 향했다는 사실에 깜짝 놀란 것처럼 보인다. 또한 보포트의 경험은 나중에 작성된 다른 보고서들의 내용과 일치한다.

그의 보고서를 한 줄 한 줄 읽을 때마다 의문이 생긴다. 왜 그런 생각들이 그토록 빠르게 떠오른 걸까? 보포트는 오랜 세월이 흐른 후에 그 많은 생각들을 어떻게 기억할 수 있었을까? 그가 처음에는 자기가 죽었다는 소식을 들었을 때 아버지가 어떤 반응을 보일지(미래)를 생각하다가 곧장 과거로 방향을 돌린 이유가 무엇일까? 그의 기억은 그의 인생을 왜 뒤집힌 순서로 보여주었을까? 정말로 그의 인생 '전체'를 다시 검토해보는 과정이었을까? '사소한 사건들'과 '아주 사소한 점까지 모두' 떠오른 것도 인생을 검토해보는 것과 관련되어 있을까? 그의 모든 행동과 함께 옳고 그름에 대한 판단, 그 행동의 원인과 결과가 떠오른 이유는 무엇일까? 그의 글을 읽다보면 이런 종류의 보고서에 혹시 공통점이 있을지 모른다는 생각도 든다. 보포트의 경우처럼 항상 과거의 사건들이 '시간의 반대 순서로' 떠오르는 걸까? 가끔은 시간 순서대로 기억이 떠오르는 경우도 있을까? 사건의 순서라는 것이 항상 존재할까? 죽음을 목전에 둔 사람이 떠올리는 것은 항상 이미지일까? 가끔 시각적인 이미지가 아닌 다른 형태로 기억이 떠오르기도 하는 걸까? 인생을 검토해볼 때 말(言)이 사용될까? 목숨이 위태로워지게 된 원인이 다르다면 머릿속에 떠오르는 기억도 달라질까? 높은 곳에서 떨어진 사람의 경험과 일부러 높은 데서 뛰어내린 사람의 경험은 서로 다른 걸까? 목숨이 위험한 상황에 놓이지 않은 사람이 자신의 일생을 빠르게 검토해보는 경험을 하는 경우도 있을까?

이 모든 의문의 저변에 깔려 있는 것은 경험의 '표현'이라는 문제다. 보포트의 보고서를 보면, 그가 정상적인 경험과는 완전히 다른 일을 겪었음을 분명히 알 수 있다. 따라서 보고서를 쓸 때 그는 자신의 상상력을 훨씬 뛰어넘는 일을 묘사할 수 있는 단어를 찾아야 했을 것이다. 이것 역시 이런 일들을 기록한 모든 보고서에 공통적으로 나타나는 특징이다. 보고서를 작성한 사람이 일반적인 시간의 흐름과는 동떨어진 곳에서 일어난 일들을 묘사할 단어를 찾아내느라 커다란 스트레스에 시달렸음이 드러나 있는 것이다. 그래서 그들은 보고서를 쓸 때 은유에 의존하게 된다. 페히너는 기억의 창고에 갑자기 구석구석을 모두 비춰주는 빛이 나타난다고 말했다. 보포트가 자신의 삶이 '파노라마처럼 펼쳐져 있는 것 같았다'고 말한 부분이 바로 그것이다. '내 인생이 영화처럼 죽 떠올랐다'는 표현은 이런 현상을 묘사하는 은유다. 영어로 된 문헌에는 '파노라마 기억panoramic memory'이라는 용어가 등장한다. 이것은 영국의 신경학자인 S. A. 키니어 윌슨Kinnier Wilson이 1928년에 도입한 용어다.

파노라마 기억은 순식간에 일어나는 현상이지만, 도저히 잊을 수 없는 현상이기도 하다. 이런 경험을 하는 데 필요한 조건이 특수하기 때문에 실험은 불가능하다. 그런데도 이 현상에 관한 연구가 지금까지 놀라울 정도로 많이 실시되었다. 정신과 의사들은 높은 다리에서 뛰어내린 사람들에게 질문을 던지는 형태로 연구를 실시했고, 의사들은 거의 죽을 뻔한 사고를 겪은 환자들을 진찰했다. 또한 파노라마 기억과 비슷하게 이미지들이 연달아 나타나는 현상을 일으킬 수 있는 정신질환과 신경장애에 대해서도 연구가 이루어졌다. 신경에 작용하는 물질에 대한 연구에서도 파노라마 기억과 비슷한 홍미로운 사실들이 발견되었다. 그러나 죽음을 눈앞에 둔 사람들이 경험한 것들에 대한 최초의 체계적인 연구 이야기를 먼저 하는 것이 예의에 맞는 일인 것 같다. 이런 경험을 직접 한 적이 있는 스위스의 지질학자 알베르트 하임Albert Heim(1849~1937)의 연구다.


## 산에서 추락한 알베르트 하임

알베르트 하임은 1871년 봄에 친구 세 명, 남동생과 함께 취리히 동쪽에 있는 샌티스 산으로 등산을 갔다. 당시 하임은 겨우 스물한 살이었으나 이미 경험 많은 등산가였다. 그는 어렸을 때부터 지질학에 관심이 많았다. 열여섯 살 때 그는 퇴디 산의 모형을 만들어 상을 받았다. 그는 취리히 대학에서 지질학을 공부했으며, 등산을 간 그날로부터 닷새 후에 지질학과의 무급 강사로서 첫 강의를 하기로 되어 있었다. 하임은 그날 등산 팀의 리더였다. 하임 일행 다섯 명이 심한 눈보라 속에서 5900피트 높이까지 오르자 눈에 뒤덮인 가파른 내리막길이 나타났다. 다른 사람들은 주춤거렸지만 하임은 그 길을 내려가기로 했다. 그러나 그가 내려가기 시작하자마자 사고가 일어났다. 하임은 다음과 같이 썼다.

그때 바람에 내 모자가 날아가려고 했다. 나는 모자가 날아가도록 내버려두는 대신 충동적으로 모자를 움켜쥐는 실수를 저질렀다. 그 때문에 넘어진 나는 몸을 가눌 수가 없었다. 나는 바람에 밀려 왼쪽의 험한 바위산을 향해 날아갔다가 바위에 부딪혀 튀어나와 등을 아래로 한 채 바위 위를 다시 날아갔다. 결국 나는 66피트 높이의 허공을 날다가 벽처럼 늘어선 바위 밑에 눈이 쌓인 곳 가장자리에 떨어졌다.

처음에 허공으로 떨어지자마자 나는 바위에서 튕겨나가게 되리라는 것을 알았기 때문에 다가올 충격에 대비했다. 그래서 떨어지는 속도를 줄이려고 손가락을 눈〔雪〕 속에 박았다. 손끝이 피투성이가 되었지만 통증이 전혀 느껴지지 않았다. 내 머리와 등이 바위 모서리에 부딪히는 소리, 절벽 아래에 내 몸이 쿵 하고 떨어지는 소리가 똑똑히 들렸다. 하지만 내가 처음으로 통증을 느낀 것은 그로부터 몇 시간 후였다. 앞에서 언급했던, 수많은 생각들이 물밀 듯이 밀려오는 현상은 내가 아래로 떨어지는 동안 시작되었다. 5~10초 동안 내 머리에 떠오른 생각들을 설명하려면 그보다 10배나 되는 시간으로도 모자랄 지경이다. 그때 내 머리에 떠오른 생각들은 모두 조리 있고 선명했다. 꿈과는 달리 쉽게 잊히지도 않았다. 아래로 떨어지기 시작한 순간 나는 내가 죽을 수도 있음을 인정하고 속으로 혼잣말을 했다. "내가 조금 있으면 떨어지게 될 저 바위 아래쪽은 가파른 벽처럼 아래로 뚝 떨어지는 형태일 거야. 저 아래의 땅이 보이지 않았으니까. 저 절벽 밑에 눈이 쌓여 있는지가 중요한 문제인데. 눈이 쌓여 있다면 절벽에서 녹아나온 눈이 절벽 밑동에 일정한 범위만큼 쌓여 있겠지. 만약 내가 눈이 쌓인 곳 가장자리에 떨어진다면 목숨을 구할지도 모르지만, 저 아래에 눈이 없다면 나는 틀림없이 돌더미 위에 떨어질 거야. 이런 속도로는 죽음을 피할 수 없겠지. 만약 아래에 떨어질 때 내가 이미 죽어 있거나 기절한 상태가 아니

70세 생일을 맞기 얼마 전의 알베르트 하임(1849~1937).

라면, 즉시 식초병을 찾아서 내 혀에 식초를 몇 방을 떨어뜨려야겠다. 등산지팡이를 놓고 싶지는 않아. 어쩌면 그게 아직 쓸모가 있을지도 모르니까." 그래서 나는 지팡이를 꼭 쥐고 있었다. 나는 안경이 깨지면서 눈에 부상을 입지 않도록 안경을 벗어 던져버릴까 생각해보았다. 하지만 내 몸이 심하게 흔들리고 있었으므로 손을 마음대로 움직일 수가 없었다. 곧 이어 뒤에 남겨두고 온 사람들에 대한 생각이 떠오르기 시작했다. 나는 땅에 떨어지는 순간 부상이 얼마나 심각하든 상관없이 일행에게 "나는 괜찮아!"라고 소리쳐주어야겠다고 혼잣말을 했다. 그러면 내 동생과 친구들이 정신을 차리고 내가 있는 곳까지 상당히 힘든 코스를 내려올 수 있을 것이다. 내가 그 다음으로 생각한 것은 닷새 후로 예정된 대학 첫 강의를 할 수 없게 되었다는 것이었다. 나는 나를 사랑하는 사람들이 내가 죽었다는 소식을 어떻게 받아들일지 생각해보면서 속으로 그들을 위로했다. 그러고 나니 내가 그때까지 살아온 삶이 여러 가지 영상으로 나타나기 시작했다. 마치 약간 거리가 떨어진 곳의 무대 위로 그 영상들이 지나가는 것 같았다. 그 연극의 주연은 바로 나였다. 마치 천국의 빛을 받은 것처럼 모든 것이 거룩하게 보였다. 모든 것이 슬픔도, 근심도, 고통도 없이 아름다웠다. 내가 과거에 겪은 비극적인 일들이 분명하게 기억났지만 슬프지는 않았다. 그 어떤 갈등도 느껴지지 않았다. 갈등이 사랑으로 변해버렸기 때문이다. 숭고하고 조화로운 생각들이 각각의 이미지를 지배하면서 그들을 결합시켰다. 그리고 거룩한 고요함이 장엄한 음악처럼 내 영혼을 꿰뚫고 지나갔다. 장밋빛과 보라색의 작고 섬세한 구름들이 떠 있는 멋진 푸른 하늘이 점점 나를 둘러싸기 시작했다. 나는 아무런 고통 없이 부드럽게 그 안으로 휩쓸려 들어갔다. 내가 허공 속에서 추락하는 모습, 저 아래에서 나를 기다리고 있는 눈밭의 모습이 눈에 들어왔다. 객관적인 관찰, 생각, 주관적인 느낌이 동시에 내 머리를 채웠다. 곧 쿵 하는 소리가 났다. 나의 추락이 멈춘 것이다.

곧 검은 물체가 내 눈에서 휙 사라졌고, 나는 일행을 향해 서너 번 "나는 괜찮아!"라고 소리쳤다. 그리고 식초를 조금 마신 다음 내 옆의 눈 위에 멀쩡한 모습으로 놓여 있던 안경을 움켜쥐었다. 그리고 등과 팔다리를 만져보며 뼈가 부러진 곳이 없다는 것을 확인했다. 곧 일행의 모습이 보였다. 그들은 이미 나와 상당히 가까운 곳까지 와 있는 것 같았다. 그들은 내가 떨어진 절벽 밑의 눈 쌓인 길을 헤치며 천천히 내게 다가왔다. 나는 그들이 왜 아직도 내가 있는 곳에 도착하지 못했는지 이해할 수 없었다. 그들은 자기들이 나를 불렀지만 꼬박 30분 동안 아무런 응답이 없었다고 내게 말해주었다. 그때서야 나는 내가 땅에 떨어진 충격으로 의식을 잃었다는 것을 깨달았다. 검은 물체는 내가 의식을 잃은 상태를 의미하는 것이었다. 내 뇌가 무의식상태에 빠진 직후 내 인식 속에 그 검은 물체가 각인되었음이 분명했다. 그리고 나도 모르는 사이에 나의 생각과 활동이 의식을 잃기 전과 마찬가지로 계속되었다. 그 와중에 나는 절대적인 무(無)를 경험했다. 내가 천국처럼 멋진 광경들을 본 것은 공중에서 추락하면서 아직 내 눈으로 직접 사물을 보고, 내 머리로 생각을 할 수 있을 때였다. 하지만 내가 땅에 떨어져 의식을 잃으면서 그 이미지들이 갑자기 사라져버렸다. 내 친구 안드레아스 안톤 도리그가 나를 일으켜 세워준 덕분에 나는 몸을 움직일 수 있었다. 하지만 등의 타박상과 두통 때문에 내 입에서 비명이 터져 나왔다. 나는 얼음에 싸여 메글리살프로 실려갈 때까지 계속 비명을 질렀다. 그래도 나는 미리 약속했던 시간에 내 첫 강의를 할 수 있었다.

자기가 직접 떨어지는 것보다는 남이 떨어지는 것을 보는 편이 더 고통스럽다. 사고가 발생한 그 순간에도 그렇고, 나중에 그 일을 회상할 때도 그렇다. 이 사실을 증명해주는 이야기들이 많이 있다. 두려움 때문에 꼼짝도 하지 못하고 몸과 영혼을 덜덜 떨며 서 있는 관찰자는 대개 그 충격을 오랫동안 간직한다. 그러나 직접 떨어진 당사자는 심한 부상을 입지만 않는다면 두려움이나 고통 없이 그 사건을 털어버릴 수 있다. 물론 사고 직후 여러 번의 두통과 엄청난 피로를 느낄 것이다. 나는 다른 사람들이 추락하는 모습을 여러 번 목격했지만, 그들 중에 목숨을 잃은 사람은 없었다. 그런데도 그때의 기억들이 항상 끔찍하게 느껴진다. 심지어 소가 떨어지는 모습을 보았던 기억도 고통스럽다. 하지만 내가 산에서 떨어졌던 사건은 고통도 고뇌도 없는, 즐겁고 거룩한 경험으로 내 기억 속에 남아 있다. 사실 산에서 추락하던 그 순간에 내가 실제로 느낀 것이 그랬으니까.

# '천국으로 떨어진 사람들'

알베르트 하임은 추락하는 동안 자신이 경험한 일 때문에 깜짝 놀랐다. 그는 목숨이 위험하다는 두려움, 공황상태, 고통 등을 예상했으나 오히려 갑자기 정신이 맑아지면서 자기가 살아날 가능성이 얼마나 되는지 저울질해보고, 자신의 인생이 눈앞을 스쳐가는 것을 차분하게 지켜보았다. 그 후 오랫동안 그는 목숨이 위험한 상황에서 살아남은 사람들의 사례를 수집하려고 노력했다. 20년이 넘도록 그는 그 사람들에게 의식을 잃기 전 마지막 순간의 경험을 물어보았다. 직접 만나서 물어본 적도 있고, 편지로 물어본 적도 있었다. 1875년에 취리히 대학의 지질학과장으로 임명된 후 그는 알프스에서 대규모의 측지학 연구들을 실시했는데, 그 덕분에 등산가들과 자주 접촉할 수 있었다. 그들 중에 하임처럼 산에서 떨어지고도 살아남은 사람들이 있었다. 그는 지붕을 고치거나 벽돌을 쌓다가 높은 발판에서 떨어진 사람들, 높은 산 위에 철도를 놓다가 사고를 당한 노동자들에게도 질문을 던졌다. 그가 높은 곳에서 추락하는 바람에 목숨이 위험했던 사람들만 조사한 것은 아니었다. 그는 뢴헨스타인 산의 철도사고 생존자들과도 이야기를 나누었으며, 함부르크의 군인 병원으로 가서 1870년의 프랑스-프러시아 전쟁에서 심한 부상을 입은 군인들을 만나보기도 했다. 물에 빠져 죽을 뻔한 어부도 만나보았다. 1892년에 하임은 등산가들을 대상으로 한 강연에서 자신의 조사결과를 발표했다.

하임은 먼저 까다로운 질문을 던졌다. 사실은 삶의 마지막 순간이 아닌데 마지막 순간이라고 생각했던 순간에 사람들이 무엇을 경험했는지 우리가 어떻게 알 수 있을까? 결국 방법은 생존자들을 만나 물어보는 것밖에 없지만, 사실 그들에게 사고 순간은 삶의 마지막 순간이 아니었다. 그러나 하임은 이런 반론이 정당하다고 생각하지 않았다. 정신을 잃은 후에 죽음을 맞이한 사람의 경험과 정신을 잃은 후에 기적적으로 구조된 사람의 경험이 다르지 않다는 것이다. 다만 후자의 경우 사고 당사자가 의식을 잃기 전에 경험한 것을 다른 사람들에게 이야기해줄 수 있다는 점이 다를 뿐이었다. 그런 상황을 경험한 사람은 "죽음을 두 번 경험하는 것과 마찬가지"다. 하임은 이제 자신이 해결하고자 했던 질문을 던졌다. 사람은 죽기 전에 무엇을 느끼는가? 하임이 수집한 증언들에 따르면, 교육수준과 상관없이 거의 모든 사람들이 갑자기 높은 곳에서 추락했을 때 정신적으로 똑같은 상태에 빠졌다. 하임이 직접 경험한 것과 비슷한 상태였다. 두려움도 없고, 후회도 없고, 혼란도 없고, 고통도 없는 상태. 집에 불이 났을 때처럼, 목숨의 위협을 느낄 정도로 위험의 강도가 세지는 않지만 온몸이 마비될 정도로 두려움을 느낀 사람은 아무도 없었다. 평소 때보다 100배나 강렬한 생각들이 100배나 빠른 속도로 머릿속에 떠올랐다. 그들은 또한 자기가 살아오면서 겪은 사건들과 그 사건의 결과들을 맑은 정신으로 제3자처럼 조사해보았다. 시간은 정지했다. 그리고 그들의 일생이 갑자기 눈앞에 나타나는 경우가 많았다. 추락하는 사람은 마지막으로 거룩한 음악소리를 듣게 된다. "그리고 나서 아무 고통 없이 의식이 사라진다. 대개 바닥에 닿는 순간 의식을 잃는 경우가 많다. 사람들은 기껏해야 자신이 바닥에 떨어지는 소리를 들을 뿐 고통을 전혀 느끼지 못한다. 청각이 모든 감각 중에서 가장 마지막으로 사라지는 것 같다."

추락하는 도중에 정신이 맑아지는 현상은 사람들이 바닥에 닿기 전에 의식을 잃는다는 일반적인 인식과 어긋난다. 하임과 같은 등산가인 시그리스트는 캐르프스톡 산 정상에서 뒤로 추락한 적이 있었는데, 마지막 순간까지 사물이 분명하게 보였으며 생각도 할 수 있었다고 주장했다. "고통도 근심도 없이 나는 내가 처한 상황, 우리 가족의 장래, 가족들을 위해 내가 이미 취해놓은 조치들을 빠르게 점검해보았다. 내 머리가 그토록 빠르게 돌아간 적은 그때까지 한 번도 없었다. 사람들이 흔히 말하는 호흡곤란 증세도 없었다. 나는 바위 위를 부드럽게 덮고 있는 눈 위에 떨어지는 순간에야 비로소 아무런 고통 없이 의식을 잃었다." 여덟 살 때 72피트 높이의 바위 꼭대기에서 떨어진 경험이 있는 남자는 자신이 공중에서 서너 번 공중제비를 돌았으며, 아버지에게서 받은 주머니칼이 바지 주머니에서 빠져 아래로 떨어질까 봐 걱정하고 있었다고 말했다. 기차를 타고 가다가 철교가 무너지는 바람에 쏟아진 짐더미에 깔릴 뻔했던 한 신학생은 하임에게 보낸 편지에서 쪼개진 나뭇조각들이 사방에 널려 있는 아수라장 속에서 "수많은 생각들이 너무나 선명하게 내 머릿속을 스치고 지나갔다"며 "내가 생전 처음 보는 온갖 아름답고 사랑스러운 이미지들이 빠르게 내 앞에 나타났다"고 말했다.

하임 자신을 포함해서 그가 조사한 사람들의 증언에 나타나는 공통점은 사고를 당한 순간 정신이 맑아지고 마음이 평화로워진다는 것이다. 추락하는 동안 공포에 질려 비명을 지른 사람은 한 명도 없었다. 조금 있으면 삶이 끝난다는 이유로 절망에 빠진 사람도 없었다. "산에서 죽은 우리 친구들은 마지막 순간에 거룩하고 고요한 분위기 속에서 자신의 과거를 다시 살펴보았다." 그들의 가족과 친구들은 여기서 위안을 얻을 수 있을 것이다. 하임은 강의 끝부분에 청중들에게 다음과 같은 말을 했다. 자신이 조사를 통해 발견한 사실 덕분에 산에서 추락

사고로 아들 둘을 잃은 어떤 어머니를 위로할 수 있었다고. "그들이 세상을 떠나는 순간 마지막으로 느낀 것은 화해와 평화였다. 말하자면 그들은 천국으로 떨어진 셈이다. 친애하는 동료 여러분, 그런 의미에서 우리는 추락사고로 죽은 사람들의 무덤 위에 화환을 놓아주어야 한다!"

## 의식을 잃는 순간

1929년에 하임과 같은 도시에 살던 오스카 피스터가 하임에게 추락사고에 대해 몇 가지 질문을 던졌다. 당시 하임은 여든 살이었지만, 지질학 관련 서적들을 출판하느라 여전히 바쁘게 지내고 있었다. 추락사고가 일어난 것은 60년 전이었지만, 하임은 피스터에게 보낸 장문의 편지에서 그 사고를 가능한 한 자세히 설명해주었다. 피스터(1873~1956)는 신학자였다. 그는 프로이트의 오랜 친구였으며, 목회활동에 정신분석학을 응용했다. 그 자신도 등산을 하다가 두 번이나 죽을 뻔한 적이 있었다. 두 번 다 그는 스스로 목숨을 구할 수 있었다. 첫 번째 사고 때는 마지막 순간에 나뭇가지를 붙들어 목숨을 건졌고, 두 번째 사고 때는 등산용 지팡이를 재빨리 얼음 속에 박아 넣었다. 그 역시 수많은 생각들이 번개처럼 빠르게 떠오르는 경험을 했다. 가장 먼저 떠오른 것은 지금의 상황을 믿을 수 없다는 생각이었다. "이건 사실이 아냐. 내가 떨어지고 있다고 상상한 거야." 하지만 곧 상황을 올바로 인식하게 되었고("맞아. 내가 떨어지고 있어"), 스스로 목숨을 건지기 위해 행동에 나섰다. 피스터는 이른바 '충격으로 촉발된 생각shock-thinking'을 다룬 글에서 하임과 어떤 장교의 경험을 자세히 설명했다. 장교는 작전 중에 죽을 뻔한 경험을 한 후 한동안 피스터에게 정신분석을 받은 사람이었다.

　사고 순간에 감정이 어떤 변화를 겪었느냐는 질문에 대해 하임은 정확히 설명할 수 없다고 답변했다. "거의 순간적이었던 것 같습니다. 영사기로 빠르게 영상들을 보여줄 때나 꿈속에서 영상들이 빠르게 바뀌는 것에 비유하는 것이 제일 좋을 겁니다." 편지의 뒷부분에서 그는 이렇게 덧붙였다. "마치 영사기로 벽에 영상을 비추는 것처럼 영상이 보였습니다. 연달아 영상들이 나타났지만, 서두른다는 느낌은 없었습니다. 즐거운 경험이었고, 내용도 풍부했습니다. 감정이 갑자기 바뀌는 일도 없었습니다. 몇 초밖에 되지 않는 그 시간이 거의 5분처럼 느껴졌습니다." 하임은 연달아 나타나던 이미지들이 시간적으로 역행하게 되었던 것 같다고 생각했다. "그래서 내가 학교에 다니던 시절의 이미지들이 내 생각을 어느 정도 차지하게 되었는지도 모르죠. 하지만 내 생각에 그렇지는 않았던 것 같습니다. 그때를 되돌아보면, 학교에 다니던 시절부터 허공으로 떨어져 내린 순간까지 내 삶을 각색한 연극을 본 것 같습니다." 피스터의 요청으로 그는 자신이 본 이미지들이 어떤 것이었는지에 대해서도 자세히 설명했다.

　　마치 높은 창문에서 밖을 내다보는 것처럼 일곱 살 때의 내가 학교(취리히 시에 있는 옛날 학교)에 가는 모습이 보이더니, 내가 좋아했던 바이즈 선생님과 함께 4학년 교실에 있는 모습이 나타났습니다. 나는 마치 무대에 선 배우처럼 내 인생을 연기했고, 그런 내 모습을 나 자신이 극장의 가장 높은 객석에 앉은 관객처럼 내려다보았습니다. 내가 주인공과 관객이라는 두 가지 역할을 동시에 하고 있는 것 같았습니다. 캔튼 학교의 미술실에서 내가 열심히 그림을 그리는 모습, 대학입학시험을 치르는 모습, 등산을 하는 모습, 퇴디 산의 모형을 만드는 모습, 취리히베르크의 풍경을 처음으로 스케치하는 모습 등이 보였습니다. 내 누이들이 옆에 있었고, 특히 내 인생에서 너무나 중요한 분이었던 어머니도 옆에 있었습니다. 그런데 그 이미지들을 보면서 갑자기 한 가지 생각이 떠올랐습니다. '조금 있으면 난 죽을 거야.' 우편배달부가 어머니의 집 앞에서 나의 죽음을 알리는 전보인지 편지인지를 전달하는 모습이 나타났습니다. 어머니를 비롯해 나보다 나이가 많은 식구들은 그 소식을 듣고 깊은 슬픔에 잠겼습니다. 하지만 영혼의 경건함과 위대함 또한 그들에게서 엿볼 수 있었습니다. 식구들은 투덜거리지도 않고, 울부짖지도 않고, 흐느끼지도 않았습니다. 내가 그 순간에 죽음을 향해 다가가면서도 근심이나 고통을 전혀 느끼지 못한 것처럼.

피스터는 하임이 경험한 것을 분석하지 않았다. 대신 그는 당시 마흔다섯 살이었던 한 남자가 겪은 일을 언급했다. 그 남자는 13년 전 제1차 세계대전 중에 포탄이 터지는 바람에 목숨을 잃을 뻔한 적이 있었다(데자뷰를 다룬 장에서 이미 이 남자를 언급한 바 있다). 피스터는 작전 중에 죽을 뻔한 그 장교가 자신의 '마지막' 순간에 대해 이야기해준 것을 토대로 이론을 만들었다. 하임의 경험은 그 이론을 확인해주는 역할을 했다. 장교는 폭발이 있은 후 여러 가지 이미지가 눈앞을 지나가는 것을 보았다. 그 중에는 자신이 두 살 때 뭔가 작은 수레 같은 것을 탔을 때의 모습도 있었다. 맨 마지막 이미지는 그가 자동차인지 기차인지를 타고 장엄한 풍경 속을 여행하면서 자신이 참으로 멋진 인생을 살고 있다고 생각하는 모습이었다. 두 살 때의 모습은 그가 평소에 기억하지 못하던 것이었다. 그는 자신이 어렸을 때 개가 끄는 수레를 타곤 했다는 사실을 나중에 어머니에게서 들었다. 그는 그 수레를 타고 혼자서 집에서 1킬로미터나 떨어진 곳까지 가기도 했다. 장교는 자기라면 아이 혼자 그렇게 멀리까지 가도록 내버려두지는 않았을 것이라고 말했다. 장교의 이야기에 이어 피스터는 장교의 경험을 정신분석학적으로 해석하기 시작했다.

수레를 타고 가는 아기의 모습은 얼핏 보기에는 전혀 상관없는 이미지처럼 보인다. 그러나 그 이미지가 사실임을 어머니가 확인해주었다는 점에서 단서를 찾을 수 있다. 당시 수레에 타고 있던 그는 어느 정도 위험한 상태였다. 수레를 끌던 개가 다른 개의 공격을 받을 수도 있었고, 길거리를 지나다니는 마차 때문에 겁을 집어먹을 수도 있었다. 하지만 다행히도 그는 위험한 일을 당하지 않았다. 전쟁 중 참호 속에서 폭발이 일어났을 때, 장교의 무의식은 과거의 기억 속에서 비슷한 경험을 찾았다. 그때도 위험에 처했지만 아무 일도 일어나지 않았으니까, 이번에도 아무 일 없을 것이라는 식으로 목숨이 경각에 달린 그를 위로하기 위해서였다. 장교의 의식이 기억하는 것은 작은 수레에 탄 아기의 모습뿐이었다. 그는 심지어 수레를 끌던 개조차 기억하지 못했다. 그 사건에 감정적인 의미를 부여한 것은 바로 그의 무의식이었다.

피스터는 장엄한 풍경 속에서 차량을 타고 여행하는 마지막 이미지가 하임의 마지막 이미지들과 일치한다고 주장했다. 하임은 자신이 장밋빛 구름들이 떠 있는 파란 하늘에 떠 있다고 생각했고, 장교는 낙원처럼 아름다운 곳을 여행하는 기분을 맛보았다. 두 사람 모두 근심이나 슬픔을 느끼지 않았다. 모든 것이 기쁘고 즐겁게만 느껴졌다. 간단히 말해서, 두 사람이 마지막에 본 이미지들은 위험하기 짝이 없는 현실을 속이는 역할을 했다. 두 사람이 견딜 수 없는 현실에 주의를 돌리지 못하도록 하기 위해 그들의 무의식이 그런 이미지를 고른 것이다.

문제는 인간의 정신이 이런 식으로 작동하는 이유다(피스터도 이 점을 궁금해 했다). 수많은 생각들이 빠르게 지나가고, 과거의 일들이 눈앞에 나타나고, 너무나 평화로운 기분이 드는 현상은 어디에서 생겨나는 것일까? 피스터는 프로이트가 말한 '자극의 장벽stimulus barrier'에 해답이 숨어 있다고 생각했다. 우리의 감각기관들이 지나치게 강렬한 자극으로부터 보호받고 있는 것처럼, 우리 정신도 지나치게 강렬한 정신적 자극으로부터 스스로를 보호하는 수단을 지니고 있다. 그런 수단 중의 하나가 '탈(脫)현실화de-realization', 즉 지금의 상황이 현실이 아니라고 느끼는 것이다. 피스터는 친구가 산에서 추락해 죽는 모습을 목격한 등산가의 사례를 언급했다.

친구가 입과 코로 피를 흘리고, 목에서는 그르릉거리는 소리를 내면서 쓰러져 있는 것을 보며 그는 혼자 웃음을 터뜨렸다. "내 눈에 그냥 이렇게 보이는 것뿐이야. 이건 꿈이야." 그는 꼬박 1시간 동안 시체에서 멀리 떨어진 곳을 배회하며 침침해진 머리로 일행에게 계속 같은 질문을 던졌다. "피셔는 어디 있지? 우린 원래 세 명이었잖아!" 일행의 대장이 피셔가 죽었다고 말해준 후에야 그는 흉골과 갈비뼈가 부러진 부분에서 통증을 느끼기 시작했다.

피스터 자신도 하마터면 추락할 뻔한 일을 두 번 겪으면서 잠깐 동안 이런 식의 탈현실화("이건 절대 현실이 아니야.")를 경험했다. 하임이 멀리 떨어진 곳에서 무대 위의 연극을 바라보듯 자신의 인생을 본 것도 지나치게 강렬한 자극을 피하는 방법 중의 하나였다.

피스터에 따르면 자극의 장벽에는 생물학적인 기능이 있다. 엄청난 속도로 연달아 떠오르는 생각들은 두려움과 공포라는 정상적인 반응을 막아준다. 따라서 두려움으로 인해 몸이 굳어버리는 현상도 막아주는 셈이다. 온갖 생각이 떠오르고 자신의 과거가 눈앞으로 지나가는 현상은 높은 곳에서 추락하거나, 물에 빠지거나, 총에 맞아서 목숨이 위험해진 사람이 죽음을 목전에 둔 엄청난 현실에서 눈을 돌릴 수 있게 해준다. 또한 그 사람이 의식을 잃지 않게 해주기도 한다. 만약 그가 정신을 잃는다면, 목숨을 구하기 위한 어떤 조치도 소용없을 것이다. 따라서 사람들이 마지막 순간에 경험하는 것은 그들을 보호해주는 보호막이며, 이 보호막은 두 가지 기능을 한다. 첫째, 현실에서 공포스러운 부분을 제거함으로써 두려움으로 인해 몸이 굳어버리지 않도록 막아주는 것. 둘째, 무의식적으로 뭔가 위안이 되는 장면들을 보여줌으로써 사고를 당한 사람이 의식을 잃지 않게 해주는 것. 생각의 속도가 엄청 빨라졌는데도 의식적인 생각만으로는 문제를 해결할 수 없을 때, 무의식이 앞에 나서서 보호막의 기능을 한다.

피스터는 글의 끝부분에서 의인화와 정치적 은유 속으로 점점 더 빠져 들어갔다. 프로이트도 의인화와 정치적 은유에 뛰어난 사람이었다. 갑자기 목숨이 위험해졌을 때, 의식은 연달아 굴욕을 겪게 된다. 의식은 무력하다. "왕위에서 쫓겨나 자신의 왕국에서 간간이 들려오는 분명치 않은 소식에만 의존하고 있는 왕처럼. 그는 왕위를 포기했으므로 수동적으로 행운을 기다리는 수밖에 없다." 이런 상태에서 의식은 "정치에서도 절대적인 전제정치란 존재하지 않는다"는 사실을 떠올린다. 따라서 피스터는 "프로이트의 심리학은 민주적"이라고 생각했다.

무의식이 주도권을 쥐면서 기억이 파노라마처럼 펼쳐진다는 이론은 까다로운 문제를 낳는다. 피스터도 이 문제에 주의를 기울였다. 만약 어떤 인식이나 생각이 충격적이라는 이유로 위안이 되는 생각에 자리를 내줘야 한다 해도, 현실 속의 위험에 대한 인식은 우리의 머릿속 어딘가에서 반드시 처리되어야 한다. 피스터는 그 '어딘가'가 바로 전의식前意識이라고 설명했다. 전의식은 위험을 인식하고 있지만, 그것을 의식으로부터 몰아내려 한다. 전의식이 헌신적인 비서처럼 대기실에서 달갑지 않은 손님들을 미리 걸러 내보내는 역할을 하는 것이다. 다른 은유로 전의식의 역할을 설명한다면, 전의식이 침입자들로부터 손님들을 보호하는 호텔 도어맨과 같다고 할 수 있다. 이 도어맨은 애석하게도 침입자들이 내는 시끄러운 소리까지 완벽하게 차단해주지는 못하지만, 의식의 귀에는 이들의 소리가 먼 곳에서 나는 소음처럼 들릴 뿐이다. 그래서 의식은 죽음이 다가오고 있음을 알지 못한 채 자신이 안전하다며 스스로를 속인다. 기분 좋은 미망 속에서 마지막 순간을 보내는 것이다.


## 은유

파노라마 기억에 대해 좀더 오래전에 작성된 글들은 조금 단순하게 보인다. 이 이론들은 19세기 사람들의 일상생활이 반영되어 있는 사고들을 다루고 있다. 말이 갑자기 놀라서 뒷걸음질을 치는 바람에 마차의 승객들이 모두 물에 빠지는 사고. 물을 길러 갔던 소년이 우물에 빠지는 사고. 우리 시대에는 다른 종류의 사고들이 목숨을 위협한다. 비행기 추락사고, 낙하산이 펼쳐지지 않는 것, 정면충돌의 위험. 마지막 순간에 사람들을 구출해내는 방법도 달라졌다. 갑작스레 심장마비를 일으킨 환자는 현대적인 의료 장비 덕분에 목숨을 건지고, 약물과용으로 목숨이 위태로워진 사람은 의료진이 적시에 놓은 주사 한 방으로 목숨을 건진다. 이처럼 환경이 달라졌다고 해서 파노라마 기억 또한 변했는지는 알 수 없다. 의식은 좌석이 하나밖에 없는 극장과 같다. 따라서 다른 사람의 극장에서 어떤 연극이 공연되는지 아는 방법은 그 사람의 이야기를 듣는 것뿐이다. 확실히 달라진 것은 파노라마 기억을 말로 표현하는 방법이다. 그 현상 자체는 시대를 초월한 것인지 몰라도, 사람들이 그 현상을 묘사하기 위해 사용하는 비유들은 그 시대의 산물이다. 포브스 윈슬로Borbes Winslow 박사가 1860년대에 '정체를 파악하기 어려운 뇌의 질병들'에 관해 책을 썼다는 사실을 모르는 사람도 다음과 같은 글이 사진이 발명된 후에, 그러나 영화는 발명되기 전에 작성되었다는 것을 쉽사리 짐작할 수 있을 것이다.

> 물에 빠진 사람이…… 죽음의 고통 속에서 과거에 겪었던 사소한 일들과 놀라운 일들이 담긴 놀라운 사진들을 보게 된다는 사실이 떠올랐다……. 이런 상황에서 어린 시절과 관련된 사건들이 떠올라 마치 훌륭한 예술 사진처럼 눈앞에 나타난다.

사진이 발명되기 전에 작성된 글들에서도 파노라마 기억의 시각적 특성을 강조하는 비유들이 눈에 띈다. 1821년에 드 퀸시De Quincey는 《영국인 아편 중독자의 고백Confessions of an English Opium-Eater》에서 강물에 빠진 친척 이야기를 했다. 익사 직전에 "그녀는 자신의 일생을 한순간에 모두 보았다. 아주 사소한 사건들까지도 거울에 비친 것처럼 동시에 그녀 앞에 나타났다. 그녀는 갑자기 새로운 능력이 생기기라도 했는지, 그 모든 장면들을 이해할 수 있었다." 드 퀸시는 그녀의 말을 모두 믿었다. 그녀는 "복음주의자 못지않게 진실을 숭배"했으며, "남자와 같은 이해력을" 갖고 있었기 때문이다. 프랜시스 보포트는 자신이 과거를 파노라마처럼 되돌아보았다고 표현했는데, 당시는 파노라마가 등장한 지 얼마 되지 않은 때였다. 그림을 원형으로 둘러서 그려 놓고 그 중앙에 사람이 서서 그림을 볼 수 있게 한 장치가 특허를 얻은 것은 1787년이었다. 그때만 해도 이런 그림을 지칭하는 이름이 없었다. '파노라마'라는 이름(pan은 '모든 것'을 의미하고, horama는 '보다'라는 뜻이다)은 1800년경부터 비로소 사용되기 시작했다. '파노라마'라는 단어가 광활한 풍경을 한눈에 본다는 의미로 사용되기 시작한 것은 파노라마 그림이 등장한 뒤였다. 보포트가 자신의 경험을 글로 적은 1825년은 파노라마라는 단어가 광활한 풍경을 한눈에 본다는 의미의 비유로 사용되기 시작한 지 얼마 되지 않은 때였다.

그보다 나중에 작성된 글들은 파노라마 기억을 다양한 시각매체에 비유한다. 가로등 불빛이 침침한 도로에서 정면충돌의 위험을 겪었던 오토바이 경주 선수는 그 순간 화면이 정신없이 빠르게 바뀌는 슬라이드 쇼를 본 것 같았다고 말했다. 공중에서 낙하산이 펼쳐지지 않는 사고를 당했으나 목숨을 건진 남자는 자기 머리가 컴퓨터로 변하고, 누군가가 자신의 평생이 담긴 영상들을 겨우 몇 초 만에 그 컴퓨터에 모조리 입력한 것 같았다고 말했다. 심한 부상을 입은 베트남 병사는 자신의 인생이 아주 빠른 컴퓨터처럼 펼쳐졌다고 표현했다. 하지만 이런 비유들은 모두 어떤 의미에서는 예외적이다. 파노라마 기억을 묘사할 때 최근 가장 자주 등장하는 것은 바로 영화다. 영화와 관련된 용어인 플래시백, 화면재생, 슬로모션 등도 자주 등장한다. 다음은 죽을 뻔한 사고에서 목숨을 건진 사람들을 조사한 자료에서 뽑은 내용들이다.

- "내 인생의 장면들이 순간적으로 재생되는 동안 나는 시간의 흐름을 잊어버렸다……."
- 마치 "카메라에서 갑자기 풀려나온 필름"처럼 기억들이 스쳐 지나갔다.
- 따스한 기억만이 "슬로모션으로 펼쳐졌다."
- 필름을 빨리 돌릴 때처럼 각각의 장면들이 선명하고 빠르게 연달아 나타났다.
- "필름을 아주 빨리 돌리는 영화 같았다. 일부 장면만 하이라이트로 보여주는 영화."
- "마치 사진 같았다. 마치 영화 카메라가 눈앞에서 돌아가고 있는 것 같았다."

이것은 몇 가지 예에 불과하다. 영화를 이용한 비유가 대단히 매력적인 모양이다. 사실 알프스에서 추락했을 때의 경험을 자세히 글로 적은 알베르트 하임이 이미 이 점을 증명한 바 있다. 하임에게 추락 당시의 경험에 대해 깊이 있는 질문들을 던진 피스터 덕분에, 하임은 또 하나의 보고서를 쓰게 되었다. 처음 썼던 보고서는 영화가 등장하기 전의 것이고, 피스터에게 보낸 보고서는 영화가 등장한 다음의 것이다. 1892년에 하임은 자신의 삶이 "약간 떨어진 곳에 있는 무대 위에서 수많은 장면으로" 나타나는 것을 보았다고 썼다. 1929년에 작성한 보고서에서도 그는 극장의 비유를 여전히 사용했지만, 이번에는 "영사기로 빠르게 영상들을 보여줄 때에 비유하는 것이 제일 좋을 것"이라는 말과 "마치 영사기로 벽에 영상을 비추는 것처럼 영상이" 보였다는 말을 덧붙였다.

그럴 만도 하다. 영화를 이용한 비유는 파노라마 기억의 시각적 특징과 밖에서 그 이미지들을 바라볼 때의 느낌을 모두 훌륭하게 표현해준다. 자신의 인생이 "영화처럼 눈앞으로 지나갔다"는 표현은 그물처럼 얽혀 있는 수많은 연상들을 활성화시킨다. 영화는 여러 면에서 시간의 흐름과 관련되어 있다. 영사 속도를 빠르게 할 수도 있고 늦출 수도 있는데, 두 경우 모두 그 장면의 감정적 색채에 영향을 미친다. 원래 속도로 필름을 돌릴 때조차 영화는 편집에 따라 느리게 느껴질 수도 있고 빠르게 느껴질 수도 있다. 영화는 사건들을 시간 순서대로 펼쳐놓기도 하고, 중간에 과거나 미래의 장면들을 삽입함으로써 시간 순서를 깨뜨리기도 한다. 파노라마 기억 중에서 당사자가 주관적으로 느끼는 시간의 속도와 방향을 가장 자연스럽게 표현해주는 것이 바로 영화를 이용한 비유다.

영화 〈아메리칸 뷰티American Beauty〉(1999)의 마지막 장면은 이처럼 다양한 시간의 층들을 미묘하게 조종한다. 〈아메리칸 뷰티〉는 대략적으로 말해서 케빈 스페이시가 연기한 마흔두 살의 주인공 레스터 번햄의 중년의 위기를 시간 순서대로 기록한 작품이다. 영화가 끝나갈 무렵, 그는 머리에 총을 맞는다. 총소리의 울림이 잦아든 후에는 모든 것이 조용해진다. 잠시 후 느리고 부드러운 피아노 소리가 들리기 시작하더니 바이올린 소리가 거기에 끼어들고, 그 위로 레스터의 목소리가 흐른다. "사람이 죽기 직전 1초 동안 그 사람의 일생이 번개처럼 빠른 속도로 눈앞을 흘러간다는 얘기를 늘 들었다. 하지만 우선 그 1초는 1초가 아니라 영원처럼, 시간의 바다처럼 길게 늘어난다. 내 경우에는 그랬다. 나는 보이스카우트 야영장에 드러누워 하늘에서 떨어져 내리는 별들을 바라보았다. 단풍나무에서 떨어진 노란 잎들이 우리 집 앞의 거리를 뒤덮었다. 할머니의 손과 종잇장 같은 할머니의 피부가 보였다." 그가 이런 이야기를 하는 동안 흑백 화면이 펼쳐진다. 누워 있는 소년, 단풍나무, 주름진 손. 아무런 상관이 없는 영상들이 천천히 나타났다 사라져가며, 죽음 직전의 1초가 정말로 시간의 바다가 되었음을 암시한다.

이런 장면에는 묘하게 순환적인 분위기가 있다. 누군가의 과거 속에 들어 있는 평화로운 일화들, 슬로모션, 플래시백, 흑백 화면, 으스스한 빛. 이 모든 것은 누군가가 죽어가고 있음을 표현하는 영화의 언어다. 파노라마 기억을 영화에 비유하는 것 자체가 영화적 전통이 된 것이다. 여기에는 두 가지 위험이 있다. 비유가 흔한 것이 되어버리면 사람들은 자신이 경험한 것을 설명할 때 항상 그 비유를 사용하는 경향을 보인다. 자신의 경험을 회상할 때 역시 그 비유를 이용하기도 한다. 모든 비유가 그렇듯이 영화의 비유도 자신에게 맞는 연상들을 스스로 선택해서 그 나름의 시각을 만들어낸다. 어쩌면 영화의 비유가 말로 표현하기 어려운 경험들을 회상할 때의 시각에 커다란 영향을 미칠 수 있다는 가능성에 신경을 써야 하는지도 모른다. 두 번째 위험은 이 비유로 인해 특정한 측면들이 가려질 수 있다는 점이다. 파노라마 기억에 영화의 비유로 표현할 수 없는 측면이 있다면, 그 부분은 말로 표현되지 못한 채 조용히 사라져버릴 것이다. 모든 기억이 한꺼번에 떠오르는 것 같은 감각이 좋은 예다. 이런 경험을 표현하는 데는 기억들이 "거울에 비친 것처럼 동시에"나타났다는 드 퀸시의 비유가 적절할 것

이다. 자신의 삶이 '파노라마처럼 펼쳐져 있는 것 같았다'는 보포트의
비유도. 영화에서는 여러 장면들이 순서대로 나타나기 때문에 영화의
비유로는 이런 현상을 제대로 설명할 수 없다.

## 파노라마 기억과 관련된 통계들

비교적 최근에 죽을 뻔한 경험을 한 사람들의 이야기를 보면 앞에서
설명한 것과 비슷한 일들이 훨씬 더 커다란 규모로 영향을 미치고 있
는 것 같다. 미국의 의사 레이먼드 무디Raymond Moody가 《내세Life after
Life》(1975)를 발표한 뒤 임사체험을 한 사람들의 경험담이 쏟아져 나왔
다. 무디는 심장마비를 겪고 살아난 사람들이나 수술 도중에 한동안
임상적으로 사망 상태였던 사람들의 경험담을 많이 수집했다. 무디는
평화로운 느낌, 터널에 들어가는 것, 몸에서 해방되는 느낌, 빛으로 둘
러싸인 존재와 만나는 것, 다시 현실로 돌아가야겠다는 결정 등 이런
경험담에 나타나는 공통점들을 살펴보면 죽음의 과정에 보편적인 패
턴이 있음을 알 수 있다고 주장했다. 무디에 따르면, 이 과정에서 무대
위에 올려져 있는 것은 "다시 돌아보는 자신의 삶"이다. 무디는 빛으로
둘러싸인 존재를 만난 후 다시 현실로 돌아가기로 결정하기 전에 이런
현상이 일어난다고 말했다. 죽은 것이나 마찬가지인 사람은 빛으로 둘
러싸인 존재의 도움으로 자신의 삶을 돌아보게 되는데, 기억 속의 이
미지들을 바라보는 동안 자기 인생의 남은 시간이 사라져가고 있는 듯
한 느낌을 받는다. 무디에 따르면, 파노라마 기억은 자신의 삶을 차분
히 돌아보는 것과 비슷하며, 빛으로 둘러싸인 존재는 과거의 기억 속

에 전혀 등장하지 않는다.

　전형적인 임사체험담이 사람들의 집단적인 의식 속에 자리잡은 것은 1970년대 말에 유행한 동양의 신비주의를 통해서였다. 《내세》이후에 나온 방대한 문헌들은 주로 내세에 거주한다고 일컬어지는 존재와의 만남에 대한 보고서들이었다. 이 기간 동안 임사체험에 대해 좀 더 체계적인 연구들이 다양하게 실시되었다. 이런 연구를 실시한 사람들은 주로 심장전문의, 정신과 의사, 임상심리학자들이었다. 직업상 죽음에 가까이 다가간 사람들을 접할 수 있기 때문이었다. 설문조사와 면담조사 등을 통해 파노라마 기억에 대해 수많은 보고서들이 작성되었고, 그 결과 이런 현상의 발생빈도와 연령, 성별, 위험의 종류 등 여러 변수와의 관계에 대해 조심스러운 결론을 몇 가지 내릴 수 있게 되었다. 심리학자인 케네스 링Kenneth Ring은 죽을 뻔한 위험을 겪은 사람 102명의 사례를 수집했다. 이들이 경험한 위험은 다양했다. 심각한 질병에 걸린 사람이 52명, 심각한 사고를 겪거나 물에 빠져 죽을 뻔하거나 높은 곳에서 추락한 사람이 26명, 자살을 시도했던 사람이 24명이었다. 이들 중 12명이 파노라마 기억을 경험했다고 말했다. 뜻하지 않게 갑자기 위험을 겪게 된 사람은 그 중 10명이었다. 자살을 시도했다가 파노라마 기억을 경험한 사람은 1명에 불과했다. 정신과 의사인 데이비드 로젠David Rosen의 연구에서도 비슷한 결과가 나왔다. 그는 금문교에서 뛰어내렸다가 살아난 사람 7명을 조사해보았다. (수전 블랙모어 Susan Blackmore의 계산에 따르면, 이 다리에서 뛰어내린 사람은 75미터를 추락한 후 시속 120킬로미터의 속도로 수면과 충돌한다.) 그들 중 파노라마 기억을 경험한 사람은 하나도 없었다. 뜻하지 않게 갑자기 위험을 겪는 경우에만 그런 현상이 벌어지는 것 같았다.

미국의 정신과 의사인 러셀 노이즈Russell Noyes 2세와 임상심리학
자인 로이 클레티Roy Kletti는 목숨을 잃을 뻔한 사람 200여 명을 상대로
면담조사 또는 설문조사를 실시했다. 그들은 조사대상자들이 겪은 위
험의 종류를 링보다 더 자세히 구분했다. 그 결과 높은 곳에서 추락한
사람이 57명, 자동차 사고를 당한 사람이 54명, 물에 빠진 사람이 48명,
심각한 질병에 걸린 사람이 27명, 기타 다양한 사고를 당한 사람이 29
명이었다. 이 중에서 파노라마 기억을 경험한 사람은 60명이었다. 이
현상은 연령에 따라 차이가 나는 것 같았다. 스무 살 이하인 사람들이
이 현상을 경험할 확률이 크게 높았던 것이다. 수많은 생각들이 빠른
속도로 떠오르는 현상 역시 마찬가지였다. 그런 의미에서 보포트와 하
임(죽을 뻔한 사고를 경험했을 당시의 나이가 각각 열일곱 살과 스물한 살)은 이 연령
대의 대표격이었다. 노이즈와 클레티는 또한 조사대상자들에게 위험
을 겪을 당시 이제 곧 죽을 것이라고 생각했느냐는 질문을 던졌다. 이
것은 결코 대답이 뻔한 질문이 아니다. 그런 순간에 삶과 죽음에 대해
생각하지 않는 사람도 있고, 자신이 반드시 살아날 것이라고 생각하는
사람도 있기 때문이다. 어쨌든 노이즈와 클레티의 조사에서는 잠시 후
틀림없이 죽을 것이라는 확신이 중요한 요인임이 드러났다. 그런 확신
을 가졌던 사람들 중에 파노라마 기억을 경험한 사람이 그렇지 않은
사람보다 4배나 많았던 것이다. 깨달음, 행복, 초연함 등을 느끼는 경
우도 더 많았다. 마지막으로, 목숨이 위험해진 원인 또한 각자의 경험
에 영향을 미쳤다. 물에 빠져 죽을 뻔한 사람들 중에 파노라마 기억을
경험한 사람이 가장 많았고(43%), 그 다음으로는 자동차 사고를 당한 사
람(33%), 뜻하지 않게 높은 곳에서 추락한 사람(9%) 순이었다. 이 사실은
산에서 추락한 등산가들이 거의 모두 이런 현상을 경험한다는 하임의

주장과 일치하지 않는다. 하지만 링도 연구과정에서 물에 빠져 죽을 뻔한 사람들이 파노라마 기억을 가장 많이 경험한다는 인상을 받았다.

이러한 연구결과들을 살펴보면 조사대상자들의 경험에 차이점뿐만 아니라 공통점도 있음을 알 수 있다. 모든 조사대상자들에게 파노라마 기억은 기본적으로 시각적인 경험이었다. 그들의 눈앞에 나타난 이미지들은 선명하고 자세했다. 모두들 자신이 '바깥'에 있는 구경꾼 같다는 느낌을 받았다. 이미지들이 나타나는 속도에 자신이 조금이라도 영향을 미칠 수 있다고 생각한 사람은 하나도 없었다. 그들은 홀린 듯이, 그러나 수동적으로 그 이미지들을 바라보았다. 대부분의 이미지들은 기분 좋은 감정을 불러일으켰다. 어렸을 때의 기억들이 많이 떠올랐고, 사람들이 눈앞에 전개되는 이미지의 일부로 자신을 인식하는 경우도 많았다. 사람들 사이에 주로 차이가 나타나는 부분은 사건들이 나타나는 순서였다. 어떤 사람들은 기억을 거꾸로 거슬러 올라간 반면, 시간 순서대로 기억을 떠올린 사람들도 있었다. 이미지들이 완벽하게 하나로 통합되는 경우도 있었다(다른 사람들이 보기에는 동떨어진 이미지들이 제멋대로 이어지는 것처럼 보였다). 또한 모든 사람이 과거의 이미지들만을 본 것은 아니었다. 미래에 일어날 일들을 과거의 기억처럼 선명하게 본 사람들도 있었던 것이다. 그 경우 미래의 이미지들 속에는 가까운 사람들이 슬퍼하는 장면이 거의 항상 포함되어 있었다.

## 이론들

윈슬로는 1860년대에 이미 삶의 마지막 순간에 어린 시절의 기억들이 위안이 된다는 사실에 주목했다. 죽음을 앞에 둔 노인들은 때로 자신이 어린 시절로 돌아가 친구들과 함께 있다고 생각하곤 한다.

삶과 마지막 투쟁을 벌이는 순간에 우리 정신이 시골 생활의 더할 나위 없는 아름다움과 순진무구한 놀이 등이 등장하는 목가적인 이미지와 어렸을 때의 즐거운 기억들을 생각하느라 바삐 움직이는 경우가 얼마나 많은지! 아직 다듬어지지 않은 포부, 어린 시절에 품었던 환상에 대한 기분 좋은 기억들이 이 끔찍한 위기의 순간에 가끔 나타나 옛날 그대로의 아름다움, 신선함, 순수함을 간직한 채 가슴 속으로 쏟아져 들어온다!

그는 갑작스레 죽음이 다가오면서 이 자연스러운 과정이 가속화되는 바람에 파노라마 기억이 나타난다고 생각했다. 노이즈와 클레티도 비슷한 가설을 세웠다. 그들 역시 마지막 순간에 안전하고 행복했던 어린 시절의 기억과 평화로운 이미지들이 떠오른다는 사실에 충격을 받았다. 그들이 파노라마 기억에 뭔가 생물학적으로 없어서는 안 되는 기능이 있을 것이라고 생각한 것은 바로 목숨을 위협하는 현실과 대비되는 평화로운 이미지들 때문이었다. 이런 의미에서 이 현상은 충격적인 상황에서 공황상태와 정신의 분열로부터 의식을 보호해주는 '탈개인화'와 닮았다고 할 수 있다. 탈개인화에는 시간 감각의 왜곡, 생각의 속도가 빨라지는 현상, 초연함, 자신이 갑자기 현실을 벗어나 스스로의 행동을 지켜보는 구경꾼이 된 것 같은 느낌 등이 수반된다(12장 '데자뷰와 탈개인화' 참조). 노이즈와 클레티는 이런 공통점들이 대단히 의미심장하다고 생각했기 때문에 파노라마 기억을 탈개인화의 특별한 사례로 취급했다. 파노라마 기억을 경험하는 사람은 시간을 초월해서 죽음이 존재하지 않는 것처럼 보이는 공간에서 자신이 안전하다는 느낌을 받는다. 목숨을 위협받고 있는 그 사람이 순식간에 여러 부분으로 갈라지는 것 같다. 한 부분은 그가 떠올린 과거의 장면들 속에 나타나고, 다른 한 부분은 아무 상관없는 제3자처럼 그 장면들을 지켜본다. 그리고 이 덕분에 죽음의 공포를 효과적으로 억제해주는 초연함이 생긴다.

이 가설은 잠재의식이 주도권을 쥐고 앞으로 나선다는 피스터의 생각과 매우 흡사하다. 이 가설의 저변에 깔린 생각, 즉 이런 현상이 생물의 본능적인 반응이라는 생각도 피스터의 견해와 일치한다. 그러나 탈개인화 가설이 기존의 주장에 새로운 요인을 덧붙였다는 사실은 널리 받아들여지지 않았다. 탈개인화 현상에서 나타나는 이미지들은 사실 희미하고 생기가 없다. 또한 이 이미지들은 주로 무관심이라는 감정을 이끌어낼 뿐이다. 그러나 파노라마 기억에 수반되는 초연함은 모든 것이 다 잘될 것이라는 편안한 느낌에서 유래하는 것이다.

19세기가 끝나갈 무렵, 신경학자인 휼링스 잭슨이 환각의 기원에 관한 새로운 이론을 만들어냈다. 이 이론은 오늘날 파노라마 기억을 설명하는 데에도 이용되고 있다. 인간의 뇌는 감각적 자극이 없는 상태에 잘 대처하지 못한다. 만약 감각기관이 무력화되거나 단조로운 자극 때문에 무감각해진 상태에서 외부 자극이 제거된다면 뇌는 급히 새로운 자극을 만들어낸다. 과거의 기억 속에 저장되어 있는 자극들을 끄집어내서 다시 해석하기 시작하는 것이다. 이 과정이 몹시 강렬하게 진행되기 때문에 죽음을 눈앞에 둔 사람은 자신이 밖에서 연극을 구경하듯 그 모습을 지켜보고 있다고 생각하게 된다. 사람들은 정상적인 기억을 떠올릴 때 '안에서', 즉 '머릿속에서' 그 기억을 볼 수 있지만, 기억이 파노라마처럼 펼쳐질 때 나타나는 이미지들은 오직 '밖에서' 바라볼 때에만 경험할 수 있는 선명함과 생생함을 지니고 있다. 정신과 의사인 L. J. 웨스트West는 사람의 뇌를 창가에 서 있는 사람으로 비유했다. 그 사람의 뒤에 있는 난로에서는 불이 타고 있다. 낮 동안에 그는 바깥세계를 내다본다. 하지만 밤이 다가오기 시작하면 방 안의 풍경이 점점 창문에 비치기 시작한다. 결국 그는 자신도 모르는 사이에 밝게 불이 켜진 방 안에 서 있는 자신의 모습을 바라보게 된다. 밤의 어둠을 배경으로 창틀 안에 그의 내면에서 나온 이미지들이 투사되고 있는 것이다.

파노라마 기억을 감각 자극의 부재로 인한 환각으로 보는 견해는 물에 빠져 죽을 뻔한 사람들의 경험에 잘 들어맞는다. 보포트는 마음의 동요와 질식할 것이라는 두려움 뒤에 '너무나 고요하고 차분한 느낌'이 들었다고 썼다. 그리고 자신의 감각기관이 무감각해졌다는 말을 덧붙였다. 곧 이어 지극히 생생한 이미지들이 그의 뇌리를 스쳐 지나가는 것 같았다. '아주 사소한 일들까지 모두 완벽하게' 떠올랐다. 다른 사람들도 마음의 동요가 가라앉은 후 자신의 과거를 보기 시작했다고 보고했다. 1896년에 〈철학 리뷰〉에는 여덟 살 때 우물에 빠졌다가 마지막 순간에 구조된 남자의 경험담이 실렸다. 그는 처음 우물에 빠졌을 때 입과 귀로 물이 마구 들어오는 가운데 우물 가장자리 쪽으로 가려고 안간힘을 쓰다가 결국 이제 틀림없이 죽을 것이라는 생각이 들자 몸부림을 그만두고 그냥 물 위에 둥둥 떠 있었다고 회고했다. 그런데 그 순간 "내가 옛날에 겪었던 일들이 아주 빠른 속도로 만화경처럼 수없이 떠오르기" 시작했다. 그 이미지들은 "매우 강렬하고 선명했으며, 내 몸 바깥에 존재하는 것 같았다. 나는 마치 다른 사람이 된 것처럼 밖에서 나 자신을 바라보았다." 이번에도 역시 밖에서 생겨난 것처럼 보이는 기억 속의 이미지들이 등장한다. 이 남자는 외부 세계에서 더 이상 아무 자극도 들어오지 않게 된 후에야 비로소 이 이미지들을 보게 되었다.

물에 빠지는 사고가 아닌 다른 원인으로 인해 죽을 뻔한 경험을 한 사람들의 경우에는 환각 가설이 얼핏 보기에 잘 맞지 않는 것처럼 보인다. 높은 곳에서 떨어진 사람이나 2~3초 동안 뭔가와 정면충돌했던 사람들의 뇌는 외부 자극이 없어지는 현상을 경험하지 않았다. 그러나 알베르트 하임은 손가락을 눈 속에 박을 때나 바위에 머리가 부딪힐 때 전혀 통증이 느껴지지 않았다고 썼다. 이때 여전히 정상적으로 작동하던 감각은 청각뿐이었다. 하임이 바닥에 떨어질 때 쿵 하는 소리를 들었기 때문이다. 어쩌면 목숨이 경각에 달린 극단적인 상황에서는 많은 감각 기관들이 무감각해지거나 더 이상 작동하지 않기 때문에 짧은 시간 안에 환각을 비춰주는 스크린이 생겨날 수 있는 것인지도 모른다.

파노라마 기억을 환각으로 보는 가설이 설명하지 못하는 것은 눈앞에 이미지들이 나타나면서 모든 일이 다 잘될 것이라는 차분한 기분이 드는 이유다. 만약 기억 속에 저장된 것들을 토대로 환각이 만들어진다면, 마지막 순간에 평화롭고 아무 걱정 없던 어린 시절의 기억들이 주로 떠오르는 이유가 무엇일까? 고통, 슬픔, 피로감은 어디로 간 것일까? 우리 뇌는 왜 좋고 아름다운 것만 보는 것일까? 환각 가설은 또한 이미지들이 그토록 빠르게 바뀌는 이유도 설명하지 못한다. 이미지들이 시간의 반대 순서로 나타나든 시간 순서대로 나타나든 상관없이, 파노라마 기억을 경험했던 사람들은 모두 '필름'이 하도 빨리 돌아갔기 때문에 그 영상 속의 일들이 정상적인 시간 속에서 일어나는 것처럼 느껴지지 않았다고 말한다. 기억을 바라보는 시각이 '내부'에서 '외부'로 바뀜과 동시에 시간마저 바뀌는 이유가 무엇일까? 환각 가설은 기껏해야 이런 현상의 일부를 설명할 수 있을 뿐이다.

파노라마 기억을 가장 포괄적으로 설명하는 이론은 세 가지 방향의 연구결과들을 토대로 한 것이다. 뇌의 생화학 연구, 간질 연구, 해마의 활동 연구가 그것이다. 1970년대에 뇌 추출물에서 아편과 같은 속성을 지닌 단백질들이 발견되었다. 이 엔도르핀endorphin들은 우리 몸이 통증과 스트레스에 반응해 생산해내는 신경전달물질이다. 몸의 내부에서 만들어지는 모르핀endogenous morphine인 것이다. 엔도르핀은 고통을 완화시키고, 행복감을 만들어낸다. 달리기 선수나 낙하산을 타고 고공점프를 한 사람이 도취감을 느끼는 것도 엔도르핀 때문이다. 그러나 간질환자들의 경우에는 엔도르핀이 좋지 않은 부작용을 일으킨다. 즉, 엔도르핀 때문에 간질 발작이 더 쉽게 일어나게 되는 것이다. 어째서 이런 현상이 일어나는지는 분명치 않다. 어쩌면 엔도르핀이 간질 발작을 막는 뉴런들의 활동을 억제하는 것인지도 모른다. 데자뷰를 설명할 때 언급했던 측두엽 간질의 경우, 발작의 전조증상으로 파노라마 기억과 비슷한 현상이 때로 나타난다. 시간이 왜곡되고, 환각이 나타나고, 밖에서 자신을 바라보는 느낌과 왠지 친숙한 느낌이 들고, 플래시백 현상이 나타나는 것이다. 프랑스의 신경학자인 페레Féré는 1892년에 이미 이런 유사점들을 언급했다. 이 유사점들은 이런 현상이 측두엽의 활동과 관련되어 있음을 시사한다.

파노라마 기억을 신경학적으로 설명하는 이론에는 엔도르핀과 측두엽의 역할 외에 또 다른 요소가 존재한다. 편도체에 전기자극을 가하면 걱정스러운 기분이 들거나, 반대로 평화롭고 느긋한 기분이 든다. 편도체와 인접한 해마는 자전적 기억의 저장에서 필수적인 역할을 담당한다. 해마를 자극하면 과거의 기억들이 지극히 선명하고 자세하게 떠오른다. 해마 속의 뉴런들은 자연발생적인 신호방출에 뇌의 다른 부위에 있는 뉴런들보다 더 민감하게 반응한다. 여러 종류의 간질, 순간적인 기억상실, 몽롱한 상태 등은 모두 해마의 섬세한 균형이 깨져서 나타나는 현상이다.

이 모든 신경학 연구결과들, 가정, 비유 등을 합쳐보면 다음과 같은 반응들이 순서대로 일어날 것이라고 짐작할 수 있다. 충격과 경악을 처음 경험하는 순간 대량의 아드레날린이 방출된다. 뇌는 극단적으로 활성화되며, 여러 가지 생각과 반응들이 빠른 속도로 연달아 나타난다. 그 속도가 너무 빠르기 때문에 시간이 길게 늘어난 것처럼 보인다. 이 순간이 지나면 스트레스, 통증, 산소부족 등 목숨을 위협하는 상황에서 나타나는 여러 가지 현상들로 인해 엔도르핀이 생산된다. 그 덕분에 통증이 완화되고, 감각기관이 둔감해지며, 본능적인 공포로 인한 정신적 동요 대신 차분한 기분이 든다. 그러나 이처럼 감각을 무디게 만드는 과정에서 기억 및 시간인식과 관련된 뇌 부위가 활성화된다. 해마, 편도체, 그리고 측두엽의 다른 부분들에 있는 뉴런들이 자발적으로 활동하면서 일련의 이미지들이 아무렇게나 조합되어 의식 속에 매우 빠른 속도로 나타나게 된다. 경각심을 불러일으키는 장면은 나타나지 않는다. 아니, 이 이미지들을 지켜보는 사람이 망연자실한 상태이거나 완전히 행복감에 도취해서 모든 것을 온화하고 고요하게 바라본다고 할 수 있다. 그는 이런 이미지들을 보면서 마침내 의식을 잃는다. 의식을 잃지 않는 경우에는 통증이 다시 느껴지기 시작한다. 하지만 두 경우 모두 이미지들은 사라져버린다.

　　알베르트 하임이 산에서 추락하는 도중 경험했던 것이 위의 설명과 거의 정확하게 들어맞는다. 하임은 몸의 균형을 잃고 심연 속으로 떨어지는 순간 공포에 사로잡혀 반사적으로 눈 속에 손가락을 박아 넣었다. 그는 통증을 느끼지 못했다. 그의 머리가 바위에 부딪혔음을 그에게 알려준 것은 청각뿐이었다. 심하게 흥분한 상태에서 그가 살아남을 가능성이 얼마나 되는지에 관한 생각들이 번개처럼 빠른 속도로 그의 뇌리를 스쳐 지나갔다. 그는 식초가 들어 있는 병, 등산용 지팡이, 안경, 바닥에 떨어졌을 때 해야 할 일, 동생과 친구들, 이제는 할 수 없게 된 강의, 자신이 죽었다는 소식을 들었을 때 가족들이 보일 반응 등을 생각했다. 일단 추락하기 시작한 후에는 외부의 자극이 그에게 전혀 도달하지 못했다. 그의 생각은 눈앞에 보이는 이미지들로 옮겨갔다. 그는 그 이미지들이 자신의 과거 속 장면들임을 알아보았다. 이제 그는 평화로움과 차분함을 느꼈다. 그 이미지들은 그가 통제할 수 없는 연상의 지휘를 받고 있었다. 그는 그 이미지들의 연출가가 아니라 구경꾼으로서 수동적으로 그 이미지들을 바라보았다. 과거에 일어났던 비극적인 사건 하나가 기억났지만 슬프다는 생각은 들지 않았다. 어머니가 우편배달부에게서 아들의 죽음을 알리는 전보를 받는 순간을 생각해봐도 전혀 걱정스럽지 않았다. 그가 우편배달부를 상상할 때처럼 과거의 기억들도 그의 눈앞에 선명하게 나타났다. 차분한 황홀경 속에서 정상적인 시간감각은 사라져버렸다. 나중에 그는 그 이미지들이 시간 순서대로 나타났는지 아니면 시간의 반대 순서로 나타났는지조차 분명하게 기억해내지 못했다. 파노라마 기억에 대한 신경약물학적 설명에 따르면, 그 순간에 하임은 실제로 구경꾼이었다. 그는 자신의 의식 속에서 공연된 연극을 본 것이다. 그 연극의 소품과 무대 배경은 그 자신의 기억 속에서 나온 것이었고, 그 연극의 연출을 맡은 것은 아드레날린과 엔도르핀, 그리고 그의 측두엽에서 자발적으로 활동하기 시작한 뉴런들이었다.

## 극한 상황에서

위의 가설들을 자세히 조사해보면, 그들이 기껏해야 몇 가지 추측, 통계적 연결고리, 뭔가를 암시하는 비유들의 집합에 불과하다는 것을 분명히 알 수 있다. 감각기관의 활동이 정지되면서 환각이 생길 수 있다는 주장은 기본적으로 비유에 불과하다. 충격적인 사건을 겪을 때, 또는 간질 발작의 전조증상으로서 탈개인화가 일어날 수 있다는 주장과 마찬가지다. 이런 비유들이 항상 불완전하기 때문에 "파노라마 기억은 ……에 불과하다"는 식의 결론은 모두 틀린 것이다. 만약 가설에 사용된 정신적 메커니즘이나 신경약물학적 메커니즘이 정말로 이런 현상을 일으키는 원인이라면, 목숨이 위험한 상황에 처한 사람들 중 일부만 이런 현상을 경험하는 이유가 궁금해진다. 물에 빠져 죽을 뻔한 경험처럼 파노라마 기억이 가장 잘 일어날 수 있는 상황에서도 그 현상을 경험하는 사람은 소수에 불과하다.

　파노라마 기억을 설명하는 현대의 이론들은 대개 19세기의 의학 연구와 신경학 연구에 뿌리를 두고 있다. 죽음의 순간에 어린 시절의 기억을 떠올리면 위안이 된다는 이론(윈슬로)도 그렇고, 환각의 힘에 대한 이론(휼링스 잭슨)도 그렇고, 간질 증세와 관련되어 있다는 이론(페레)도 그렇다. 후세의 연구결과들은 이 이론들을 입증해주었으며, 때로는 실험을 이용하기도 했다. 뇌에 천연마취약이 존재한다는 사실과 그 천연마취약이 감정에 미치는 영향이 밝혀지면서 서로 공통점이 없는 것처럼 보이던 이론들이 여기저기서 통합되기 시작했다. 피스터의 정신분석학적 이론에는 엔도르핀이나 자발적으로 신호를 방출하는 뉴런 얘기가 포함되어 있지 않았다. 또한 신경생리학적인 이론에는 쫓겨난 왕이나 호텔 도어맨의 비유가 등장하지 않았다. 그런데도 이 두 이론은 목숨이 위험해진 사람이 처음에는 두려움을 느끼다가 곧 긴장을 풀고 행복감을 느끼게 된다는 사실을 예언했다. 어쩌면 다채로운 의인화 기법을 이용한 피스터의 설명이 위기의 순간에 뇌에서 정신없이 빠르게 일어나는 약물학적인 활동의 심리적 측면을 이끌어낸 것인지도 모른다.

조금 있으면 틀림없이 죽을 것이라는 생각이 드는 순간, 그 사람의 미래는 갑자기 사라지고 과거만이 잔뜩 남게 된다. 순식간에 죽음을 눈앞에 둔 극한 상황을 맞이하는 것이다. 어떤 경우에는 이런 상황에서 의식이 달아나버리기도 하는 것 같다. 이 경우에는 기억이 전에 없이 강렬해진다. 이런 상황에 처한 사람들은 자기 몸 바깥에서 기억들이 눈앞을 스쳐가는 것을 생전 처음으로 '보게' 된다. 짧은 시간 안에 너무나 많은 이미지들이 날듯이 지나가기 때문에 정상적인 시간감각이 사라져버린다. 기억들 또한 과거와는 다른 감정과 의미로 다가온다. 비극적인 기억조차 그 순간의 평화로운 분위기에 섞여드는 것이다. 이처럼 평소 때와는 완전히 다른 경험을 하기 때문에 평범한 표현

수단으로는 이 경험을 설명할 수 없다. 보포트는 자신의 정신활동이 "말로 형용할 수 없을 만큼" 활성화되었으며, 수많은 생각들이 떠오르는 속도도 "단순히 말로 형용할 수 없는 수준이 아니었습니다. 나와 비슷한 상황에 빠져본 사람이 아니라면 도저히 상상할 수도 없는 수준이었습니다"라고 썼다. 파노라마 기억을 겪은 사람들의 경험담에는 이와 비슷한 표현들이 거의 항상 등장한다. 그 경험을 말로 표현하는 것은 그 경험에 맞지 않는 시간의 척도를 적용하는 것과 같은 일인 것 같다.

수많은 경험담에 나타나는 비유 또한 그 경험을 제대로 표현할 수 없다는 무기력감을 보여준다. 비유를 사용하려면, 독자가 공감할 수 있는 경험의 범위 안에서 비유를 골라야 한다. 하지만 이런 비유를 선택하더라도, 비유를 사용하는 사람은 비유와 현실 사이의 차이를 분명히 인식하고 있다. 파노라마, 연극 공연, 속도가 빠른 컴퓨터, 35밀리미터 영화, 슬라이드쇼, 영화, 비디오 등의 표현을 쓰면서 사람들은 등 뒤로 사과의 몸짓을 한다. 그 무엇과도 비교할 수 없는 경험을 표현하기에 이런 비유들이 충분하지 않다는 뜻을 독자들에게 알리는 것이다. 파노라마 기억에 관심을 가졌던 의사, 신경학자, 정신과 의사들도 역시 무기력감을 느낀다. 그들은 쉽사리 비유의 세계로 빠져들곤 하는데, 그들이 비유를 동원해 자신의 이론을 설명하면서 느끼는 만족감은 학문적인 만족감이라기보다는 미학적인 만족감이다.

오스카 피스터 역시 자신이 쓴 글의 끝부분에서 파노라마처럼 펼쳐지는 기억이 놀라울 정도로 선명하게 나타난다는 점을 설명하기 위해 비유를 사용했다. 하임이 추락사고를 당했을 뿐만 아니라 피스터 자신도 두 번이나 생명의 위험을 겪었던 산으로 독자들을 데려간 것이다. 저녁이 다 된 시간에 산을 내려오던 그는 아래쪽 계곡에 벌써 어둠

이 내렸음을 알게 되었다. 사방이 어둑어둑했기 때문에 산의 윤곽이 제대로 보이지 않았다. 산꼭대기만이 마지막으로 남은 햇빛을 받아 어둠 속에서 신비롭게 빛나고 있었다.


## 참고문헌

보포트가 물에 빠져 죽을 뻔한 경험을 설명한 편지는 1847년에 런던에서 출간된 *An Autobiographical Memoir of Sir John Barrow*, 398~403에 실려 있다. 1887년에 런던에서 출간된 William Munk의 *Euthanasia: or, Medical Treatment in Aid of an Easy Death*에도 역시 이 편지가 실려 있다. Heim은 1892년에 베른에서 발행된 *Jahrbuch des Schweizer Alpenklubs* 27(1891-1892), 327~337에 실린 글 'Notizen Über den Tod durch Absturz'에서 추락사고를 당했을 때의 경험을 설명했다. 이 글을 거의 완전하게 영어로 번역한 글은 *Omega* 3(1972), 45~52에 실린 R. Noyes, Jr와 R. Kletti의 글 'The experience of dying from falls'에 실려 있다. O. Pfister의 글은 *Essence* 5(1981), 5~20에 실린 R. Noyes, Jr와 R. Kletti의 글 'Mental states in mortal danger'에 영역본으로 실려 있다. 본문에 인용된 피스터의 글은 이 영역본에서 가져온 것이다.

T. K. Basford, *Near-Death Experiences: An Annotated Bibliography*, New York, 1990.

S. Blackmore, *Dying to Live: Near-Death Experiences*, London, 1993.

T. de Quincey, *Confessions of an English Opium-Eater*. 원래 1821년에 *London Magazine*에 발표됐던 글.

V. Egger, 'Le moi des mourants. Nouveaux faits,' *Revue Philosophique* 42 (1896), 337~368.

G. T. Fechner, *Das Büchlein vom Leben nach dem Tode* (1836). *Life after Death*, M. C. Wadsworth 번역, New York, c. 1904에서 재인용.

C. Féré, *Pathologie des émotions*, Paris, 1892.

A. Friendly, *Beaufort of the Admiralty: The Life of Sir Francis Beaufort 1774~1857*, New York, 1977.

S. A. Kinnier Wilson, *Modern Problems in Neurology*, London, 1928.

R. A. Moody, *Life after Life*, Atlanta, 1975.

R. Noyes Jr.와 R. Kletti, 'Panoramic memory: a response to the threat of death,' *Omega* 3 (1977), 181~194.

R. Noyes Jr.와 D. J. Slymen, 'The subjective response to life-threatening danger', *Omega* 4 (1978~1979), 313~321.

S. Oettermann, *The Panorama: History of a Mass Medium*, New York, 1997.

O. Pfister, 'Schockdenken und Schockphantasien bei höchster Todesgefahr,' *Internationale Zeitschrift für Psychoanalyse* 16, 3~4 (1930), 430~455.

K. Ring, *Life at Death: A Scientific Investigation of the Near-Death Experience*, New York, 1980.

D. H. Rosen, 'Suicide survivors: a follow-up study of persons who survived jumping from the Golden Gate and San Francisco-Oakland Bay bridges,' *Western Journal of Medicine* 122 (1975), 289~294.

F. Winslow, *On the Obscure Diseases of the Brain and Disorders of the Mind*, London, 1861.

C. Zaleski, *Otherworld Journeys: Accounts of Near-Death Experience in Medieval and Modern Times*, New York과 Oxford, 1987.

# 기억 속에서: 정물이 있는 초상화
## 내 아버지를 위하여

레이덴의 라켄할에 가면 〈젊은 화가의 초상이 있는 바니타스 정물Vanitas still life with portrait of a young painter〉(vanitas는 라틴어로 '허영, 공허함'을 뜻한다—옮긴이)을 볼 수 있다. 17세기 레이덴의 거장이었던 데이비드 베일리David Bailly가 그린 이 그림은 자화상인 듯하다. 다른 그림을 통해 베일리가 바로 이 그림 속의 인물처럼 생겼다는 것을 알 수 있기 때문이다. 베일리의 삶에 대해서는 별로 알려진 것이 없다. 당대의 사람들이 그에 대해 자료를 거의 남겨놓지 않은 탓이다. 그는 1584년에 레이덴에서 태어났으며, 조각가인 자크 드 겡Jacques de Geyn의 작업실을 방문한 뒤 화가가 되기로 결심했다. 스물네 살 때인 1608년 겨울에 베일리는 독일과 이탈리아로 가서 그림으로 생계를 해결했다. 5년 후 '여행에 지친' 그는 레이덴으로 돌아와 초상화가로서 금세 명성을 얻었다. 그의 고객들은 주로 대학에 근무하는 사람들이었다.

그는 결혼이 늦었다. 1642년에 쉰여덟 살의 나이로 아흐네타 반

스바넨뷔르흐와 결혼한 것이다. 당시 신부의 나이가 몇 살이었는지는 알려져 있지 않다. 1657년 봄에 베일리 부부는 유서를 작성했다. 베일리는 이미 너무 쇠약해져서 유서에 서명조차 할 수 없을 정도였다. 그는 10월 말쯤에 사망한 것으로 보이는데, 피테르스케르크의 교구 등록부에는 1657년 11월 5일자로 그의 사망 사실이 등재되었다. 피테르스케르크의 사망기록이 시청의 매장 기록에 똑같이 실리지 않은 것으로 보아 이 도시 사람들은 베일리의 사망을 그리 애석해하지 않았음이 분명하다.

현재 베일리의 명성을 대표하는 그림은 바로 〈젊은 화가의 초상이 있는 바니타스 정물〉이다. 이 정물화는 언젠가 반드시 죽음을 맞게 될 생명을 묘사하고 있다. 베일리의 머리에서부터 시작된 대각선은 탁자 위에 놓인 다른 모든 물건들을 압도하는 두개골에서 끝난다. 이 해골의 텅 빈 눈구멍은 탁자 끝에 걸쳐져 있는 종이를 향하고 있는데, 그 종이에는 Vanitas vanitum, et omnia vanitas("헛되고 헛되니 모든 것이 헛되도다."—옮긴이)라는 구절이 적혀 있다. 베일리의 머리와 해골 사이에는 연기가 한 줄기 올라오고 있는 것으로 보아 누군가가 방금 불을 끈 것으로 짐작되는 양초가 놓여 있다. 그리고 탁자 위 허공에는 비눗방울이 떠 있다. vita bulla(vita는 라틴어로 '삶, 목숨', bulla는 '거품'을 뜻한다—옮긴이). 인생 역시 비누거품 같다는 얘기다. 해골은 지상에 있는 것들의 덧없음을 강조해주는 물건들 사이에 놓여 있다. 술잔은 쓰러져 있고, 담배 파이프의 불은 꺼져 있으며, 장미는 한창 때를 지나서 색이 변했다. 동전과 장식품들은 탁자 위에 흩어져 있다. 책 뒤로 살짝 보이는 모래시계는 시간이 거의 다 되었음을 보여준다.

프란스 할스Frans Hals의 그림을 본뜬 류트 연주자의 그림이 벽에 걸

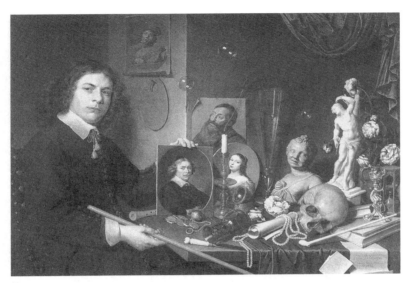

데이비드 베일리의 〈젊은 화가의 초상이 있는 바니타스 정물〉.

린 팔레트 위에 걸려 있다. 화가의 바로 앞에는 리코더(옛날 플루트의 일
종—옮긴이)의 끝이 보인다. 모든 예술 중에서 음악은 가장 덧없다. 17세
기에는 음악을 보존할 수 있는 수단이 없었기 때문이다. 소리를 기록
하는 최초의 기계(축음기)는 1877년에야 비로소 발명되었다.

　이 그림을 X선으로 조사해본 결과 흥미로운 사실이 드러났다. 원
래 베일리는 팔받침maulstick의 끝이 탁자 중앙에 있는 여자의 머리 위를
향하도록 그릴 생각이었던 것 같다. 팔받침은 결국 탁자 위에 놓인 것
처럼 묘사되었지만, 여자의 얼굴은 유리 잔 뒤에서 마치 유령처럼 희
미하게 보인다. 우리에게 그녀는 수수께끼 같은 존재다. 그녀는 누구
일까? 애당초 그녀는 왜 이렇게 눈에 띄는 자리에 배치된 것일까? 베
일리가 그녀를 다시 희미하게 그리기로 한 이유가 무엇일까? 그는 물
감을 여러 겹 덧발라 그녀의 얼굴을 숨기면서도 그녀의 모습이 여전히

데이비드 베일리의 〈젊은 화가의 초상이 있는 바니타스 정물〉 중 일부를 확대한 사진.

희미한 빛을 발하도록 했는데, 그 이유가 무엇일까?

베일리의 얼굴은 다소 자화상 같은 표정을 짓고 있다. 그림 속에 묘사된 그의 나이는 20대 후반이나 30대 초반인 것 같다. 어쩌면 여행에서 막 돌아왔을 때의 모습인지도 모른다. 그는 세상에서 명성을 얻기 시작한 젊은이의 모습이다. 하지만 만족감과 함께 나타난 진지한 표정이 그 만족스러운 표정을 억누른다. 그리고 그가 들고 있는 노인의 작은 초상화가 진지한 분위기를 배가시킨다. 베일리는 자신도 언젠가 노인이 될 것이라는 깨달음을 전달하고 싶어하는 것 같다. 그림을 보는 사람이 노년과 얼굴을 맞대게 만든 것이다.

〈젊은 화가의 초상이 있는 바니타스 정물〉은 우리가 마지막 순간에 자신의 삶을 반드시 돌아보게 될 것이라는 점을 염두에 두고 인생을 살아야 한다는 교훈을 준다. 그러면 우리 인생을 결정했던 가치 있는 것들을 어떻게 돌아보게 될까? 재산, 아름다움, 예술, 책에서 배운 지식 등 우리가 추구했던 모든 것이 그때 어떤 가치를 지니게 될까? 인생에 관한 그림으로서 〈젊은 화가의 초상이 있는 바니타스 정물〉을 볼 때 우리는 반드시 왼쪽에서 오른쪽으로, 젊은 시절에서 노년으로, 과거에서 미래로 그림을 읽어야 한다. 시간의 화살처럼 이 그림은 오른쪽을 향하고 있다.

그러나 〈젊은 화가의 초상이 있는 바니타스 정물〉 속에서 우리는 또 다른 그림을 발견할 수 있다. 그 그림을 보려면 먼저 두 가지를 알고 있어야 한다. 첫째, vanitas로 시작되는 글귀가 적힌 종이에는 '데이비드 베일리 그림. 1651'이라는 글귀도 적혀 있다. 둘째, 1651년에 베일리는 예순일곱 살이었다.

이 두 가지 사실이 모든 것을 바꿔놓는다. 팔받침을 들고 있는 젊은 화가가 아니라 달걀형 액자 속에 있는 노인의 얼굴이 '진짜' 자화상(이렇게 말해도 된다면 말이지만)이다. 베일리는 약 40년 전의 자기 모습을 그려놓았다. 이 자화상은 미래를 상상하는 젊은이를 그린 것이 아니라, 젊은 날을 회상하는 노인을 그린 것이다.

〈젊은 화가의 초상이 있는 바니타스 정물〉에서 이제 우리는 시간을 바라보는 시각이 짤칵 소리를 내며 바뀌는 것을 느낄 수 있다. 이렇게 역전된 시각으로 보면, 이 그림은 미래를 향해 나아가는 그림이 아니라 과거로 돌아가는 그림이 된다. 시간이 흐르는 방향과는 반대로 오른쪽에서 왼쪽으로 그림을 읽어야 하는 것이다. 베일리의 두 초상화를 합하면 게슈탈트(심리학에서 지각의 대상이 되는 통일적 구조—옮긴이)가 된다. 공간 속의 게슈탈트가 아니라 시간 속의 게슈탈트다. 우리는 이 그림 속에서 두 가지 그림을 모두 볼 수 있지만, 두 그림을 한꺼번에 볼 수는 없다.

하지만 묘하게도 시각을 이렇게 역전시킨 후에도 그림의 메시지는 그대로 남는다. 두 가지 시각(이 그림을 젊은 날의 추억으로 보는 것과 노년의 전망으로 보는 것)이 모두 시간의 흐름을 향하고 있기 때문이다. 베일리 자신이 이 그림 속에서 표현하고자 했던 것이 그것일까? 아름다운 추억으로만 남은 젊은 날에 대한 열망을 표현하고 싶었던 걸까? 평생 동안 솜씨를 갈고 닦아 마지막에 이런 정물화를 그릴 수 있게 된, 훌륭한 삶을 표현하고 싶었던 걸까? 아니면 그 모든 노력이 결국 헛된 것이었음을 표현하고 싶었던 걸까? 그는 우리에게 영원히 남을 예술작품을 남겨주고 싶었던 걸까? 베일리는 아무 말도 하지 않는 이 그림 외에 다른 자료를 전혀 남기지 않았다. 따라서 그가 무슨 의도로 이 그림을 그렸는지 알 길이 없다.

나이 든 베일리를 그린 달걀형 초상화는 대각선이 지나가는 길목에 있다. 탁자 위에 놓여 있는 이 초상화는 이 바니타스 정물화의 일부다. 하지만 '기억을 토대로' 이 초상화를 그린 젊은 베일리가 이 그림을 붙들고 있다. 아마도 부드러운 손길로 붙들고 있었을 것이다. 데이비드 베일리는 세상을 떠나기 6년 전에 이 그림을 통해 기억을 원래의 자리에 돌려놓았다. 영원한 것과 덧없는 것의 중간 지점에.

**참고문헌**

J. Bruyn, 'David Bailly, "fort bon peintre en pourtaicts et en vie coye",' *Oud-Holland* 66 (1951), 148~164, 212~227.

D. Draaisma, '"Naer't onthoud". Bij het *Portret met stilleven* van David Bailly,' *Feit & Fictie* 3 (1996), 79~83.

N. Popper-Voskuil, 'Self-portraiture and vanitas still-life painting in 17th century Holland in reference to David Bailly's vanitas oeuvre,' *Pantheon* 31 (1973), 58~74.

M. L. Wurfbain, 'Vanitas-stilleven David Bailly (1584-1657),' *Openbaar Kunstbezit* 13 (1967), 76.

# 감사의 말

친구이자 동료인 안 보어Ann Boer, 트루디 데휴Trudy Dehue, 마르텐 데르크센Maarten Derksen, 이베트 드라이스마Yvette Draaisma, 엘리스 엘렌브루크Ellis Ellenbroek, 고프 옌스마Goffe Jensma, 헤리트 크롤Gerrit Krol, 사라흐드 레이케Sarah de Rijcke, 빌렘 바게나르Willem Wagenaar, 안네 볼프Anne Wolff의 격려와 비판과 도움이 큰 힘이 되었다. 이 책을 쓸 때 소중한 조언을 해준 파트릭 에베라르드Patrick Everard에게도 감사한다. 아르노 포메란Arno Pomeran과 에리카 포메란Erica Pomeran에게는 특별히 감사의 마음을 전하고 싶다. 번역이란 부분적으로 책을 다시 쓰는 작업인데, 두 사람은 너무나 섬세하고 정확하게 이 일을 해주었다. 그 두 사람과 함께 작업했다는 사실이 자랑스럽다. 마지막으로 사라 카로Sarah Caro에게 감사한다. 이 책은 우리가 함께 작업한 두 번째 책인데, 이번에도 그녀는 스타일, 상식 등에서 나의 믿음직한 안내자가 되어주었다.

# 일러스트레이션 목록 및 출처

18: R. Schulze, *Aus der Werkstatt der experimentellen Psychologie und Pädagogik*, Leipzig, 1913.

62: S. Chu and J. J. Downes, 'Long live Proust: the odour-cued autobiographical memory bump', *Cognition* 75 (2000), B41-B50.

104: A. Lurija, *The Mind of a Mnemonist*, New York, 1968.

120: S. B. Smith, *The Great Mental Calculators*, New York, 1983.

130: © Stephen Wiltshire. S. Wiltshire, *Floating Cities: Venice, Amsterdam, Leningrad– and Moscow*, London, 1991.

131: *Historisch Topografische Atlas*, Gemeentelijke Archiefdienst Amsterdam.

160: A. Binet and L. Henneguy, *La psychologie des grands calculateurs et joueurs d'échecs*, Paris, 1894.

167, 175, 178: W. A. Wagenaar, *Identifying Ivan: A Case Study in Legal Psychology*, New York, 1988.

197: Y. Arad, *Belzec, Sobibor, Treblinka: The Operation Reinhard Death Camps*, Bloomington, 1987. (Franz Stangl과 Kurt Franz의 사진)

197: Y. Sheftel, *Defending 'Ivan the Terrible': The Conspiracy to Convict John Demjanjuk*, Washington, DC, 1996. (Ivan Marchenko의 사진)

200, 201, 202, 203, 204, 205, 206: B. Jochens (ed.), *Deutsche Weihnacht:Ein Familienalbum 1900-1945*, Nicolai Verlag Berlin, 1996.

227: J. Cruveilhier, *Anatomie Pathologique du corps humain*, Paris, 1853.

231: D. Draaisma (ed.), *Een laboratorium voor de ziel: Gerard Heymans en het begin van de experimentele psychologie*, Groningen, 1992.

259: M. A. Conway and D. C. Rubin, 'The structure of autobiographical memory,' in A. F. Collins, S. E. Gathercole, M. A. Conway and P. E. Morris (ed.), *Theories of Memory*, Hove, 1993.

275: W. van den Hull, *Autobiografie(1778-1854)*, Hilversum, 1996.

300: J. Michon, V. Pouthas and J. Jackson (ed.), *Guyau and the Idea of Time*, Amsterdam, Oxford and New York, 1988.

314: E. Zimmermann, *Preisliste Über psychologische und physiologische Apparate*, Leipzig, 1903.

358: A. Friendly, *Beaufort of the Admiralty: The Life of Sir Francis Beaufort 1774-1857*, New York, 1977.

364: *Festschrift Albert Heim*, Zurich, 1919.

401, 402: The Lakenhal, Leiden. Stedelijk Museum De Lakenhal, Leiden, Holland.